The
CHICKENSHIT
CLUB

치킨쉬트 클럽

미국 연방 검찰은 기업의 경영진을 기소하는데 왜 실패하는가?

THE CHICKENSHIT CLUB

제시 에이싱어 지음

서정아 옮김 · 김정수 감수

캐피털북스

사라에게

목차

서론

미국 법무부는 전국에 소재하는 94개 연방 검찰청으로 구성된 느슨한 연합 조직이며, 각 연방 검찰청은 독립 구역으로서 워싱턴 본부의 간섭을 거의 받지 않는 연방 검사장에 의해 독립적으로 움직인다. 모든 검찰청 중에서도 맨해튼 최남단에 있는 뉴욕 남부지방 연방 검찰청(이하 '뉴욕 남부지검')에 미국에서 가장 똑똑하고 유능한 검사들이 있다. 뉴욕 남부지검 출신의 검사라면 누구나 그 말을 기꺼이 확인해 줄 것이다.

　　뉴욕 남부지검의 설립 년도는 1789년으로 법무부가 설립된 해보다도 빠르다. 남부지검은 1790년에 첫 형사 재판을 열었고 재판은 하루 동안 진행되었다. 미국 최초의 연방 검사장은 브리건틴(brigantine, 범선의 일종 – 역주) 파손 및 선장과 승객 살해를 공모한 혐의로 두 남자를 기소했다. 2대 연방 검사장은 뉴욕 시장 자리를 동시에 겸직하기도 했다. 오늘날 뉴욕 남부지검은 증권법 위반을 비롯한 기업의 화이트칼라 범죄와 같이 가장 복잡하고 어려운 형사 사건을 전문적으로 다루고 있다. 뉴욕 남부지검의 검사들은 맨해튼 남부 지역을 '주권(sovereign)' 구역이란 별칭으로 부르길 좋아하는데, 이는 남부지검이 나머지 93개 검찰청은 안중에도 없이 미국 전역의 사건에 대해서도 관할권을 요구하는 경향이 있다고 해서 붙은 별칭이다.

뉴욕 남부지검의 검사들은 최고 학교 출신에 가장 탄탄한 경력을 가지고 있다. 그들이 법정에서 일어나 "나는 미합중국 정부를 대표한다"고 말할 때 국민의 신뢰를 불러일으킬 수 있어야 한다. 그러나 남부지검에 들어가려면 그보다 훨씬 더 중요한 것이 필요하다. 그것은 좀 더 개인적인 자질인데, 예를 들면 로펌의 대표 파트너, 존경받는 판사 또는 교수가 신호를 보내야 했다. 지망자가 그저 특별한 데 그치지 않고 슈퍼스타로 성장할 가능성이 있다는 것을 보여주는 신호 말이다. 맨해튼의 남부지검은 판사나 법조계 거물들이 경력을 시작한 곳이기도 하다. 정치인(뉴욕 시장을 역임한 루돌프 줄리아니, 찰스 랭글 하원의원), 정부 각료(윌리엄 하워드 태프트, 프랭클린 델러노 루스벨트, 해리 트루먼 대통령 시절에 전쟁부 장관이었던 헨리 스팀슨), 법무장관(마이클 무카시), FBI 국장(루이스 프리), 두 명의 대법관(펠릭스 프랭크퍼터와 존 M. 할란 2세) 등이 대표적인 인물들이다.

2002년 2월, 조지 W. 부시 대통령 초기에 백악관은 제임스 코미(James Comey)를 맨해튼 남부지검의 58대 검사장으로 임명했다. 코미는 남부지검 연방 검사 출신이었으며 여러 건의 중요한 기소를 추진한 바 있었다. 1980년대에 감비노 마피아 조직을 기소했고, (맨해튼을 떠나 버지니아 리치먼드로 옮긴 후인) 1996년에는 사우디아라비아의 코바르 타워(Khobar Towers) 폭탄 테러 사건의 범인을 기소하는 데 기여했다.[1] 부시 행정부가 정치꾼을 임명하지 않을까 우려하던 직원들은 안도감을 느꼈다. 검사들은 그의 전임자이며 여성으로서는 전무후무하게 남부지검의 검사장이 된 메리 조 화이트(Mary Jo White)가 떠나길 원치 않았다. 그녀는 약 9년 동안 검사장으로 재직했다. 그녀는 남부지검의 검사장으로 헌신적으로 일했고 남부지검의 권한을 확고하게 지켰기 때문에 검사들은 그녀 말이라면 폴리 스퀘어(Foley Square, 폴리 스퀘어는 로어 맨해튼의 시빅 센터 옆에 있는 작은 광장의 이름인데, 정면에 12개의 웅장한 코린트식 기둥으로 위용을 자랑하는 연방 제2항소법원이, 그리고 바로 그 옆에 뉴욕 카운티 대법원이, 그리고 뉴욕 남부지검은 연방 제2항소법원 건물 바로 뒤편에 위치하고 있다 - 역주)의 법원을 떠받치고 있는 코린트식 기둥을 행해 돌진하는 행동도 불사했을 정도였다.

2002년 첫 근무를 위해 도착한 코미는 커다란 환영을 받았다. 남부지검에 부임하자 그는 새로운 검사들을 만나고 그들이 어떤 종류의 사건을 처리하고 있는지 파악하면서 자신이 이전에 검사로 일했던 검찰청의 상황을 점검하면서 몇 달을 보냈다.

몇 달 동안의 업무 점검을 마친 코미는 형사부 검사들을 대상으로 연설을 준비했다. 그는 연방 검사들이 올드 코트하우스(Old Courthouse)라고 부르는 맨해튼 남부의 법원 청사에서 저녁에 열리는 정례회의 때 첫 연설을 했다. 검사들은 전에 재판이 열렸던 법정으로 모였다. 검사들은 방청석에 무리를 지어 앉았다. 검사들은 미국 최고의 엘리트로서 대부분 20대와 30대 초반이었다. 그들은 어린 시절부터 최우등생이었고 가장 성실한 노력파들이었다. 여름 방학 때는 가장 영향력 있는 로펌에서 어소시에이트(associate)로 일했고, 또는 최고의 판사 밑에서 클럭(clerk, 재판연구관)으로 일했다. 그 후 시간이 지나면서 참석자 중 상당수가 스타 검사와 대형 로펌의 대표 파트너가 되었다. 그때 남부지검의 검사들 중에는 코미를 비롯하여 화이트의 후임 검사장이 되는 프리트 바라라(Preet Bharara)와 데이비드 켈리(David Kelley), 뉴욕주 금융감독관이 되는 벤 로스키(Ben Lawsky), 2008년 금융위기 직후 연준의 구제 금융 프로그램의 특별 감사관을 맡은 닐 배로프스키(Neil Barofsky), 훗날 판사가 되는 로니 에이브럼스(Ronnie Abrams)와 리처드 설리번(Richard Sullivan) 등이 있었다.

보통 1달에 한 번씩 열리는 그 회의는 정해진 공식이 있었다. 먼저, 책임자급들이 검찰청의 소식을 간략하게 브리핑했다. 그런 다음 점수 기록의 발표가 있었는데, 어느 검사가 어떤 재판을 했는지, 무엇과 관련된 재판이었는지, 그리고 검찰청이 이겼는지 졌는지를 정리한 내용이었다. 전통에 따라 회의를 진행하는 사람이 신참 검사의 첫 번째 재판을 특별히 언급했다. 신참 검사가 그 재판에서 이겼든 졌든 상관없이 모든 사람이 박수를 쳤다. 검사들은 그러한 발표가 있을 때 오싹한 기분을 느꼈다고 말한다. 해냈다는 생각에서였다.

코미가 메리 조 화이트보다 나은 점이라면 연설이었다. 검사들은 그녀를 높이 존경했지만 화이트는 소화전이 온 몸을 가릴 정도로 몸집이 작았다. 그녀는 좌중을 압도하지 못했다. 그와 반대로 코미는 6피트 8인치(약 2미터)라는 우뚝 솟은 키에 남 앞에서 말하는 것을 좋아했다. 그의 연설은 연습을 통해 얻은 겸손함이 엿보였고, 자신이 연설을 잘한다는 것을 스스로 잘 알고 있었다. 그는 배심원단의 관심을 끌기 위해 농담이나 박식한 인용 문구, 간결하면서 함축적인 표현에 뛰어난 자기 재능을 자주 활용했다. 이제 그는 법정 안에 있는 검사들을 사로잡아야 했다. 모두가 뛰어난 능력자들인 남부지검의 검사들은 자신들이 감동을 주고 전율을 느끼며 자신들이 성취해낸 것들을 확인하고 싶어했다.

"점수 기록표를 읽기 전에 할 말이 있습니다." 코미가 말했다. "우리 검사 사회에는 격언이 있어요. 우리는 옳은 일을, 옳은 이유를 위해, 옳은 방법으로 합니다(We do the right things for the right reasons in the right ways)."

그곳에 모인 모든 검사들은 그 격언을 코미로부터 검찰청 복도나 소규모 회의실에서, 혹은 다른 부서장들로부터 약간 표현은 다르지만 들어 본 적이 있었다.

그러더니 코미가 앉아 있는 검사들에게 질문 하나를 던졌다. "여기서 배심단의 무죄 평결이나 불일치 평결(hung jury)을 한 번도 안 받아본 사람이 있나요? 손 들어 보세요."

야심가들과 경력 쌓기에 열심인 사람들은 당장이라도 손을 들 태세였다. 그들은 자신들이 미국에서 가장 뛰어난 소송 전문가(trial lawyers)라고 생각했다. 손들이 재빨리 올라갔다.

"나와 내 친구들이 여러분을 부르는 명칭이 있어요." 코미가 법정 안을 둘러보며 말했다. 칭찬받으리라는 기대감에 그들은 등을 꼿꼿이 세웠다. 코미는 그들을 기특하다는 표정으로 바라보면서 "여러분은 우리가 하는 말로 겁쟁이 클럽(Chickenshit Club)의 회원이에요"라고 말했다.

손은 올라갔을 때보다 더 빠른 속도로 내려왔다. 몇 명은 멋쩍은 웃음을 터뜨렸다.

"타당한 사건이 있고 그것을 입증할 증거가 있으면 기소해야 합니다." 코미가 자신의 사병들에게 말했다. "법정에서 미칠 것 같은 때가 있지요. 판사가 여러분에게 맹공격을 가할 때 스트레스를 느낄 겁니다. 그런 때에는 크게 숨 한 번 쉬면 됩니다. 나는 여러분 중에서 그 누구도 스스로 믿지도 않는 주장을 하지 않았으면 합니다. 그리고 여러분이 스스로 옳은 일을 하고 있다고 믿길 바랍니다. 올바른 이유를 위해 올바른 결정을 내리세요."

코미는 검사들에게 어떤 식으로 업무에 접근할지 설명했다. 범법자에 대한 기소는 신중하고 현명하게 처리해야 할 막중한 책임이다. 그러나 검사는 변호사와 달리 한쪽 편을 옹호하기만 하는 사람이 아니다. 검사는 정의를 실현할 의무가 있다. 출세에 연연하기보다 공정해야 한다. 가장 쉬운 표적을 추적하지 말고 가장 큰 불의를 바로잡아야 한다. 법정에서의 승리는 두 번째로 중요하다. 이 말은 정부를 대변하는 연방 검사들이 무슨 수를 써서라도 승리를 해야 한다든지, 아니면 패소가 두려워서 기소해야 하는 사건을 피해서도 안 된다는 뜻이다. 연방 검사들은 재판의 승소 기록이 어떤지, 특정 기소 때문에 비판을 받았는지, 또는 기소에 따른 정치적 파장이 어떠했는지로 평가되어서는 안 된다. 코미는 검사들이 아무리 어려운 대형 사건들이라도 대담하게 자신감을 가지고 부딪치기를 원했다.

코미가 연설을 할 때 신참 검사이던 벤 로스키는 그 회의에서 얻은 영감을 오랜 세월이 흐른 후까지 기억한다. 그는 첫 번째 재판에서 졌기 때문에 두려운 마음으로 점수 기록표 낭독 시간을 기다렸다. 코미가 그를 변호했다. "벤 로스키, 처음으로 상자 밖으로 나오고 겁쟁이 클럽에서 빠져나왔군요!" 모두가 박수를 쳤다. 로스키는 안도감과 자부심으로 뿌듯해졌다.

호황, 불황, 그리고 단속

미국 경제의 역사는 호황, 그에 이은 불황, 그리고 뒤이어 따라오는 강력한 단속이 반복적으로 되풀이되면서 전개되었다. 1929년 주식시장이 폭락한 후, 연방 의회는 국민의 분노를 반영하면서 월가를 규제하기 위한 기념비적인 증권 규제법들을 제정했다. 그리고 1934년에는 이 법들을 감독하고 집행할 연방 증권거래위원회(SEC, Securities and Exchange Commission)가 창설되었다. 몇 년 후, 신설된 SEC는 당시 막강한 뉴욕증권거래소(NYSE, New

York Stock Exchange)의 최고 책임자를 감옥에 넣는 데 일조했다. SEC는 창설 후 수십 년을 지나면서 미국에서 가장 명성 높은 규제기관 중 하나로 떠올랐다. SEC는 미국에서 기업을 규제하는 가장 중요한 연방 기구로서 상장회사와 자본시장을 감독한다. SEC는 민사 소송을 제기할 권한이 있으며, 증권법 위반 사건이 형사 조사로 전환될 때는 법무부 소속의 여러 검찰청들과 공조한다. 1960년대 후반의 호경기 시절이 끝난 후, SEC는 뉴욕 남부지검과 긴밀히 공조하면서 기업의 범죄 행위 실행을 도운 최고 로펌, 최고 회계법인, 최고 경영자 들에 맞섰다. 1980년대에 미국 전역의 소형 은행 수백 개가 무모한 부동산 대출 때문에 부실화 된 저축대부조합 스캔들 이후에 법무부는 1000명이 넘는 사람들을 기소했고, 그중에는 부실화 된 초대형 은행의 최고 중역들도 있었다. 1980년대 후반 마이클 밀켄(Michael Milken)이 주도한 정크본드 호황과 폭락 이후에 검사들은 주요 투자은행과 로펌에서 일어난 주가조작과 내부자거래의 증거를 파헤치는 데 몇 년을 들였고, 그 시대에 가장 큰 힘을 떨쳤던 월가 거물 몇 명을 기소했다. 2000년대 초반 나스닥 거품의 붕괴는 기업들의 회계장부 조작이 만연하다는 사실을 드러냈다. 엔론, 월드컴, 퀘스트 커뮤니케이션, 아델피아, 타이코 인터내셔널 등과 같은 거대 기업의 최고 경영자들이 감옥에 갔다. 무모함과 어리석음은 호황을 부추기지만 일반적으로 범죄도 그런 역할을 한다.

　이와 대조적으로 2008년 금융위기 이후의 정부는 실패했다. 대공황 이후로 최악의 재난이 자본시장과 세계 경제를 덮쳤는데도 정부는 은행의 최고 경영자들 중 단 한 명도 기소하지 않았다. 국민은 분노했다. 은행에 대한 구제 금융과 은행 중역에 대한 처벌 부재로 정치 스펙트럼의 양 극단이 급진주의적으로 변했고, 우리 시대의 가장 강력한 사회운동인 '티파티(Tea Party)'와 '월가를 점령하라(Occupy Wall Street)'가 일어났다. 월가가 책임지는 일이 없다는 사실에 대한 분노가 오바마에 대한 환멸을 초래했다. 버몬트주의 상원의원인 버니 샌더스(Bernie Sanders)가 선두 주자 힐러리 클린턴(Hilary Clinton)에 도전장을 내밀고 민주당 전당대회 직전까지 갔던 2016년, 샌더스의 반란은 금융위기의 정점 몇 년 이후까지도 좌측 진영의 분노를 드러내면서 클린턴에 대한 강한 불신으로까지 이어졌다. 클린턴은 투자은행으로부터 거액을 받고 우호적인 강연을 하여 치명타를 입었다. 공화당 대통령이 금융위기 당시에 집권했고 민주당 대통령이 금융 시스템을 구제한 것은 사실이지만 힐러리 클린턴, 오바마, 민주당 의원들이 스스로를 근로 계층의 수호자이자 투자은행의 징벌자라고 주장할 수는 없었다. 이는 기업에 대한 기소를 제대로 못했다는 것이 큰 이유였다. 〈월스트리트 저널〉이 2009년부터 법무부, SEC, 상품선물거래위원회가 월가의 10대 은행을 상대로 제기한 민·형사 소송 156건을 분석한 바에 따르면 정부가 직원 개인에 대해 책임을 묻지도, 신원을 확인하지도 않은 건이 81%에 달했다. 나머지 경우에도 정부는 대부분 직급이 낮거나 중간급인 직원 47명에 대해서만 책임을 물었다. 이사회 중역 중에는 단 한 명만이 SEC로부터 민사 소송을 당했다.[2]

도널드 트럼프는 대선 내내 특유의 횡설수설하고 얄팍한 화법으로 은행 권력을 비난함으로써 월가에 대한 분노에 편승했다. 그는 대선 말미에 금융 시스템을 조작하는 글로벌 은행가 도당이 존재한다는 악의적인 말을 넌지시 비쳤다. 그는 골드만삭스가 '소유한' 정치가들을 맹공격했다. 예비 선거에서는 테드 크루즈(Ted Cruz)가, 그 이후 본 선거에서는 힐러리 클린턴이 그러한 비난의 대상이었다. 공화당 정강은 대공황기에 제정되어 상업은행을 투자은행으로부터 분리한 글래스-스티걸법(Glass Steagall Act)을 부활시킴으로써 대형 은행을 해체할 것을 촉구했는데, 이는 은행가들이 교묘하게 빠져나가도록 정부가 금융권에 구제 금융을 투입한 데 대한 분노가 반영되어 있다. (트럼프는 취임하자마자 서둘러 그런 도당의 일원으로 백악관과 내각을 채웠다. 트럼프와 그에게 자문을 제공한 골드만 출신들은 취임 며칠 만에 도드 – 프랭크법을 무력화시키고 기업 전반에 대한 규제를 완화하는 계획에 착수했다.)

일류 금융회사의 최고 중역 중 2008년 금융위기를 유발한 불법 관행 때문에 감옥에 간 사람이 없다는 지적은 곳곳에서 찾아볼 수 있다. 정계 인사 못지않은 영향력을 발휘했던 전임 연준 의장 벤 버냉키가 (무사히 임기를 마친 후에) 좀 더 많은 은행 중역들이 감옥에 갔어야 했다고 말한 것도 사회적인 공감대를 형성했다. 그러나 문제는 그런 지적보다 훨씬 더 심각했다.

오늘날의 법무부는 기업의 최고위직에 있는 범법자를 추적할 의지와 역량을 상실했다. 이런 문제는 2008년 금융위기의 여파로 시작된 것이 아니었고 아직 끝나지도 않았다. 검사들은 '대마불사(Too big to fail)' 은행의 중역들을 감옥에 보내는 일에 손을 놓고 있었다. 은행뿐만 아니라 제약 회사, 테크놀로지 기업, 대형 산업 기업, 거대 소매업체 등 법을 어긴 대기업 전반의 중역들에게도 책임을 묻지 못했다.

제임스 코미의 연설은 화이트칼라 기업 범죄에 대한 정부의 기소 방식에 전환이 일어나기 시작한 때에 나왔는데, 파란만장하면서도 잘 알려지지 않은 시기였다. 2000년대 초반 나스닥 버블의 붕괴 당시에는 기소가 제대로 이루어졌지만, 그 이후 법무부는 큰 실패, 재판 패소, 기소 남용이라는 비난, 그리고 수년간의 집중적인 로비, 기업과 변호사 단체의 압력에 시달리면서 해이해지기 시작했다. 검사들은 강력한 조사 수단을 상실했고 기량이 약화되었다. 이러한 변화로 인해 증거를 수집하고 가장 기본적인 조사를 수행하는 일조차 한층 더 어려워졌다. 설상가상으로 법무부는 예산 제약으로 타격을 입었다. 연방 수사국(FBI, Federal Bureau Investigation)은 일반적으로 법무부를 대신하여 수사를 진행하는 기관이지만 9·11 이후에는 자원을 대테러 활동으로 이동시켰다. 법무부는 1990년 초반 이후에야 화이트칼라 사건을 추적하기 시작했다. 1992년부터 1995년까지 4년 동안 화이트칼라 사건이 전체 사건에서 차지하는 비중은 평균 19%였다. 2012년부터 2015년까지 4년 동안에는 그 비중이 9.9%를 약간 밑도는 수준으로 떨어졌다. 법무부는 화이트칼라 사건 건수를 줄여 나갔을 뿐만 아니라 코미의 설교와는 반대로 전에 비해 쉬운 사건에만 손을 댔다. 같은 기간 동안 유죄 선고 비율은 다소 상승하여 1990년대 초반 87%였던 데 비해 2012~15년에는 91%였다.[3]

한편 미국 전역의 판사들은 전에 없이 관대한 법률 해석을 내리기 시작하여 기업과 경영진의 권리와 특권을 확대하고 화이트칼라 범죄 법령을 축소하는가 하면 유명한 화이트칼라 범죄에 대한 연방 검사들의 기소를 반복적으로 기각했다. 연방대법원이 기업의 권리를 가장 확실하고 가시적인 방식으로 확대했지만 하급 법원들 역시 그 추세에 가세했다. 지난 10년 동안 길거리 범죄자들에 관한 한 가혹했던 법원이 정부가 기업이나 기업의 최고 중역을 기소하려 할 때면 미국 헌법을 관대하게 해석하는 일을 반복해 왔다. 연방 의회는 입법을 통한 해결책을 제시하기는커녕 문제를 인식하지 못한 채로 수수방관했다.

법무부는 이러한 변화에 순응하면서 기업의 중역 개개인을 법정에 세워 감옥에 보내려던 정책에서 돌아섰다. 그 대신 검사들은 거의 전적으로 기업과 돈으로 합의하는 방식으로 갈아탔다. 기업과의 협상 과정에서 검사들은 그들에게 굉장한 영향력이 있음을 실감했다.

2001년 이후 대기업과 관련된 연방 검찰청의 기소가 250건을 넘어섰다. 그 가운데는 미국 재계에서 가장 어마어마한 기업들이 포함되었는데 AIG,

구글, 제이피모건 체이스, 화이자 등이 대표적이다.[4] 이런 기업 대다수가 협상을 통해 기소가 아닌 합의로 해결했다. 2002년부터 2016년 가을까지 법무부는 기업과 419건의 합의를 체결했고, 거기에는 기소 유예와 불기소 합의가 포함되었다. 그 이전 10년 동안에는 그런 식의 합의가 18건에 불과했다.[5] 동시에 기업에 대한 기소도 감소했다. 법무부는 2014년에 237개 회사를 기소했는데, 이는 2004년보다 29% 감소한 것이다.[6] 게다가 법무부의 기소는 대부분 작고 영세한 기업을 상대로 이루어졌다.

규모와 영향력이 큰 기업은 비싼 변호사들의 자문에 따라 검사들이 유죄 입증 정보를 추가로 찾아내기 전에 조사를 신속하게 마무리 짓기 위해 적극적으로 협력하는 태도를 보였다. 그들은 다른 사람의 돈으로 합의금을 치를 수 있었다. 바로 주주의 돈이었다. 2000년대 초반부터 법률 비즈니스에 많은 변화가 발생했다. 대형 로펌은 화이트칼라 범죄 변호를 산업으로 발전시켰고, 검사들과 적대 관계라기보다 공생 관계 속에서 일할 때가 더 많았다. 로펌의 변호사들은 정부를 대신하여 돈이 되는 대규모 조사를 수행했고, 그 결과를 정부에 전달한 후 다음 단계로 넘어갔다. 검사들 입장에서는 눈알이 튀어나올 정도의 금액으로 헤드라인을 장식할 뿐만 아니라 민간 부문에 보수가 좋은 일자리를 얻기 위한 경력을 만들 수 있었다. 그리고 그들은 사건을 입증하기 위해 법정에 갈 필요가 없었다. 합의 금액이 클수록 헤드라인이 될 기회가 커졌고, 그리고 그 가치를 아는 검사들에게는 더욱 매력적인 방법이 되었다.

그러나 이런 합의는 기업의 범죄행위를 저지하는 데 별 효과가 없었다. "가장 중대한 사기범과 절도범 가운데 50%가 넘는 이들이 상습범"이라고 브랜던 개럿(Brandon Garrett) 버지니아 대학 법학 교수는 지적하면서, 이런 비율은 "강도와 총기 범죄자와 맞먹으며 마약 밀매상보다 훨씬 더 높은 것"

이라고 한다. 영국의 석유·가스 회사 BP는 2010년에 자사 소유 시추선인 딥워터 호라이즌(Deepwater Horizon)이 폭발하기 5년 전에도 텍사스시의 정유 공장이 폭발하는 재난을 당했다.[7] 엑손모빌(ExxonMobil)은 2001년 이후 환경 범죄로 네 차례 유죄 선고를 받았다. 최근에 거대 제약 기업 화이자는 문을 닫는 극단적인 처벌을 제외하고는 검사들이 생각해 낼 수 있는 모든 형태의 정부 제재에 시달렸다. 화이자와 계열사는 두 건의 유죄 선고, 두 건의 기소 유예, 그리고 한 건의 불기소 처분을 받았다.

기업 합의는 개인, 특히 최고 중역을 기소하는 것보다 한층 더 수월했다. 법무부는 화이트칼라 기소에서 방향을 전환했다. 2016년 법무부가 화이트칼라 범죄자 개인을 상대로 소송을 진행하고 있는 건수는 20년 만에 최저치인 6200건에 불과했다. 인구 증가와 경제 성장이 이뤄졌음에도 1996년보다 40% 넘게 감소한 것이다.[8] 기업들은 개인에 대한 후속 조사에 협력하겠다고 약속했지만 기소 유예 합의에 서명한 기업 중에서 감옥에 간 사람은 없었다. 개럿 교수에 따르면 2001년과 2012년 사이에 상장기업이 기소 유예나 불기소 처분을 받은 사건 중 3분의 2가 기업만 처벌을 받고 직원은 기소되지 않았다.

개럿의 계산에 따르면 같은 기간 동안 유죄 선고를 받은 (따라서 합의에 이른 기업을 제외한) 31개 상장기업 가운데 감옥에 간 최고 중역은 CEO 4명, 회장 1명, 사장 1명, CFO 1명이었다.

개인에 대한 조사와 기소는 기업을 추적하는 일보다 훨씬 더 어렵다. 검사들은 개개인을 하나하나 조사하는 일을 역경으로 간주하기 시작했다. 그들에게 개인 기소는 고생스러운 데다 패배하면 굴욕을 각오해야 하는 참호전이나 다름없었다. 개인 조사는 시간도 더 많이 든다. 조사관들은 우선 직급 낮은 직원을 추적한 다음에 그들을 구슬려 상사에 대해 불도록 만들어야 했기 때문에 차근차근 일해야 한다. 법무부의 윗사람들이 보기에 개인을 노리는 검사들은 생산성이 떨어져 보인다. 대기업의 최고 중역을 조사하는 일은 한층 더 어렵다. 그들은 일상적인 의사결정에 관여하지 않기 때문이다. 이런 경우 검사들이 합리적 의심의 여지가 없는 수준으로 사건을 입증하는데 필요한 증거를 확보하기가 더 어렵다. 게다가 개인은 검사들과 맞서 싸워야 할 동기가 더 크다.

그러나 개인을 기소하지 않은 채 무조건 기업과 합의하는 관행은 법치주의를 좀먹는다. 합의 문화에 관한 한 기업과 국민 양측의 비판이 모두 타당하다. 기업은 정부가 입증되지도 않은 범죄 혐의를 들이대며 억지로 돈을 내게 만들었다고 주장한다. 그들은 규제기관이 자기들의 생살여탈권을 쥐고 있기 때문에 혐의에 이의를 제기하지 못한다고 주장한다. 한편, 국민의 눈에는 기업이 기소를 무마하기 위해 수표를 쓰는 것으로 보였다.

합의에는 이외에도 바람직하지 못한 면이 있다. 합의는 검사들의 기량을 약화시킨다. 오랜 기간 동안 기소를 꺼리게 되면 지식이 사라진다. 합의 문화는 조사 태만을 낳고, 결국 재판 역량을 떨어뜨린다.

기업의 권력은 미국에서 절정기에 달한 상황이고, 기업은 도금시대 (Gilded Age, 남북전쟁이 끝난 후인 1870년대부터 1890년대까지 미국의 자본주의가 비약적으로 발전한 시기를 가리킴 – 역주) 이후로 유례없는 특권을 누리고 있다. 중역들은 그 어느 때보다도 많은 돈을 벌고 있다. 기업의 이익도 사상 최고치다. 기업이 엄청난 정치적 영향력을 행사하고 정책 담론을 지배하는 가운데 사법부는 기업의 권리를 확대해 나가고 있다. 그러나 기업 간부들의 가장 귀중한 특권은 처벌받을 위험 없이 범죄를 저지르는 능력이다. 이처럼 부당한 구조는 미국의 민주주의를 위협한다.

현재 미국의 사법 시스템은 망가진 상태다. 제임스 코미의 연설은 그 후

10년이 지나는 동안 실천되지 못했다. 법무부는 굴복했고, 대형 사건은 회피했다. 법무부는 패배를 두려워하게 되었고, 이 나라를 정의로운 곳으로 만들어야 한다는 근본적인 임무를 망각했다. 제임스 코미는 그때는 알 길이 없었겠지만, 그가 남부지검 검사들에게 한 설교는 그가 불러일으키고자 했던 용기를 추도하는 연설이 될 뻔했다. 그 후 몇 년 동안 겁쟁이 클럽의 회원 숫자는 늘어날 뿐이었다.

Chapter 1

"크리스마스에 쉴 생각일랑 마세요"

"THERE IS NO CHRISTMAS"

허리케인 이사벨이 대서양 연안에서 형성되고 있던 2003년 9월의 음산한 어느 날, 연방 검사 캐스린 루에믈러(Kathryn Ruemmler)는 엔론(Enron) 측 증인에 대한 정부의 제3차 면담을 준비하고 있었다. 파산한 초대형 에너지 기업 엔론의 최고 경영진을 수사하는 일은 지지부진한 상태였다. 루에믈러는 검찰이 누구에게서든 증언을 받아내야만 한다는 점을 잘 알고 있었다.

그녀가 엔론 태스크포스(Enron Taskforce)의 최연소 멤버가 된 것은 바로 얼마 전의 일이었다. 일종의 특별 기동대인 태스크포스는 한때 세계 최대 규모의 이익과 최고의 평판을 자랑하던 엔론을 수사하기 위해 법무부가 구성한 조직이었다. 당시는 엔론이 미국 기업 역사상 유례를 찾아보기 어려운 사기극의 주인공임이 막 밝혀졌던 때였다. 32세의 연방 검사 루에믈러는 얼핏 보기에는 앳되고 싹싹한 인상이었고 어깨까지 오는 금발과 일반 공무원에 비해 고급스러운 옷차림이 특징이었다. 그러나 그녀는 마음먹기에 따라 냉철한 모습을 보일 수 있는 사람이었다. 따스하고 파란 눈도 증인의 진술을 받아 낼 때면 냉정한 빛을 띠었다.

그 당시 루에믈러는 새뮤얼 뷰엘(Samuel Buell)과 팀을 이루어 일했다. 39살이던 뷰엘은 엔론 태스크포스에 합류하기 전까지는 보스턴의 조직폭력배 사건을 담당하던 검사였다. 그는 키가 크고 말쑥했다. 널찍한 어깨 위에 자리 잡은 큼직하고 부드러운 얼굴 주위로 짧고 불그스름한 머리카락이 나 있었다. 뷰엘은 매사추세츠 보스턴의 외곽인 밀턴에서 교사 부부의 아들로 성장했다. 겸손하고 느긋한 그는 인기 만점의 고등학교 수학 교사 같은 인상을 풍겼다. 증인들은 무심결에 뷰엘에게 호감을 느꼈다. 뷰엘을 비롯한 태스크포스 사람들은 몇 달 동안 엔론 사건을 파고들었다. 그들은 엔론의 최고 경영자였던 제프 스킬링(Jeff Skilling)과 켄 레이(Ken Lay)를 추적하고 있었다. 루에믈러와 뷰엘은 워싱턴 DC와 휴스턴을 오가는 데 대부분의 시간을 허비해야 했고, 휴스턴에서는 공무원 할인 요금이 적용되는 칙칙한 호텔 방과 황량한 휴스턴 연방 법원 건물 꼭대기 층의 방치된 공간을 오갔다. 1960년대에 지어진 연방 법원은 나지막한 흰색 정육면체 건물로 휴스턴 도심 한복판에 있었다.

두 사람은 검색 없이 건물 보안 시설을 통과했다. 2003년에 이르렀는데도 둘 다 블랙베리조차 지니고 있지 않았다. 위층에는 칠이 벗겨진 철제 책상 위에 놓인 마분지 상자가 두 사람의 투박한 컴퓨터를 받치고 있었다. 그곳은 농담의 소재가 될 정도로 속속들이 낡아 빠진 공간이었다. 피의자 측 변호사는 면담을 위해 자신의 세련된 고객과 그곳을 찾았을 때 "이곳이야말로 OSHA(직업 안전 위생 관리국) 규정의 위반 사례로군요!"라고 빈정거렸다. 첫해 겨울에는 태스크포스 사람들 대부분이 독한 호흡기 질환에 감염되어

앓아누웠다. 감염된 이유가 사무실 환경 때문인지 업무 부담 때문인지는 알 도리가 없었다. 문서 관리 체계도 없었고 지척 거리에 있는 FBI의 사건 담당 요원들에게 이메일을 보낼 방도조차 없었다. 이처럼 부실한 환경에서 그들은 세계 최정상급 로펌 변호사들을 거느린 데다 역사상 가장 어마어마한 회계 부정 사건에 연루되었으며 구조가 지독히도 복잡한 기업과 맞서 싸우고 있었다.

미국이 이라크를 침공한 지 6개월이 지난 때였다. 팝가수 마돈나가 MTV 뮤직비디오 시상식에서 동료 가수인 브리트니 스피어스와 크리스티나 아길레라에게 키스했던 때이기도 하다. 또한 그 당시에 미국의 테니스 스타 앤디 로딕이 US 오픈에서 우승을 했는데, 이는 그의 선수 생활 동안 유일한 메이저 대회 우승이 될 터였다. 그러나 루에믈러는 중요하든 사소하든 바깥 세상에서 어떤 일이 벌어지고 있는지 잘 알지 못했다. 그녀는 엔론 사건 이외에는 신경 쓸 겨를이 없었다. 냉동 피자로 끼니를 때우고 샤워를 할 때 이외에는 짬도 내지 못하면서 하루 18시간을 일하는 동안 루에믈러는 이런 사건까지 담당하게 된 자기 자신에게 놀라움을 느끼기도 했다. 그녀는 미국 북서부 변방의 농촌인 워싱턴주 리에랜드에서 성장했다. 루에믈러의 부모는 콜럼비아 강가의 초대형 핵 시설인 핸포드 핵 저장소에서 일했는데, 아버지는 컴퓨터 공학자였고 어머니는 독성 물질 연구원이었다. 루에믈러는 법무부의 여느 검사와는 달리 동부 명문대 출신이 아니었다. 그녀는 인근의 워싱턴 대학교에 들어가는 것만으로도 크게 기뻐했고, 조지타운 대학의 로스쿨을 다니기 위해 고향을 떠나기까지 북서부를 벗어난 적이 세 번에 불과했다.

그럼에도 루에믈러는 남들이 부러워할 만한 직업을 얻었다. 수도 워싱턴 DC 연방 검찰청에서 검사장을 보좌하는 연방 검사가 된 것이다. 엔론 태스크포스의 책임자인 레슬리 콜드웰(Leslie Caldwell)이 태스크포스 합류를 제

28

안했을 때 그녀는 폭력 범죄와 마약 사건을 다루는 검사였다. 금융사기를 담당한 경험은 많지 않았다. 제안을 받기 전에 루에블러가 엔론 사건 기사를 읽으면서 거듭 접한 문구가 있었다. 일반 금융사기가 '숫자 계산'이라면 엔론 사건은 '고등 미적분학'이라는 내용이었다. 그렇기 때문에 루에블러는 자신이 없었다. 그러나 콜드웰은 태크스포스가 6개월 동안만 활동한다면서 그녀를 안심시켰다.

엔론 담당 검사들은 엔론의 에너지 트레이딩 부문을 총괄하던 데이브 딜레이니(Dave Delainey)에게서 증언을 받아 낼 가능성이 크다고 판단하고 그를 두 차례 소환했다. 딜레이니는 같은 주장을 되풀이할 뿐 검사들과 FBI의 수사관들이 하는 질문을 묵살했다. 그래도 그들은 포기하지 않았고, 그날 아침에는 딜레이니의 증언을 이끌어 내는 데 도움이 될 만한 단서가 눈앞에 나타났음을 확신했다.

　루에블러와 뷰엘은 딜레이니가 회사의 수석 트레이더에게 보낸 수많은 이메일을 검토하다가 1990년대 후반 엔론이 캘리포니아의 에너지 시장에서 트레이딩을 통해 막대한 이익을 거둬들였다는 사실을 알아냈다. 엔론은 에너지 거래의 변동성이 크다는 것을 자사 주주들에게 알리지 않으려 했다. 대신 월스트리트에 자사가 안정적이며 성장세가 빠른 기업이라는 말을 퍼뜨렸다. CEO인 제프 스킬링은 금융 전문 채널인 CNBC와의 인터뷰에서 에너지 거래가 사업에서 "작은 비중만"을 차지한다고 말하는 식으로 엔론의 트레이딩 비즈니스를 축소했다.[1] 그는 엔론이 '물류(logistics)' 회사에 불과하다고 주장했는데, 이는 엔론이 투기꾼들을 도왔을 뿐 직접 투기를 한 것은 아니라는 뜻이었다. 그러나 루에블러와 뷰엘이 발견했던 대규모 트레이딩 이익만 보더라도 진실이 무엇인지는 분명했다. 투기는 엔론의 기업 문화로 자리 잡았고 엔론 수익의 상당 부분을 창출했다. 트레이더 한 명이 하루 만에 5억 달러에 가까운 손실을 보자 스킬링이 직접 트레이딩 플로어 (trading floor)로 가서 트레이더들에게 "자기 행동에 책임지라"고 채근한 적도 있었다. 다시 정신을 차려 더 많은 거래를 하고 잃은 돈을 되찾으라는 뜻이었다.

딜레이니를 비롯한 경영진은 엔론의 트레이딩 이익을 공개하지 않고 숨겼다. 그들은 수백만 달러의 이익을 은닉하고는 법적 합의가 필요할 때를 대비해 적립해 둔 돈이라는 거짓 사유를 꾸며 두었다.

루에블러와 뷰엘은 그 돈이 나중을 위해 모아 둔 '과자 단지'라는 말이 거짓임을 간파했다. 두 사람은 엔론이 복잡하고 지저분하게 조작해 놓은 재무제표를 다시 한번 자세히 검토하다가 엔론이 적립금 조성 1년 후에 (법률 비용으로 쌓아 두었던) 그 돈을 다른 부문이 입은 수백만 달러의 손실을 메우는 데 사용함으로써 해당 분기에 이익을 낸 것처럼 재무제표를 조작했다는 사실을 알아냈다. 그러한 회계 조작은 불법이었고, 딜레이니와 수석 트레이더는 그에 관해 이메일을 주고받았다. 그러나 그들의 이메일은 업계 용어가 잔뜩 사용되었기 때문에 배심원이 읽고 이해하려면 별도의 해석본이 필요할 정도로 알쏭달쏭했다. 검찰은 엔론이 어떤 식으로 거짓 재무제표를 조작했는지 감을 잡았지만 그때까지도 사기를 입증할 증거를 찾아내지 못했다.

딜레이니는 그 깜찍한 사기극의 주모자였지만 검찰이 그를 목표로 삼은 이유가 그 때문은 아니었다. 복잡한 화이트칼라 범죄를 수사할 때는 거래가 어떻게 이루어졌는지 알려 줄 '랍비'가 필요한 법이다. 아무리 똑똑한 외부자라 해도 서류만 보고 전모를 밝혀내는 것은 불가능하다. 검찰은 전통적인 수사 기법을 활용했다. 그러기 위해서 (그들은) 내부자가 필요했다. 딜레이니의 마음을 바꿀 수만 있다면 엔론의 최고 경영진까지 기소할 수 있었다. 검찰은 수사관과 국민에게 거짓말을 했다는 혐의로 제프 스킬링을 기소하기로 결정하고 준비 작업을 시작했다.

허튼소리

검찰이 허리케인이 한창이던 때에 데이브 딜레이니와 그의 몸값 비싼 변호사들을 워싱턴 DC 본드 빌딩의 창문도 없는 회의실로 세 차례나 불러들인 까닭도 그 때문이었다.

다시금 의욕을 얻은 뷰엘, 루에믈러, FBI의 전문 수사관은 시작부터 면담을 주관했다. 뷰엘은 딜레이니가 수사에 협조하리라는 느낌을 받았다. 그러나 딜레이니를 검찰 편으로 끌어들이려면 그가 본능적으로 자신의 책임을 부인하고 축소하지 못하도록 제압할 필요가 있었다. 딜레이니는 오랫동안 엔론에 충성한 사람이었다. 그는 건실한 캐나다인이었는데 남성 호르몬으로 넘쳐나는 엔론의 트레이딩 문화에 경외심을 품고 있었다. 트레이더들은 자신들이 무모하게 돌진한 것은 사실이지만 결코 범죄자는 아니라고 믿었다.

기업의 화이트칼라 사기꾼 가운데 자신이 하는 짓이 범죄라고 생각하는 사람은 거의 없다. 물론 폰지(Ponzi) 사기범이나 '보일러 룸(boiler room, 주로 무허가 브로커들이 전화로 근거도 없는 정보를 가지고 주식을 권유하는 행위 – 역주)' 운영자야 자신의 행위가 불법임을 잘 안다. 그러나 평판 좋은 기업의 화이트칼라 범죄자들은 대부분 그러한 인식이 없다. 〈화이트칼라 범죄자들이 그런 짓을 하는 이유는 무엇일까?: 화이트칼라 범죄자의 동기, 관행, 성격 (Why Do They Do It?: The Motives, Mores, and Character of White Collar

Criminals))이라는 학술 논문에 따르면 화이트칼라 범죄자들은 대체로 "초기에는 규모가 작은 사기극에 관여하다가 순식간에 분별을 잃는 사람들"이다.[2]

그들은 "회사가 손실을 입으면 안 되니까 이번 분기에만 이 짓을 하고 그 다음부터는 그만하고 내가 한 짓을 바로잡아야지"라고 스스로에게 다짐한다. 그들은 스스로를 사기꾼이라고 생각하지 않는다. 그들에게는 사기가 아니라 일회성 해결책일 뿐이다. 그러다가 다시 같은 술책을 되풀이하고 속임수를 지속하는 수밖에는 선택의 여지가 없는 상황에까지 이른다. 이때쯤 되면 대담하기는 하지만 잘못된 일은 아니라는 말로 자신이 저지르는 짓을 합리화하기 시작한다. 도둑질이 아니라고 생각한다. 화이트칼라 사기꾼들이 속이는 대상은 검찰뿐만이 아니다. 주주, 동료, 가족까지 속인다. 그리고 스스로도 속는다.

검사의 임무는 이러한 그들의 자기 합리화와 자기기만을 무너뜨리는 것이다. 루에믈러와 뷰엘이 그날 아침 회의실에서 딜레이니에게 하려던 일도 바로 그것이었다.

두 사람은 원래 계획대로 시종일관 차분한 태도를 유지하면서 회유에 주력했고, 계속해서 이메일에 대해 질문을 던졌다. 루에믈러와 뷰엘은 딜레이니의 진실성을 시험하기 위해 세심하게 추려 낸 증거를 들이대면서 논리적으로 그를 설득할 작정이었다. 두 사람에게는 유리한 점이 있었다. 딜레이니는 검찰의 관심을 끈 문서가 무엇인지, 엔론 내부자 중 누가 입을 열었는지, 그들이 어떤 내용을 발설했는지 알지 못했다. 루에믈러와 뷰엘이 이메일에 대해 꼬치꼬치 캐묻자 딜레이니의 주장이 무너지기 시작했다. 면담을 시작한 지 몇 시간 만에 그들이 바라던 일이 일어났다. 딜레이니가 뒤에 앉은 변호사 쪽으로 고개를 돌리고 도와 달라는 신호를 보낸 것이다. 그 자리에는 어킨 검프(Akin Gump)의 존 다우드(John Dowd)와 장래 유망한 신예 변호사로서 훗날 〈투데이〉 쇼의 공동 진행자가 되는 서배너 거스리(Savannah Guthrie)가 앉아 있었다.

다우드는 미국 최고의 소송 변호사 가운데 하나로 꼽히는 전설이었다. 그는 워싱턴의 성벽을 넘어 모든 정부 부처와 맞서 싸우리라 다짐했던, 덩치가 크고 거칠 것이 없는 인물이었다. 다우드에게는 몇 가지 기벽이 있었다. 독수리 타법으로 이메일을 썼는데 항상 28포인트의 글자 크기와 보라색 코믹 산스(Comic Sans)의 글꼴을 사용했다. 그리고 어소시에이트 변호사(associate attorney, 파트너 밑에서 월급을 받고 일하는 변호사 - 역주)들에게 이메일로 호통을 치기 일쑤였다. 그러나 뷰엘에게는 꼬리를 내렸다. 보스턴의 근로자 계층 가정에서 자라나 거침이 없으며 세상 물정에 훤한 뷰엘이 다우드에게는 친숙하게 느껴진 것이다. 두 사람은 보스턴 레드삭스에 대해 잡담을 주고받았다. 다우드는 지적이지는 않았지만 경험이 풍부한 데다 자기 고객을 돕는 방법에 대해 빠삭했다. 뷰엘과 루에믈러는 이메일의 어떤 부분이 다우드의 고객에게 불리한 증거로 작용하는지 분명히 말했다. 그도 그 점을 완벽하게 이해하고 있었다.

다우드는 자신과 동료 변호사인 거스리가 딜레이니와 상의해도 되겠냐고 묻고 거스리와 함께 회의실을 떠났다.

그들은 15분 동안 자리를 비웠다. 루에믈러는 변호사와 상의를 마치고 돌아온 딜레이니의 태도가 달라졌음을 감지했다. 딜레이니는 자리에 털썩 주저앉았다. 잠시 침묵이 흘렀다. 얼마 후 딜레이니가 이렇게 웅얼거렸다. "순전히 허튼소리였어요."

루에믈러가 뷰엘을 곁눈질했을 때 그의 얼굴에 보일듯 말듯 희미한 미소가 떠오르는 것이 보였다.

조지 부시와 "케니 보이"

엔론이 2001년 12월 파산을 신청하자 미국의 대도시인 휴스턴이 경제적으로나 심리적으로나 무너져 내렸다. 엔론은 휘발유와 전력의 유통 판도를 뒤바꾸었다는 공로를 인정받아 경제지 〈포춘〉이 선정한 '미국에서 가장 혁신적인 기업'에 6년 연속하여 올랐다. 매거진 〈CEO〉는 엔론의 이사회를 미국의 5대 이사회로 선정했다.[3] 국무장관을 역임한 헨리 키신저와 제임스 베이커가 엔론의 로비스트로 활동한 적도 있었다. 넬슨 만델라는 엔론 공익 공로상을 수상하기 위해 휴스턴을 방문한 바 있다.

엔론 스캔들은 미국의 대통령과 부통령에게까지 영향을 미쳤다. 조지 W. 부시와 딕 체니는 엔론의 경영진들과 같은 업계에서 활동했고 같은 사교계에 속했다. 부시 가문은 텍사스 에너지 산업으로 재산을 모았고, 체니는 엔론 스캔들이 터지기 불과 몇 년 전까지 댈러스에 기반을 둔 거대 에너지 기업 핼리버튼(Halliburton)의 CEO를 지냈다. 엔론의 설립자인 케네스 레이는 부시 가문의 오랜 지기였고 공화당에 오랫동안 거액을 기부해 왔다. 부시는 절친한 사람들에게 애칭을 붙여 주는 평소 습관대로 레이를 '케니 보이(Kenny Boy)'라 불렀다. 레이는 미주리주의 공화당 상원의원이며 2000년 대선에 출마하리라 예상되던 존 애시크로프트(John Ashcroft)를 위해 모금 행사를 주관한 적도 있다. 그러더니 부시가 당선되자 그는 미국의 최고 법 집행관인 법무장관 자리에 올랐다.[4]

미국은 2000년대 후반 경기 후퇴기에 접어들었다. 1990년대 내내 주식시장 거품이 세계 역사상 유례없는 규모로 팽창했다가 2000년 3월 무참히 붕괴한 데 따른 여파였다. 그 후 몇 년에 걸쳐 타이코(Tyco), 아델피아(Adelphia), 헬스사우스(HealthSouth), 월드컴(WorldCom) 등 신생 기업의 회계 부정이 줄줄이 드러났다. 그러나 엔론의 붕괴가 가장 처참했다. 곳곳에 만연한 기업의 탐욕과 범죄의 심각성이 워낙 크게 느껴지다 보니 사람들이 엔론의 파산으로 새로운 시대가 시작되리라 믿은 것도 이상하지 않았다.

그러나 엔론 사태의 심각성은 점차 희미해졌다. 그뿐만 아니라 이 사태를 통해 화이트칼라 범죄 단속에 대해 얻은 교훈도 잊혔다. 엔론의 정치적 영향력에도 불구하고 미국 정부는 공격적으로 엔론의 사기극을 수사했고 최고위급 경영진을 비롯한 수십 명을 기소했다. 레이, 스킬링 그리고 최고 재무 책임자인 앤드류 패스토(Andrew Fastow)의 유죄가 밝혀졌다. 스킬링과 패스토는 감옥에 갔다. 레이 역시 2006년 선고 공판이 있기 불과 3개월 전에 심장 발작으로 사망하지 않았다면 감옥에 갔을 것이다. 미국 정부는 엔론의 사기 행위를 도운 월가 금융인을 비롯하여 사기에 연루된 혐의로 총 32명을 기소했다.[5] 그 얼마 전에는 사기를 저지른 경영진을 실제로 잡아들이기도 했다.

많은 사람이 엔론, 월드컴, 아델피아, 타이코를 비롯해 주식시장 거품 붕괴 이후 줄줄이 기소당한 기업들의 사례를 접했을 때, 이들이 터무니없는 범죄를 저질렀으니 검찰 기소도 손쉽게 이루어졌으리라 생각한다. 그러나 실제로는 지나고 나니 그렇게 보이는 것일 뿐이다. 캐스린 루에믈러, 새뮤얼 뷰엘, 그 이외 엔론 태스크포스 사람들이 한 일은 절대로 간단하고 필연적인 일이 아니었다. 그들에게 자원, 시간, 정보, 끈기가 없었다면 레이와 스킬링은 기소조차 되지 않았거나 쉽사리 무죄로 풀려났을 것이다. 우선, 태스크포스는 미국 최고의 변호사들을 상대해야 했다. 여론은 더 신속한 대응을 외쳤다. 물론 태스크포스가 항상 성공했던 것만은 아니며 일부 재판에서는 패소했다. 레이는 이메일을 이용하지 않았고 스킬링은 아주 가끔씩만 이용했다. 따라서 정부는 이들의 유죄를 입증할 직접적인 물증을 확보하지 못했다. 그러나 중요한 재판에서 태스크포스가 승소했다. 이러한 결과는 우연이 아니었다. 엔론 기소 팀은 전략적으로 현명한 결정을 내렸고 필요한 자원을 확보했으며 실수를 통해 교훈을 얻었다. 그리고 공격적인 전술을 구사했을 뿐만 아니라 중요한 재판에 효율적으로 대응했다.

이러한 성과에도 법무부는 엔론 사태에서 잘못된 교훈을 얻었다. 그로부터 10년 동안 엔론 태스크포스는 성과를 달성하기보다 과오를 저지른 조직으로 알려졌다. 적어도 그 이후에 임명된 법무부 고위 관료들이 보기에는 그러했다. 변호사들과 법무부 관료들은 엔론 사건을 담당한 검찰이 기소상의 어려움을 적극적으로 해결하기보다는 무모하게 대처했으며 권력을 남용했다고 본다. 그러나 오늘날의 법무부가 엔론 태스크포스와 같은 방식으로 엔론 사건에 대응할 역량이나 되는지 오히려 의문이 든다.

기소 팀의 구성

조지 W. 부시 행정부의 초기 몇 년 동안 법무부는 기업 범죄의 기소에서 혁혁한 성과를 거두었다. 래리 톰슨(Larry Thompson)은 부시가 처음으로 임명한 법무차관으로 드러나고 있는 위기에 법무부가 단호히 대응해야 한다고 보았다. 톰슨은 기업 회계 부정 사건이 터지기 시작하던 2001년 행정부에 합류했다. 주식시장은 폭락하고 있었고 국민은 격분했다. 그러한 진퇴양난의 상황에서 부시 행정부 초기의 법무부는 2000년대 초반에 일어난 굵직굵직한 회계 부정을 빠짐없이 기소했다. 엔론뿐만 아니라 월드컴, 아델피아, 글로벌 크로싱(Global Crossing), 퀘스트 커뮤니케이션(Qwest Communications) 역시 기소되었다. 주(州) 차원에서 보자면 뉴욕의 맨해튼

검사장이 타이코의 최고위급 중역을 법정에 세워 승소했다.[6]

물론 검사들이 패소한 사건도 있었다. 만만한 사건은 맡지 않고 손쉬운 승리로 경력을 채워 넣는 것을 원치 않았기 때문이다. 그러나 병원 및 재활 클리닉의 운영업체인 헬스사우스의 CEO 리처드 스크러시(Richard Scrushy)가 무죄를 선고받은 사례에서 알 수 있듯이 납득하기 어려운 패소도 있었다. 검찰은 27억 달러 규모의 회계 부정과 관련된 증권사기와 공모를 포함하여 36개 죄목을 저지른 혐의로 스크러시를 기소했다. 검찰이 전직 최고 재무 책임자를 비롯해 헬스사우스의 전직 직원들의 증언을 받아 냈음에도 고향의 배심원들은 그에게 무죄 평결을 내렸다.[7] 그러나 1년 후 연방 배심원들은 뇌물 공여라는 별도의 사건에서 스크러시에게 유죄 평결을 내렸다.[8] 톰슨은 위험을 충분히 이해했고 실패를 감내했다. 그가 보기에 실패는 야심의 대가였다.

일생 동안 공정한 태도로 법질서를 담당해 온 톰슨은 '메인 저스티스(Main Justice, 법무부의 워싱턴 본부를 가리키는 표현)'의 형사국(criminal division) 차관보인 마이클 처토프(Michael Chertoff)와 상의했다. 두 사람 모두 화이트칼라 범죄를 '실시간(real-time)'으로 기소하는 것이 국민의 요구라는 데 뜻을 같이했다. 국민은 대응을 요구할 자격이 있고, 피고인들은 하루라도 빨리 처벌을 받아야 한다는 것이 톰슨과 처토프의 생각이었다. 두 사람은 현실적인 전략을 세웠다. 화이트칼라 사건을 수사하는 데는 몇 년씩 걸리는 일이 많았다. 그러나 이처럼 사건을 질질 끄는 것은 바람직하지 못하다. 증거나 단서는 시간이 흐름에 따라 약해지기 마련이고, 기억이 희미해질 뿐 아니라 변호사들이 고객에게 유리한 이야기와 작전을 생각해 낼 시간이 충분해지기 때문이다. 따라서 검찰은 전환점이 필요했다. 톰슨과 처토프는 엔론 사태에 대해서만큼은 국민이 사법 절차가 늦어지는 것을 두고 보지 않으리라는 점을 잘 알고 있었다. 재판이 없을 수도 있다는 것은 고사하고 기소 자체가 이루어지지 않는다는 것은 그들로서는 생각도 할 수 없는 일이었다.

2012년 초반에 톰슨과 처토프는 엔론 사건이 이미 처치 곤란이 될지도 모른다는 두려움을 느꼈다. 몇 개의 연방 검찰청이 분리되어 각각의 수사를 했기 때문이다. 원래 법무부 본부는 연방 지방 검찰청에 대해 감독을 하지만 직접 지시를 내리지는 않는다. 워싱턴의 형사국 역시 증권사기, 반독점법 위반, 공직자 부패 행위, 인권 위반에 대한 수사를 독자적으로 진행한다. 검사들은 수사에 협력을 하지만 직접 진행하지는 않는다. 모든 수사에는 요원이 배정되는데 대부분 FBI 소속이다. SEC를 비롯해 다른 정부 규제기관들은 민사 집행권만을 보유하는 경우가 많기 때문에, 형사 사건에 대해서는 법무부와 공조한다. 뉴욕 남부지검은 기업 범죄와 증권사기의 대부분을 담당하는지라 SEC와 가장 밀접한 관계를 맺고 있었다. 2002년 초반, 뉴욕 남부지검은 엔론 사건을 모조리 떠맡겠다고 나섰지만 톰슨과 처토프가 허용하지 않았다. 남부지검은 그 일에 불만을 품고 엔론 사건에서 완전히 발을 뺐다.

남부지검이 발을 빼자 어느 기관이 무슨 일을 담당하는지 오리무중 상태가 되었다. 정부의 자료 요청이 엔론에 밀어닥쳤다. 워싱턴의 거물 변호사이며 당시 스캐든 압스 슬레이트 미거 앤 플롬(Skadden, Arps, Slate, Meagher, and Flom)에서 엔론의 변호를 맡은 로버트 베넷(Robert Bennett)이 톰슨의 사무실에 전화를 걸어 협력을 하고 싶지만 누구에게 연락을 취해야 할지 모르겠다고 말할 정도였다.[9]

법무부 본부는 휴스턴 연방 검찰청이 엔론과 직업적으로나 개인적으로 너무나 이해상충이 크다는 것을 깨닫고 엔론을 기소하는 일에서 그들은 배제해야만 했다. 톰슨, FBI의 로버트 뮐러(Robert Mueller) 국장, 처토프는 이 문제를 심사숙고했다. 이들은 사건을 진두지휘할 특별 검사를 선임해야 할지, 몇몇 연방 검찰청이 각각 사건을 알아서 처리하도록 그냥 놔둬야 할지 고심했다. 처토프는 뉴저지의 연방 검사장을 지냈고 루돌프 줄리아니(Rudolph Giuliani)가 뉴욕 남부지검의 검사장으로 일할 때 그의 밑에서 일한 경험이 있다. 처토프는 길잡이 역할을 한다는 점에서 검사장과 선장이 비슷한 일을 한다고 보았다. 해안의 조난 신호에 주의를 기울이거나 무시하는 것도 모두 검사장의 재량에 달려 있다는 것을 알고 있었다. 그는 독자적으로 일을 처리하는 사람이었다. 검사장들이 자율적이지는 않았더라도 워싱턴 본부의 지시를 마지못해 받아들였다. 워싱턴 법무부 본부의 고위 관료들은 정부의 임명을 받은 사람들이었다. 그런 만큼 정치적으로 수사에 개입한다는 인상을 주지 않기 위해 조심스레 지시를 내렸다.

처토프는 톰슨에게 언론 사건이 매우 중요하기 때문에 검사장들에게 맡기기보다는 법무부 본부가 직접 담당해야 한다고 주장했다. 톰슨은 애틀랜타 검사장을 지낼 때 다른 지역의 검사장인 제프 세션스(Jeff Sessions)와 마약 전담반을 이끈 경험이 있었다. 세션스는 얼마 후 공화당 소속의 앨라배마주 상원의원이 되었고, 2017년에는 법무장관 자리에 오른 인물이다. 마약 전담반은 성과를 거두었지만 톰슨은 그러한 성과가 저절로 이루어진 것은 아니라고 생각했다. 톰슨과 세션스는 정보와 수사 기법을 공유했다. 태스크포스는 검사들에게 권한을 부여하면서 그들에게 우선 과제를 명확히 전달했다. 그런 다음에는 사건을 끈질기게 파고들고 조무래기들을 구워삶아 두목에 대한 정보를 얻어 내도록 했다.

논의에 참여한 법무부 관료들은 기소권을 지닌 태스크포스에 본질적으로 어떤 문제점이 뒤따르는지 알고 있었다. 예를 들어, 어떤 식으로든 기소해야 한다는 압박감에 시달려 권한을 남용할 수 있다는 점이다. (이는 검사 개

개인이 겪는 문제이기도 하다.) 국민의 마음은 정해져 있었다. 스포트라이트가 비치는 상황에서 검찰이 웬만큼 용감하지 않고서야 불기소 처분을 내리기 어렵다. 기소 건수가 많아질수록 태스크포스는 유리한 입장에 선다. 그렇게 되면 태스크포스의 활동을 어느 단계에서 끝을 내야하는지가 어렵게 된다. 더욱 문제는 태스크포스는 자체적으로 견제 장치를 거의 가지고 있지 않다는 점이다. 연방 검찰청은 제도적으로 안정되어 있고 의사 결정 체계 또한 갖추고 있는 반면, 태스크포스는 아무것도 없는 상태에서 활동하기 때문이다.

그러나 톰슨은 본인이 점잖게 훈수를 두면 그처럼 바람직하지 못한 결과를 방지할 수 있으리라 생각했다. 법무부 고위 관료들은 대통령 직속 기업 범죄 전담반(Corporate Fraud Task Force)을 구성하여 미국 전역에 흩어져 있는 검찰청의 업무를 관할하도록 했다. 관료들은 10건 정도의 대형 사건을 선별하여 기업 범죄 전담반에 감독을 맡겼다. 톰슨은 자신이 신경 쓰고 있다는 것을 알리기 위해 1주일에 한 번씩 검사장들에게 전화해서 사건을 처리하고 있는지 확인했다. 톰슨은 너그럽고 사근사근한 기질의 소유자였다. 그가 직접 지시를 내리는 일은 없었다. 그는 자기에게 진행 상황만 알려 주면 된다고 말했다. 그러나 말과는 딴판으로 검사장들에게 진행 상황을 묻는 일은 없었다. 어떤 법무부 관계자는 톰슨이 "검사장들을 수수방관했다"고 말했다.

더 나아가 법무부 본부는 엔론 사건을 전담하는 정예 조직을 구성하기로 했다. 2002년 초 처토프는 엔론 '특공대'를 조직하는 작업에 착수했다. 뮐러는 특공대를 통솔할 인물로 자제력이 강한 레슬리 콜드웰(Leslie Caldwell)을 추천했다. 뮐러는 샌프란시스코 연방 검찰청 시절에 증권사기 팀을 이끌던 그녀와 일한 경험이 있었다. 콜드웰은 40대 초반으로 언제나 차분하고 침착한 태도를 유지했으며 자신만이 알아들을 법한 농담을 하기 위해 오랫동안 연습한 듯한 분위기를 풍겼다. 검사 경력 초기에는 브루클린에 있는 뉴욕 동부지검에서 조직 폭력단의 기소를 담당했다. 그녀는 당시 브루클린에서는 건물 옥상이 녹색 채소를 기르는 정원이 아니라 사체 은닉 장소로 이용되었다는 이야기를 즐겨 했다.[10] 동부지검의 검사들은 자기들이 맨해튼에 있는 남부지검의 검사들보다 공격적이라는 인상을 주고 싶어 했다. 이들은 자신들을 마피아 단원으로 칭하는 경향이 있었는데 엔론 수사 팀을 장악한 것도 동부지검의 '마피아'였다. 콜드웰은 자신을 보좌할 검사로 앤드류 와이스먼(Andrew Weissman)을 영입했다. 와이스먼은 여러모로 콜드웰과 대조적이어서 와자지껄하고 공격적이며 튀는 행동을 잘했다. 법정에서도 피고인 측 변호사들에게 "당신의 고객은 거짓말로 똘똘 뭉친 쓰레기야!"라고 외치기 일쑤였다. 콜드웰은 브루클린 시절 와이스먼이 법정에서 재능을 발휘하는 것을 보고 감탄했다.

그런 다음 콜드웰은 브루클린에서 같이 일하던 새뮤얼 뷰엘을 접촉했다. 뷰엘은 당시 보스턴에서 까다롭기 이를 데 없는 화이티 벌저(Whitey Bulger) 사건을 맡아 3년째 고군분투 중이었다. 화이티 벌저는 보스턴의 악명 높은 조직폭력단 두목으로 19건의 살인을 비롯해 온갖 범죄에 연루된 인물이다. 그는 16년 동안 도피 행각을 벌이다가 2011년 검거되었다. 콜드웰은 뷰엘의 결혼식에 참석할 정도로 친분이 두터운 사이였다. 2002년 초반 그녀에게서 태스크포스에서 일해 달라는 연락을 받았을 때 뷰엘은 크게 망설이지 않았다. 그는 자신이 태스크포스에 합류하리라는 것을 직감했다. 기업 변호사로 일하다가 직장을 그만두고 직접 자녀를 양육하고 있던 아내의 권유도 있었다. 뷰엘은 화이트칼라 범죄를 수사한 경험이 적었다. 기업 범죄라면 돈세탁처럼 단순한 사건만 몇 건 다뤄 봤을 뿐이다. 그러나 그는 검사라면 까다로운 사건을 회피해서는 안 된다고 믿었다. 그는 뉴욕대 로스쿨을 나와 잭 와인스타인(Jack Weinstein)의 보좌관으로 일했다. 와인스타인은 에이전트 오렌지(Agent Orange, 베트남전 당시 미군이 사용한 고엽제 - 역주)와 석면 피해자 사건을 포함한 집단 소송을 해결하면서 이름을 떨친 전설적인 연방 법원 판사다. 뷰엘은 와인스타인 판사와 일하면서 손을 대지 못할 정도로 어렵거나 대단한 사건은 없다는 교훈을 얻었다. 죄를 저지르는 사람들이 판검사보다 더 똑똑한 것은 아니며, 그들 역시 어느 순간에는 그 사실을 깨닫게 마련이라는 것을 그는 경험으로 알았다.[11]

그렇다 해도 전문가 몇 사람의 도움은 필요했다. 그래서 콜드웰은 법무부 본부의 톰 해녀식(Tom Hanusik)을 기용했다. 해녀식은 1990년대 중반 SEC의 집행국(enforcement division) 변호사로 일하면서 금융 조사의 요령을 익혔는데 복잡한 문건을 뒤지고 수상쩍은 거래를 적발해 내는 것을 즐겼다. 검사 한 명이 추가로 합류하면서 기민하고 젊고 야심만만하며 활기 넘치는 조직이 구성되었다. 그들 모두 그처럼 무질서하고 복잡한 사기 사건을 떠맡았다는 사실에 부담을 느꼈다. 어쨌든 엔론 태스크포스는 향후 5년 동안 FBI 요원 40명과 검사 10명 정도가 풀타임으로 투입되어 공소를 진행했다.

그러나 국민들에게는 태스크포스가 사건에 신속하게 착수하지 않는 것처럼 보였다. 검찰이 보기에 엔론 측 변호사들은 엔론이 무모한 짓을 했을지는 몰라도 엄밀히 따지자면 법을 지켰다고 주장할 터였다. 회사 측은 변호사들과 회계사들이 자신들의 행동에 찬성했다고 주장할 것이 분명했다. 이러한 예측은 현실화되었다. 따라서 검찰은 신중하게 움직여야 할 필요가 있었다. 복잡하게 꼬인 실타래를 하나하나 풀어내어 드러나지 않은 범죄를 찾아내야 했다. 그러나 국민과 언론은 검찰의 상황을 이해하거나 공감하지 않았다.[12] 언론은 정부가 일을 미적거리는 바람에 범법자들이 자유로이 돌아다닌다고 공격했다. CNN의 루 돕스(Lou Dobbs)는 그 당시 가장 영향력이 큰 경제 전문 기자였는데, 이란 인질 사건 때처럼 엔론 사건에 대해서도 날마다 카운트다운을 세면서 엔론에 대한 기소가 한 건도 이루어지지 않았다는 점을 지적했다. CNBC의 시사 프로그램 〈커들로와 크레이머(Kudlow & Cramer)〉는 "누가 감방에 있죠?"라는 질문을 던지기 일쑤였다. 뷰엘은 이 프로그램의 공동 진행자인 래리 커들로(Larry Kudlow)가 엔론 사건의 관계자들을 기소하는 것이 길거리 마약 판매상을 잡아넣는 일만큼이나 간단하다고 터무니없는 열변을 토해 내는 장면도 보았다. CNN의 법률 분석가인 제프리 투빈(Jeffrey Toobin)은 방향을 달리했다. 그는 화이트칼라 범죄자들을 재판정에 세우기가 얼마만큼 어려운지 설명한 다음에 스킬링과 레이가 감옥에 가는 일은 절대로 일어나지 않으리라 예견했다.[13] 상원의 여당 원내 대표인 톰 대슐(Tom Daschle)은 법무부에 어째서 아무도 기소하지 않는지 해명하라고 촉구했다.[14]

검찰이 최고위급이 아닌 임원을 압박하거나 관련이 없어 보이는 사건에 착수하자 언론은 스킬링과 레이에 대한 수사가 중단이라도 된 듯 보도했다. 그러나 언론은 무슨 일이 벌어지고 있는지 알지 못했다. 검찰의 행동은 계산된 것이었다. 엔론의 최고위급 임원들을 기소할 증거를 모으기 위해 직급이 낮은 임원들로 수사 방향을 옮겨간 것뿐이었다. 물론 검사들도 마음속으로는 기소에 이를 수 있을지 반신반의했다.

그러나 그들은 기소에 성공했고, 길고 고된 재판이 이어졌지만 결과는 아주 좋았다. 검찰은 엔론 사기극의 주모자들에 대해 유죄 평결을 받아 내는 데 성공한 것이다. 주요 증인인 딜레이니, 패스토, 재무 책임자 벤 글리산(Ben Glisan)의 협력을 얻어 낸 덕분이었다. 이 세 사람은 증인 중에서도 가장 충실하게 정부에 협력했고, 검찰의 베르길리우스(Vergilius, 로마의 시인으로서 단테의 《신곡》에서 단테에게 지옥과 연옥을 안내하는 역할로 등장하며 '길잡이'라는 의

미로 쓰이기도 함-역주)가 되어 미로처럼 복잡한 부외거래(off-balance-sheet deal, 재무제표에 기록되지 않는 거래-역주)와 회계 조작에 대한 정보를 제공했다. 수사관들과 검사들은 합리적 의심의 여지가 없는 수준으로 엔론의 유죄를 입증하기 위해 수십 명의 임원, 피해자, 전문가, 증인은 물론 수많은 서류를 조사했다. 그러나 글리산, 딜레이니, 패스토의 증언이 결정적이었고, 이들이 없었다면 엔론 태스크포스는 엔론 기소에 실패했을 것이다.

검사들은 세 사람을 각각 다른 방식으로 설득했다. 딜레이니에게는 형 경감을 대가로 하는 전통적인 방식을 취했다. 패스토와는 감형의 제시 없이도 협력을 얻어 낸, 이례적인 합의에 도달했다. 글리산은 한동안 주저했지만 형을 사는 동안 자발적으로 협력했다.

패스토의 변심

바깥세상은 검사들이 앞으로 해야 할 일을 제시하면서 정부를 돕고 있었다. 언론인들은 엔론 사건을 대서특필했다. 엔론 이사회는 파산 원인이 무엇인지 알아내기 위해 내부 조사를 지시했다. 텍사스대 로스쿨의 윌리엄 파워스(William Powers) 학장을 비롯한 3인의 사외 이사들이 파산으로부터 불과 2개월이 지난 2002년 2월 1일 자체적인 보고서를 발표했다. 이 보고서에서 사외 이사들은 엔론의 자기 거래(self-dealing) 등 의심스러운 거래들을 자세하게 파헤쳤으며 감독을 소홀히 한 최고 경영진을 맹렬히 비난했다.

2002년 3월, 엔론 태스크포스는 첫 대형 소송을 제기했다. 엔론의 회계 업무를 대리한 회계법인 아서 앤더슨(Arthur Andersen)을 사법 방해 혐의로 기소한 것이다. 이 소송을 제기하느라 콜드웰, 와이스먼, 뷰엘은 녹초가 되었다. 그러는 동안 톰 해너식은 이들에 비해 여유로운 분위기에서 엔론의 유죄를 입증할 증거를 모으기 시작했다. 파워스의 보고서 중에서도 영국의 투자은행인 낫웨스트(NatWest, National Westminster의 약칭)가 어떤 식으로 엔론의 수상쩍은 거래를 도왔는지 언급한 부분이 해너식의 눈길을 끌었다. 그는 해당 거래와 관련된 이메일을 찾아서 읽자마자 그 이메일들이 엔론의 유죄를 입증하고도 남을 증거라는 사실을 깨달았다. 낫웨스트가 패스토와 그의 오른팔인 마이클 코퍼(Michael Kopper)를 도와 엔론의 채무를 숨겨 둘 부외계정 법인(off-balance-sheet vehicle)을 설립하는 데 관여한 정황이 이메일에서 포착된 것이다.

해너식은 2002년 여름까지 많은 엔론 소송 중에서 처음으로 낫웨스트 직원 3명을 통신사기(wire fraud, 미국 법무부의 범죄 매뉴얼은 전자적 통신 수단을 사용하거나 주간(洲間) 통신 시설을 이용한 경제 범죄로 정의 - 역주)로 기소하고 이들의 미국 인도를 요청했다. 외부인이 보기에는 엔론 사기와 딱히 연관이 없는 사건이었다. 그러나 해너식은 이 사건이 어느 한 사람에게는 헤드라인급의 보도로 심각하게 받아들일 수 있다는 점을 알고 있었다. 그의 의도는 적중했다. 엔론의 내부자인 젊은 코퍼가 사건 기사를 읽고 해너식의 수사가 어디로 향하고 있는지 직감하고 협력하겠다고 나선 것이다. 3주 후 코퍼가 연락을 해오면서 해너식은 최초로 엔론 측 협력자를 얻어 내는 데 성공했다. 코퍼는 패스토의 유죄를 입증할 증거를 모으고 있던 엔론 태스크포스에 도움을 주었다. 그러나 검찰은 낫웨스트와 아서 앤더슨을 기소함으로써 중요한 메시지를 한 가지 더 전달할 수 있었다. 검찰이 엔론의 경영진뿐만 아니라 엔론의 행위를 도운 은행가들과 회계사들도 추적하고 있다는 점이었다. 태스크포스의 검사들은 기업 범죄가 이루어지는 생태계를 잘 이해하고 있었다.

2002년 8월 21일, 코퍼는 유죄를 인정하고 최고 15년 형을 받는 양형 거래에 응했다. (그는 후일 3년 1개월 형을 선고받았다.) 이러한 거래 덕분에 검찰은 수사의 초기 단계에서 가장 확실한 목표인 패스토에 다가갈 수 있었다. 패스토는 30대라는 젊은 나이에 엔론 CFO 자리에 오른 귀재였다. 엔론의 회계 부정 중에서도 가장 복잡한 부분이었던 부외계정 법인의 설립을 지휘한 사람도 패스토였다. 2002년 10월 엔론 태스크포스는 패스토를 기소했고, 그는 무죄를 주장했다.

래리 톰슨 법무차관과 로버트 뮬러 FBI 국장은 그간의 성과를 알리기 위해 기자 회견을 열었다. 톰슨은 경직된 분위기가 지배하는 워싱턴의 공식 기자 회견에서는 좀처럼 듣기 어려운 간단명료한 말로 자신의 접근법을 설명했다. "우리의 전략은 그야말로 간단합니다. 악당들을 감옥에 집어넣고 그들의 돈을 뺏는 것이 우리의 목표입니다."[15]

스킬링과 레이는 엔론의 사기와 파산을 패스토의 탓으로 돌렸다. 술병으로 꽉 찬 찬장 열쇠를 놔둔 채로 주말 동안 집을 비운 부모가 집에 돌아와 고주망태가 된 미성년자 자녀들을 비난하는 격이었다. 태스크포스는 코웃음을 쳤다. 그러나 두 사람은 직위 덕을 보고 있었다. 태스크포스는 스킬링과 레이를 잡기 위해서는 패스토의 협력이 반드시 필요하다는 점을 잘 알고 있었다.

태스크포스가 온갖 불리한 증거를 들이댔지만 패스토는 기소된 이후에도 몇 달 동안 입을 열지 않았다. 정부는 그에게 좀 더 강한 압박을 가해야 했다. 와이스먼은 콜드웰의 승인을 얻어 비유적으로 표현하자면 패스토의 무릎에 송곳을 찔러 넣었다. 2003년 5월 1일, 태스크포스는 허위 소득세 신고서를 제출한 혐의로 패스토의 아내 리(Lea)를 기소했다. 패스토 부부는 둘 다 수감되어 아이들과 격리될 위기에 처했다. 리는 휴스턴의 명망가 출신이었다. 그녀는 이미 명예와 지위를 잃었다. 이제 자유마저 박탈당할 가능성까지 커진 것이다.

패스토는 아내가 당할 일에 개의치 않을 정도로 비정한 사람이 아니었다. 결국 그는 항복했다. 패스토의 변호사 존 케커(John Keker)는 직접 법무법인을 설립했고 야비하고 시시콜콜 따지기 좋아하는 인물로 유명했다. 검사들에게 소리를 지르고 욕설을 퍼부을 때도 있었다. 콜드웰은 여느 때와 같이 평정을 유지했고 케커가 지쳐 나자빠질 때까지 날뛰도록 내버려 두었다. 케커는 자기 의뢰인이 검찰에 협조하는 일을 절대로 허락하지 않겠다고 큰소리를 쳤다. 물론 검찰에 협조하는 것이 의뢰인의 이익에 부합한다면 허락하겠다고 말했다. 패스토의 경우가 그러했다.

엔론이 파산을 선언한 지 2년도 더 지난 2004년 1월 14일 검찰은 평범하지 않은 양형 거래를 맺었다. 패스토 부부는 모두 유죄를 인정했다. 남편 앤드류 패스토는 통신사기를 공모한 혐의와 통신·증권사기를 공모한 혐의를 시인했다. 그는 벌금으로 수천만 달러를 낼 뿐 아니라 엔론이 자신에게 졌다는 채무 수백 만 달러를 포기하겠다고 서약했다. 결정적으로 패스토는 다른 최고위급 임원들도 죄를 저질렀다고 진술했다.

> "나는 엔론의 다른 고위 간부들과 함께 엔론이 공시하는 재무 성과를 부정하게 조작했습니다. 우리의 목적은 투자자와 다른 사람들에게 엔론의 재무 상태를 실제와 다르게 알림으로써 결과적으로 엔론의 주가를 인위적으로 부풀리고 엔론의 신용 등급을 부당하게 유지하려는 데 있었습니다."[16]

패스토는 10년 형에 동의했다. 그는 검찰에 매우 협조적이었지만 거래

조건에 따라 감형을 요구할 수 없었다. 피고인 측 변호사들은 검찰 측 증인의 진실성에 이의를 제기하려고 감형 협상을 물고 늘어지는 경향이 있다. 증인이 감형을 받기 위해 거짓말을 했다는 인상을 배심원단에게 전달하기 위해서다. 그러나 콜드웰, 와이스먼, 뷰엘이 패스토와 맺은 거래는 감형을 조건으로 한 것이 아니었기 때문에 패스토가 자기만 손쉽게 빠져나오려고 스킬링과 레이에 대해 거짓말을 한다는 피고인 측 변호사의 주장은 설득력을 잃었다. 판사는 패스토에게 6년 형만을 선고했다.

글리산의 책략

젊고 유망한 캐스린 루에믈러가 태스크포스에 합류한 시점은 패스토가 기소되었지만 양형 거래가 이루어지기 전이었다. 최고 재무 책임자를 기소한 것도 대단한 성과이긴 했지만, 스킬링과 레이를 법정에 세우려면 훨씬 더 많은 증거를 확보해야 했다. 루에믈러와 뷰엘은 2003년 9월 딜레이니를 무너뜨렸다. 딜레이니가 더 이상 거짓말을 하지 않고 정부 측으로 돌아섬에 따라 태스크포스는 그가 제공한 정보를 검토했다. 한 달 후에 그는 유죄를 시인했다. 루에믈러와 뷰엘은 딜레이니와 전통적인 사법 협조자 협약(cooperating witness agreement)을 맺었다. 혐의를 최소화해 주는 대가로 증언을 받아 내는 거래였다. 루에믈러는 피고인 측 변호사들이 나중에 그 거래에 대해 트집을 잡을지도 모른다고 생각했지만 일단은 뷰엘과 함께 딜레이니에게서 빼낼 수 있는 정보는 모두 빼내야 한다고 판단했다. 실제로 딜레이니는 스킬링에 대해 많은 것을 알고 있었다. 엔론 사건을 맡은 검사들은 (화이트칼라 범죄를 맡은 검사라면 누구나 그래야 하듯이) 압박을 늦추지 않았기에 딜레이니의 입을 열 수 있었다. 아무도 연방 검찰청에서 누구를 면담했는지 알지 못했다. 누가 입을 열고 누가 입을 다물고 있는지 아는 사람도 없었다. 딜레이니가 유죄를 시인하던 날, 스킬링은 자신의 변호를 맡은 로펌 오멜브니 앤 마이어스(O'Melveny & Myers)에 1000만 달러를 송금했다.

루에믈러는 "잘 됐어. 스킬링은 자기가 얼마만큼 위험한 상황에 처했는지 알고 있는 거야"라고 생각했다.

엔론 증인 3인방 중 마지막으로 협력에 응한 재무 책임자 벤 글리산은 다른 사람들과 달리 마지못한 태도를 취했다. 2003년 9월 10일, 유죄를 인정한 그는 5년 형을 선고받고 곧바로 수감되었다. 엔론 임원 중 처음으로 감옥에 갇힌 것이다. 글리산은 협력하지 않았다. 협상도 원하지 않았다. 주어진 형을 살겠다는 말만 했다. 자녀들이 아직 어리기 때문에 감옥에 가더라도 법정 공방을 질질 끌다가 가느니 하루라도 빨리 복역하는 것이 낫다는 판단에서였다.

글리산은 엔론에서 중요한 위치에 있었기에 그의 말은 스킬링과 레이에게 유죄를 선고하는 데 결정적으로 작용할 수 있었다. 그러나 그것도 그가 입을 열어야 가능했다. 앤드류 와이스먼 검사는 불과 몇 달 전에 형을 선고받은 글리산을 감옥에서 불러내어 대배심 앞에 세우는 모험을 했다. 루에믈러를 비롯하여 젊은 팀 멤버들은 와이스먼의 배짱에 감탄을 금치 못했다. 그가 글리산을 증인으로 점찍었다는 것을 한 번도 내색한 적이 없었기 때문이다. 와이스먼의 행동에는 엄청난 위험이 뒤따랐다. 글리산이 스킬링이나 레이의 혐의를 없애 주는 증언을 할 수도 있었다. 게다가 그런 증언은 대배심 기록에 고스란히 남게 된다.

일간지 〈휴스턴 크로니클(Houston Chronicle)〉의 기자가 대배심을 날마다 취재했다. 검찰은 글리산이 대배심에 출석했다는 사실이 새어 나가지 않기를 바랐다. 연방 보안관은 녹색 수의를 입은 글리산을 뒷문으로 몰래 입장시켰다. 와이스먼은 글리산에게 추가 기소를 면제해 주는 조건만을 제시했다. 무슨 증언을 하든 간에 그가 형기를 마쳐야 한다는 데는 변함이 없다는 이야기였다. 그런 다음 태스크포스의 부책임자가 대배심 바로 앞에서 심문을 시작했다. 진실만을 말해야 한다는 사실을 알고 있는가? 글리산은 그렇다고 대답했다. 와이스먼은 며칠에 걸쳐 글리산을 증언대에 세웠다. 글리산은 굉장했다.

법정에서의 하루가 끝나면 팀은 저녁마다 밖에 나가 식사를 했다. 루에블러는 글리산이 법정에서 하는 말을 믿을 수 없었다. 그는 모든 거래 내용을 알고 있다고 했다. 결정적인 대화가 이루어지는 동안 스킬링과 레이가 그 방에 있었다고 증언했다. "젠장, 가서 그 자식과 얘기를 해 봐야겠어." 루에블러가 말했다. 와이스먼이 활짝 웃었다. 글리산은 얼마 후 레이의 다른 재판뿐만 아니라 루에블러가 엔론의 채무를 수익으로 조작하는 것을 도운 혐의로 기소한 메릴린치 경영진의 재판에서도 스타 증인으로 활약했다. (이 재판은 아프리카 나이지리아의 해안에서 거래가 이루어졌다 해서 '나이지리아 바지선 재판'으로 알려졌다.) 글리산은 두 건 모두에 대해서 면책을 받았다.

나이지리아 바지선 재판은 2004년 가을로 연기되었다. 루에블러와 FBI 요원 한 명은 수감 중인 글리산을 보러 가기 위해 싸구려 뷰익 차 한 대를 빌렸다. 텍사스의 여름 동안 운전자를 시원하게 할 요량으로 운전석에 냉각 장치를 설치한 자동차였는데 루에블러는 그런 차를 한 번도 본 적이 없었다. 배스트롭 연방 교정 기관(Bastrop Federal Correctional Institution)은 보안 수준이 낮은 감옥으로서 휴스턴에서 두 세 시간 떨어진 곳에 있다. 그녀는 철조망과 거대한 투광 조명등으로 둘러싸인, 회색으로 무질서하게 뻗어 있는 복합 건물에 가까워지자 "검사라면 누구나 감옥에서 오랜 시간을 보내 봐야 해"라고 생각했다. 검사라면 자신들이 사람들을 보내는 곳이 어떤지 체험해 보아야 하고, 그 사람들의 자유를 빼앗는 것이 얼마나 심각한 일인지 느껴 보아야 한다는 생각이었다.

죄수들은 밀고자가 되기를 원치 않는다. 루에플러와 글리산의 면담은 비밀리에 이루어져야 했다. 감옥 측은 글리산을 수용실에서 빼내어 교도소장실로 몰래 데리고 가기 위해 거짓 핑계를 꾸며 냈다. 칙칙한 올리브색 죄수복을 입은 글리산은 초조한 상태였다. 그러나 곧 안정되었고 골똘히 생각하는 모습을 보였지만 결코 억울해하지는 않았다. 그는 지나치게 협조적이거나 비위를 맞추려 하지 않았으며 지나치게 적극적이지도, 앙심을 드러내지도 않았다. 루에플러와 뷰엘은 세부 사항까지 떠올리는 그의 놀라운 기억력에 감탄하여 그에게 존경심을 품게 되었다.

글리산은 참을성 있게 설명해 주었다. 그는 모든 회의와 거래를 꼼꼼히 기록해 두었다. 루에플러는 그와 함께 그 기록을 하나하나 검토했다. 검찰에 유리한 내용으로 가득했다. 그는 모든 내용을 확인해 주었다. 글리산은 엔론의 부외계정 법인 한 곳에 대해서도 차근차근 설명했다. 머리가 돌 정도로 복잡한 구조였다. 마침내 루에플러는 "이해했어요!"라고 외쳤다. 다음 날 아침에 그녀는 잠에서 깨어나자 그 내용을 다시 이해할 수 없다는 사실을 깨달았다. 재판에서는 그 정도의 자세한 수준으로 파고들 필요가 없으리라는 점을 알고 있었지만, 피고인 측 변호사들은 루에플러가 배심원들에게 제시하는 내용에 누락이 있거나 만약 조금이라도 틀릴 경우에 난도질을 하기 위해 칼을 갈아 두었을 것이 분명했다.

글리산은 스킬링의 유죄를 입증할 수 있는 정보를 지녔다. 그러나 그보다 중요한 사실은 그가 레이를 옭아맬 정보도 가지고 있다는 점이다. 그는 엔론 태스크포스에 엔론의 설립자인 레이를 기소할 수 있다는 자신감을 심어 주었다. 2004년 7월 4일 엔론 태스크포스는 증권사기와 허위 진술 등 11가지 혐의로 레이를 기소했다. 그는 혐의를 부인했으며, 자신의 결백을 주장하고 스스로를 사기의 희생자로 포장하기 위해 기자 회견을 열었다. 그는 앤드류 패스토가 자신의 신뢰를 "아주, 아주 악질적으로 저버렸다"고 주장했다. 아래 직원들이 내리는 결정을 낱낱이 알고 있는 "CEO는 내가 아는 한 존재하지 않는다"라고도 했다. 그는 CEO들이 법률 전문가, 은행가, 회계사들의 자문에 의존한다고 말했다. "그래요, 자기 회사의 모든 부서, 모든 직급, 각국 지사에서 벌어지는 일과 모든 직원에 대해 전부 알고 있는 초인이 있을지도 모르죠. 그러나 나는 그것이 매우 비현실적인 상상이라고 생각합니다."[17]

향후 10년 동안 기업의 최고 경영인들은 이런 식의 주장을 되풀이했으며, 특히 2008년 세계 금융위기 직후에 그러한 경향이 두드러졌다. 모른다고 하면 결백이 인정되었다. 레이의 변명은 검찰이 그를 엔론의 회계 부정을 조종한 혐의로 기소했다면 통했을지도 모른다. 그러나 검찰은 그러기에는 너무 영리했기에 다른 혐의로 소송을 제기했다.

암흑기

2004년 하반기에 이르기까지 엔론 태스크포스의 젊은 검사들은 고된 시간을 보냈다. 봄에는 레슬리 콜드웰이 태스크포스를 떠났다. 새뮤얼 뷰엘도 떠났다. 그는 그 전까지 보스턴 밖으로 움직인 적이 없었지만 2년 동안 한 주도 빠지지 않고 비행기를 타야 했다. 두 번째 아이가 태어날 때도 그는 엔론 사건 때문에 일을 하고 있었다. 그는 갓 태어난 딸을 거의 못 본다는 사실에 안타까워했다.

태스크포스는 혼란 속에 빠졌다. 검사 중에서도 션 버코위츠(Sean Berkowitz)와 루에플러는 탈진 상태였다. 자신들이 결코 결정적인 혐의를 입증하지 못하리라는 생각이 들 때도 있었다. 명백한 증거가 없었다. 그런데도 배심원단이 검찰의 견해를 받아들일까? 두 사람 모두 태스크포스를 떠나겠다는 생각을 품고 있었다. 그러다가 2005년 중반에 와이스먼이 선수를 쳐서 사임을 선언했다. 버코위츠가 책임자로 임명되었다. 그는 루에플러에게 부책임자가 되어 달라고 부탁했다. 둘은 꼼짝없이 태스크포스에 남아 난장판을 처리해야 했다. 두뇌가 비상하고 배짱이 두둑했음에도 와이스먼은 관리자감이 아니었다. 역할이 명확히 규정되지도 않았다. 태스크포스는 스킬링과 레이에 대한 중요한 재판을 준비하는 상황에서도 갈피를 잡지 못하고 있었다. 기소 팀조차 제대로 구성되지 않은 상태였다.

버코위츠는 루에플러가 들어온 직후인 2003년 12월에 합류했다. 36살이던 그는 그때까지 힘든 시기를 겪었다. 하버드 로스쿨을 졸업한 그는 시카고 연방 검찰청에서 5년간 근무했으며, 가장 최근에는 패트릭 피츠제럴드 검사장 밑에서 일했다. 그러나 같은 검찰청에 근무하는 검사 아내와 이혼하는 과정이었다. 어떻게든 그곳에서 벗어나고 싶었던 그는 피츠제럴드에게 자신이 갈 만한 곳이 있는지 물어보았다. 피츠제럴드는 그에게 엔론 태스크포스를 추천해 주었다. 버코위츠는 엔론이라는 회사나 그 수사에 대해 거의 아는 바가 없었지만 기업을 기소한 경험이 어느 정도 있었다. 그는 제안을 받아들였다.

와이스먼은 엔론의 브로드밴드(broadband, 광대역 고속 데이터 통신망) 부문의 중역들에 대한 재판이 진행되는 동안 사임했다. 재판은 순조롭지 않았다. 엔론은 브로드밴드 인터넷 서비스를 제공하는 부문을 창설했다. 이 부문은 실제로는 성공을 거두지 못했지만 장부만 보면 흑자였다. 엔론이 계약만 체결하면 실제 돈이 들어오기 한참 전이라도 매출과 수익을 장부에 기록했기 때문이다. 초창기부터 엔론 태스크포스는 상당한 재원과 인력을 투입하여 브로드밴드 부문을 파헤치는 데 힘썼다. 그처럼 돈과 시간을 쏟아 부은 것이 2004년 7월 30일에 이르자 결실을 거둔 듯이 보였다. 브로드밴드 부문의 최고 경영자인 켄 라이스(Ken Rice)가 증권사기 혐의에 대해 유죄를 시인한 것이다. 그다음 달에는 해당 부문의 최고 운영 책임자가 유죄를 인정했다.

태스크포스는 그 외에도 사업성을 과장한 혐의로 브로드밴드 부문의 중역 5명을 기소했다. 2005년 4월 18일 중역 5명에 대한 재판이 시작되었다. 재판은 5개월 동안 질질 끌었다. (버코위츠와 루에믈러가 포함되지 않은) 기소 팀은 피고인 측에 팽팽히 맞섰다. 브로드밴드 기술의 경제성에 대한 의견 충돌 때문에 재판은 교착 상태에 빠졌다.

7월에 배심원단이 중역들에게 일부 혐의에 대해 무죄 평결을 내렸고 나머지 혐의에 대해서는 평결 불능을 선언했다. 판사는 재판 취소(mistrial, 배심원단이 만장일치 결론에 도달하지 못한 경우를 포함하여 재판 과정에서 중대한 실수가 발견되었거나 제출된 증거에 문제가 있는 경우 새로운 배심원단을 구성해 재판을 처음부터 다시 시작할 필요가 있을 때 판사는 재판 취소를 선언할 수 있음-역주)를 선언했다.

태스크포스의 책임자인 버코위츠는 평소에 차분하고 온화한 성격이었지만 조바심이 났다. 철옹성처럼 확실해 보였던 증거가 허술해 보이기 시작했다. 몸집이 불어난 피고인 측 변호인단은 모션(motion, 법정에서 다투고 있는 이슈와 관련하여 판사에게 판결이나 명령을 요구하는 신청으로 주로 공개 법정에서 구두 변론 뒤에 한 당사자에 의해 구두로 요청됨-역주)을 반복하면서 공세를 퍼부었다. 그와 루에믈러는 충분한 인력과 지원을 확보하지 못했음을 실감했다. 자원 부족은 이해할 수 없는 일이었다. 법무부는 어째서 국민의 열망 속에서 팀을 구성해 놓고는 승소에 필요한 수단은 제공하지 않은 걸까?

FBI는 시대에 뒤떨어진 문서 관리 시스템을 갖추고 있었다. 태스크포스의 검사들은 FBI에 연락해서 특정 조항에 대한 검색을 요청한 후 한참을 기다려야 했다. 사흘 후에나 회신 문서를 받는 것이 보통이었다. 엔론 사건은 전자 증거 개시(electronic discovery)가 수사에 대대적으로 이용된 첫 사례이자 서면 증거 개시(paper discovery), 수동 검색, 문서 보관함 등으로 대표되는 구세대 수사 기법이 사용된 마지막 사례였다. 한 번은 그런 방식의 검색에 실패하자 루에믈러는 FBI 요원들을 호되게 나무랐고, 그런 다음 버코위츠의 사무실에 들어가 의자에 털썩 앉았다.

"뭐가 문제일까요? 저 사람들은 왜 이 일을 처리하지 못할까요?"

버코위츠 머릿속에는 "이 일이 언제 끝날까?"하는 생각뿐이었다.

그들은 상관들의 주의를 환기해야 할 필요가 있다고 판단했다. 버코위츠와 루에믈러는 형사국 차관보 대행인 존 리히터(John Richter)를 만나러 법무부 본부에 갔다. 그들은 창문 하나 없는 회의실에 앉았다. 두 사람은 그에게 하소연했다.

"우리가 이번 소송에서 질 거예요. 그것도 아주 처참하게요." 루에믈러가 경고했다.

"그래, 그래, 알아들었어." 리히터가 말했다. "뭐가 필요한가?"

"전부 다요." 버코위츠가 말했다.

그들은 문서 지원, 그래픽 지원, 재판 지원 등 자신들의 요구 사항을 늘어놓았다. 그들에게는 배심원 컨설턴트(jury consultant)도 필요했다. 피고인 측의 항변에 빠짐없이 대응하려면 더 많은 인원이 필요했다. 피고인 측은 전문가의 의견과 여론 조사 자료를 들어 재판 장소까지 변경해 달라고 요청하고 있는 참이었다. 대응책 하나 없이 법정에 서서 "말도 안 됩니다. 저희를 믿어 주세요, 판사님"이라고 말해야겠는가?

버코위츠와 루에믈러는 브로드밴드 소송에서 무엇이 잘못되었는지도 분석했다. 결론은 피고인 측 변호사가 한 말에 요약되어 있었다. "한여름에 텍사스 휴스턴에서 유능한 변호사 집단을 상대로 192개 혐의가 적용된 복잡하고 무리한 사건을 기소해서는 안 된다"는 것이었다.[18] 이때부터 태스크포스는 단순함을 추구했다. 모든 것을 입증하고 입증할 수 없는 것은 버리자는 원칙이었다. 특히 피고인 측이 장황한 헛소리를 늘어놓아 배심원단의 졸음을 유발하는 일은 막아야 했다. 이는 매우 흔하고 명백하면서도 저지르기 쉬운 실수다. 검사들은 늘 이런 실수를 저질러 왔다.

버코위츠는 태스크포스의 우선순위를 정했다. 가장 중요한 것은 대규모 재판이었다. 와이스먼은 모든 일에 손대려 했고, 모든 사건을 재판에 부치고자 했으며 언론의 주목받기를 원했다. 이제 검찰은 스킬링과 레이를 법정에 세우는 데만 집중할 필요가 있었다.

스킬링에 대한 소송

정부는 스킬링과 달리 레이에 대해서는 충분한 증거를 확보하지 못했기 때문에 그를 그리 대단치 않은 혐의로 기소할 수밖에 없었다. 루에믈러와 그녀의 팀은 스킬링과 엔론의 최고 회계 책임자인 리처드 코지(Richard Causey)에 대한 기소를 지휘했다. 그녀는 이 사건이 레이의 기소와 분리되는 것을 원치 않았다. 코지와 스킬링의 기소는 연관성이 있었다. 두 중역은 1998년 12월부터 2001년 12월까지 증권사기를 저지르기 위한 공동 모의에 가담했다. 문제는 그 기간 동안에는 레이가 최고 경영자가 아니었다는 점이다. 그는 엔론을 설립했지만 2001년 2월 스킬링에게 경영권을 넘겼다. 그는 2001년 8월에 엔론에 복귀했는데, 당시는 회사가 총아에서 우스갯거리로 전락하고 주가가 폭락하고 사업이 무너져 내리던 때였다. 그 이전까지 레이는 엔론의 이사회 의장으로 있었지만 경영에 적극적으로 관여하지 않았다.

최종적으로 팀은 스킬링과 레이의 소송이 같이 가야 한다는 것을 받아들였다. 두 소송 모두 증인 상당수가 겹쳤다. 검찰의 전략은 레이가 자신의 후배인 스킬링에게서 허위 기록을 넘겨받으면서 최고 경영진들과 어떤 식으로 공모했는지를 입증하는 것이었다. 버코위츠는 루에믈러를 설득했다. 그들은 최고 경영진 세 사람을 동시에 기소한다는 계획을 짰다.

레이에 대한 증거가 미약하다는 점을 우려한 엔론 태스크포스는 그에 대한 혐의를 계속 쌓아 갔다. 그러는 과정에서 그들은 사소하지만 향후 기업의 화이트칼라 범죄자 기소에 중대한 영향을 미치게 될 실수를 저질렀다. 검찰은 레이가 자기 회사 직원들을 속였다는 것을 배심원단에게 밝히고자 했다. 배심원들이 이해하기 쉬운 혐의였다. 그의 공개적인 행동과 개인적인 행동은 일치하지 않았다. 그는 자기 돈으로 엔론 주식을 사들이는 쇼를 대대적으로 광고하면서 자신이 엔론 주식의 순매수자라고 언론에 떠들어 댔다. 그러나 그는 자신이 보유한 엔론 주식을 몇 차례에 걸쳐 팔아 치우려는 은밀한 계획을 가지고 있었다. 사실, 그는 자기가 사들인 것보다도 많은 주식을 매각하고 있었다. 한마디로 레이는 증권사기를 저지른 것이다.

검찰은 레이에게 증권사기 외에도 한 가지 혐의를 추가했다. 공직자는 국민에게 "정직하게 봉사(honest service)"할 공적 신뢰 의무가 있다. 공직자가 뇌물이나 리베이트를 받거나 스스로에게 이득이 되는 거래에 관여할 경우 공적 신뢰를 훼손하는 결과가 발생한다. 1970년대와 1980년대에 검찰은 공개기업의 경영진에게도 같은 기준을 적용하기 시작했다. 공적 신뢰 훼손 혐의는 우편·통신사기법 위반에 해당되어 현실적으로 활용할 수 있었다. 기본적으로 사기를 저지르는 범죄자는 피해자에게서 무엇인가를 갈취한다. 그러나 뇌물이나 리베이트 공모와 같이 범죄자가 이득을 취하되 직접적인 갈취에 관여하지 않는 경우에 적용할 수 있는 조항도 다수 존재한다. 이 경우에 피해자는 정직성의 요구라는 무형의 권리를 가진 주주나 국민이다. 검찰은 배심원단이 쉽게 이해한다는 이유에서 공적 신뢰 훼손 혐의를 선호했다. 경영진에게 주주를 위해 최선을 다하고, 가능한 한 최선의 거래를 행하며, 주주의 이익을 희생시키면서 자신의 이득을 취하지 말아야 할 의무가 있다는 점을 설명하기만 하면 되었다.

정부는 레이가 엔론의 건전성을 조작하는 사기적 행각을 벌이면서 한편으론 비밀리에 주식을 매각함으로써 엔론의 직원과 주주의 공적 신뢰를 저버렸다고 비난했다. 공적 신뢰 훼손 혐의를 제기한 것은 불필요한 공격이었다. 정부는 다른 충분한 혐의를 가지고 있었다. 그러나 검사들은 이 혐의에 집중했고, 이는 훗날 정부의 실수로 판명되었다.

레이에게 공적 신뢰 훼손 혐의를 추가한다는 것은 스킬링에게도 같은 혐의를 추가한다는 뜻이기도 했다. 검찰은 헤아릴 턱이 없었지만 그들의 모험은 훗날 법무부에 불리하게 작용했다. 2010년 연방대법원은 정부가 공적 신뢰 훼손 혐의를 지나치게 포괄적으로 적용했다고 판단하면서 하급심의 판결을 일부 파기했다. 연방대법원은 이 판결을 통해 검사들이 기업 사기꾼들과의 싸움에서 사용할 중요한 무기를 빼앗아 버린 것이다.

사격 훈련이라고? 엿이나 먹어!

2005년 5월 27일, 38번째 생일을 맞이하여 션 버코위츠는 10마일 경주에 참가했다. 달리는 동안에 그는 정신없었던 한 해를 돌이켜보았지만 결승선을 볼 수 있었다. 다음 생일이 되기까지 재판은 판가름 날 터였다. "우리가 이기든 지든 어차피 재판은 끝날 거야." 그는 생각했다.

재판이 시작되기까지 몇 주 동안은 긴장의 연속이었다. 검사들은 휴스턴으로 이동해 싸구려 아파트 단지에서 살았다. 그들은 밤을 지새우다시피 했다. 하루는 지친 루에믈러가 어느 FBI 요원에게 다가가 그다음 날에 있는 회의에 참석해 달라고 말했다. 그는 사격 훈련이 있어서 참석할 수 없다고 대답했다. 뭐요? 뭐라고요?!? 루에믈러는 FBI 요원들이 다닥다닥 붙어 앉아 좁아터진 칸막이 안에서 일하는 사무실로 갔다. 그녀는 모든 요원이 자기를 볼 수 있도록 L 자형 사무실의 오목한 곳에 섰다. 목부터 빨개졌다.

"모두 닥치고 잘 들어요!" 그녀가 소리쳤다. 요원들이 올려다보았다.

"당신들은 이게 그냥 큰 건수라고만 생각해요? 그래요? 이건 당신들 일생에서 가장 크고 염병할 사건이에요! 미국 역사상 가장 큰 기업 범죄 사건이라고요! 온 세상이 이번 재판을 주시하고 있어요. 치과 예약 따위는 생각도 말아요. 크리스마스에 쉴 생각일랑 마세요. 사격 훈련 같은 소리하지 마세요. 알겠어요?" 루에믈러는 그들에게 자신이 로버트 뮐러 FBI 국장에게 전화해서 사격 훈련에 대해 따지길 바라냐고 물었다. 어떤 단서든 조사하지 않고 놓치는 사람이 있을 경우 그 사람은 그 일을 죽을 때까지 후회할 거라고 경고했다.

버코위츠는 웃음을 띤 채로 자리에 앉아 있었다. 루에믈러의 말에 영화 〈글렌게리 글렌 로스(Glengarry Glen Ross)〉 속의 한 장면 같은 광경이 펼쳐졌다. 거칠기 짝이 없던 FBI 요원들이 주눅 들고 감명받은 표정을 지었다. 그때 FBI 그룹의 우두머리가 맞받아 소리쳤다. "개소리 말아요! 우리는 정말 열심히 일한다고요. 캐시 당신도 알잖아요!" 그러나 재판이 끝날 때까지 사격 훈련이나 다른 이유 때문에 자리를 비우는 사람은 아무도 없었다.

버코위츠와 루에믈러는 피고인 측의 변론 전략이 과감한 경영 판단을 검찰이 범죄 취급하고 있다고 주장하는 것임을 간파했다. 엔론 측은 정부가 혁신 기술과 위험 감수 행위를 트집 잡아 자기들을 공격한다는 주장을 되풀이했다. 엔론 경영진이 습관처럼 하는 말이 있었다. "누가 선구자인지는 언제나 구별할 수 있다. 선구자의 등에는 화살이 꽂혀 있기 때문이다."[19]

버코위츠와 루에믈러는 피고인 측이 자신들을 지루하고 난해한 수렁 속으로 끌고 들어가려 한다는 사실도 알아챘다. 피고인 측 변호인단은 전문 증인들끼리 회계기준에 관해 기나긴 논쟁을 이어 가기만을 바랐다. 졸음을 유발하는 변론에 대응하기 위해 검찰은 엔론의 '중요한 허위 주장(Big Lie)'에 집중했다. 스킬링과 레이가 엔론에 관해 공개적으로 한 이야기들은 사실과 달랐다. 그들은 증인과 증거를 비롯해 모든 수단을 이용하여 그들의 거짓말을 그럴듯하게 둘러댔다. 재판에 사용된 도표에서조차도 경영진이 세상에 한 말과 그들이 사실로 알고 있는 것에 차이가 있음이 드러났다.

버코위츠와 루에믈러를 비롯한 태스크포스는 무엇이든 이론의 여지가 있는 것은 재판에서 배제하기로 했다. 그들은 증인 명단을 79명에서 62명으로 축소했고 스킬링에 대한 혐의 가짓수도 줄였다.[20] 엔론이 저지른 짓 중에서 수상쩍은 냄새가 나지만 그저 잘못된 경영 판단으로 치부될 수 있을 만한 것은 혐의에서 배제했다. 그들은 모든 에너지를 결정타가 될 혐의, 즉 모두가 잘못되었다고 여길 만한 행위에 쏟아부었다. 이러한 노력 끝에 버코위츠는 완벽한 사례를 찾아냈다. 결정적인 시기였던 2000년 2분기에 엔론의 주당 순이익은 예측치에 약간 미치지 못했다. 예측치에 조금만 미달되어도 주가가 위험해지게 마련이다. 주주들은 엔론의 주당 순이익이 예측치를 훌쩍 웃돌 것이라고 기대했지 밑돌리라는 것은 생각지도 못했다. 버코위츠는 엔론 본부에 가서 대차대조표를 살펴보았다. 두말할 나위도 없이 대차대조표에는 2000년 2분기의 종료일 이후 빈칸으로 있는 적립금 항목이 있었다. 2100만 달러였던 적립금이 1400만 달러로 변경되었다가 다시 700만 달러로 줄어들었다. 스킬링은 숫자를 맞추기 위해 순이익이 필요했던 것이다. 버코위츠는 범죄를 입증할 결정적인 단서를 찾아냈다.

소송은 그때부터 순조로이 진행되었다. 재판 전날 그들은 큰 전환점을 맞이했다. 엔론의 전 CFO인 코지가 백기를 들고 유죄를 인정한 것이다. 버코위츠와 루에블러는 크게 기뻐했다. 코지의 유죄를 입증할 증거는 결정적이기는 해도 하나같이 세부적이고 수수께끼 같은 내용들이었다. 그러나 코지가 유죄를 인정한 그때부터는 어마어마하게 많은 자료를 재판에서 누락시켜도 되었다. 그들은 6시간 동안 회의를 하면서 가능한 한 모든 자료를 정리했다. 가장 마음에 들었던 일부 조사 결과가 사라지는 것을 아쉬워하면서도 증거들을 추려 냈다. 그들에게는 부외계정 법인인 매리너 에너지(Mariner Energy)를 이용한 감쪽같은 사기 사건의 증거가 있었다. 어떤 분기의 이익 예측치를 달성하기 위해 엔론은 영업 실적에 아무런 변화가 없었음에도 자산 가치를 부풀렸다. 두말할 나위 없이 회계장부를 조작한 결과였다.

"이 건을 스킬링과 레이에게 연결시킬 수 있을까?" 버코위츠가 물었다.

"아뇨." 루에블러가 한숨을 쉬며 답했다.

"그럼 못 쓰는 거야." 그가 말했다.

그런 다음 루에블러와 버코위츠를 비롯한 검사들은 대담한 질문을 스스로에게 던졌다. 앤드류 패스토를 법정에 세우지 않고도 재판이 순조로이 진행될 것인가? 패스토는 스킬링과 레이의 공모를 입증할 증언을 제공할 가능성이 컸다. 부외계정 거래의 수상쩍은 측면을 엔론의 전직 최고 재무 책임자보다 잘 아는 사람은 없었다. 패스토가 단독으로 사기를 지휘했다는 것을 그 자신만큼 제대로 반박할 수 있는 사람이 있었을까? 한편으로 그는 불쾌한 인물이었다. 더벅머리의 그 사내는 이런 상황에서도 저렇게 느긋함을 보이다니! 루에믈러는 그와 같은 방에 있는 것만으로도 소름이 끼쳤다. 이러니 피고인 측 변호인단에게는 손쉬운 공격 대상이 될 수밖에 없었다. 그는 자타가 공인하는 거짓말쟁이에다가 사기를 꾸민 주범 중 하나였다. 배심원이 그를 적대시하리라는 것은 불 보듯 훤했다. 그러나 그를 잠깐이라도 법정에 세우지 않는다면 검찰이 뭔가를 숨기기라도 하듯이 수상한 인상을 줄 수 있었다. 결국 그들은 그에게 증언을 하게 하되 그의 역할을 최소한으로 축소하는 등 잠깐 동안만 법정에 세우기로 결정했다.

그 회의 후에는 7개월 동안 지속될 수도 있었던 재판이 4개월짜리 재판으로 바뀌었다. 엔론 태스크포스는 결정적으로 레이 및 스킬링과 관련이 없는 증언이나 증언은 뺐다. 버코위츠와 루에믈러가 그러한 자료를 소송 증거 목록에 그대로 남겨 두었다면 피고인 측은 레이와 스킬링이 그 사실을 알지 못했는데 다른 사기 거래에 대해 알았음을 어떻게 확신할 수 있겠냐며 배심원을 설득했을 것이다.

그 모든 준비를 했음에도 검찰은 배심원에 대해 우려할 수밖에 없었다. 배심원은 하나같이 변덕스러운 인간들이었다. 레이는 사람 좋은 미소를 지으며 독실한 인상을 풍기는 데다 철두철미한 텍사스인으로 인정 많은 할아버지처럼 보였다. 스킬링은 재계 거물을 숭상하는 나라에서 모든 사람이 이상으로 삼는 사업가다웠다. 반면, 버코위츠는 북부 사람인 데다 불도그처럼 완고했고 눈썹 뼈가 불쑥 튀어나와 인상이 험악했다. 게다가 그의 성은

1976년부터 77년 사이에 총으로 6명을 살해한 연쇄 살인범과 같은 버코위츠였다. 그 외에도 그들과 함께 재판을 이끌 선임 검사로는 뻣뻣하기로 이름난 존 휴스턴(John Hueston)이 있었는데, 그는 법정 내 모든 사람의 화를 돋우는 버릇이 있었다. 루에믈러는 법정에서 두 사람보다는 유리한 위치에 있었다. 그녀는 텍사스 사람임을 입증하는 금발인 데다 하이힐을 좋아했다. 그러나 휴스턴의 배심원단이 여자 검사가 레이를 다그치는 광경을 좋아할까?

엔론이 파산한 때로부터 4년도 더 지난 2006년 1월 30일에 레이와 스킬링의 재판이 시작되었다. 첫 재판으로부터 4주쯤 지난 2월 말에는 데이브 딜레이니가 법정에 섰다. 루에믈러가 그를 안 지도 몇 년이 흘렀다. 그녀는 그가 차분하고 믿을 만한 사람임을 잘 알고 있었다. 한때는 스킬링이 그를 엔론의 CEO감으로 점찍은 적도 있었다.[21] 그녀가 바라고 예측한 대로 그는 그때까지 가장 확실한 정부 측 증인이었다. 그는 자신의 범죄를 인정했다. 배심원들에게 엔론이 회계 규정을 갖고 "아무렇게나" 장난을 쳤으며, 손실을 숨기고 숫자를 조작했던 회의에 스킬링이 참석했다고 증언했다. 한번은 경영진 회의에서 손실을 숨기자는 제안을 거부했더니 스킬링이 자신을 지목하여 "뭘 하고 싶은데?"라고 질문했다는 사실도 밝혔다.

재판 담당 판사는 검사와 변호사가 법정에서 이리저리 거니는 것을 허용했다. 루에믈러는 배심단 앞에 세워진 파티션에 닿을락말락할 정도로 배심원석에 가까이 다가가 딜레이니에게 물었다. "증인은 그 말이 무슨 뜻이라고 생각했습니까?"

"동참하라는 거였죠." 딜레이니가 말했다. 그는 그것이 자신이 연루된 일 중에서도 가장 나쁜 일이었다고 했다. "내 아이들의 목숨을 걸고 하는 말인데 그날 테이블에서 일어나 자리를 떴으면 얼마나 좋았을까 싶습니다."[22]

루에믈러는 말을 멈추고는 닿을 듯 가까이 있는 배심원 12명의 표정을 살폈다. 복잡하고 지루한 정보만 내리 듣던 배심원들은 곧바로 그의 말을 알아들었다. 그녀는 옳고 그름이 명백하게 가려지는 순간을 맞이했다. 딜레이니가 "나는 그때 우리가 범죄를 저지르고 있다는 사실을 알았어요"라고 대답할 가능성도 있었다.

엔론은 변동성이 강한 트레이딩에 관여하지 않았다는 것이 스킬링이 공공연하게 한 말이었다. 루에믈러는 그러한 주장을 깨뜨리기 위해 딜레이니를 법정에 세웠고 그는 할 일을 했다. 그는 엔론 에너지 부문의 트레이딩 이익과 손실이 널뛰듯 요동쳤다고 증언했다. 2000년 후반에는 에너지 부문에서 하루에 5억 5100만 달러를 잃었다. 이는 전년도에 해당 부문이 거둔 총 이익을 뛰어넘는 금액이었다. 한편 같은 달 초순에는 하루에 4억 8500만 달러의 이익을 보기도 했다.[23] 딜레이니는 자신이 관할하는 에너지 트레이딩 부문이 3억 달러에 달하는 '적립금'을 쌓았음을 스킬링에게 보고했다고 증언했는데, 이는 피고인 측에 가장 불리한 이야기라 할 수 있었다. 나중에 사용하기 위해 자금을 숨겨 두었다는 증언이기 때문이다. 딜레이니는 스킬링이 그 보고를 듣고는 가까이 다가와 자기를 끌어안았다고 말했다.[24] 그뿐만 아니라 레이를 가리키며 회장인 그에게 자신이 소매 에너지 부문의 손실을 도매 부문의 손실로 둔갑시켰음을 보고했다고 배심원들을 향해 증언했다.

루에믈러의 예상대로 딜레이니는 반대신문에도 능숙하게 대처했다. 스킬링 측 변호사들은 누구도 '사기'라는 단어를 사용하지 않았으며, 그러한 경영 판단은 본질적으로 모호한 데다 주관에 좌우된다는 점을 강조했다. 딜레이니는 그 말에 놀아나지 않았다. 그는 "회의실의 모든 사람이 무슨 일이 벌어지고 있는지 똑똑히 알고 있었다"고 꿋꿋이 주장했다.

존 휴스턴은 레이의 재판에서 선임 검사로 나섰다. 그는 엔론이 2001년 여름과 가을, 주주의 신뢰를 잃을 위기에 처했을 때 CEO인 레이가 한 허위 발언을 파헤치는 것으로 조사의 방향을 전환함으로써 레이에 대한 수사를 살려 낸 인물이다.[25] 그럼에도 레이의 유죄를 입증할 증거는 상대적으로 미약했기 때문에 재판 담당 팀에는 긴장감이 감돌았다. 휴스턴과 사건을 담당한 다른 검사들은 서로 잘 어울리지 못했다. 검사 중 일부는 휴스턴이 명령이나 제안을 제대로 따르지 않는다고 생각했다. 그의 사무실에는 철봉이 설치되어 있었고 "오늘도 챔피언처럼 경기하라"는 팻말이 붙어 있었다. 그는 사무실 밖으로 나갈 때마다 펄쩍 뛰어 그 팻말을 쳤다.

재판이 진행되는 동안 담당 판사마저 휴스턴을 대놓고 싫어하는 것처럼 보였다. 그는 뛰어난 재판 전문가였고 명쾌한 증거를 확보해 두었지만 팀원들은 레이의 재판에 대해 걱정이 많았다. FBI 요원들은 루에믈러가 스킬링에만 집착하고 레이를 간과한다고 종종 농담을 했다. 그녀가 다른 증인을 조사하는 과정에서 FBI 요원 하나가 루에믈러에게 가서 "제발 레이 씨도 언급해 주세요"라고 부탁한 적도 있었다. 그녀가 그렇게 하자 FBI 팀원들은 그녀에게 꽃을 보냈다. 그녀에게 그 일이 얼마나 힘든지 십분 공감했기 때문이다. 루에믈러와 버코위츠는 탄탄한 증거와 휴스턴의 총명함과 기량이 결국 배심원이 느낄 법한 불쾌함을 압도하기만을 기원했다.

성공적인 화이트칼라 변론의 기본 요건은 피고인을 증인석에 앉히는 것이다. 배심원은 피고인들의 말을 듣고 옳고 그름을 따져 보려 한다. 검찰은 깔끔하게 손질된 레이와 스킬링의 가면을 깨뜨려야 한다는 것을 알고 있었다. 레이 측은 홍보 팀을 가동했다. 동정심을 끌어내기 위해 레이의 아내인 린다가 〈투데이〉 쇼에 출연했다. 그녀는 흐느끼면서 미국 국민에게 자신과 남편이 "모든 것"을 잃었으며 "유동성을 얻기 위해 고군분투 중"이라고 말했다. 레이 부부는 그때까지도 휴스턴의 700만 달러짜리 펜트하우스에서

살았으며 그 외에도 2000만 달러어치 부동산을 소유하고 있었다.[26]

레이는 정부를 이길 가능성이 상대적으로 컸다. 그는 상세한 정보를 접하지 못했고 대부분의 범죄가 저질러졌을 때 현직에 있지 않았을 뿐 아니라 더 적은 혐의로 기소되었기 때문이다. 검찰과 언론 매체는 스킬링이 다혈질이며 쉽게 동요하는 성격이리라 예상했다. 그에게는 남을 괴롭히는 성향이 있었다. 복도에서 마주친 루에믈러를 지나치면서 "캐시, 이제 상황 파악은 했나?"라고 소리친 적도 있었다.[27]

그러나 배심원은 제프리 스킬링의 그런 면모를 알지 못했다. 증인석에 선 그는 권위 있고 꼼꼼했으며 검사들의 질문을 차분하게 받아넘겼다. 연장자인 레이는 재판이라는 시련을 한층 더 짜증스럽게 받아들였다. 증인석에 앉은 그는 거만하고 불만에 찬 태도였다. 재판 도중에 자기 변호사인 조지 매컬 시크레스트(George McCall Secrest)에게 "대체 무슨 말을 하려는 거요, 시크레스트 씨?"라고 호통을 친 적도 있었다.

반대신문이 시작되자 레이는 한층 더 형편없는 태도를 보였다. 휴스턴은 그의 이해 상충 문제를 거론했다. 레이는 스킬링의 옛 여자 친구가 소유한 회사에 투자한 사실을 공개하지 않았다. 그는 수천만 달러어치의 엔론 주식을 팔아 치웠다. 그는 마진콜(margin call, 보유 자산의 가치가 하락하여 트레이더의 계좌 잔액이 유지 증거금 기준에 미치지 못할 때 증권사가 증거금 부족분을 납입하라고 요구하는 것 - 역주)을 충족하기 위해서였다고 주장했지만 휴스턴은 그가 다른 방법으로도 마진콜을 충족할 수 있었다는 것을 보여 주었다. 그뿐만 아니라 휴스턴은 레이가 정부 측 증인들에게 어떻게 전화했는지를 지적하면서 그에게 증언 방해(tampering) 혐의가 있다고 비난했다.[28] 레이는 격노했다. 배심원은 귀를 쫑긋 세웠다.

소송이 시작된 지 8주쯤 지난 2006년 3월 말 루에믈러는 전직 재무 담당인 벤 글리산을 마지막 증인으로 소환했다. 검사 모두가 신경 쇠약과 불면증에 시달렸다. 글리산의 증언 직전에 휴스턴이 이끄는 검사 중 한 사람이 루에블러에게 다가와 복잡한 회계 문제에 대해 증언할 사람을 증인으로 요청해 달라고 부탁했다. 그녀는 지금 이대로도 충분히 처리할 수 있다고 생각했다. 재판에서 다룰 회계 자료에 훤해지려면 몇 달이 걸렸다. 그런데 이제 와서 추가로 증인을 부르라고? 그러나 글리산은 일종의 크리스마스트리였다. 모든 팀원들이 그가 증거의 마지막 조각을 꿰맞춰 주길 기대했다.

"어디서 개수작이야?" 그녀가 소리쳤다.

"어려운 일도 아니잖아요!" 다른 검사가 외쳤다.

"당신들 정신 나갔군."

항상 차분한 버코위츠가 중재에 나섰다. 그들은 루에블러가 글리산에게 해당 주제에 대해 정해진 질문 몇 가지만 던지는 데 합의했다.

루에블러가 예상한 대로 글리산은 뛰어난 증인이었다. 그는 레이와 스킬링이 결정적인 회의에 참여했으며 두 사람의 자백 중 유죄를 입증할 만한 것을 확인해 주었다. 글리산은 레이를 묻어 버렸다. 그는 자신이 레이와 회사 재무 위원회에게 엔론의 유동성이 "빠듯한" 상태이며, 엔론이 진행 중인 사업 자금을 조달하는 데 어려움을 겪고 있다고 보고했다고 증언했다. 보고 다음 날 레이는 전 직원 회의에서 직원들에게 엔론의 펀더멘털이 "역사상 가장 탄탄한 상태"이며 "든든한" 유동성을 갖추고 있다고 말했다. 글리산은 패스토가 회사를 구조 조정하거나 매각해야 한다고 레이에게 경고한 사실도 증언했다. 닷새 후 레이는 경영 주간지 〈비즈니스위크〉와의 인터뷰에서 엔론이 "아마도 역사상 가장 강력하고 건강한 상태에 있을 것"이라고 말했다.

루에블러는 햇볕에 탄 농장주보다도 얼굴이 빨개진 레이를 보고 그가 동요하고 있음을 깨달았다. 레이의 변호사는 "조련받은 원숭이"라며 글리산을 조롱했지만 배심원은 그 원숭이의 말에 동의하고 있었다.

버코위츠의 어머니가 방청객으로 참석해 최후 변론을 지켜보았다. 피고인 측의 최종 변론이 끝난 저녁에 그녀는 아들의 사무실을 찾았다. 그는 어머니가 자신의 뒤를 따라다닌다는 것을 알아챘다.

"션," 그녀가 말했다. "그 사람들이 오늘 설득력 있는 논점을 잔뜩 제시했더라."

"알아요, 어머니."

"션, 이 일에 대해 관심들이 대단하더구나." 그녀가 말했다.

"네, 알아요, 어머니."

"션," 그녀가 입을 열더니 말을 멈췄다. "난 걱정이 된다."

"어머니, 말씀 잘 알아들었어요!"

그의 어머니는 걱정할 필요가 없었다. 정부는 압도적인 재판을 열었다. 배심원들에게는 쉬운 재판이었다. 배심원단은 엿새 동안의 평의를 거친 끝에 레이의 모든 기소 혐의에 대해 유죄 평결을 내렸다. 스킬링은 28개 혐의 중 19개에 대해 유죄가 선고되었다.

레이는 끝까지 독선적인 태도를 유지하면서 자신의 결백을 주장하고 자신을 감추는 허울로 종교를 이용했다. 그는 법정 밖에 모인 언론과 지지자들에게 이런 말도 했다. "저는 매우 다정하고 애정 어린 기독교인 가족의 일원입니다. … 무엇보다도 우리는 정말로 하나님이 지배하고 계신다는 사실과, 정말로 주님이 그분을 사랑하는 모든 이를 위해 모든 일에 관여하신다는 것을 믿습니다. 그리고 우리는 우리 주님을 사랑합니다."

엔론은 당대에 가장 극적인 내부 붕괴를 겪은 기업이었다. 정부의 사후 처리는 간헐적으로 이루어졌다. 법무부는 엔론 사건을 우선순위에 놓고 부족하지 않을 만큼의 돈, 자원, 인력을 배정했다. 팀은 경영진의 자백을 받아내야 하며 문서에만 의존해서는 안 된다는 사실을 알았다. 검사들이 팀에 합류했다 빠져나가기를 반복했지만 팀은 초점을 그대로 유지했기 때문에 검사들의 이탈을 이겨 낼 수 있었다. 팀원들은 전방위적으로 조사했고 패스토 같은 목표물을 최대한도로 압박했다. 그들은 글리산의 사례에서 보듯이 모험을 감행했다. 그들은 꾸준히 버텼고 딜레이니가 처음 두 차례의 회의에서 비협조적인 태도를 보였을 때도 포기하지 않았다. 그들은 엔론 경영진뿐만 아니라 월가의 하수인과 엔론의 회계사들까지 추적했다. 태스크포스는 문제들을 극복하고 재판에 강해지는 법을 익혔다. 단순하고 깔끔한 이야기 구조에 치중했고 복잡한 화이트칼라 사건에 대한 수사와 기소 모델을 만들어 냈다. 휴스턴의 경제는 회복되었고 미국의 기업 회계는 상대적으로 깨끗한 시기에 돌입했다.

그러나 엔론 기소는 법무부의 약화를 불러왔다. 엔론 기소 이후 재계와 변호사 단체는 정부의 공격적인 조치에 반발했다. 법원은 엔론에 대한 유죄 평결 몇 가지를 뒤집었다. 법무부는 까다로운 기업 사건을 성공적으로 기소하는 데 필요한 제도적 지식을 점점 더 상실해 갔다. 법무부는 태스크포스가 엔론 사건에서 얻은 성과는 망각하고 태스크포스로부터 등을 돌렸다. 의사 결정 과정을 중앙 집중화하지 않으려 했다. 검사들은 기업과의 합의로 기울기 시작했다. 법무부는 기업 범죄의 조력자인 은행가와 회계사들을 가능한 한 기소하지 않았다. 2016년에 이르기까지 법무부가 엔론과 같은 접근법을 적용한 사건은 한 건도 없었다. 결과적으로 법무부는 기업 중역들에게 개별적인 책임을 묻는 역량을 제대로 발휘하지 못했다.

엔론 태스크포스가 우리에게 남긴 가장 안타까운 교훈은 그들의 첫 성과에서 찾을 수 있다. 태스크포스가 법정에서 거둔 첫 승리가 불운의 씨앗이 되었다. 이제는 재계 로비 단체와 변호사 단체뿐만 아니라 법무부조차 정부가 엔론 사건을 처리하면서 엄청난 실수를 저질렀다고 믿는 분위기다. 정부가 아서 앤더슨을 기소한 것이 그런 인식을 퍼뜨리는 데 결정적이었다.

Chapter 2

"그런 일은 있을 수 없소"

"THAT DOG DON'T HUNT"

엔론 재판이 시작되기 전 (캐스린 루에블러
와 션 버코위츠가 태스크포스에 합류하기 전) 태스크포스 팀이 막 꾸려졌을 때 법무
부 본부의 형사국 차관보인 마이클 처토프가 첫 번째 사건으로 아서 앤더슨
건을 배정했다. 남아 있는 5대 회계법인 중 하나이던 아서 앤더슨은 엔론의
회계장부를 감사했다. 2001년 가을 앤더슨 직원들은 엔론과의 공모 사실
을 덮기 위해 서류를 없애버렸다. 연방 의회 청문회를 통해 앤더슨과 관련
된 서류들이 파기되었다는 사실이 드러났다. 백혈구 세포가 병든 장기에 모
여들듯이 언론은 이 이야기를 파헤쳤다. 법무부는 조사에 나서야 한다는 것
을 깨달았다. 처토프는 태스크포스의 책임자인 레슬리 콜드웰에게 전화해
서 앤더슨의 동기를 파악하는 데 전념하라고 지시했다.[1] 몇 주 동안의 작업
끝에 법무부는 유서 깊고 탄탄한 아서 앤더슨을 기소할 수 있겠다는 결론에
이르렀다. 반면에 태스크포스는 가능한 한 그처럼 위험한 행동만은 피하고

72

싶었다. 2002년 3월 3일 일요일에 아서 앤더슨의 경영진과 변호인단이 그러한 생각을 부추기기 위해 처토프와 엔론 태스크포스를 찾아와 제발 쉽게 가자고 했다.

그런 식의 회의에는 의전 절차가 따른다. 회의 양측의 수장이 많은 수행원을 이끌고 온다. 피고인 측은 탄원하러 와서 거의 일방적으로 지껄인다. 중요한 회의는 수수하고 점잖은 가구가 놓여 있으며 펼쳐진 적이 없는 법률 서적이 벽을 메우고 있는 창문 없는 회의실에서 진행된다. 3월 3일 일요일의 회의 장소는 신고전주의 양식에 아르데코 장식이 곁들여진 웅장한 건축물로서 워싱턴의 펜실베이니아 대로와 컨스티튜션 대로, 그리고 9번가와 10번가를 끼고 있는 로버트 F. 케네디 빌딩이었다.

앤더슨의 CEO 조지프 버라디노(Joseph Berardino)는 일본 출장에서 황급히 돌아와 자신의 변호사들과 함께 회의에 참석했다. 그러나 그는 회의에서 주도적인 역할은 하지 않았다. 그 역할은 뉴욕 남부지검의 검사장으로 명성을 떨쳤던 로버트 피스크(Robert Fiske)에게 떨어졌다. 당시 71세이던 피스크는 뉴욕의 로펌 데이비스 폴크 앤 워드웰(David Polk & Wardwell)에서 일했으며 앤더슨을 대리하는 변호사 중에서도 가장 노련한 인물이었다. 그들 중 누구도 피스크만큼 귀족적이지는 않았다.

처토프는 그 당시 48세로서 피스크의 다음 세대에 속했지만 두 사람 모두 비슷한 배경과 기소 경험을 지녔다. 하버드에서 학부와 로스쿨을 마치고 연방대법원에서 대법관 보좌관으로 일하는 등 엘리트 코스를 밟았지만 처토프는 거친 사내라는 이미지를 구축했다. 그에게 생각을 굽히라고 설득하는 일은 그의 고향 뉴저지에서 청렴한 정치가를 찾을 확률과 비슷했다. 스콧 터로(Scott Turow)가 하버드 로스쿨 1학년에 다녔을 때를 다룬 자전적인 소설 《하버드 로스쿨(One L)》에는 처토프를 모델로 한 학생이 등장하는데,

그는 교수와 이틀 연속으로 논쟁을 벌인다. 큰 키, 눈 주위의 다크서클, 홀쭉한 뺨이 특징인 처토프는 인형극에 나오는 독수리 샘처럼 인상이 험악했다.

1990년대 초에 뉴저지에서 연방 검사로 일하는 동안 그는 당대를 떠들썩하게 한 기업 범죄인 크레이지 에디(Crazy Eddie) 사건의 기소를 총괄했다. 에디 안타(Eddie Antar)와 샘 안타(Sam Antar)가 운영한 크레이지 에디는 전자 제품 할인 체인으로서 모델이 "미쳤어!"라고 외치며 싼 가격을 강조하는 TV 광고로 유명했다. 그러나 안타 형제는 회사의 재고와 장부를 허위로 조작했다. 처토프는 그 사건을 담당하기 전인 1980년대 중반에 뉴욕 남부지검의 연방 검사로 일하면서 뉴욕의 코사 노스트라(Cosa Nostra, 시칠리아계 조직 폭력 집단 - 역주)를 몇 차례 기소했다. 그 가운데는 '빅 폴(Big Paul)'이라 불리는 카스텔라노와 '팻 토니(Fat Tony)'라 불리는 살레르노 같은 범죄 집단 두목을 최초로 법정에 세운 '마피아 위원회(Mafia Commission)' 재판도 포함된다. 처토프가 승진했을 때 살레르노는 그가 자기에게 감사 편지를 보내야 한다고 이죽거렸다.[2] 2001년 그는 부시 행정부 최초의 법무부 형사국 차관보가 되었다.

처토프가 뉴욕 남부지검에 근무하던 1980년대 중반에 그의 상사인 루돌프 줄리아니(Rudolph Giulini)는 화이트칼라 세계에 '포토라인 세우기(perp walk)'라는 관행을 도입했다. FBI 요원들이 우주의 절대자들(Masters of the Universe)로도 불리는 월가 금융인들을 트레이딩 룸에서 끌어내 수갑을 채우고 팔을 비틀어 끌고 가는 장면들이 대기하고 있던 사진 기자들에 의해 촬영되었다. 줄리아니는 기업 범죄를 억제하려면 회사가 아니라 개개인에게 불이익을 가해야 한다고 믿었다.

그러나 마이클 밀켄(Michael Milken)과 이반 보스키(Ivan Boesky)의 내부 자거래와 주가조작 스캔들이 터지고 기소가 이루어졌던 1980년대 후반에서 2000년대까지 10년 동안 법무부가 기업 범죄를 다루는 방식에 미묘한 변화가 일어나기 시작했다. 검사들은 개개인을 조사하는 일만으로는 충분치 않다고 믿기 시작했다. 그들은 마이클 밀켄이 이끈 투자은행 드렉셀 버넘 램버트(Drexel Burnham Lambert) 전체에 부패가 만연하다고 보았다. 그들은 드렉셀 버넘 램버트를 기소했고 은행은 파산했다. 부패한 기업은 정직한 사람까지 타락시킬 수 있다는 점에서 마피아 조직과 다르지 않았다.

피스크와 그의 오른팔 데니스 매키너니(Denis McInerney)는 앤더슨이 결백하다는 점을 증명하기 위해 법무부 회의에 참석했다. 그들은 직원 몇 명만이 서류를 파기했다는 주장을 전개했다. 위법 행위는 일부에 국한된 일이라는 주장이었다. 데이비스 폴크의 변호사들은 법무부가 기소하면 앤더슨은 파산할 수밖에 없다고 말했다. "사형 선고예요, 사형 선고"라고 피스크가 읊조렸다. 처토프는 코웃음을 쳤다. 그는 변호사들에게 자신이 실제로 생사가 달린 사건을 기소한 마피아 전담 검사였음을 상기시켰다.[3] 그는 앤더슨이 기소되면 자동으로 영업 허가가 상실되기라도 하냐고 물었다. 앤더슨 측 변호사들은 서로 눈치를 보더니 영업 허가가 자동으로 없어지지는 않는다는 점을 인정했다.

아서 앤더슨은 기업 수사에 대해 아무것도 모르는 아이스크림 회사가 아니었다. 처토프는 앤더슨이 소송 중인 대기업과 일하는 것이 일상임을 확신했다. 따라서 제대로 된 서류 관리야말로 회사의 핵심 업무일 수밖에 없었다.

처토프는 피스크와 매키너니에게 앤더슨은 상습범이기도 하다고 지적했다. 엔론만이 앤더슨의 문제 많은 고객사가 아니었다. 최근 SEC는 대형 쓰레기 수거업체인 웨이스트 매니지먼트(Waste Management)를 포함하여 과거 부실 감사를 문제 삼아 앤더슨에 제재 유예(probation) 처분을 내렸다.

앤더슨은 그때도 증권법을 위반한 적이 없다고 맹세했다. 이번에는 더 가혹한 처벌을 받아야 했다. 처토프는 앤더슨 측 변호사들에게 위법 사실을 인정하지 않는 한 법무부와 거래할 생각은 하지 말라고 말했다.

정부의 강경한 입장에 대한 앤더슨의 반응을 보건대 처토프와 태스크포스 사람들은 앤더슨에서 정부가 감히 자기네 회사를 법정에 세우리라고 생각하는 사람은 한 명도 없음을 직감했다. 결단력 있고 명확하며 결코 틀리는 법이 없을 뿐더러 주저하지 않는 처토프는 피스크, 매키너니, 앤더슨 경영진에게 이렇게 말했다. "당신네 회사는 현 시대에 최대 회계 조작 사건에 휘말린 회계법인이에요. 우리는 이 일을 그냥 넘길 수 없어요. 당신들을 법정에 세우리라는 걸 의심치 마세요." 그는 검찰이 가진 증거가 강력하다는 사실을 분명히 밝히고 싶었다. 그런 다음 처토프는 자기 뜻을 밝혔다. 자세를 바로잡고는 이렇게 말한 것이다. "우리가 이 사건을 재판으로 끌고 가면 당신들 머리에 총구를 겨눌 거요."[4]

"대부분 이해할 수 없어요"

아서 앤더슨은 건실한 중서부식 윤리관에 바탕을 둔 회사였다. 아서 에드워드 앤더슨(Arthur Edward Andersen)은 노스웨스턴 대학의 회계학과 교수를 지냈으며 1913년 시카고에서 회사를 설립했다. 그는 노르웨이인 어머니가 자주 하셨던 말인 "똑바로 생각하고, 똑바로 말하라"를 사훈으로 삼았다. 회사의 전설로 남은 일화가 있다. 앤더슨은 감사 의견을 바꾸면 큰 이득을 제공하겠다는 고객사의 요구를 거부했다. 그는 "시카고시에는 그만한 돈이 없다"고 대답했다고 한다.

시간이 흐름에 따라 앤더슨의 컨설팅 부문은 감사 부문보다 더 빠른 속도로 성장하기 시작했다. 컨설턴트들이 회사를 장악해 나갔다. 감사 업무라고 해 봤자 타성적으로 회계사들이 기업의 장부를 검토하는 데 그쳤다. 컨설턴트들은 기업 CEO들의 오른팔 역할을 하면서 그들에게 전략을 조언하는 등 큰돈을 벌어들였다. 회사는 자사 회계사들이 컨설팅 부문을 선전하고 다니기를 바랐다. 윤리는 그렇게 퇴보해 갔다. 앤더슨 직원들은 자신을 회사에 맞추고 회사를 위해 희생한다는 뜻에서 스스로를 '안드로이드(android, 인간의 형상을 한 인조인간-역주)'라는 별명으로 불렀다.[5] 그처럼 순종적인 태도 때문에 앤더슨의 회계 기준은 느슨해졌다.

주식시장 대폭락이 일어난 2000년 이전에도 투자자와 규제 당국은 거품과 부풀려진 회계장부에 대해 우려했다. 1998년에는 빌 클린턴 대통령 당시의 SEC 위원장이던 아서 레빗(Arthur Levitt)이 훗날 '숫자 놀음'이란 제목의 연설에서 "우리는 이익의 질(quality of earnings, 일시적인 사건이나 회계적 트릭에 의한 수치들을 제거한, 해당 기업의 진정한 실적을 반영하는 이익-역주)이 훼손됨에 따라 재무 정보의 질이 저하되는 광경을 목격하고 있습니다. 경영이 조작적 행위에 굴복하고, 진실이 허상에 밀려나고 있는 것으로 보입니다." 레빗은 특히 회계 감사 전문 업체에 비판적이었다. 회계 감사는 5대 회계법인이 대기업의 회계 감사를 도맡을 정도로 과점 산업이었다. 회계 감사 업계를 전담하는 규제기관도 없었다. 공공감독위원회(Public Oversight Board)라는 자율 규제 기구가 있을 뿐이었다. 그들은 서로를 자율적으로 감독했다. 딜로이트 앤 투시(Deloitte & Touche)가 얼마 전에 앤더슨에 대한 감사를 시행한 참이었다. 앤더슨은 깨끗하다는 평가를 받았다.[6]

2000년 3월에 이르러 1990년대 하반기를 주름잡았던 닷컴 버블이 폭삭 사그라졌다. 주식시장이 급락하자 사기가 드러났다. 썰물 때가 되어 물이 빠지면 누가 수영복도 없이 나체로 수영했는지가 드러난다는 워런 버핏의 유명한 말도 이때 나왔다. 주식시장 폭락 이후 5년 동안 수천 개의 기업이 장부 이익을 수정해야 했다.[7]

SEC는 수많은 회계장부 조작 사건을 처리하느라 골머리를 앓던 끝에 회계업계를 조사하겠다는 뜻을 비치기 시작했다. 공공감독위원회에 문제의 회사들이 회계법인을 고용했는지, 누가 기업의 회계장부를 검토했는지, 그들은 기업에게 전략을 자문해 주는 같은 회사의 컨설턴트들과는 독립되어 있는지 여부를 조사해 달라고 요청했다. 이에 대한 반발로 업계는 2000년 3월 공공감독위원회에 대한 자금 지원을 중단해 버렸다.[8]

회계업계는 방향을 잃었다. 아서 앤더슨은 5대 회계법인 가운데 하나였을 뿐이다. 모두가 문제 고객을 보유하고 있었지만 앤더슨의 고객 명단이 그 길이와 다양성 때문에 두드러졌다.[9] 1997년부터 2002년 사이에 앤더슨은 소송을 해결하기 위해 5억 달러가 넘는 돈을 지급했다. 이는 다른 대형 회계법인들이 치른 합의금을 훌쩍 뛰어 넘는 액수였다. 2002년 한 해에만 앤더슨의 고객사인 월드컴, 선빔, 보스턴치킨, 퀘스트 등이 과다 계상한 이익 수십 억 달러를 수정해야 했다. 1998년 이익을 허위로 어마어마하게 부풀린 사기극이 밝혀진 웨이스트 매니지먼트는 기업 역사상 최대 규모로 회계장부를 수정해야 했는데 그렇게 해서 제거된 이익은 17억 달러에 달했다.[10] 앤더슨은 이 회사의 외부감사인이었다.

SEC는 엔론이 파산하기 불과 몇 달 전인 2001년 6월 앤더슨과 파트너 세 명에 대한 증권사기 조사를 마무리했다. (범법 행위 사실을 부인하는 것은 금지되었음에도 불구하고) 회사는 당시 관행을 따라 아무것도 인정하지 않았다.

웨이스트 매니지먼트 사태가 어찌나 터무니없었던지 SEC는 앤더슨에 제재 조치를 취했다. 앤더슨은 (법적 구속력을 띤 합의인) 동의 명령(consent decree)을 이행해야 했다. 회사가 존속하는 한 다시는 증권법을 위반하지 않는다는 합의였다. SEC가 회계장부를 잘못 기록했다는 이유로 정상급 회계법인에 증권사기의 책임을 물은 것은 그때가 처음이었다.[11] SEC는 앤더슨의 파트너들이 웨이스트 매니지먼트의 재무제표가 부정확하다는 사실을 알았을 뿐 아니라 회사의 회계 조작을 도왔다는 것을 밝혀냈다. SEC의 조사가 이루어지는 동안 앤더슨은 가장 적극적으로 사기 행각을 도운 파트너 한 사람을 글로벌 위험 관리 부서의 책임자로 승진시켰다. 그런 역할을 하는 동안 그는 문서 보관 정책을 새로 만듦으로써 훗날 엔론 문서 파기의 지침을 마련했다. 새 정책의 내용은 앤더슨의 업무와 관련하여 검토한 정보들은 파기하되, "오직 우리가 내린 결론을 뒷받침해 주는 핵심적인 정보만을 보관해야 한다"는 것이었다.[12]

놀랍게도 앤더슨은 웨이스트 매니지먼트와의 관계를 유지했으며 웨이스트 매니지먼트는 앤더슨에 계속해서 아주 후한 보수를 지급했다. 엔론이 파산하기 1년 전인 2000년에 웨이스트 매니지먼트는 앤더슨에 7900만 달러를 보수로 지급했다. 엔론이 붕괴하고 나서야 앤더슨이 아니라 웨이스트 매니지먼트가 먼저 관계를 끊었다.[13]

앤더슨의 위법 행위는 몇 년 전으로 거슬러 올라간다. 1996년에 회사는 형사 기소를 당할 위험에 처했다. 그러나 앤더슨은 부동산 회사인 콜로니얼 리얼티(Colonial Realty)에서 발생한 회계 부정과 관련한 연방 범죄에 대해 돈을 내고 합의로 해결했다. 그보다 앞서 앤더슨은 콜로니얼 리얼티의 소재지인 코네티컷주 정부로부터 해당 주에서 2년 동안 사업 활동 가운데 극히 일부만을 수행하지 못하는 경미한 처벌을 받은 바 있다. 그러한 처벌은 지나가는 대형 트럭에 뭉친 눈을 던지는 것이나 다름없었다.[14]

2001년 5월 SEC는 무지막지한 비용 절감 때문에 '전기톱'이란 별명을 언은 선빔의 유명 CEO 앨 '전기톱' 던랩(Al 'Chainsaw' Dunlap)과 앤더슨의 회계사 한 사람을 '대규모 회계 사기(massive financial fraud)' 혐의로 기소했다. 선빔이 앤더슨의 도움을 받아 저지른 회계 조작은 1990년대 후반에 밝혀졌다. 결국 선빔은 이익을 수정했다.[15]

엔론 사태를 전후로 몇 년 동안 앤더슨은 회계 사기와 관련하여 주 정부와 연방 정부로부터 열세 차례에 걸쳐 대대적인 조사를 받았다. 그중에는 맥케슨 HBOC, 글로벌 크로싱, 슈퍼커츠 같은 기업뿐 아니라 비영리 법인의 역사상 최대 규모로 파산한 애리조나 침례교 재단의 회계 사기가 포함되었다.[16]

그 당시 버몬트주의 좌파 성향 하원의원이던 버니 샌더스(Bernie Sanders)는 2002년 7월 8일 하원 금융 서비스 위원회의 청문회에서 앤더슨의 파트너 한 사람에게 호된 비난을 퍼부었다.

> 아서 앤더슨은 월드컴에 대한 회계감사에 실패했다. 당신네는 엔론에 대한 감사에 실패했다. 매케슨에 대한 감사에 실패했다. 애리조나 침례교 재단에 대한 감사에 실패했다. 아서 앤더슨은 무슨 일을 했던 것일까? 내 말은 당신네 같은 대형 회계법인이 기업의 재무 건전성을 평가함에 있어서 어찌 그리 형편없는 전적을 지녔는지 이해할 수 없다는 거다. 도무지 이해가 가지 않는다.[17]

대단한 조력자

엔론은 앤더슨에서 근무했던 회계사 86명 이상을 채용했으며, 그 가운데는 최고 회계 책임자인 리처드 코지와 재무 책임자인 벤 글리산도 포함되었다. (두 사람은 결국 엔론 사기에 관여한 탓에 징역형을 살았다.) 앤더슨이야말로 일류 금융회사와 로펌을 앞지르는 엔론의 최대 조력자였다.

앤더슨의 수많은 직원들이 엔론의 에너지 트레이딩에 대해 우려하거나 아니면 못 본 척 외면했다. "엔론은 채무로 계상해야 할 현금을 자본으로 처리하기 위해 지속적으로 다양한 구조를 실행하고 있다"고 1998년 어느 '안드로이드'가 동료들에게 경고한 적도 있다.[18] 앤더슨은 엔론을 '고위험' 고객으로 분류했다. 회계사들은 엔론이 "재무적 목표를 달성하기 위하여 트레이딩 거래에 의존"한다고 평가했다. 또한 그들은 엔론이 '실속보다 형식을 앞세우는' 거래에 의존한다고 기록했다.[19] 일례로 엔론은 분기 이익을 실현하기 위해 메릴린치에서 자금을 빌려 왔으나 이를 트레이딩을 통한 거래로 위장한 적도 있었다. (메릴린치는 그러한 사기 행위를 철저히 묵인했다.) 앤더슨은 엔론에 분기 내에 그 허위 거래를 청산(unwind, 반대 매매를 통해 투자한 포지션을 처분하는 것 – 역주)하지 않으면 해당 트레이딩 부분의 이익을 수정해야 할지도 모른다고 겁을 주었다. 아니나 다를까 엔론은 다음 분기가 되자마자 해당 거래를 청산했다. 그러나 엔론은 이익을 수정하지 않았고, 앤더슨은 어떠한 조치도 취하지 않았다.[20]

앤더슨 직원들은 엔론의 회계에 대해 여러 차례 경고했지만 고위급 파트너들은 그 말을 묵살했다. 앤더슨의 최고위급 회계사이면서 사내 전문 기준 그룹(Professional Standards Group, 골치 아픈 회계 문제에 대해 결론을 내리는 조직)의 멤버가 엔론의 회계 처리에 반대하는 주장을 했지만, 앤더슨의 파트너이며 엔론을 관리하는 데이비드 덩컨(David Duncan)과 그가 거느리는 휴스턴 팀원들은 시종일관 반대 목소리를 무시했다. 일생 동안 앤더슨에서 근무한 덩컨은 38세 나이에 엔론 계정을 떠맡았으며 경영진과 호형호제하는 사이

가 될 정도로 엔론과 불가분의 관계를 맺었다.[21]

2001년 3월 〈포춘〉은 베서니 매클레인(Bethany McLean)의 '엔론은 과대 평가되었나?'라는 기사를 내보냈다. 기사는 엔론의 사기를 밝혀내지는 않았지만 환상을 깨부쉈고 엔론에 돌이킬 수 없을 정도로 큰 타격을 입혔다. 엔론의 경영과 관련하여 여러 의혹을 제기하는 비판 기사가 여름 내내 쏟아져 나왔다. 투자자들은 엔론 주식을 팔아 치웠다. 헤지펀드는 엔론 주식을 공매도했다. 초가을에는 이미 국민의 인식이 엔론의 통제력 밖으로 벗어난 상태였고 사기 행각이 드러나고 있었다.

2001년 10월 9일 앤더슨 시카고 본사의 변호사 낸시 템플(Nancy Temple)은 SEC의 조사가 이루어질 "가능성이 매우 크다"는 내부 보고서를 썼다. 그녀는 앤더슨이 웨이스트 매니지먼트에 대한 정지 명령(cease and desist order, 문제가 있거나 불법적인 행동으로 여겨지는 특정 행위를 즉각적으로 금지시키는 명령으로 정부기관이나 법원이 개인 또는 기업을 대상으로 발하는 명령 – 역주)을 어긴 혐의로 "기소될 가능성"이 있다고 덧붙였다. 그다음 날 앤더슨의 중역 한 사람이 휴스턴 팀 앞에서 문서 보관 정책을 설명하고 감사 서류 가운데 중요하지 않은 것은 무조건 없애야 한다고 말했다. 이틀 후인 10월 12일 템플은 잘 알려진 바와 같이 다시 한 번 독촉하는 내부 서신을 보냈다. "우리 회사의 문서 기록과 보관 정책을 업무 팀에 상기시켜 주는 방안이 도움이 될 것이다." 눈치가 있는 전문가라면 그 말이 무엇을 암시하는지 알아채는 것은 어렵지 않을 것이다.

2001년 10월 16일, 엔론은 (흔히 기업의 가치 척도가 되는) 자기자본 12억 달러를 상각하겠다고 발표했다. 상각 규모에 놀란 엔론 투자자들이 황급히 주식을 팔아 버렸고 주가는 곤두박질쳤다. 템플은 한 이메일에서 "우리가 [엔론의] 발표가 오해를 유발시킬 수 있다고 판단한 것으로 보여질 수 있는 일부 문구를 삭제"하자고 제안했다. 앤더슨은 실제로 엔론이 오해를 조장한다고 판단했지만, 국민이 볼 수 없도록 그 사실을 암시하는 흔적을 모조리 삭제했다. 템플은 문서에서 자기 이름을 지워 달라고 요구했다. 그녀는 이름이 남아 있으면 "증인이 될 가능성이 커지는데 그 일만큼은 피하고 싶다"고 호소했다.

SEC는 다음 날 조사를 시작했고 엔론 관계자들에게 정보 제공을 공식적으로 요청했다. 이틀 후인 10월 19일 엔론은 앤더슨 감사 팀에 SEC의 조사 사실을 알렸다. 다음 날 앤더슨의 최고위 파트너들이 긴급 회의를 위해 급하게 모였다. 그리고 10월 22일, 앤더슨에서 엔론의 회계장부 감사를 이끌었던 업무 팀이 엔론 본사에서 꼬박 하루를 보냈다.

SEC가 엔론 조사를 시작한 때로부터 엿새가 지난 10월 23일 앤더슨의 휴스턴 팀이 엔론 계정을 총괄하는 파트너 덩컨의 지휘 하에 대대적인 문서 파쇄 계획에 돌입했다. 사흘 만에 앤더슨은 1년 평균치보다 더 많은 문서를 파쇄했다. 또한 약 3만 개의 컴퓨터 파일과 이메일을 삭제했다.[22] 문서 보관 정책이 정신없이 이행된 10월 25일 하루 동안에 앤더슨 직원들이 없애 버린 문서의 무게는 2380파운드(약 1080킬로그램)에 달했는데, 1일 평균 80파운드(약 36킬로그램) 정도의 문서가 파기되었던 평소와 비교해 보면 그 규모를 짐작할 수 있다.[23] 경영진 중 한 사람은 재판에서 자신이 덩컨에게 엔론의 내부 고발자 셰런 왓킨스(Sherron Watkins)와의 대화를 거론한 이메일을 삭제할 수 없음을 전했다고 증언했다. 어쨌거나 덩컨은 그 이메일도 삭제했다.

앤더슨은 11월 8일에서야 SEC로부터 엔론 관련 기록에 대한 공식 소환장을 받았다. 소환장이 계기가 되어 앤더슨은 그다음 날 "공식적으로 통보받았다"면서 문서 파쇄를 중단하라는 긴급 이메일을 보냈다.

홍보 실패 사태

앤더슨의 총책임자 조지프 버라디노는 그 역할에 익숙하지 못했다. 그는 얼마 전인 2001년 1월에 CEO 자리에 올랐는데, 그때는 앤더슨이 컨설팅 사업부를 현재 액센추어(Accenture)로 불리는 회사로 분리한 직후였다. 파트너들은 그에게 공격적인 경영을 요구했다. 그의 홍보 담당자들은 다른 파트너들의 잘못된 요구로부터 그를 구하려고 애썼다.

앤더슨이 처음으로 시행한 홍보 정책은 사실 그동안의 부정과 기만행위를 그냥 밀어붙이는 캠페인이었다. 〈월스트리트 저널〉의 논설란은 언제나 그렇듯이 기업을 방어하고 정부를 헐뜯는 발판이 될 터였다. 문서 파쇄 축제를 벌인 지 몇 주 지나지 않은 2001년 12월 4일 버라디노는 엔론 사태를 '경종(wake-up call)'으로 칭하는 기고문을 썼다. 엔론 사태가 언제 어디선가 어떤 법령을 개정할 경종을 울렸다는 것이다. 그는 2008년 세계 금융위기로부터 몇 년밖에 지나지 않았을 때도 금융인들이 경종 역할을 하리라는 주장을 펼쳤다. 그의 기고문에 따르면 엔론은 "일부 잘못된 투자를 했고 레버리지가 과도했으며 투자자, 신용평가사, 거래 상대방의 신뢰를 떨어뜨리는 거래를 승인했다."

버라디노는 이렇게 덧붙였다. "엔론의 붕괴는 닷컴의 몰락과 마찬가지로 (과거 정보와 주당 순이익에 치중하는) 우리의 재무 공시 모델이 구시대적이며 오늘날의 새로운 사업 모델, 복잡한 재무 구조, 그에 수반되는 경영 위험에 부합하지 않는다는 점을 상기시켜 주었다."[24]

문제는 사기가 아니라는 것이었다. 무모한 행위가 이루어졌을 가능성이 크다. 어쩜 어느 정도는 어리석음도 한몫했을 것이다. 그러나 본질적으로는 새 시대에 맞는 재무 공시 규정이 존재하지 않고 정부가 혁신을 따라잡지 못한 것이 문제라고 그는 주장했다.

비평가들은 버라디노의 아전인수 격의 편협한 주장을 비웃었다. 그러나 금융인들과 변호사들이 2008년 금융위기 이후에 같은 주장을 했을 때는 정부 관계자들에게 먹혀들었다. 그들은 위기가 지나치게 복잡하고 지나치게 위험한 측면이 있었지만 그럼에도 그들의 행위는 합법적이었다고 앵무새처럼 되뇌었다. 위기는 변화를 일으킬 수 있지만 기소는 문제를 해결하기에는 효과가 약한 수단이라는 주장이 이어졌고, 이러한 논조는 2008년 금융위기 이후에는 검찰과 규제기관을 비롯한 다수에게 받아들여졌다.

앤더슨의 서류 파쇄 소식이 불거지자, 당시 루이지애나의 공화당 의원이며 하원 에너지 상무 위원장이던 빌리 토진(Billy Tauzin)이 조사에 나서기로 했다. 위원회는 문서 제출 명령서를 발부했다. 토진은 하원에서 회계업계와 가장 든든한 친분을 맺고 있는 의원 중 하나였다. (제약업계와도 밀접한 관계에 있던 그는 훗날 제약업계의 주력 로비 단체인 제약연구제조협회(PhRMA)의 회장이 되었다.) 2000년 SEC의 아서 레빗 위원장이 같은 회사에 경영 자문과 회계 자문을 동시에 제공하는 것을 금지하는 법안을 추진하려 했을 때 토진과 다른 의원들은 그러한 개혁을 저지했다.[25] 그러나 2002년 중간 선거가 다가오고 있었다. 회계 스캔들 때문에 기업 친화적인 태도는 잠시지만 독이 되었다. 토진과 동료 공화당 의원들이 하원 내에서 자리를 보존하려면 옛 친구들과 거리를 둘 수밖에 없었다.

2002년 1월 말 청문회 직전에 버라디노는 공격적인 질문으로 유명한 팀 러서트(Tim Russert)가 진행하는 TV 뉴스 프로그램인 〈언론과의 만남(Meet the Press)〉에 출연해 달라는 제안을 수락했다. 홍보 자문들은 반대했지만 다른 파트너들이 출연 요청을 받아들이라고 종용했다. 더 우호적이고 익숙한 분위기의 CNBC 프로그램에 출연하는 것이 낫다는 것이 홍보 자문들의 제안이었다. 버라디노는 TV에 수백 번씩 출연한 정치인이 아니었다. 논평 기고에 도전해서 실패했지만 그는 굴하지 않고 방송에 출연하기로 결정했다. 버라디노는 더듬거렸다. 그는 엔론이 파산한 이유가 "경제가 작동하지 않았기 때문"이라고 러서트에게 말했다. 그 대답에 홍보 대행사 사람들은 움찔했다.

앤더슨의 법무법인 데이비스 폴크가 앤더슨 사무실을 방문했는데 훗날 앤더슨 사람들은 이것이 큰 실수였다고 생각하게 되었다. 데이비스 폴크는 이메일이 삭제된 사실을 알아챘고 이를 법무부에 알렸다.[26] 그러더니 이번에는 토진이 문서 파기와 관련된 자료를 요청했다. 토진 의원의 요청에 대해 데이비스 폴크는 앤더슨에 모든 것을 한꺼번에 제출하라고 조언했고, 경영진은 그 조언을 받아들였다. 앤더슨의 여러 직원에 따르면 데이비스 폴크는 앤더슨 직원과 면담조차 하지 않고 자료를 넘겼다. 앤더슨 경영진은 데이비스 폴크가 지나치게 정부에 협조적이었다고 생각했다. 변호사들은 의뢰인의 자료를 조사 기관에 넘기지 않을 합당한 이유를 댈 수도 있지만 재량껏 조사 절차를 지연시킬 수도 있다.

자료 공개의 결과는 언론에게 대박이었다. 기자들은 연일 기사를 내보냈고, 앤더슨은 날마다 내부 문서를 근거로 써 댄 일간지 기사를 접해야 했다. 홍보 전문가인 패트릭 도턴(Patrick Dorton)과 찰리 리오나드(Charlie Leonard)는 워싱턴 K가에 있는 앤더슨 건물 안의 작은 사무실에 처박혀 위기 대응을 지휘했다. 도턴은 32세에 불과한 젊은이였지만 클린턴 시절 백악관에서 홍보 업무를 담당했다. 그는 잔뜩 긴장한 채로 연봉 요청을 했다. 믿기지 않게도 앤더슨은 그 이상을 제시했다. 격렬하게 돌아가는 워싱턴의 수렁에서 막 빠져나온 그는 느긋한 업무를 기대했다. 직접 홍보 대행사를 운영한 경험이 있는 리오나드는 집에서 옷걸이 채로 셔츠를 가져오고 위기 동안 필요하다면 사무실에서 밤을 지새우겠다고 약속함으로써 그 자리를 얻어냈다. 앤더슨은 웹사이트와 작전실을 만들고 신속 대응 팀을 구성했는데, 모두 당시로는 거액인 150만 달러를 들인 홍보 캠페인의 일환이었다. 앤더슨을 둘러싼 언론 광란극은 그 이전에도, 그 이후로도 다시는 구경하기 어려운 것이었다.

도턴과 리오나드는 앤더슨을 구하기 위해 날마다 긴장 태세를 갖추었다. 오전은 조용했다. 그러다 오후 중반이 되면 전화기 불빛이 쉴 새 없이 번쩍였고 그때부터 그들은 기자들과 설전을 벌였다. 몇 달 동안 거의 매일 엔론 스캔들은, 그리고 앤더슨도 자주 신문 1면과 저녁 뉴스를 장식했다. 같은 신문사의 기자 여럿이 전화를 걸어 대기 일쑤였다. 도턴과 리오나드는 밤늦게까지 전화기를 놓을 수 없었는데, 미국 기자들이 기사를 마감한 이후에는 해외 기자들이 그 자리를 이어받았기 때문이다. 두 사람은 거의 날마다 자정 가까이에 퇴근해서 길 건너에서 마티니를 마시며 그다음 날 같은 일을 되풀이할 채비를 갖추었다. 이런 식의 언론 광란은 더 이상 존재하지 않는다. 오늘날에는 그런 기사를 보도하는 기자들이 많지 않은 데다 기자들이 한 가지 뉴스를 오랫동안 집중적으로 다루는 풍조도 아니기 때문이다.

처음 몇 달 동안 도턴과 리오나드는 언론 유출과 씨름했다. 모든 기자가 두 사람에게 같은 말로 운을 떼었다. "방금 문서 하나를 입수했어요." 도턴과 리오나드는 그 출처가 빌리 토진 의원 쪽 사람들로 짐작했다. 하루도 빠짐없이 문서가 유출되었다. 그들은 해명 기사를 작성하기 위해 정신없이 앤더슨의 서류 뭉치를 뒤졌지만 상황을 뒤집기에는 너무 늦었고, 언론의 반응도 대체로 미적지근했다. 토진은 그들을 죽이고 있었다.

토진의 의회 청문회가 2002년 1월에 열렸다. 도턴과 리오나드 등 홍보 담당자들은 청문회가 가져올 위험을 잘 알고 있었다. 선수를 치기 위해 앤더슨은 엔론 담당 수석 파트너이며 서류 파기의 거의 모든 과정을 지휘한 데이비드 덩컨을 해고했다. 앤더슨은 보도자료에서 덩컨이 "아주 상당한 분량의 문서에 대한 고의 파기를 지시"했으며, 그럼으로써 어느 모로 보나 정부의 문서 요청을 내다보고 자료를 파기했다는 인상을 전달했다고 비난했다. 앤더슨의 보도자료는 비판의 목소리를 달래기보다 사람들의 분노를 부채질했다. 앤더슨은 문서 파기가 한 사람의 주도로 일어난 일회성 사건인 양 포장함으로써 책임을 회피하려 한 것으로 보였다. (훗날 문서 파기와 관련된 이메일과 옴짝달싹 못 할 증거가 다수 나타났다.)[27]

그러나 법률가의 관점에서 볼 때 청문회는 한층 더 심각한 악재였다. 앤더슨이 잘못을 시인한 것이다. 아니나 다를까 청문회가 시작하자 하원의원들은 누가 먼저랄 새도 없이 분노를 표출했다. 토진은 한술 더 떠서 앤더슨 측 증인들에게 형사 고발을 당할 줄 알라고 경고했다.[28]

사업 활동의 비용에 불과한 벌금

앤더슨에 대한 언론 광풍이 맹위를 떨친 가운데 법무부의 조사는 빠른 진전을 보였다. 2002년 초반 몇 달에 걸쳐 앤더슨은 데이비스 폴크의 저명한 변호사 봅 피스크의 조언에 따라 조사에 협조하는 모양새를 취했다. 앤더슨은 정부에게 자신들이 충실하게 조사를 받고 있으며, 개혁의 필요성을 진지하게 생각하고 있다고 주장했다. 1월 말 버라디노는 연준 이사장을 역임했으며 금융계에서 가장 존경받는 인물 중 하나인 폴 볼커에게 개혁 프로그램을 제안해 달라고 요청했다. 그러나 앤더슨은 계속해서 그러한 조치를 무용지물로 만들었다. 파트너들은 심하게 분열되었으며 볼커의 제안을 실행에 옮기지 않았다. 파트너 대부분이 탈출 계획을 짜느라 정신없었다.

법무부는 협상 과정에서 엄중한 제재를 강구하는 중이라는 뜻을 분명히 밝혔다. 앤더슨은 겉으로는 정부에 협조하는 척하면서도 대화 내내 선을 그었다. 잘못을 전혀 인정하지 않은 것이다. 앤더슨이 요지부동의 자세로 버텼던 까닭은 자신들의 문제가 연방 정부 차원에 그치지 않았기 때문이다. 콜로니얼 부동산 스캔들이 일어난 코네티컷주 정부도 위험한 소리를 내고 있었다. 앤더슨은 다른 주 정부들까지 그 뒤를 따를까 봐 조바심을 냈다.

앤더슨 측 변호사들은 2002년 봄 법무부와 여러 차례 만나는 동안에 앤더슨이 한 번 더 평판에 타격을 입으면 무너질 수 있으니 법무부가 관대한 조치를 내려야 한다고 주장함으로써 의뢰인의 상황을 악화시켰다.

"이번에 SEC가 무슨 조치를 내린다고 하지 않았나요? 그것도 회사 평판에 타격이 될 겁니다." 형사국 차관보인 처토프가 말했다.

피스크는 앤더슨의 고객과 투자자는 "SEC에 대해서는 신경 쓰지 않는다"고 말했다. 검사들은 그가 무관심하다시피 하고 그 모든 일을 대수롭지 않게 여긴다는 느낌을 받았다. 그는 SEC의 질책이 앤더슨으로서는 흔히 겪는 일이라고 말했다. 기업들은 SEC의 규제를 밀쳐 버려야 할 태클링 더미(tackling dummy, 인체 크기의 미식축구 연습용 모형 – 역주) 정도로 간주했다. 마지못해 죄를 인정하는 일 없이 SEC와 합의하는 것이 다반사였다. SEC의 제재는 대수롭지 않은 징계에 그쳤고 기업들은 행동을 바꾸지 않았다. 검찰은 SEC가 부과하는 과징금이 사업 활동의 비용에 불과하다는 사실을 알고 있었다.

피스크의 말을 들은 처토프가 크게 격분했다. 사실, 그의 말이 옳았기 때문이었다. 그는 자기 딴에는 검찰이 SEC에 비해 중요하다는 아첨을 떨려고 했겠지만 의도치 않게 다른 속내까지 전달한 것이다. 앤더슨은 SEC가 무력한 규제기관이라고 생각했다. 데이비스 폴크 역시 문서를 파기할 때의 앤더슨과 마찬가지로 SEC에 대한 무시를 드러냈다. 처토프는 무엇인가 바뀌어야 한다고 생각했다.

그는 앤더슨 측 변호사들의 세력 과시에 갈수록 짜증을 느꼈다. 한번은 시카고 소재 법무법인인 메이어 브라운(Mayer Brown)의 수석 변호사 리처드 패브레토(Richard Favretto)가 회의 도중 자리에서 일어나 처토프에게 앤더슨은 "너무 커서" 기소가 불가능하다고 소리쳤다. 그는 주가가 25%나 폭락할 거라고 경고했다. 처토프는 화가 났지만 평정을 유지했다. 그도 일어섰다. 뉴저지의 랍비 아들인 그는 변호사의 말을 끊었다. 그는 "아서 앤더슨이 너무 커서 우리가 기소하지 못할 거라고 말하고 있는 것이라면"하고 전제한 뒤 극적인 효과를 위해 잠시 멈춘 후에 "글쎄, 이 건물에서 그런 일은 있을 수 없소!"라고 말했다.

"저런 기개는 대체 어디에서 나오는 걸까?" 엔론 태스크포스의 일원인 톰 해너식은 마음속으로 처토프에게 갈채를 보내면서 생각했다.

앤더슨과 앤더슨 측 변호사들은 처토프와 말이 통하지 않는다고 보았다. 그래서 그의 상사들에게 호소하려 했다. 피스크는 법무장관인 래리 톰슨에게 만남을 요청했다. 톰슨은 처토프와 하루에도 여러 차례 대화를 나누는 일이 많았다. 그는 양측이 이견을 해소하기를 바랐지만 처토프에게 한결같은 방식으로 도움을 주었다. 톰슨은 아랫사람들의 조사나 결정 과정에 끼어들어서는 안 된다고 믿었기 때문에 피스크의 면담 요청을 거절했다. 그러나 앤더슨은 거기에서 멈추지 않았다. 회사는 '총알 로비(bullet lobbying)'를 꽤 적극적으로 펼쳤다. 이는 전문가가 아니라 목표물의 대학 시절 룸메이트와 같은 지인을 끌어모으는 기법이다.

톰슨은 법률가 경력 초반에 몬산토(Monsanto)의 신참 변호사였고 그곳에서 클래런스 토머스(Clarence Thomas)라는 젊고 보수적인 흑인 변호사를 알게 되었다. 그 이후 1991년 토머스의 연방대법원 인준 청문회 기간에 톰슨은 자신의 고향 미주리주 상원의원인 존 댄퍼스(John Danforth)를 만난 바 있다. 앤더슨은 정부와의 싸움에서 회사를 방어하고자 댄퍼스를 고용했다. 그 당시 댄퍼스는 빛나는 평판을 얻은 채로 상원을 떠나 기업 변호사가 되었지만 회계 장난질에 대해서는 이렇다 할 전문 지식이 없었다. 댄퍼스가 면담을 요청하자 톰슨은 동의했다. 그들의 만남은 어색했다. 한쪽이 공손한 태도로 조언을 듣는 식이었다. 댄퍼스는 앤더슨의 입장을 거듭해서 말했다. 기소는 회사를 파멸시키고 시장을 혼돈에 빠뜨릴 것이라는 이야기였다. 톰슨은 꿈쩍도 하지 않았다. 그는 끼어들지 않을 생각이었다.

그럼에도 검사들은 신경이 쓰였다. 기소하지 않고도 합의에 도달할 수 있다면 그렇게 할 작정이었다. 처토프와 엔론 태스크포스는 아서 앤더슨에 기소 유예 합의(deferred prosecution agreement)를 제안했다. 기소 유예 합의에 이를 경우 검사가 임명한 외부 변호사가 해당 기업을 감독하게 된다. 이러한 합의는 즉각 기소에 비해 심각성이 덜하다. 기소 유예를 제안하면서도 검사들은 처토프가 절대로 양보하지 않았던 한 가지 입장은 고수했다. 회사가 잘못을 시인해야 한다는 것이었다. 그것이 가장 기본적인 조건이었다. 아서 앤더슨은 거부했다.

엔론 태스크포스 전체가 기소를 표결에 붙이기 위해 법무부 본부에 모였다. 그러한 비공식 투표는 검사 조직에서 흔히 있는 일이다. 검사들은 잘못을 시인하라고 요구해 왔다. 그런데 이제 앤더슨에 전화를 걸어 "농담이에요!"라고 할 수는 없었다. 위협을 하려면 그 배후에 무엇인가가 있어야 했다. 태스크포스에서 한 명을 제외한 멤버 모두가 기소에 찬성했다. 3월 7일 대배심이 봉인된 비공개 기소장을 회사에 전달했다. 1주일 후 래리 톰슨이 이 소식을 공개적으로 발표했다.

그럼에도 협상은 계속되었다. 많은 사람들이 (최종적인 유죄 평결이 아닌) 기소만으로도 앤더슨은 파산에 내몰리게 된다고 주장했다. 그러나 앤더슨은 기소되었음에도 문을 닫지 않았고 법무부와 계속해서 협상했다.

이 과정은 데이비스 폴크의 변호사들에게 큰 타격을 주었다. 피스크와 그의 후배 변호사인 매키너니는 법무부가 비합리적이며 처토프가 비타협적이라고 생각했다. 그들은 앤더슨에 대한 기소는 잘못된 일이고, 앤더슨을 죽이는 조치라고 보았다. 대체 무엇 때문이냐고 반문했다. 잘못을 저지른 사람은 소수에 불과하다는 것이다. 데이비스 폴크는 논쟁에 진 것만이 아니었다. 앤더슨은 그들을 제치고 다른 변호사들을 찾아 나섰다. 누구보다도 매키너니가 굴욕감을 느꼈다.

재판을 위해 앤더슨은 현지 대리인이 될 변호사 러스티 하딘(Rusty Hardin)도 채용했다. 그는 전설적인 소송 전문 변호사로서 원색적이고 꾸밈없는 스타일이라 텍사스의 배심원을 확실히 사로잡을 수 있는 사람이었다. 하딘은 앤더슨 측 변호를 주도하기 시작했다. 4월 초에 그는 정부가 기자들에게 정보를 유출시켰다며 분노를 터뜨렸다. 그는 엔론 태스크포스 책임자 자리를 맡은 지 얼마 되지 않는 콜드웰에게 전화했다. 하딘은 콜드웰을 좋아했다. 그러나 그는 와이스먼을 견딜 수 없었다. 불도그처럼 늘 호전적인 와이스먼은 하딘에게 언론 인터뷰와 사실 와전을 그만두지 않으면 그에 대한 제재 조치를 강구하겠다는 서한을 보냈다. 하딘은 다음과 같은 답장을 썼다.

앤드류 (와이스먼)에게,

어떤 멍청이가 당신 이름으로 내게 편지를 보냈다는 사실을 당신이 아셔야 할 것 같습니다. 조사하셔야 할 겁니다.

이만 줄이며,
러스티 (하딘)

데이비스 폴크와 메이어 브라운의 설득으로 하딘은 그 답장을 보내지 않았다.

하딘은 마음대로 지껄였다. "신문에 실린 거 도대체 뭡니까?" 그는 콜드웰에게 소리쳤다. "이 유출 기사들 뭡니까? 앤더슨이 기소 유예 합의를 받아들이려고 했는데 처토프가 거부했다는 걸 당신도 나만큼 잘 알잖소!"

콜드웰은 피고인 측 변호사들의 과장된 행동에 늘 하던 대로 침착한 어조로 대꾸했다.

"그 기사가 우리 팀에서 나온 것이 아니라는 것만은 확실히 말할 수 있어요."

"난 출처가 어디인지 압니다. 당신 밑에서 일하는 개자식한테서 나온 거예요."

2002년 4월 5일, 하딘은 워싱턴으로 날아갔다. 데이비스 폴크의 데니스 매키너니, 메이어 브라운의 변호사들, 앤더슨 경영진과 사내 변호사들을 비롯한 패거리들이 그곳에 모여 있었다. 그들은 콜드웰, 와이스먼과 전화로 대화를 나누었다. 앤더슨의 변호사들은 협상에 성공했다고 생각했다. 앤더슨이 기소 유예 합의를 받아 낼 수 있다는 믿음이었다. 그들은 앤더슨이 죄를 시인할 필요 없이 몇 가지 '실수'만 인정하면 되리라고 믿었다.[29]

하딘은 다시 비행기를 타고 휴스턴으로 돌아갔다. 비행기에서 내린 그는 나쁜 소식을 접했다. 처토프가 협상을 거부하고 태스크포스 사람들을 호되게 꾸짖었다는 소식이었다. 최종 제안은 불기소 합의였으나 아서 앤더슨이 죄를 인정해야 한다는 조건이 붙었다.

처토프는 대담하게 행동했다. 그날 일찍 태스크포스는 비밀리에 앤더슨의 파트너이며 엔론 업무를 총괄하던 데이비드 덩컨으로부터 협력하겠다는 동의를 얻어 냈다. 그는 앤더슨과의 재판에서 정부를 위해 증언하겠다고 했다. 덩컨은 4월 9일 유죄를 인정했다.

아서 앤더슨은 대담하게도 법무부에 어려운 결정을 내리라고 촉구했다. 정부 팀은 앤더슨이 잘못을 저질렀으며 기소가 정당하다고 믿었다. 그들은 비겁하게 물러설 수 없었다. 앤더슨이 유죄를 인정하지 않는다면 재판으로 끌고 가야만 했다.

하딘은 만만찮은 적수였다. 증인 대부분이 앤더슨의 전 직원들이었다. 제3자가 보기에 그들은 검찰에 적대적이었고 앤더슨이 문을 닫게 되었다며 억울해했다. 그와 대조적으로 하딘은 반대신문에서 증인을 위로하고 우호적으로 대하는 등 서민적인 모습을 보였다. 그러나 배심원들이 법정에서 나가자 그는 곧바로 연극적인 모습으로 돌변하여 검사들과 판사를 공격하고 이 모든 일이 터무니없다고 주장했다. 데이비스 폴크의 매키너니가 하딘의 보좌역을 맡았다. 그는 기회가 있을 때마다 법률에 대해 기술적인 주장을 끊임없이 늘어놓아 검사들을 탈진시켰다. 데이비스 폴크 전체가 재판을 자기 일인 양 민감하게 받아들이는 듯 보였다. 직급이 낮은 변호사들까지 판결문 낭독을 듣기 위해 굳이 재판정으로 왔다. 앤드류 와이스먼과 재판을 진행했던 샘 뷰엘은 방청석을 둘러보다 젊은 변호사들이 자기에게 찡그린 표정을 짓는 광경을 보았다.

배심원단은 배심원들이 흔히 그러하듯이 변덕을 부렸다. 그들은 어떤 직원이 유죄인지에 대해 만장일치로 합의할 필요가 있는지 묻는 등 평의 과정에서 고심을 거듭했다. 멜린다 하먼(Melinda Harmon) 판사는 앤더슨의 어떤 직원이 "다 알면서도 부정직한 의도로 행동했다"는 것을 배심원 모두가 믿어야 하지만 그 직원이 누구인지에 대해 만장일치로 합의해야 할 필요는 없다고 설명했다.

배심원단은 평의 다음 날이자 재판 열흘째 되던 날에 유죄 평결을 내렸다. 판사의 설명은 그다지 중요한 영향을 끼치지 않은 것으로 드러났다. 배심원단은 변호사인 낸시 템플이 "부정직한 설득자"라는 데 만장일치로 합의했다. 그녀는 덩컨에게 앤더슨이 엔론의 수익 구조와 관련한 특이점에 동의하지 않았다는 단서를 모조리 없애라고 제안하고, 향후에 있을 엔론 소송에 증인으로 소환될 것을 우려해 내부 서신에서 자신의 이름을 지워 달라고 요구함으로써 정부의 조사를 의도적으로 방해했다.[30]

재판은 더 큰 진실에 도달하거나 사건의 전모를 다루는 일이 아니다. 앤더슨의 파트너, 변호사, 대리인, 지지자 들은 그 이후로도 기소가 부당하고 폭력적인 행위였다고 주장한다. 많은 이가 앤더슨과 앤더슨 파트너들이 회계 사기로 기소되지 않았다는 것을 지적한다. 그것만이 유죄 여부의 척도라도 되는 듯 말이다. 앤더슨은 엔론의 재무 건전성 여부를 확인해야 했다. 회계감사인들은 회계장부가 말 그대로 "모든 중요한 측면에서 공정하게" 기록되었다고 서명한다. 그러나 엔론은 전혀 건전하지 않았고 엔론의 사업은 타당성이 없었다. 엔론의 사기는 앤더슨의 공모가 있어야 가능했다. 그것은 부도덕하고 전문가로서의 의무를 저버린 직무 유기였으며 일상 언어로 표현하자면 범죄였다. 앤더슨은 아무리 법을 엄격하게 적용하더라도 범죄자였다. 그러나 유죄 평결은 지속되지 않았다.

인간적인 호소를 통한 국면의 전환

아서 앤더슨은 타락한 기업의 전형이 되었다. 상습적으로 기업 범죄의 시녀역할을 해 왔다. 그리고 증거 은폐를 위해 문서를 파기했다. 회계업계는 영리를 추구하는 업종으로서 CEO들에게 자문을 제공할 수 있지만 그들이 지나치게 숫자를 끌어올릴 때는 진실을 말해 줄 의무도 있다는 것을 원칙으로 삼아 왔다. 앤더슨은 그러한 이상을 더럽혔다.

연방 의회가 움직였다. 조지 W. 부시는 2001년 취임하여 불황에 빠진 경제를 물려받았다. 공화당은 대기업을 위한 정당이었는데 대기업은 부패한 상태였다. 공화당원들은 1990년대 내내 금융 규제 완화를 있는 힘껏 밀어붙였다.[31] 그러던 그들이 이제 고전적인 방식의 단속으로 대응했다. 구세대 공화당원들은 대부분 엔론 스캔들을 혐오스러워했고 자본주의 규칙을 파괴한 행위로 간주했다. 순수하고 이상적인 관점에서 볼 때 깨끗한 시장에 대한 믿음은 시장 참여자들이 규칙대로 행동하는 것을 전제로 한다. "미국의 CEO 가운데 절대다수가 선량하고 고결하며 정직해서 숨길 것이 없는 사람들이다." 부시 대통령은 2002년 7월 기자 회견에서 말했다. "소수의 사람들이 … 우리가 처리해야 할 오점을 남겼다." 부시는 앞으로 범죄 단속에 힘쓰겠다는 말을 거듭했다. 그는 미국 국민의 신뢰를 회복하기 위해 "우리는 법률을 어긴 사람들을 적극적으로 추적할 것"이라고 말했다.

부시 행정부는 더 강경한 처벌을 제안했고, 기업 이사회실에서 도덕적 행동이 (아마도 마법처럼) 다시 효력을 발휘해야 한다고 촉구했다. "미국 경제에 필요한 것은 더 높은 윤리 기준"이라고 대통령은 강조했다. 그 이전 예산안에서 법 집행 인력의 감축을 제안했던 부시가 이제 와서는 정치적 압력에 굴복하여 말을 번복하고 의회에 100명의 법 집행 인력 충원을 승인해 달라

고 요구했다.[32]

민주당은 기소를 부차적이고 불충분한 조치로 보았다. 민주당의 대응책은 체제 전반의 규제에 초점을 둔 입법 추진이었다. 민주당 의원들은 검사들에게 더 많은 법적 권한을 부여하자고 제안했고, 더 나아가 부패가 만연하기 때문에 입법과 규제 감독의 강화를 통한 광범위한 해결책이 필요하다고 주장했다. 그들은 일부 회사의 기업 회계가 엉망이라는 사실이 문제가 아니라, 미국 기업 전체에 대한 점검이 필요하다고 보았다. 특히 민주당의 좌파 진영은 '썩은 사과' 이론이나 도의적 설득이 옳은 길이라는 개념을 받아들이지 않았다. 미네소타의 진보 성향 민주당 상원의원 폴 웰스톤(Paul Wellstone)은 부시의 연설에 대해 "나는 대통령이나 행정부가 이 일의 본질을 이해했다고 생각하지 않는다"는 말로 반박했다. 입법의 필요성은 "엔론의 범위를 한참 넘어서며, 월드컴의 범위를 한참 넘어선다. 미국의 일반 투자자들은 기업 시스템에 대한 신뢰를 잃었다"는 것이 그의 주장이었다.[33]

2002년 7월, 연방 의회는 이정표가 될 사베인-옥슬리(Sarbanes-Oxley)법을 통과시켰다. 메릴랜드의 민주당 상원의원 폴 사베인(Paul Sarbanes)과 오하이오의 공화당 하원의원 마이클 옥슬리(Michael Oxley)의 이름을 딴 법이다. '사복스(Sarbox)'로도 알려진 이 법이 시행되면서 기업은 회계장부 기록에 대한 내부 감독을 강화해야 했다. 최고 경영자와 최고 재무 책임자가 자사 재무제표의 정확성을 보증해야 했다. 기업의 반대, 로비, 적대감에도 불구하고 이 법은 새로이 회계업계를 감독할 공개기업 회계감독위원회(PCAOB, Public Company Accounting Oversight Board)를 탄생시켰다. 사베인-옥슬리법을 낙관하던 시기가 있었다. 일각에서는 새 법이 규제기관과 검사들에게 법적인 감시 권한을 부여하리라 믿었다. 법학 교수인 캐슬린 브리키(Kathleen Brickey)는 "사베인-옥슬리법은 앤더슨의 법적, 실제적 주장을 잠재우는 한편 검찰의 손에 광범위한 권한을 쥐여 줄 것"이라고 예견했다.[34] 하지만 그녀의 예측은 들어맞지 않았다.

그 대신 앤더슨은 부당한 화이트칼라 기소의 대표적인 사례가 되었다. 앤더슨 스캔들은 사실이 아닌 것처럼 주장되었고, 이를 기반으로 미국 재계와 변호사 로비 단체는 연방 검찰의 과도한 권한에 대항하기 시작했다. 그리고 결국 그들이 승리했다.

앤더슨의 법률 팀과 홍보 팀은 때로 사실을 왜곡하고 검사들의 의도에 의문을 제기하며 치열하게 맞섰다. 앤더슨은 홍보 메시지를 다듬고 직원들을 동원했다. 그들은 워싱턴 법무부 건물로 행진했다. 휴스턴과 필라델피아에서 집회를 열었다. 주황색 티셔츠를 입고 선출직 공무원들에게 편지를 보냈다. 대학 농구 팀 감독으로 유명한 존 우든(John Wooden)이 부시 대통령에게 공개서한을 보냈다. 직원들은 주요 일간지에 전면 광고를 냈다. 앤더슨 중역들은 세계 각국에 주재하는 미국 대사들에게 현지 지사가 문을 닫을지도 모른다고 경고하는 탄원서를 보냈다. 처토프는 쇄도하는 이메일 때문에 이메일 주소까지 바꾸어야 했다. 버라디노가 사임한 후에는 임시 CEO가 TV에 더 자주 모습을 드러내기 시작했다. 앤더슨의 홍보 책임자들은 원한다면 누구나 언론과 인터뷰해도 좋다고 공식 발표함으로써 직원을 동원했다.

엔론 태스크포스의 검사들은 앤더슨의 여론 몰이에 동요되지 않았다. 그러나 직원 수만 명이 위험에 처했다는 생각은 사람들의 뇌리에서 지워지지 않았다. 앤더슨은 자사에 대한 유죄 평결을 규탄하면서 "무고한 2만 6000명의 회사"에 닥치게 될 일을 비난했다. (이 숫자는 기사에 따라 달라서 일부 기사에서는 2만 8000명으로 보도되었다.)

본래 언론은 앤더슨의 확고한 적이었다. 앤더슨 팀은 앤더슨을 취재하는 기자 무리가 회사의 몰락에 힘을 보태고 있다고 믿었다. 도턴과 리오나드는 그에 맞설 방안을 생각해 냈다. 그 당시에는 CNN의 보수 성향 진행자 루 돕스(Lou Dobbs)가 CNBC와 시청률 경쟁을 벌이고 있었다. 지속적으로 분노를 자극하는 활동만큼 케이블 프로그램의 시청률을 끌어올릴 수 있는 것은 없다. 홍보의 귀재들은 앤더슨 중역 한 사람을 돕스의 프로그램에 날마다 출연시켰다. 돕스는 앤더슨을 지지했고 연방 정부가 회계법인만 족치면서 엔론 중역들은 봐주는 것 같다고 비난했다. 앤더슨이 언론에서 첫 동지를 찾아낸 것이다.

앤더슨 측 변호사들은 정부가 앤더슨이 대배심 앞에서 진술하는 것을 막는 등 대배심 절차를 악용했다고 주장했다. 피고인 측 변호사들은 대배심에 증거를 제출할 권리가 없다. 그 때문에 대배심은 검사들이 일방적으로 진행하는 절차처럼 보인다. 초기에 법무부는 마지막에 앤더슨 변호사들에게 무죄를 입증할 만한 증거를 대배심에 제출하라고 권고했다. 그들은 응하지 않았다. 그럼에도 언론은 앤더슨의 주장을 그대로 되풀이했다. 〈월스트리트저널〉은 "정부는 앤더슨에 자기 회사를 조사하는 대배심에 증거를 제출할 기회를 주지 않았다"고 보도했다.[35]

사면초가에 몰린 아서 앤더슨 직원들의 대변인 노릇을 가장 훌륭하게 해낸 이는 러스티 하딘 변호사였다. 데이비스 폴크와 메이어 브라운은 언론 인터뷰에 대해 신중한 입장을 취했지만 카리스마 넘치는 소송 변호사 하딘은 그들의 접근법이 이치에 맞지 않는다고 보았다. 그는 언론의 환심을 사려고 했다.

하딘에게는 새로운 논점이 있었다. 앤더슨은 더 이상 아무것도 인정하지 않는다는 입장을 내세웠다. 대담한 입장 전환이었다. 이미 앤더슨의 파트너 데이비드 덩컨이 유죄를 인정했고 앤더슨도 회사 차원에서 잘못을 시인하는 보도 자료를 내보냈기 때문이다. 하딘은 그 모든 것을 무시하고 앤더슨 직원 중 누구도 잘못을 저지르지 않았다고 주장했다. 정부를 방해하기 위해 문서를 없앤 직원은 없었다. 그들은 그저 자료를 정리했을 뿐이다. 하딘은 앤더슨이 정치적 희생양이라고 주장했다. 그는 법무부의 정무직 공무원(political appointee)인 처토프를 집중 공격했다. 그가 볼 때 온 국민이 분노하는 가운데 범죄 수사를 받고 정치꾼들이 어떤 규칙도 따르지 않는 광경을 두고 볼 수밖에 없는 상황이 앤더슨의 최대 악몽이었다. 재판 전과 재판 기간 동안 하딘은 언론 인터뷰에서 덩컨에 대한 노선을 바꾸어 그에 대한 비난을 중단하고 그를 정부 탄압에 못 이겨 본심과 다른 말을 한 희생양으로 탈바꿈시켰다. 앤더슨의 파트너들은 하딘의 투지에 감탄했다. 훗날 어떤 직원은 하딘 덕분에 회사가 "기운을 얻을 수" 있었다고 회고했다.

그러나 앤더슨의 목소리가 기운보다 중요했다. 도튼과 레너드가 홍보 작전실에서 벌인 그 모든 활동이 회사를 살리지 못했을지는 몰라도 성과를 거둔 것은 분명했다. 그들은 의도적인 전략을 취하여 앤더슨에 인간적인 면모를 덧씌웠다. 앤더슨이라 하면 더 이상 회계 사기가 떠오르지 않았다. 이제 앤더슨은 정부 때문에 해체된 미국의 대기업을 상징했다. 앤더슨, 홍보 팀, 재계 로비 단체, 변호사 단체는 화제를 전환함으로써 바라던 결과를 얻었다.

앤더슨 기소의 유산

아서 앤더슨이 순전히 기소만으로 해체되었다는 생각은 허구다. (엄밀히 말해 앤더슨은 회계 면허를 포기했지만 파산 신청은 하지 않았다.) 변호사이자 학자인 가브리엘 마코프(Gabriel Markoff)의 연구에 따르면 2001년에서 2010년 사이에 기소 때문에 파산한 상장기업은 한 곳도 없었다. 그는 "기소가 기업을 파산

으로 내몰 위험성은 전적으로 과장되었다"고 말한다.[36]

앤더슨 기소와 평결은 앤더슨의 몰락을 가속화했다. 법무부가 여느 때와 달리 재빨리 움직인 탓에 성급하게 과잉 대응했다는 비난이 정부에 쏟아졌다. 기소를 밀어붙인 마이클 처토프는 얼마 후 국토안보부 장관에 올랐는데 2005년 허리케인 카트리나에 엉망으로 대처하여 위신이 깎였다. 처토프는 기업 범죄 협상의 불문율을 어겼다. 그는 균형 잡힌 사람이 아니었다. 기소는 정부의 권한이 엄청나고 중대하다는 점을 알려 주었다.

그러나 고객들은 기소가 이루어지기도 전에 떠났다. 엔론의 회계감사 법인이라는 이유로 앤더슨의 평판에 심각한 금이 갔기 때문이다. 문서 파기와 과거의 회계 처리 문제가 결합하여 몰아친 치명적인 소용돌이에 휩싸여 회사는 돌이킬 수 없는 타격을 입었다. 기소 몇 주 전에 머크, 프레디 맥, 선트러스트 은행, 델타 항공사 등이 일제히 앤더슨을 버렸다. 결국 아서 앤더슨에는 175건의 주주 소송이 제기되었다. 파트너들은 민사 합의금을 지급하지 않으려고 어떻게든 회사를 해산하려 했다. 엔론이 아서 앤더슨을 죽이지 않았더라도 월드컴이 그렇게 했을 것이다. 앤더슨에 평결이 내려진 지 열흘 후에 통신 대기업 월드컴은 수십억 달러 규모의 회계 사기를 실토했다. 월드컴의 회계감사 법인은? 바로 아서 앤더슨이었다.

그럼에도 아서 앤더슨과 그 지지자들은 몇 년 후 아서 앤더슨이 회계 사기로 기소된 적은 없다고 옳은 지적을 했다.[37] 기소를 반대한 이들은 타당한 두 가지 근거를 댄다. 첫째, 무고하고 직급이 낮은 직원들이 범죄와 아무런 관련이 없으면서도 가장 큰 타격을 입는다는 것이다. 반면, 직급이 높은 파트너들은 대부분 손쉽게 다시 일자리를 얻었다. 그러나 법은 부수적 피해자가 있다는 이유만으로는 범죄를 눈감아 주지는 않는다. 유죄가 입증된 살인자의 가족도 고통을 받기는 마찬가지다. 두 번째는 앤더슨 기소는 규제기관과 검사들에게 족쇄가 되리라는 주장이다. 네 곳으로 줄어든 대형 회계법인 중에 추가로 문을 닫는 곳이 생길지도 모른다는 우려에 그들이 지나치게 신중한 태도를 취하리라는 것이다. 이 예언은 그 후 몇 년에 걸친 KPMG 사건을 통해 실현되었다.

그 후 정부도 된서리를 맞았다. 앤더슨 기소 3년 후인 2005년 5월에 연방대법원은 만장일치로 평결을 뒤집었다. 대법원은 1심 판사인 멜린다 하먼이 정부 측에만 지나치게 관대한 결과, 앤더슨 경영진이 문서를 직접 파기하거나 그러라고 지시하는 과정에서 사법 절차를 고의로 방해했다는 점을 기소 과정에서 명확히 보여 주지 못했다고 판결했다. 앤더슨 재판을 주재한 하먼 판사는 일관성이 없었다. 한번은 배심원들에게 앤더슨 직원이 고의로 사기를 저질렀다는 것을 찾아내야 한다고 말했다. 그런가 하면 "(앤더슨이) 스스로의 행동을 합법적인 것이라 진심으로 믿었다 하더라도 (앤더슨의) 유죄 평결을 내릴 수 있을 것이다"라고 배심원단에게 말한 적도 있었다. 연방대법원은 이러한 설명을 중대한 실수로 판단했다. 범죄가 성립되려면 자기가 잘못된 일을 하고 있다는 사실을 당사자가 자각해야 한다. 판사의 지시(재판 과정에서 배심원들에게 유죄 평결과 관련하여 어떠한 부분을 검토하라고 판사가 지시하는 행위 – 역주)는 "범죄의 자각이라는 필요조건을 전달하는 데 실패했다"고 윌리엄 렌퀴스트(William Rehnquist) 대법원장은 의견서에 썼다. 이어 "정말, 판사의 지시는 아주 작은 과실까지도 용납되지 않는다는 것은 중요한 포인트"라고 했다.

오늘날의 법률 비평가들은 해당 판결에 대해 갑론을박을 벌인다. 연방대법원 판결은 몇 가지 측면에서 상궤에서 벗어난다. 앤더슨은 판결 당시에는 적용되지 않던 법규에 따라 기소되었다. 앤더슨 기소 1달 후인 2002년 7월, 의회는 사베인-옥슬리법을 통과시켰다. 새 법은 사법 절차 방해와 문서 파기 등과 관련된 허점을 보완함으로써 앤더슨의 행위를 소급하여 불법화했다. 그렇다면 가뜩이나 업무 부담이 과중한 연방대법원이 의회에 의해 폐기된 법령까지 적용하여 이 사건을 집어낸 이유는 무엇일까? 사법부가 입법기관이 이미 해결한 사안에 손을 대는 경우는 드물다. 일부 검사는 엔론 태스크포스에 과잉 대응이라는 비난이 쏟아졌다는 점을 떠올리고는 연방대법원이 정부에 공격적인 조치를 되풀이하지 말라고 경고하기 위해 평결을 번복했다고 보았다.

아서 앤더슨에 불리한 증거는 차고 넘쳤다. 앤더슨은 서류를 파기했고 파트너 중 한 명은 유죄를 시인했다. 회사가 업계에서 퇴출된 것은 부당한 일이 아니었다. 더욱이 앤더슨과 사측 변호사들의 경고와는 달리 앤더슨 기소가 경제위기나 금융위기로 이어지지도 않았다. 기업들이 회계감사 법인을 교체하고 자사의 회계를 정비하느라 북새통을 벌이자 SEC는 앤더슨의 붕괴가 투자자 심리에 미칠 파급 영향을 우려하여 이미 비상 계획을 가동하기 시작했다. 심지어 SEC는 앤더슨의 붕괴를 막고자 엔론의 채권자, 연금 수급자, 주주를 규합하여 앤더슨과 원만한 합의에 도달하도록 유도했다. 그러나 기소 이후에도 시장은 폭락하지 않았다. 기업들이 다른 회계감사 법인을 찾아냈을 뿐이다. 그 후 몇 달과 몇 년에 걸쳐 세계 각국의 투자자들이 미국의 자본시장으로 돌아왔다. 면직된 앤더슨 직원과 파트너 대부분이 금세 다른 일자리를 찾았다. 앤더슨 기소의 파급 영향에 대한 두려움이 극에 달했지만 아무것도 실현되지 않았다는 점을 감안하면 앤더슨의 홍보 활동이 거둔 승리는 더더욱 이해할 수 없는 일이다.

그러나 여론이 뒤집혔다. 2000년대 후반과 2010년대에 들어서 법무부 최고위급 관료들은 기업 수사를 의논할 때마다 앤더슨 기소를 들먹이며 정부가 과잉 대응했다는 데 입을 모았다. 맨해튼 연방 검사를 역임한 메리 조 화이트(Mary Jo White)는 SEC 위원장에 오르기 전인 2005년에 다음과 같은 발언으로 검사들 사이의 일반적인 견해를 드러냈다.

> 법무부는 아서 앤더슨을 기소하고 업계에서 퇴출함으로써 큰 비난을 받았다. 합당한 비난이었다. 아서 앤더슨 사태 이후 법무부가 기업 하나를 범죄 집단으로 규정하는 데 따른 엄청난 부수적 결과에 초점을 맞춘 것은 칭찬할 만하다. 기소에 따른 낙인과 평판 추락은 대부분의 기업이 견뎌 내지 못할 정도로 가혹하다. 그런고로 법무부는 부수적 결과가 덜한 만큼 덜 가혹하다고 여겨지는 제재를 내리는 방향으로 전환했다.[38]

2000년대 후반부에는 법무부의 최고위급 관료들이 굳이 이 회사의 이름을 언급하지 않아도 되는 상황에 이르렀다. 모두가 어느 회사 이야기를 하는지 알고 있었기 때문이다. 앤더슨 기소 5년 후인 오바마 행정부 시절에 처토프가 역임했던 법무부 형사국 차관보에 오른 래니 브루어(Lanny Breuer)는 2012년 9월 13일 연설에서 법무부가 기업 기소에 신중을 기할 것이라고 시사했다.

> 기업의 기소, 기소 유예, 기소 중지에 대한 결정은 나를 비롯한 형사국의 그 누구도 가벼이 여길 일이 아닙니다. 우리는 기소의 부수적 결과가 자신의 의뢰인을 파국으로 몰고 갈 것이라고 주장하는 피고인 측 변호사, 최고 경영자, 경제학자 들의 자료 발표를 듣는 일이 많습니다. 나는 지난 수년에 걸쳐 우리가 기소하면 기업이나 은행이 파산하고 무고한 직원들이 일자리를 잃으며 업계 전체가 타격을 받고 심지어 세계 시장에 그 여파가 미칠지도 모른다는 등 정신이 번쩍 드는 예측을 회의실에서 들어

왔습니다. 어떤 때는 - 항상이 아니라는 점을 강조하고 싶습니다 - 그러한 예측이 타당하게 느껴집니다. 기소에 관한 모든 결정에 있어서 우리는 자행된 범죄의 성격과 불법행위의 파급력을 고려하는 것은 물론 기소가 무고한 직원과 주주에게 미칠 영향을 염두에 두어야 합니다. 개인적으로 나는 우리가 어떤 기업을 기소하면 같은 기업 내의 다른 이들이 저지른 범죄에 대해 책임이나 인식이 없는 직원 개인이 생계를 잃게 되리라는 점을 참작하는 것이 내 의무라고 생각합니다. 다국적 기업 상당수의 경우 직원 수만 명의 일자리가 위험에 처할 수 있습니다. 그리고 어떤 경우에는 업계나 시장의 건전성 자체가 실제 요인이기도 합니다. 화이트칼라 사건에서 이러한 고려사항들은 말 그대로 내 밤잠을 설치게 만드는 것일 뿐 아니라 책임감 있는 법 집행에 반드시 필요한 부분이기도 합니다.[39]

아서 앤더슨 사건을 기점으로 검찰은 미국의 초대형 기업들을 상대할 때 소심한 대응을 취했다. 미국의 초대형 은행들을 무너뜨리고 세계 금융계를 위험에 빠뜨린 2008년 금융위기에 대한 대응은 나스닥 거품 이후 드러난 회계 부정 사태 때의 긴급 대응과는 대조적이다. 중앙은행들은 이례적인 대출 프로그램을 통해 수조 달러를 투입했다. 그러나 시스템 취약성에 대한 두려움이 정치 담론을 지배했고 법무부 관료들을 괴롭혔다.

2009년까지 백악관과 의회를 손에 넣었던 민주당은 사베인-옥슬리법에 대한 논의 때 그러했듯이 시스템 전반에 대한 해결책을 찾으려 했다. 의회는 (불충분하다고 볼 여지는 있지만) 막대한 경기 부양 법안을 통과시켰으며 '도드-프랭크 월가 개혁 및 소비자 보호법(Dodd-Frank Wall Street Reform and Consumer Protection Act)'의 제정과 통과에 나섰다. 전면적인 금융 개혁 입법 행위였다. 좌파는 약탈적 금융으로부터 개인을 보호하고 금융 시스템의 안전성을 강화하며 비규제 금융 분야를 정부의 감시 아래에 둘 수 있는 구체적인 법령의 제정을 위해 힘을 모았다.

선출직 공무원들이 여기저기서 강력한 집행을 촉구했다. 그러나 오바마 행정부는 그러한 위기 대응책에 초점을 두지 않았다. 백악관은 연설 몇 차례를 제외하고는 화이트칼라 범죄의 기소에 대해 이렇다 할 조치를 취하지 않았다. 에릭 홀더(Eric Holder) 법무장관은 중요한 법 집행 대책을 곧바로 내놓지 않았다. 기소는 검사들이 알아서 처리하기를 바랐던 듯하다. 그러나 그들은 그러지 않았는데 상당 부분은 아서 앤더슨 기소 때 얻은 경험 때문이었다.

오늘날까지도 검사들은 대기업을 파산시킬지도 모른다는 두려움 때문에 대기업 기소를 꺼린다. 아서 앤더슨이 유죄 평결을 받은 이후 10년 동안 법무부는 기업 기소에 대한 접근법을 대대적으로 수정하여 기소보다는 합의를 우선시하는 방향으로 나아갔다. 이러한 전략적 전환은 그 어떤 전략이나 계획 없이 이루어졌다. 법무부에게 있어 앤더슨 기소는 너무 많은 대가를 치르고 얻은, 그러나 아무런 득이 되지 않는 승리였다. 진짜 승자는 미국 재계였다. 앤더슨은 다른 대기업들이 기소되는 일 없이 존속할 수 있도록 죽어야 했다.

Chapter 3

은의 시대

THE SILVER AGE

화이트칼라 범죄는 발명의 산물이었다. 화이트칼라라는 표현도 저절로 생겨난 것이 아니라 사회학자 에드윈 서덜랜드(Edwin Sutherland)가 1930년대 후반에 이 개념을 소개하면서 만든 것으로 추정된다. 서덜랜드는 인디애나 대학 블루밍턴 캠퍼스의 형사법 및 범죄학 연구소를 공동 창설했으며 때 이른 죽음을 맞이하기 1년 전인 1949년에 고전적인 저작《화이트칼라 범죄(White Collar Crime)》를 출간했다. 서덜랜드는 화이트칼라 범죄를 "명예가 있고 사회적 지위가 높은 사람이 직업을 수행하는 동안에 저지른다"면서 사기, 공모, 기만 등의 비폭력적이고 경제적인 범죄라고 규정했다. 또한 그 행위가 범죄인지 확실하지 않을 때도 많다고 했다. 횡령은 가방 날치기와 마찬가지로 쉽게 범죄로 규정할 수 있다. 그러나 주가 조작은 좀 더 난해한 개념이다.

미국 정부는 20세기 초반 30년 동안 화이트칼라 범죄를 거의 기소하지 않았다. 역사학자 로런스 프리드먼(Lawrence Friedman)은 이 시대에 대해 "미국의 산업은 상업이었다. 상행위 처벌에 대한 의지가 확실히 부족했다"고 썼다.[1] 1929년의 증시 대폭락과 대공황이 화이트칼라 단속에 박차를 가했다. 1929년 9월과 1932년 7월 사이에 뉴욕증권거래소에 상장된 시가 총액이 900억 달러에서 160억 달러로 80% 넘게 폭락했다. 월가의 위신이 땅에 떨어졌다. 그 이후 벌어진 정치 논쟁은 기술주 거품의 붕괴 직후인 2000년대 초반이나 2008년 금융위기 이후와 비슷한 양상을 띠었다. 민주당 의원들은 1929년 증시 대폭락 직후 기업 재무제표와 트레이딩 활동을 규제하기 위해 법안을 상정했다. 허버트 후버(Herbert Hoover) 대통령은 시장을 규제하는 것이 "헌법적으로 볼 때 근거가 의문스러운 점"이 있다고 3년 내내 주장했다.[2]

정부는 기업 범죄자들을 기소하기가 어렵다는 사실을 깨달았다. 연방 검찰은 새뮤얼 인설(Samuel Insull)을 추적하여 그를 우편 사기와 파산법 위반으로 기소했는데, 그의 전력 회사는 1930년대에 피라미드 사기와 유사한 대출로 파산했다. 터키는 그를 미국으로 인도했다. 세 차례의 재판(1934년에 한 번, 1935년에 두 번)을 받고 당대의 전설적인 소송 변호사의 변론을 받은 인설은 모든 혐의에서 무죄를 선고받았다. 무죄 선고는 서덜랜드의 혐오감을 유발했고, 그는 그때부터 "화이트칼라 범죄가 유발하는 심각한 해악을 명백하게 무시하는" 사법 체계에 관해 연구를 시작했다.[3]

1933년 의회는 SEC와 연방 예금보험공사(FDIC, Federal Deposit Insurance Corporation)를 설립했는데, 그해 초반 '페코라 조사(Pecora Investigation)'라는 이름으로 널리 알려진 상원 청문회를 개최한 이후였다. 퍼디난드 페코라(Ferdinand Pecora)는 이탈리아계 이민자이며 법조인이자 상원 은행통화위원회의 수석 법률 고문으로서 월가의 주가 조작, 은행가의 터무니없는 연봉, 은행과 경영진 간의 비밀 계약, 세금 포탈에 대한 공적 조사를 지휘했다. 부유한 투자자와 월가 금융가들은 작전 팀을 만들어 주가를 조작하고 위장거래를 하곤 했다. 페코라가 밝혀낸 황당한 시나리오에 따르면 체이스 내셔널 은행(Chase National Bank)의 앨버트 위긴(Albert Wiggin) 행장은 자기 은행의 주식을 공매도하고 그에 따른 주가 폭락으로 이익을 취했다. 자기 소유의 회사 주식을 그런 식으로 거래하는 것은 그 당시만 해도 불법이 아니었다.

프랭클린 루스벨트(Franklin Roosevelt)의 신임 행정부가 들어선 후 100일 동안 의회는 새로운 법규를 하나둘씩 추진했다. 의회는 1933년 증권법(Securities Act of 1933)을 통과시켰는데, 이 법은 특정 증권을 매도할 때 연방거래위원회(Federal Trade Commission)에 신고하도록 하는 정도의 법이었다. 이 법은 개혁주의자들을 실망시켰다. 진보 성향인 〈뉴리퍼블릭(New Republic)〉은 이를 비난하며 "은행가들이 고친 법안"이라는 불만을 표출했다.[4] 한편, 다른 진영에서도 월가와 재계 로비 단체가 이 법이 경제 회생을 꺾고 증권 발행을 저해하며 기업이 주식과 채권 발행을 위해 해외로 내몰림에 따라 미국의 경쟁력을 해칠 복잡하고 기형적인 법이라고 공격했다. "해충을 박멸하려고 집을 태워 버릴 필요는 없다고 생각된다"고 어떤 기업 변호사는 썼다.[5] 월가의 주요 은행들은 파업에 돌입하여 신규 증권의 발행 업무를 거부했다.

펠릭스 프랭크퍼터(Felix Frankfurter)는 루스벨트의 절친한 고문으로서 재계를 안심시키기 위해 〈포춘〉 지면에 증권법이 시장 상황에 맞는 적절한 법이라는 글을 실었다. 프랭크퍼터는 루이스 브랜다이스(Louis Brandeis)의 제자였다. 브랜다이스는 전설적인 법조인이며 무엇보다도 오랫동안 대법관으로 지내면서 그 시대의 규제 풍토를 정립한 인물이다. 제퍼슨주의자였던 브랜다이스는 '거대함,' 즉 독점 기업과 막강한 월가 은행에 대항했고 투명성의 이점을 전파하면서 "햇빛은 최고의 소독약으로 일컬어지며, 전깃불은 가장 효율적인 경찰관이라고들 한다"라는 유명한 말을 남겼다. 프랭크퍼터는 한때 1933년 증권법이 그저 "오랜 악습의 재발을 막기 위한 때늦고 보수적인 시도"라고 주장했다.

1933년 증권법은 눈에 띄지는 않았지만 개혁의 첫 번째 장치에 불과했다. 이듬해에 의회는 훨씬 더 전면적이고 이전 법의 범위를 크게 능가하는 1934년 증권거래소법(Securities Exchange Act of 1934)을 통과시켰다. 이 법에 의해 SEC가 설립되었고, 이 새로운 기관은 주식거래를 규제하고 조작적인 거래 관행을 금지하며 기업의 공시 자료를 감독하는 권한을 부여받았다. 1934년 증권거래소법은 가장 중요한 법 집행 조항인 Rule 10b-5를 탄생시켰는데, 이 조항은 모든 시장조작 행위를 금지하고 처벌하는 근간이 되는 조항이다.

그럼에도 그 후 수십 년에 걸쳐 정부의 기업 범죄에 대한 제재 조치는 마구잡이로 이루어졌다. 학자, 법조인, 규제기관은 기업이 '규제(regulation)'나 '제재(enforcement)'를 통해 좀 더 제대로 통제될 수 있는지 논쟁을 벌인다. 나쁜 행위라고 해서 모두 범죄인 것은 아니며, 특히 법규가 악인이 만들어 내는 혁신을 따라가지 못할 때 그러하다.[6] 또한 모든 범죄 행위가 반드시 업계 전체로 퍼지는 것도 아니다. 모든 기업을 대상으로 법규와 가이드라인을 정하고 그들을 과징금이나 제재 조치 정도로 민사적으로 단속하는 편이 나을까? 아니면 개인의 수감 가능성을 염두에 두고 개인별로 하나씩 조사하는 편이 나을까? 어떤 편이 좀 더 효과적일까? 어떤 것이 더 효율적일까? 1940년대와 1950년대에는 기업 범죄의 기소는 우선순위가 아니었다.

실제로 화이트칼라 기소의 황금기는 결코 존재하지 않았다. 부유하고 힘 있는 사람들은 늘 부유하고 권세가 있었다. 그러나 은의 시대(silver ages, 최선은 아니지만 차선이라는 의미 - 역주)는 존재했다. 로버트 모겐소(Robert Morgenthau)는 그중 하나의 막을 열었다. 모겐소는 1961년부터 1970년까지 맨해튼의 남부지검에서 검사장을 지냈다. 1968년에 당선된 이후 리처드 닉슨 대통령은 그에게 사임을 요구했다. 그는 거부했고 닉슨이 공직을 연고직(patronage position)처럼 취급함으로써 그 격을 떨어뜨렸다고 말했다. 투쟁 끝에 모겐소는 마지못해 퇴직했고 얼마 후 뉴욕 주지사 선거에 출마했지만 패했다. 당시는 주식시장이 활황을 달리던 때로서 인수·합병 광풍과 주식 거품의 시대였다. 검사들은 그 시대의 혼란스러운 정치적, 문화적 영향을 온 몸으로 감지했다. 또한 그들은 기성 체제에 의문을 제기했다.

모겐소 이전에는 연방 검사장들은 폰지 사기, 초저가 주식을 헐값에 사들여 허위 정보로 폭등시켜 팔아 치우는 행위인 '페니 스톡 펌프 앤 덤프(penny stock pump-and-dump)', '보일러 룸(boiler room)' 영업 등 시시한 불량배가 저지르는 잔챙이 증권 범죄를 적발하는 데 중점을 두었다. 그것도 증권법 위반과 기업 범죄의 집중 단속 기간에나 있는 일이었다. 모겐소 주위에는 젊고 적극적인 인재들이 가득했고, 그는 상류층 범죄자로 그들의 관심을 돌렸다. 그는 "돈을 움직이는 사람들을 추적하는 것이 골치 아픈 일이라면 길모퉁이에서 마약을 파는 19살짜리를 기소하는 것을 어떻게 정당화할 수 있겠나?"라는 질문을 던진 적도 있었다.

모겐소는 뉴욕 남부지검에 증권사기 팀을 창설했는데 현재는 '증권·상품 사기 전담반(Securities and Commodities Fraud Task Force)'으로 바뀌었다. 그의 감독 아래 검사들은 스위스에 불법 은행 계좌를 보유한 미국 저명 인사들뿐 아니라 유명한 금융업자이자 민주당 후보들에게 거액을 기부한 루이스 울프슨(Louis Wolfson)을 미등록 증권 판매 혐의로 기소했다. 또한

SEC의 전임 위원장이며 하버드 로스쿨의 학장인 존 랜디스(John Landis)를 소득세 탈루 혐의로 기소했다. 모겐소는 조지프 매카시(Joseph McCarthy)의 심복이 되어 권세를 떨친 변호사 로이 콘(Roy Cohn)을 추적했다. 모겐소는 자신에 대한 보복 행위라는 콘의 항의에 대해 "누구든 연방 검사장의 호감을 사지 않았다는 이유만으로 기소에서 면제되는 일은 없다"고 말했다.[7] 모겐소 이전에는 금융 범죄를 도운 변호사를 기소하지 않는 것이 연방 검찰청의 비공식 방침이었다. 모겐소가 그것을 바꿨다.[8] 이런 유형의 사건으로는 최초로 그는 자동판매기업체의 허위 재무제표를 보증한 라이브랜드, 로스 브라더스 앤 몽고메리(Lybrand, Ross Bros. & Montgomery)의 회계사들을 기소했다. (닉슨은 얼마 후 해당 회계사들을 사면했다.)[9]

모겐소가 뉴욕 남부지검의 검사장직을 떠난 후에는 그의 후임들이 1970년대 내내 그의 업적을 이어 갔다. 모겐소는 그들에게 영감을 주었지만 나중에는 맨해튼의 지방 검사로서 그들과 경쟁을 벌이며 주법을 적용해 월가의 투자은행을 비롯한 대기업들을 추적했다. 1976년부터 1980년까지 뉴욕 남부지검의 검사장으로 재직한 로버트 피스크는 모겐소에 필적하는 대단한 평판을 쌓았다. (피스크는 그 이후 로펌 데이비스 폴크 앤 워드웰에 취직했으며 몇 십 년 후 그곳에서 아서 앤더슨을 변호하는 상황에 처했다.) 피스크 치하의 뉴욕 남부지검은 범죄 조직, 부패한 정치가, 기업 범죄자 등에 대항하여 좀 더 판이 큰 사건을 담당했다. 연방 검찰청은 형사 검사로서 여성을 채용하기 시작했다. 그 이전만 해도 여성은 너무 연약해서 검사가 표적으로 삼는 지저분한 세계에 맞지 않는다는 평가를 받았다.

모겐소의 영향력은 워싱턴에까지 닿아서 SEC는 좀 더 끈질기게 증권 사기를 단속하기 시작했다.

스포킨의 소파

1970년대에는 워싱턴 DC의 기업 변호사라면 누구나 그 소파에 대해 알고 있었다. 심슨 대처 앤 바틀렛이나 웨일 곳살 앤 맨지스나 셔먼 앤 스털링에 소속되어 거액의 수임료를 받는 월가 변호사들은 언제나 SEC 내부의 작은 사무실로 안내되어 불편한 의자에 앉혀졌다. 스탠리 스포킨(Stanley Sporkin)은 사무실에 놓여 있는 소파 끄트머리에 앉아 있기 마련이었다.

스포킨은 1960년대 초반부터 SEC에서 근무를 시작해 1974년에는 SEC의 집행국(Division of Enforcement) 국장이 되었다. 그는 별종이었는데, 상관들을 무안하게 만들고 아무도 손 댈 수 없는 정치적인 힘을 가진 슈퍼 관료였다. SEC의 임기가 끝날 무렵인 1981년에 스포킨은 미국 재계가 두려워하는 영웅적인 규제 책임자(hero regulator)로 평가받았다. 그는 기업 규제 역사상 가장 뛰어난 인물 중 하나였다. 훗날에는 '법 집행의 아버지(the Father of Enforcement)'로 알려진다.[10]

흉측한 소파 쿠션에 푹 파묻힌 채로 스포킨은 증권법 집행 방안에 골몰했다. 소파는 빛이 바랬으나 자연계의 그 어떤 색상과도 비슷하지 않은 노란색, 녹색, 검은색이 흉물스럽게 배열된 가구였다. 스포킨에게는 반문화적인 기질이 눈곱만큼도 없었지만 그 소파는 정말 현란했다. "인간이 만든 것 중에 가장 흉물스러운 가구"라고 SEC의 유능한 수석 변호사로 스포킨과 가깝게 일했던 하비 피트(Harvey Pitt)는 생각했다. 스포킨은 임기 끝 무렵이던 어느 날 피트의 사무실 앞으로 가서 이제 소파를 없앨 준비가 되었다고 외쳤다. 피트는 그 말을 믿을 수 없었다. 스포킨은 피트에게 그 소파를 정부에 기증하겠다고 말했을 때, 피트는 "스탠리, 정부를 대신하여 우리가 거절합니다"라고 답했다.

스포킨은 악행에 대해 확실한 직감을 지녔고 자신이 조사하는 모든 사람을 똑같이 퉁명스럽게 대했다. 회의 때면 처음부터 끝까지 넥타이를 푼 상태로 뒤로 기대어 앉았기 때문에 넥타이 양끝이 폴스타프(Falstaff, 셰익스피어 희극의 주인공으로 뚱뚱한 체형이 특징 - 역주) 같은 복부 윤곽에 드리워졌다. 그는 어금니로 얼음을 부순 다음에 눈을 감는 듯 보이기 일쑤였고, 그러면 눈 주위에 거뭇한 그림자가 나타났다. 그를 보고 있어도 눈이 떠졌는지 감겨 있는지 구분할 수 없었다. 그의 머리는 턱이 가슴에 닿을 정도로 앞으로 기울어졌다. (세속적이고 노련한 교섭 상대인) 기업 변호사들은 혼란에 빠졌다. 스포킨은 그들이 계속해서 말을 하리라고 기대하고 있는가? 피트는 그 광경을 보면서 "그들은 그가 놓치든 말든 아랑곳없이 진주 같은 산문을 세심하게 준비해 왔다"는 점을 알아차렸다. 그들이 계속해서 자기 의뢰인을 위해 탄원했던 까닭은 달리 할 일을 생각해 낼 수 없었기 때문이다.

그러다가 스포킨은 갑자기 자세를 바로 했다. 무엇인가를 포착한 것이다. 그는 신경질적이고 자신만만한 태도로 질문을 던졌다. 변호사들은 서로를 바라보았다. 그가 방금 그들의 주장을 논파했다. 허점을 지적한 것이다. 그런 식으로 그들은 다시 한 번 그의 형사 콜롬보식 수법에 속아 넘어갔다. 스포킨이 그들을 통제하고 있었다.

스탠리 스포킨은 필라델피아에서 연방 판사의 아들로 자라났다. 그는 펜실베이니아 주립 대학을 다니면서 대학 시절에도 같은 주에 머물렀다. 그런 다음 예일 로스쿨에 입학했다. 그는 법학 학위를 땄을 뿐 아니라 공인회계사 자격증도 취득했다. 그러나 너무 호전적이라 개업에는 맞지 않았다. 그는 1961년에 젊은 변호사로서 SEC에 들어갔다. 모겐소가 좀 더 대담한 범죄를 잡아내기 위해 뉴욕 남부지검에 박차를 가했듯이 스포킨과 그의 멘토이며 그보다는 말투가 부드러운 어빙 폴락(Irving Pollack)은 함께 SEC를 바꾸

어 놓았다.[11]

1960년대에는 SEC의 규제 수단이 몇 가지에 불과했다. SEC 소속 변호사들이 크고 평판 좋은 월가 기업들에 맞서지 않은 것도 SEC를 한층 더 무력하게 만들었다. 스포킨과 폴락은 그처럼 소심한 분위기를 뒤바꾸고자 같은 부서의 젊은 변호사들을 격려했다. 과거의 SEC는 일류 금융회사인 메릴린치 솔트레이크시 지점의 브로커가 고객에게 사기 쳤다는 사실을 알아내면 그 브로커나 기껏해야 지점을 처벌하기 마련이었다. 하지만 스포킨은 그런 경우 SEC가 메릴린치 전체를 처벌해야 한다고 주장했다.

스포킨은 절대 권력은커녕 그 비슷한 것도 없었다. SEC 직원들은 정부의 임명을 받은 내부 위원 5명에게 사건을 보고해야 했고, 위원들은 모든 사안에 대해 조사 여부를 투표로 결정했다. (SEC는 대통령으로부터 독립된 행정위원회 조직으로서 5명으로 구성되며, 그중 1인이 위원장이 된다. 정치적 중립을 지키기 위해 SEC 위원 중 3명 이상이 동일한 정당 소속일 수 없다. SEC는 모든 주요 사안에 대해 위원들의 투표로 의사결정을 한다. 따라서 위원장의 역할은 매우 제한적이다 - 역주) 투자은행의 변호사들은 자신들의 입장을 위원들에게 설명했는데, 역사적으로 이러한 관행은 은행 입장에 유리한 청문의 기회가 되었고 SEC 직원들의 사기를 꺾었다. 메릴린치는 유타의 썩은 사과 몇 알이 일으킨 문제일 뿐이라는 주장으로 반박하면 그뿐이었다.

그러나 스포킨은 SEC 내에서 자기 위치를 공고히 하기 시작했다. 폴락이 SEC 위원으로 승진하자 스포킨이 그를 대신하여 집행국장이 되었다. 이제 그는 집행국의 전권과 든든한 위원 친구를 손에 넣었다.

새 직책을 맡은 그는 돌풍을 일으켰다. 그의 널찍한 사무실은 회의실 두 개를 합친 크기였다. 한 구석에는 소파가 무너져 내리고 있었다. 그는 그 건너편에 책상 하나, 탁자, 의자를 두었다. 그곳에서 한 번에 서너 건의 회의를 열었고 그럴 때마다 여기저기 자리를 옮겨 다녔다. 그때만 해도 집행국 직원들은 소수여서 약 100명 정도에 불과했다. (오늘날에는 집행국에 1300명 넘는 직원들이 근무한다.) 그는 적어도 일주일에 한 번은 변호사 개개인과 대화를 나누었다. 젊은 변호사들은 그가 어떻게 그 많은 자료를 독파해 내는지 이해할 수 없었다. 스포킨의 서류 가방은 그의 비서들 옆에 놓여 있었다. 변호사들은 문서를 작성하여 서류 가방에 꽂아 두었다. 그다음 날 아침이 될 때까지 스포킨은 그 모든 문서를 다 읽고 오른편 맨 위에 알아볼 수 없는 글씨로 무엇인가를 끄적거려 놓았다. 그의 비서만이 스포킨의 글씨를 해독하고 영어로 옮길 수 있었다. 변호사들은 "잘했어"라는 내용일 때 기뻐했다.

스포킨은 식사 같은 방해 행위에 구애받지 않았다. 그는 식사를 즐거운 기분 전환 행위가 아닌 실제적으로 불가피한 일로 간주했다. 그는 더 많은 에너지가 필요했다. 사무실에서 식사를 했지만 입 안의 음식에 개의치 않았다. 음식물을 입에 넣은 채로 말했다. 그는 과일이 든 젤로(Jell-O, 한천 젤리의 제품명-역주)를 먹을 때가 많았다. 당시 SEC의 신참 변호사이던 피터 클라크(Peter Clark)는 젤로와 과일 조각이 사방에 흩어지고 바닥과 소파에 떨어졌다고 회고한다. 그리고 그건 그 자리에 그대로 남아 있었다. 하루는 직원 한 사람이 소파 밑에서 무엇인가가 움직이는 것을 발견한 적도 있었다. "스탠리, 맙소사, 쥐가 있어요!" 직원인 변호사가 외쳤다. 스포킨은 본체만체했다.

스포킨은 창의력을 북돋고 충성심을 불어넣었다. 그는 조사를 자유롭게 추진할 재량이 있었다. 스포킨은 그의 변호사들이 할 수 있는 한 가장 멋지고 가장 광범위한 사건에 손을 뻗기를 바랐다. 그들은 그를 좋아하는 동시에 두려워했다. 스포킨이 대화하기를 원하는 직원은 그 즉시 그를 만나러 가야 했다. 직원이 스포킨과 만날 준비가 되어 있지 않을 때도 있었다. 아무

개 어디 있어? 이리로 데려와! 스포킨은 우렁차게 외쳤다. 누구도 오랫동안 숨어 있을 수 없었다. 하루는 그런 숨바꼭질이 벌어졌을 때 피터 클라크가 화장실에 갔다가 스포킨이 찾고 있던 직원이 자기 오른편 소변기 앞에 서 있는 것을 발견했다. 그때 쿵 히고 문이 열리더니 스포킨이 나타났다. 그 변호사는 겁에 질려 머릿속에 떠오른 대로 행동했다. 클라크를 향해 몸을 왼쪽으로 돌린 것이다. 클라크는 당황한 변호사가 자기 다리에 소변을 갈겼다는 사실을 깨달았다.

하지만 그 직원의 두려움도 스포킨이 미국 재계에 퍼뜨린 공포에는 비교할 바가 못 되었다. 기업들은 그가 오랫동안 법령에 있는 규정을 집행하려는 중간급 관료가 아니라 프롤레타리아의 생산 수단을 빼앗는 데 혈안이 된 사람이라도 된 양 정신없이 그를 헐뜯었다.

그들은 그의 투박한 책략에 대해 수군거렸고 SEC를 법정으로 끌고 갔다. 1976년 재계 로비 단체가 연방대법원에서 중대한 승리를 거두었다. 연방대법원은 〈언스트 앤 언스트 대 혹펠더 (Ernst & Ernst v. Hochfelder) 판결〉에서 Rule 10b-5의 위반인 증권 조작을 입증하려면 규제기관들이 '사이언터(scienter)'를 입증해야 한다고 판결했다.[12] '사이언터'는 라틴어에서 온 법률 용어로서 '고의성'을 뜻한다. 증권법을 위반할 때 자신이 적극적으로 법을 위반하고 있다는 (혹은 의식적으로 무시하고 있다는) 것을 인지한 상태여야만 고의성이 인정된다. 스포킨은 그답게 태연했다. "고의성 입증을 요구한다 해도 문제없어. 우리가 그들에게 고의성을 부여할 테니까!"[13]

스포킨의 허세를 떠나 연방대법원 판결은 화이트칼라 변론의 핵심 구성 요소를 제공했고, 그에 따라 화이트칼라 범죄자와 소위 길거리 범죄자들의 법적 처우가 확연히 갈렸다. 화이트칼라 범죄는 입증이 어려워졌다. 악당들은 자신들이 잘못을 저지르고 있는지 알지 못했다는 변명을 내세웠다. 특히 변호사와 회계사가 그들의 행위를 승인했을 때 그런 경향이 컸다. 복잡한 증권소송이나 기업 전체가 조직적으로 범죄를 저지른 사건에 대해 연방대법원이 그럴듯한 관련 사실 부인(plausible deniability)의 구실을 마련해 준 셈이었다. 법무부는 연방 범죄소송에서 합리적 의심의 여지가 없는 수준으로 고의성을 입증해야 했다. 반면, SEC는 증거의 우월성을 토대로 고의성을 입증하기만 하면 된다. (SEC가 기업 또는 개인을 대상으로 제기하는 소송은 민사 소송이라 형사소송에서 요구되는 합리적 의심의 여지가 없는 수준의, 즉 엄격한 고의성이 요구되지 않는다 - 역주) 스포킨은 어깨를 으쓱했지만 둘 중 어느 기준으로도 고의성을 입증하기란 결코 쉽지 않았다.

그러나 스포킨은 친구가 없는 사람이 아니었다. 한동안은 공화당이나 민주당이나 모두 그를 보호했다. SEC 집행국은 공화당 지도부와 닉슨의 공화당 행정부 치하에서 전성기를 누렸다. 스포킨 자신은 혼란스러운 정치 이념을 지녔다. 공화당원으로 등록이 되어 있었지만 공직 생활이 정점에 이르렀을 때 무소속으로 전환했다. 스포킨은 규제 전문가이자 법학자로서 기업 권력에 반대했다. 그는 강력한 집행을 보수주의와 자본주의의 가치로 간주했다. "내 활동의 전제는 이곳이 세계 역사상 가장 위대한 국가라는 점, 이곳이 정말로 훌륭한 까닭은 우리가 지닌 자유와 자유 기업 체제라는 점, 그러한 자유를 위태롭게 해서는 안 된다는 점"이라고 스포킨은 기자에게 말했다.[14]

스포킨의 교우 관계는 다채로워서 레이건 행정부의 완고한 보수주의자이며 그를 SEC 위원장으로 알고 있었던 윌리엄 케이시(William Casey)와 위스콘신주 민주당 상원의원으로 이상주의적이고 진보적이었던 윌리엄 프록스미어(William Proxmire)를 아울렀다. 그는 로널드 레이건 대통령의 첫 번째 재무장관인 도널드 리건(Donald Regan)으로부터도 지지를 받았다. 리건은 메릴린치의 전임 CEO였으며, 보수주의자 중에서도 자본주의를 위해 시장을 깨끗이 유지하려고 했던 인물이었다. 약삭빠른 뉴욕 사람들에 대한 회의론이 양당의 중서부와 남부 출신뿐만 아니라 북동부 출신인 록펠러 공화당 의원(Rockefeller Republican, 공화당원 중에도 진보적이고 온건한 성향을 지닌 사람을 가리킴 – 여주)사이에 피져 나갔다. 레이건 시대 초반, 공화당 성향인 다니엘 매콜리(Daniel McCauley) SEC 위원이 "월가는 사기의 소굴이며 이 나라에서 가장 큰 도박장이다"라고 천명했다.[15]

연방 의회에서는 프록스미어가 새로 선출된 위원들에게 스포킨에 대해 어떻게 생각하는지 다그쳐 묻고는 그를 해고하지 않겠다는 다짐을 받아 냈다. 스포킨은 아무도 건드릴 수 없었다.[16] 이런 위치 때문에 그는 법조계와 재계 일각에서 질색하는 인물이 되었다.

스포킨은 그들이 불평하는 바를 이해할 수 없었다. 그는 주기적으로 예민한 기업 지도자들을 달래려고 했다. 경제지와의 인터뷰에서 자신이 '전통적인 대립 체제'에서 탈피하는 중이라고 말하기도 했다. 그는 공포 유발을 즐기지 않았고 스스로를 신중하고 합리적이라고 생각했다. SEC를 떠난 후인 1980년대 중반에 그는 조지프 그런드페스트(Joseph Grundfest)라는 젊은 SEC 위원과 SEC의 신임 집행국장인 개리 린치(Gary Lynch)와 리무진을 같이 썼다.

하루는 회의 장소로 향하던 중에 스포킨이 린치에게 일을 제대로 하려면 '라흐몬스(rachmones)'와 '세이켈(sechel)'을 적절히 조합해야 한다고 말했다. 아일랜드계인 린치는 멍한 표정이었다. 스포킨은 그에게 지금 들은 이디시어(Yiddish, 독일어 방언에 히브리어, 아람어, 헝가리어, 체코어, 러시아어 등이 혼합된 언어로 동유럽 출신 유대인들이 많이 사용함 – 역주) 단어를 발음해 보라고 했다. 린치가 시도했고 스포킨과 그런드페스트는 웃음을 터뜨렸다. 그런드페스트는 린치의 편도선이 망가질지도 모른다고 생각했다. 스포킨은 라흐몬스가 미묘한 개념이라고 설명했다. 동정, 자비, 공감, 연민, 우려를 나타내는 단어이며, 이 모든 것이 기름기 많은 닭고기 수프에 섞여 있다는 것이다. 세이켈은 호기심과 지식이란 의미이지만 아는 것 자체만을 뜻하지는 않으며, 책에서 배운 지식뿐 아니라 상식과 지혜를 의미한다.

그러나 스포킨은 SEC가 모든 기업과 상습범을 조사하지도, 법정에 세우지도 못한다는 사실을 잘 알았다. 감독할 기업이 너무 많았고 적발할 증권법 위반 사례가 너무 많았다. SEC는 결코 기업을 전수 조사할 수도, 모든 사안을 충분히 들여다볼 수도 없었다. 상장기업은 더 많은 변호사와 회계사와 자원을 보유하고 있었다. 스포킨은 그 권력을 끌어들이는 것은 어떨까 생각했다.

그는 그렇게 했다. 기업들이 정부를 위해 일하도록 만든 것이다. 그는 잘 알려지지 않았으며 거의 활용된 적이 없는 규제 수단인 동의 명령(consent decree)에 주목했다. 이는 재판을 피하기 위해 기업 및 경영진과 합의하는 제도다. 이는 규제기관이 규제 대상인 기업과 체결하는 법적 합의로서 구속력을 지닌다. 스포킨의 동의 명령은 피고인들에게 유죄 인정을 강제하지는 않았지만 다시는 죄를 짓지 않겠다는 서약을 강제했다. 자신들이 동의 명령을 얼마만큼 진지하게 받아들이고 있는지 보여 주기 위해 준법 감시 프로그램과 전담 부서를 만드는 회사도 많았다.

초기에는 기업들이 정부와 합의하고는 건물 밖으로 나오자마자 결백을 주장했다. 그들은 기소를 피하기 위해 SEC와 합의했다고 말했다. 이러한 태도에 스포킨과 SEC는 격분했다. 1972년 SEC는 혐의를 부인하지 못하도록 동의 명령을 개정했다. '무시인 무부인(no-admit, no-deny)' 합의가 탄생한 것이다.[17] 시간이 흐름에 따라 SEC는 이 합의에 중독되었다. 동의 명령에 의존하지 않고는 법 집행을 꺼리거나 할 수 없는 상태가 되었다. SEC는 아주 쉬운 사건을 제외하고는 유죄 시인을 받아 내지 못하는 듯 보였고 재판으로 가는 것을 원치 않는 듯한 인상을 주었다. 2000년대에 이르러서는 무시인 무부인 합의는 습관적이고 효력 없는 제도가 되어 버렸다. 아서 앤더슨도 동의 명령에 합의했지만 방만한 관행을 지속했다.

어떤 기업도 법무법인, 투자은행, 회계법인의 도움 없이는 기업 공개(go public)를 할 수 없었다. 이러한 회사들은 채권과 주식의 발행을 통해 기업이 대중의 자본을 이용할 수 있도록 도왔다. SEC가 이런 자문사들을 첩자로 삼으면 어떨까? 스포킨은 생각했다. 변호사, 투자은행, 회계사 들의 공모 '없이' 어떻게 사기가 발생할 수 있겠는가? 그들이 알지 못했다면 대체 하는 일이 무엇이란 말인가? 그는 SEC가 그런 문지기들(gatekeepers)을 제재하기 시작하면 정부가 이들에게 사기꾼과 위법자를 단속하도록 강제할 수 있다는 점을 깨달았다. 그런 전문가들은 잃을 것이 더 많았다. 그들의 고객들은 흥하다가도 망하는 일이 태반이었지만 기업의 대리인인 그들은 평판과 면허에 의존했다. SEC는 이들의 목을 죌 수 있는 위치에 서 있었다. 그는 이런 방법을 자기가 고안한 '접근 이론(access theory)'이라고 불렀다.

몇 년 후인 1985년 스포킨은 워싱턴 연방 법원의 판사가 되었다. 1990년 그는 찰스 키팅(Charles Keating) 재판을 주재했다. 키팅은 보기 드문 사기꾼으로서 자신이 운영하던 애리조나 저축대부은행의 파산에 일조했다. 그는 상원의원 존 매케인과 존 글렌 등 공화당과 민주당 양당 의원들에게 거액을 기부했고 공화당의 후원자였다. 그런데 이례적인 상황 한 가지가 그의 재판을 지켜보던 법률 전문가들과 취재 언론의 흥미를 자극했다. 스포킨이 재판 중에 키팅을 닦달한 것이다. 스포킨은 퉁명스러운 태도와 상냥한 태도를 번갈아 가며 피고인을 5시간에 걸쳐 심문했다. 안경을 이마에 걸친 그는 몸을 완전히 뒤로 젖힌 채로 판사석에 앉아 천장을 느긋하게 올려다보면서도 계속해서 키팅을 심문하고 압박했다.[18] 한번은 재판 도중에 훗날 법조계에서 회자되는 일련의 질문을 던진 적도 있었다.

> 분명하게 부적절한 거래가 진행되고 있을 때… 전문가들은 어디에 있었지요? 그들 가운데 사실을 털어놓거나 자신은 그러한 거래와 관련이 없다고 주장하는 사람이 아무도 없는 까닭은 무엇인가요? 또한 외부 회계사와 변호사들은 어디에 있었나요?[19]

이 질문은 자신의 직업 생활 내내 끊이지 않았던 문제를 함축적으로 요약한 것이다. 1964년 저명한 법학자 헨리 프렌들리(Henry Friendly)는 이를 좀 더 난해한 말로 표현했다. "복잡한 우리 사회에서 회계사의 인증과 변호사의 의견은 끌이나 쇠방망이보다 더 확실하게 금전적 손실을 입히는 도구가 될 수 있다."

1973년 11월 어느 날 저녁, 아직 SEC에서 근무하고 있던 스포킨은 다른 미국 국민과 같은 일을 하고 있었다. 그는 워터게이트 청문회를 시청하기 위해 TV를 켰다. 그는 CRP 혹은 CREEP로 알려진 대통령 재선위원회(Committee to Reelect the President)에 대한 증언을 지켜보았다. 미네소타 광산 제조사(Minnesota Mining and Manufacturing Company), 굿이어 타이어 · 고무 회사(Good Year Tire & Rubber Company), 걸프 오일(Gulf Oil) 등의 여러 기업이 닉슨 대통령의 1972년 재선을 돕기 위해 불법 대선 후원금으로 활용할 비자금을 조성했다.[20] 스포킨은 걸프 오일이 뇌물을 마련하기 위해 두 곳의 해외 지사를 설립했다는 사실을 알게 되었다. 월요일에 사무실에 들어선 그는 직원들에게 "제기랄, 어떻게 그 돈을 숨겨 두고 있는 거지?

우리가 뭔가 조치를 취해야 해"라고 외쳤다.[21] 그는 SEC 변호사를 걸프 오일로 보냈다. 그는 불과 하루 만에 걸프 오일이 두 개의 지사를 설립하고 회계사의 눈길을 끌지 못할 정도로 작은 두 지사로 자금을 송금했다는 사실을 밝혀냈다.

그와 동시에 미국에서는 외국 관료에게 뇌물을 제공하는 것이 불법이었다.[22, 23] 변호사일 뿐만 아니라 공인회계사였던 스포킨은 번뜩이는 총명함을 지녔다. 그 회사들은 어떤 식으로 재무제표에 뇌물을 기록했던 걸까? '뇌물'이라는 항목이 있었을까? 중요한 모든 정보는 SEC에 제출하여 공시되어야 했다. 중요성 판단 기준(materiality test)은 증권법의 핵심 개념이다. 일반적으로 규제기관은 위반 행위가 있었다는 사실뿐 아니라 그러한 위반 행위가 기업의 재무 상태와 주주들에게 중대한 영향을 끼친다는 사실을 입증해야 한다. 당연히 그러한 공시는 없었다. 미국 기업들이 비정상적이어서가 아니었다. 그들은 정부에 제출하는 공식 보고서에 뇌물의 액수를 밝히지 않았다. 걸프 오일의 비자금은 회사의 재무제표와 장부에는 존재하지 않았다. 스포킨은 특유의 묘책을 짜내었다. 그는 업계 전문가들 및 워싱턴의 실세 브로커들과 같은 로스쿨을 다녔다. 왜 그들은 그렇게 창조적인 사람이 되어야 했는가? 그들은 총명했고 의뢰인을 변호할 때 영감을 발휘했다. 그렇다면 정부 측 변호사들이 그 사람들의 의뢰인에게 소송을 제기할 때 그들의 상상력을 이용해서 안 될 까닭이 있는가?[24]

기업들은 중요한 정보를 신고서에 누락하고 허위 재무제표와 기록을 SEC에 제출했다. 주주는 알 권리가 있었다. 얼마나 많은 사업이 뇌물에서 비롯되었을까? 뇌물을 제공하지 않는다면, 뇌물 없이 따낼 수 있는 사업은 어느 정도일까?

그때까지만 해도 SEC는 공시 불이행에 대해 기업에 이렇다 할 조치를 취하지 않았고, 그 대신 좀 더 정직한 시장을 조성하는 데 초점을 맞추고 주가 조작과 같은 증권법 위반 사안에 중점을 두었다. 처음에는 위원들이 스포킨의 계획에 미심쩍은 표정을 지었고 그에게 예산을 줄이라고 압박했다. 그들은 규제기관이 기업의 내부 활동을 조사하는 것은 모양새가 좋지 않다고 주장했다. 반대하는 사람들은 그 일이 SEC의 원래 취지에 어긋난다고 우겼다. 그러나 스포킨은 위원회 내의 멘토인 어빙 폴락의 지원을 받아 자신의 주장을 밀어붙였다. 곧이어 SEC는 해외에서 뇌물을 제공한 기업들에게 자주 벌금을 부과했다. 이처럼 스포킨은 규제기관이 법적으로 위임받은 권한의 개념을 수정하면서 확대해 나갔다.

뇌물은 특히 미국 최대 기업의 매출과 이익에 비하면 상대적으로 적은 액수일 때가 많았다. 기업들은 뇌물이 기업의 매출이나 이익에 '중대한' 영향을 미치지 않는다고 주장했다. 스포킨은 '중대성'을 다시 정의했다. 그는 뇌물 제공 사실이 알려지면 해당 기업의 주가가 떨어지는 경우가 많다고 지적했다. 투자자들은 소액의 뇌물도 중요하게 여겼다. 스포킨은 공시가 시장에 미치는 영향력에 도덕적인 차원을 더했다. 기업은 이익에 비하면 미미할지라도 밝혀지면 평판을 해치는 행위라면 매우 조심해야 한다는 것이다.

충분한 예산을 확보하지 못한 스포킨은 도움이 필요함을 깨달았다. 그는 역으로 기업에게 도움을 청했다. 기업에게 자체적인 조사를 요구하고 경미한 처벌을 대가로 해외 뇌물 제공 사실을 자백하도록 유도했다. 스포킨은 자체 조사라는 규제 수단을 고안했다. 기업은 일반적으로 특별 조사위원회를 구성했다. 새로운 위원회는 대부분 회계법인과 법무법인을 고용하여 조사를 맡기고 이사회에 보고서를 제출하도록 했다. 그런 다음 기업은 스포킨과 SEC에 공손한 태도로 찾아가서 자신의 죄를 털어놓게 된다.

스포킨은 그로 인해 파생될 결과를 예측했다. 그의 접근법으로 순수한 책임의식은 희생되었다. 기업이 협력을 대가로 심각한 처벌을 면했기 때문이다. 그는 법무법인에 막대하고 새로운 매출 흐름을 제공했다. 기업들이 항상 모든 것을 자백하리라 기대해서는 안 된다. 스포킨이 SEC에서 자신의 계획을 실행에 옮기기 시작했던 때쯤인 1973년 중반에 워터게이트 조사를 담당했던 특별 검사 아치볼드 콕스(Archibald Cox)는 닉슨에게 불법 대선 자금을 제공한 사실을 털어놓는 기업들을 사면해 주는 프로그램을 마련한 바 있었다. 그러나 걸프 오일과 애시랜드 오일이 1차 조사에서 자신들의 행위를 빠짐없이 자백하지 않았다는 사실이 드러나자 콕스는 두 회사를 추가 혐의로 기소할 수밖에 없었다.[25] 그럼에도 스포킨은 아무것도 얻지 못하느니 목표한 바의 3/4이라도 얻는 것이 낫다고 판단했다.

잘못을 저지른 기업에 철저한 사법 조치를 취하지는 않더라도 스포킨은 새로운 방식을 도입했다. 그리고 악명을 얻었다. 〈애틀랜타 저널 – 컨스티튜션(Atlanta Journal – Constitution)〉은 "그가 월가를 공포에 빠뜨리다"라는 제목으로 그에 관한 기사를 실었다. SEC는 사기를 당한 투자자들에게 부당 이득이 환수되도록 하는 방안을 강구한 것이다. 또한 기업에 배치할 특별 이사 및 감시자를 임명했다. 미국 재계에서 가장 유명한 거물 사건에 손을 대기도 했다. 우선 로버트 베스코(Robert Vesco)와 그의 해외투자공사(Investors Overseas Service) 횡령 사건이 있었다. (베스코는 미국에서 몸을 피해 결국에는 쿠바에 정착했고 그곳에서 도망자로서 여생을 보냈다.) 뉴욕 양키스의 최대 소유주인 조지 스타인브레너(George Steinbrenner)는 불법 대선 자금을 장부에 계상하지 않은 혐의를 받았다. C. 안홀트 스미스(C. Arnholt Smith)는 샌디에이고의 미국 내셔널 은행 예금을 불법 사용한 혐의였다. 몇 년 후 스포킨의 지휘하에 SEC는 지미 카터 행정부의 관리 예산 사무국장인 버트 랜스(Bert Lance)를 그가 운영하던 조지아 은행과 관련된 증권사기 혐의로 제소했다.[26] 뇌물 조사를 추진하는 과정에서 스포킨은 상원에 있는 친구 윌리엄 프록스미어를 설득하여 해외 관료에 대한 뇌물 제공을 불법화하는 법안을 발의하도록 했다. 1977년 의회는 해외부패규제법(FCPA, Foreign Corrupt Practices Act)을 통과시켰다.

스포킨은 기업의 협조에만 의존하지 않았다. 집행기관인 SEC는 좀 더 본격적인 도움이 필요했다. 스포킨은 법원을 이용하여 범법자들의 부당 이익을 환수하고 자산을 동결하며 감독을 준수하도록 했지만, SEC는 위반을 이유로 기업에 과징금을 부과할 수 있는 권한이 없었다. 범죄를 기소하기 위해서는 법무부의 동지들이 필요했다. 당시 뉴욕 남부지검은 화이트칼라 단속을 효과적으로 독차지하고 있었다. 법무부 본부와 미국 전역의 다른 연방 검찰청은 역할이 미미했다. 그래서 스포킨은 시선을 북쪽으로 돌려 뉴욕 남부지검의 친구들을 찾아냈다. 그는 그 가운데서도 자신의 규제 철학에 특별한 관심을 보이는 검사를 찾아냈다. 바로 총명하고 젊으며 공격적인 법률가로 기업과 증권계의 상습범을 공격하는 데 열심이던 제드 레이코프(Jed Rakoff)였다.

"증거가 빈약한 사건은 이곳에서 기소하세요"

제드 레이코프는 법을 사랑한다. 그는 사회도덕의 수호자라는 역할을 사랑한다. 그는 끊임없는 골칫거리를 사랑한다. 그는 역사와 전통을 사랑한다. 그는 법령과 위대한 법률가의 생애를 연구하는 사람이며 자신도 그러한 사람이 되기 위해 노력해 왔다. 본격적으로 글을 쓰거나 본업에 나서지 않을 때는 가벼운 풍자시로 법원을 희화화하면서 여유를 찾는다. 그는 법률을 삶

살이 알고 있다. 그는 검사 시절 범죄자들을 법정에 세웠고, 소송 변호사로서는 그들의 무죄 방면을 얻어 냈으며, 미국 연방 지방법원 판사로서는 무겁거나 가벼운 징역형을 선고한다. 무엇보다도 그는 법이 살아 있다는 사실을 사랑한다. 검사, 소송 변호사, 판사, 학자 들이 날마다 나라를 바꾼다는 것이다.

대학을 졸업한 레이코프는 옥스퍼드 대학에서 모한다스 간디에 대한 논문으로 석사 학위를 취득하고 역사학자의 길을 잠깐 시도했다. 결국에는 세상에 실용적으로 좀 더 큰 영향을 줄 수 있는 일을 하기로 결심하고 하버드 로스쿨에 진학했다. 1969년 그는 학생 시위대가 학내 건물을 점거하는 광경을 지켜보았지만 그 자신은 정치꾼이나 히피가 아니었다. 레이코프는 대마초를 피워 본 적조차 없었다.[27] 그는 마지못해 법학에 입문했지만 그의 마음은 진정한 사랑인 뮤지컬 코미디 쪽으로 기울어졌다. 그는 음악을 작곡하는 친구와 함께 P. T. 바넘(P. T. Barnum)에 대한 뮤지컬에 착수했지만 고작 1막까지만 완성할 수 있었다. 그들은 낮에는 각자의 일을 하고 밤에 뮤지컬을 쓰면 된다고 생각했지만 머지않아 얼마나 터무니없는 생각이었는지 깨달았다.

로스쿨은 그를 매혹시켰다. 유능한 법률가들은 분석에 탁월했다. 그들은 사실이 자기 입장에 유리할 때는 사실을 내세우고, 법이 유리할 때는 법을 내세운다. 오래된 농담 중에 유능한 변호사는 그 두 가지 중 어느 것도 자기에게 유리하지 않은 때는 책상을 내려친다는 것이 있다. 그러나 레이코프는 위대한 법률적 재능에 대해 자신만의 견해를 확립하게 되었다. 즉 뛰어난 변호사는 과거 재판에서 나타나지 않은 원칙적 문제가 현재의 재판에서 불거지도록 질문을 재구성한다는 것이다. 그는 법을 재구성하는 것이 원래대로라면 이길 수 없는 재판에서 승리를 거둘 수 있는 방법이라고 보았다.

레이코프의 교수들은 대부분의 사안에서 변론 입장이 두 가지로 나뉜다는 점을 그에게 주입했다. 다른 사람들은 아무리 전문적이고 똑똑하며 기량이 뛰어나더라도 절대주의를 추구하는 경향이 있다. 그러나 법률가들은 재판이 단순한 경우는 드물다는 점을 배운다. 한 쪽이 완전히 옳거나 그른 경우는 극히 드물다. 레이코프는 그러한 복잡성에 흥미를 느꼈다. 로스쿨을 졸업한 때로부터 20년 가까이 지난 1996년에 레이코프는 판사가 되었다. 그는 모든 주장이 제시된 다음에는 미묘한 차이가 있음에도 자신이 결정을 내려야 한다는 사실을 새롭게 깨달았다.

하버드 로스쿨을 졸업하고 잠시 로펌에서 변호사로 일한 후에 레이코프는 1973년 뉴욕 남부지검에 연방 검사로 들어갔다. 젊은 레이코프는 화이트칼라 형사법이 태동하는 여명기에 그곳에 합류하는 행운을 누렸다. 복도 건너편의 존 '러스티' 윙(John 'Rusty' Wing)은 닉슨의 재선 운동에 대한 비밀 기부를 대가로 로버트 베스코에 대한 스포킨과 SEC의 조사를 방해한 혐의로 얼마 전 사임한 법무장관 존 미첼(John Mitchell)과 상무장관 모리스 스탠스(Maurice Stans)를 기소한 터였다. 윙을 멘토로 삼은 레이코프는 큰 사건을 처리하는 법을 배웠다. 모든 젊은 검사가 레이코프만큼이나 성공하려면 챔피언이 되어야 한다는 사실을 잘 알고 있었다. 챔피언이 되려면 가장 큰 표적을 쓰러뜨려야 했다. 그러기 위해서는 사기 전담 팀에 들어가야 했다. 그곳에서는 세간의 이목을 가장 많이 끌며 가장 유명한 일급 소송 변호사들의 변론을 받는 범죄자들을 상대할 수 있었다. 대부분의 검사는 그러한 재판에서 이기기 전에는 검찰을 떠나지 않게 마련이다. 검찰청에 들어간 지 5년이 흐른 1978년 레이코프는 사기 전담 팀의 책임자가 되었다.

레이코프는 열심히, 아니 그 어떤 검사보다도 더 열심히 일했지만 아침에는 그렇지 못했다. 재판 기간 동안 동료 검사들은 그보다 훨씬 더 일찍 도착하는 편이었다. 레이코프는 그들을 기다리게 하는가 하면 판사 입장과 동시에 나타날 때도 많아 그들의 속을 태웠다. 그는 우편 사기 법령을 검토하느라 밤샘을 하는 일이 많았다. 그의 동료 검사들 모두가 우편 사기 법령에 의존하는 일이 잦은 것을 보고 레이코프는 우편 사기 법령의 역사와 그 용례에 관해 획기적인 저작을 쓰기로 결심했다. 그는 닥치는 대로 우편 사기 사건 기록을 읽었다. 동료들은 그의 사무실을 지나칠 때면 서류가 더미더미 그의 책상을 짓누르고 있고 의자 위로까지 높이 쌓여 있는 광경을 볼 수 있었다. 그는 논문을 두 부분으로 나눠야 할 정도로 철저한 연구를 거쳤다. 그는 역사를 다룬 첫 번째 부분을 완성했다. 그의 동료들은 레이코프가 1980년에 발표한 후속 법률 연구 논문의 다음과 같은 첫 부분을 읽고 즐거워했다. "연방 우편 사기 법령(1부)": "화이트칼라 범죄를 담당하는 연방 검사들에게, 우편 사기 법령은 우리의 스트라디바리우스(Stradivarius, 16~17세기 이탈리아의 악기 명장 스트라디바리가 제작한 현악기 - 역주)이자 콜트 45구경(Colt .45, 미군과 민간인이 널리 사용하는 군용 자동 권총 - 역주)이자 루이빌 슬러거(Louisville Slugger, 메이저리그 야구 타자들이 애용하는 배트 제조업체 - 역주)이자 쿠진아트(Cuisinart, 커피메이커 등 소형 가전제품을 제조하는 미국 업체 - 역주)일 뿐 아니라 우리의 진정한 사랑입니다. 우리는 부패 및 조직범죄 금지법(RICO)을 건드리고 Rule 10b-5로 으스대며 공모법을 '총아'로 부르기도 하지만 항상 미국 법전 18편 1341조(18 U.S.C. §1341)의 효력에 다시 의존하게 마련입니다"라는 내용이었다. 역사를 다룬 다음에 그는 모든 최신 정보를 2부에 담는다는 계획을 세웠다. 그의 친구들은 그의 진척 상황에 대해 끈덕지게 질문을 던졌다. 레이코프는 보통 때는 글을 빨리 썼지만 항상 바빴기 때문에 결코 그 계획을 달성할 수 없었다.

레이코프는 판사가 되는 꿈을 꿨다. 그는 위대한 판사들을 면밀히 관찰했다. 그러다 연방 지방법원의 밀턴 폴락(Milton Pollack) 판사를 존경하게 되었다. (SEC의 어빙 폴락의 친척은 아니다.) 린든 존슨이 임명한 폴락은 미국에서 가장 우수한 증권법 전문가였으며 뛰어난 법정 전략가였다. 레이코프는 복잡한 법률에 통달한 그에게 경외심을 느꼈지만 폴락도 결점이 있다는 점을 알아차렸다. 폴락 판사는 자신이 생각하는 방향으로 재판이 진행되기를 바랐다. 평결에 최대한 영향을 주려고 했다. 그는 명확히 한다는 핑계로 판사석에서 증인들에게 질문 공세를 펼칠 때가 적지 않았다. 그러한 질문은 재판 결과를 뒤바꾸어 놓기 일쑤였다.

레이코프는 폴락 판사의 재판을 담당할 때마다 비서들이 퇴근한 초저녁에 전화를 받았다. "밀턴 폴락입니다"라고 판사는 질문에 앞서 말했다. "이러저러한 절차 발의(procedural motion)를 고려해 본 적이 있소?" 함정에 걸려든 레이코프는 그의 말을 끝까지 들을 수밖에 없었다.

레이코프는 "판사님, 당연히 검토해야죠"라고 대답하게 마련이었다. 그런 다음 날이면 그는 절차 발의를 제안했다.

그는 다른 검사들도 듣는 폴락의 '유용한' 조언을 늘 거북하게 생각했다. 그의 조언은 노골적인 윤리 위반이었다. 레이코프는 일반적으로 소송 상대방에게 그 조언을 공개하는 일이 많았지만 그들은 대개 두려운 마음에 폴락 판사에게 항의하지 못했다. 그는 폴락에게 삼가달라고 부탁하지 못한 것을 후회했다. 훗날 판사가 되자 레이코프는 폴락의 초상화를 자신이 법조계의 영웅으로 생각하는 로버트 피스크의 초상화와 함께 사무실 높이 걸어 놓았다. 그러나 성과에 대한 폴락의 열정은 레이코프 판사에게 하지 말아야 할 일에 대한 규범을 제시했다.

레이코프는 사기 전담 팀장이 되어서도 워싱턴, 스포킨, SEC, 그리고 뉴욕 남부지검 간의 유익한 관계를 지속해 나갔다. 스포킨은 범죄자의 행동에 대해 묘한 직감을 지녔다. 그는 민사 소송감에 그치지 않는 형사 사건의 냄새를 맡으면 법무부에 그 사건의 조사를 요청했다. 레이코프는 경외심을 느꼈다. 그는 스포킨이 비싼 변호사와 그의 상류층 의뢰인이 늘어놓는 완곡하고 애매모호한 말을 끝까지 듣고 있는 광경을 지켜본 적이 있었다. 스포킨은 소파에서 위를 올려다보았다. 그러고는 "고맙습니다"라고 말했다. "하지만 난 당신네가 지금 말한 개소리를 한마디도 안 믿어요." 젊은 레이코프는 칵테일파티에 갈 때마다 소송 변호사나 기업 중역들에게 붙들려 스포킨에 대한 험담을 들어야 했다. 그들은 스포킨이 이론가에 불과하며 재계의 구조를 파괴하고 있다고 말했다. 그가 헤드라인으로 보도될 사건만 쫓아다닌다고도 했다. 그는 진짜 위법 행위와 판단 착오를 구분하지 못한다거나, 전달자를 직접 사기를 저지른 사람으로 오해하고 있다는 말도 했다. 그럼에도 레이코프는 스포킨을 열렬히 옹호했다.

1970년대 후반 어느 날 스포킨은 뉴욕 남부지검에 연락했다. 그는 내부 자거래 규정이 좀 더 명확해지길 원했다. 늘 형사 소송을 제기하기에 적합한 시범 사건(test case)을 찾고 있던 그는 금융 전문 인쇄업체의 직원인 빈센트 치아렐라(Vincent Chiarella)에게서 바라던 것을 찾아냈다. 해당 인쇄업체는 기업 인수 합병과 관련된 자료를 인쇄했지만 회사 이름이 드러나지 않도록 암호로 표시했다. 치아렐라는 암호를 해독하여 일찌감치 인수 합병 정보를 입수하고 이를 이용해 주식을 거래했다.

레이코프는 회의적이었다. 그는 치아렐라가 그저 그런 멍청이라고 생각했다. 그런 잔챙이라면 배심원들이 동정심을 느낄 가능성이 있었다. 그러나 스포킨은 그 빌어먹을 짓거리에 대해 몇 년 만에 처음으로 결판을 지을 기회를 얻었다고 주장했다. 그리고 자기들이 이길 수 있다고 말했다.

그들이 이긴 것은 사실이지만 결과적으로 치아렐라의 유죄 선고는 1980

년 연방대법원에서 번복되었다. (SEC는 치아렐라와 그가 얻은 이익 전부를 반환한다는 합의를 하고 사건을 종결했다. 그런데 이후 뉴욕 남부지검이 치아렐라를 상대로 형사소송을 제기했다. 제1심과 제2심은 치아렐라의 내부자거래 혐의에 대해 유죄를 선고했지만 연방대법원이 무죄를 선고하며 원심을 파기했다 – 역주) 그러나 어떨 때는 실패가 발전을 이끌어 낸다. 패배했음에도 내부자거래법의 성문화를 향한 여정이 시작되었다. 그 후 10년에 걸쳐 SEC와 법무부는 내부자거래 소송에서 성공적인 결과를 얻기 시작했다.

스포킨과 레이코프는 내부자거래가 법 집행 전체 영역에서 미미한 부분만을 차지하고 있음을 알았다. 스포킨은 새로운 열정을 가지고 SEC에 위임된 권한을 확대하고 공격적인 규제를 시도하면서 SEC를 혁명적으로 변화시키고 있었다. 레이코프와 뉴욕 남부지검은 로버트 모겐소가 시작한 일을 계승했고 과감한 소송을 제기했다.

1972년 스포킨은 뉴욕 남부지검에 내셔널 스튜던트 마케팅 주식회사(National Student Marketing Corporation)를 사기 혐의로 고발했다. 레이코프의 초기 경력에서 주요 기소 중 하나로 꼽히는 이 소송에서 그들은 (기업의 문지기를 추적한다는) 스포킨의 접근 이론을 실행에 옮겼다. 이 회사는 사기를 저질렀지만 스포킨과 검사들은 회계사, 변호사, 투자은행가 들을 비롯해 사기 기업에 자본시장의 문을 열어 준 조력자들을 잡아야 한다고 생각했다.[28]

코티스 웨슬리 랜들(Cortes Wesley Randell)은 워싱턴 근방에서 사교계의 감초이자 기업인으로 활동하는 젊은이로서 요트, 호화 저택, 리어제트기 등으로 유명했으며 내셔널 스튜던트 마케팅을 설립했다. 이 기업은 1960년대 후반 주식 거품 호황기에 주가가 가장 높이 치솟은 회사 중 하나였는데, 미개척 상태인 대학시장의 유통 채널이라고 자사를 선전하면서 학생용 커피 머그, 할인 카드, 잡다한 장식품을 판매하고 자질구레한 서비스를 제공했다.

내셔널 스튜던트 마케팅은 1968년에 상장된 후 2년 만에 주가가 주당 6달러에서 140달러로 치솟으면서 뱅커스 트러스트(Bankers Trust), 뉴욕 모건 개런티 신탁회사(Morgan Guarantee Trust Company of New York) 등의 투자자와 하버드 대학과 코넬 대학의 기금을 유치했다.

그러나 랜들은 자기 부하 직원들에게 사기를 칠 정도로 낯이 번드르르한 사내였다. 여느 주식 띄우기 수법과 마찬가지로 그의 수법은 일련의 인수를 통해 이루어졌다. 회사의 빠른 성장은 허울에 불과했다. 랜들은 청구된 적 없는 거래를 ('미청구 대금[unbilled receivables]'이라는 계정으로) 이익으로 계상하고 인수하지도 않은 계열사로부터 이익을 얻었다고 기록하는 등 재무제표를 허위로 조작했다.[29] 사기극이 밝혀지자 회사의 주식이 폭락했다. SEC는 조사에 착수했고 곧이어 스포킨이 뉴욕을 방문해 남부지검의 친구들에게 이 사건의 형사 수사를 의뢰했다. 1975년 랜들은 주가 조작 등 4가지 혐의에 대해 유죄를 인정하고 18개월의 실형을 선고받았는데 최종적으로는 8개월 형을 살았고 4만 달러의 벌금형을 받았다. (그때는 기업 사기에 대한 형량과 벌금 액수가 지금보다 낮았다.)

랜들이 처벌을 받자 뉴욕 남부지검은 회사가 고용한 변호사와 피트 마위크(Peat Marwick)의 회계사 등 전문가인 교사자들(abettors, 敎唆者)에게 초점을 맞췄다. 내셔널 스튜던트 마케팅은 손실을 입은 기간에 이익을 냈다고 허위 주장을 하면서, 합병과 관련한 위임장 권유서(proxy)에 그 내용을 담아 주주들에게 발송했다. 위임장 권유 신고서(proxy statement)를 준비하는 과정에서 피트 마위크의 회계사들은 일반인에게 공개되는 계정과 실제 계정의 차이를 상세하게 서술한 서신을 작성하여 월가의 유서 깊은 로펌 화이트 앤 케이스(White & Case)의 파트너 매리언 에플리 3세(Marion Epley III)에게 보냈다. 에플리는 공시 정보에 회계 조작이 동원된 데 대해 회계사들에게 설명을 요구하지 않았다.

　회계사를 대리하는 변호사들 중 한 사람은 그의 의뢰인이 정부 측에 적극적으로 협력했다는 점을 보여주기 위해 그 회계사를 SEC 사무실로 출석시켜 진술을 하도록 했다. 해당 회계사는 자신이 고의로 죄를 저지른 것은 아니라며 범죄 성립의 기준선을 넘지 않으려고 항변했다. 피고인 측 변호사들은 회계사들이 사기에 책임이 없다고 여러 차례 주장했다. 그들도 여느 사람이나 마찬가지로 쉽사리 속아 넘어갔으리라는 이야기였다. 회계사들은 재무제표가 회계 원칙에 부합하는지 확인할 의무가 있었다. 사건을 조사하던 검사 해럴드 '스킵' 맥과이어(Harold 'Skip' McGuire)와 그의 동료인 연방 검사들은 회계사들의 그런 주장을 듣고 진절머리를 냈다.[30] 피고인 측 변호사는 윗선인 검사장에게 호소했지만 퇴짜를 맞았다.

　언제나 그렇듯이 화이트칼라 조사의 쟁점은 범죄를 저지를 때 고의성이 있었는지 여부다. 맥과이어는 심야 계약이 고의성을 암시한다고 믿었다. 그는 문제가 된 내셔널 스튜던트 마케팅의 문제가 된 분기 마지막 날 회계사들이 밤중에 사무실에 머무르면서 재무제표 서류에 서명하기 위해 기다렸다는 사실을 알아냈다. 자, 시계가 자정을 알리기 몇 분 전에 계약서 한 통이 도착했다. 그 계약서는 랜들이 직접 결제한 미청구 대금 관련 계약서였고 그로써 그 분기가 구제된 것이다. 이 회사는 원래대로라면 그 분기에 손실을 입었겠지만 이익으로 반전했다. 회계사들은 어떻게 그토록 엉성한 거래가 이루어졌는지 의심해야 했다. 맥과이어는 내셔널 스튜던트 마케팅의 회계감사를 지휘한 회계사를 좋게 생각했다. 그 회계사를 점잖은 사람으로 평가했고 그가 자진해서 사기를 저지르지 않았음을 알았다. 압력에 굴복했을 것이라 생각했다. 그러나 그런 사실은 중요하지 않았다.

　맥과이어는 조사를 앞당기기 위해 내셔널 스튜던트 마케팅을 담당했던 피트 마위크 서열 3위의 회계사를 설득하여 그 위의 2명에 대한 자백을 얻어 내는 데 초점을 맞추었다. 해당 회계사는 곧바로 꺾이지 않았다. 수감될 것이라는 위협에도 입을 열지 않았다. 위협이 효력을 거두는 일은 드물었다. 바로 그런 이유 때문에 레이코프는 훗날 화이트칼라 범죄의 최소 의무 형량(mandatory minimum sentence)을 상향한다고 했을 때도 회의를 품었다.

그 대신 레이코프는 다른 접근법을 취했다. 어떨 때는 형사 수사를 받는 중역 가운데 직급이 낮은 이들에게 고해 사제이자 속죄의 대리인으로서 호소했다. 그들의 불평을 유도할 때도 있었다. 하찮은 취급을 받아 상사들에게 복수하고 싶어 하는 직원에게 검사가 배출구 역할을 하는 것이다. 레이코프는 직급 낮은 중간 간부들을 조종하는 것에 이따금씩 일말의 가책을 느꼈다. 그들은 취약했다. 그들이 협력한다 해도 지금보다 선고 재량이 훨씬 더 컸던 판사들이 가혹한 형을 내릴 수 있었다. 그런 위험을 공익과 맞바꿀 수 있을까? 그는 "내가 신의 행세를 하며 그들을 한쪽 구석으로 몰아가고 있는 걸까?"라고 고민했다. 그 정도로 검찰의 권한은 대단했다.

맥과이어와 뉴욕 남부지검은 피트 마위크의 회계사 둘을 범죄 혐의로 기소했다. 그 직후에 맥과이어는 민간 로펌에서 일하기 위해 검찰청을 떠났다. 그는 재판을 담당할 검사들에게 사건을 넘겼다. 소송 전문 검사인 프랭크 벨리(Frank Velie)와 레이코프였다. 모겐소 밑에서 일했으며 당시 소송 변호사였던 피터 플레밍(Peter Fleming)이 내셔널 스튜던트 마케팅 사건과 간접적으로 관련된 사람을 대리했다. 그는 어느 날 남부지검 사무실에 찾아와 긴 다리를 쭉 뻗고 한쪽 발을 프랭크 벨리의 책상 위에 올려 둔 채로 벨리에게 어떤 재판 전략을 취할 것인지 물었다. 플레밍이 법정에서 어느 정도로 빛을 발했는지 이런 말이 회자될 정도였다. "좋은 소송 변호사라면 누구나 의뢰인을 위해 최종 변론을 할 때 눈물을 흘릴 수 있다. 그리고 플레밍만이

136

정부를 위해 눈물을 흘릴 수 있다." 그는 그 시대 가장 걸출한 소송 변호사 중 하나가 되었다. 그때 플레밍은 1974년 전임 법무장관인 미첼과 전임 상무장관인 스탠스에 대해 무죄 선고를 얻어 냄으로써 자신의 옛 직장에 대한 극적인 승리를 앞두고 있었다.

벨리가 대답도 하기 전에 플레밍은 조언을 제공했다. "프랭크, 이번 재판은 가볍게 가도록 해." 그 말은 수십 년 후 션 버코위츠와 캐시 루에믈러가 엔론 재판에서 그러했듯이 핵심만 파고들라는 뜻이었다. 증인 한 명이 무슨 말을 하면 같은 말을 듣기 위해 두 번째 증인을 부를 필요가 없다. 사소한 일에 사로잡혀서는 안 된다는 말이었다. 사건이 지나치게 복잡하면 증거를 모으고 증인을 불러들이는 데만 몇 주가 걸리고 그 자체만으로도 배심원단의 머릿속에 합리적 의심을 불러일으킬 수 있다는 이야기였다. 벨리와 레이코프는 증거, 소명 자료(exhibit), 증인 명단을 대폭 줄였다. 재판은 불과 3주 만에 끝났다. 전략이 주효했다. 배심원은 두 회계사 모두에게 유죄 평결을 내렸다.

SEC는 내셔널 스튜던트 마케팅의 외부 변호사이자 텍사코(Texaco) 전임 대표 겸 회장의 아들인 화이트 앤 케이스의 매리언 에플리 3세를 고발했다. SEC는 증권 변호사는 의뢰인뿐만 아니라 일반 투자자에 대한 의무도 있다는 입장을 취했다. (오늘날에는 당연한 일이라 오히려 더 놀랍다.) SEC는 획기적인 이론에 근거하여 소송을 제기했다. 해당 변호사와 회계사가 사기를 적극적으로 돕거나 교사하지 않았다 하더라도 의뢰인이 허위 발표를 할 때 침묵을 지켰다는 것이다.[31, 32]

스포킨은 남부지검이 에플리를 형사 기소하지 않은 데 분노했다. 맨해튼의 검사들은 꼬박 사흘 동안 그를 대배심 앞에 세웠는데, 이는 피고인의 기소 여부를 결정하기 위해 문서를 작성하며 증인으로부터 증언을 받는 사법 절차이다. (미국의 배심원 제도에서 대배심은 피고인을 형사적으로 기소할지 여부를 판단하는 배심재판 절차이다. 반면, 소배심은 기소된 피고인의 유죄 여부를 판단하는 배심 절차이다-역주) 남부지검은 오늘날과는 달리 화이트칼라 사건에 대배심을 자주 이용했지만 어떤 사람을 그처럼 오랫동안 심문하는 일은 드물었다. 남부지검이 에플리를 기소하지 않고 넘어가자 스포킨은 담당 검사들과 그들의 상사들은 물론 검사장에게까지 소리를 질렀다. 대배심의 비밀 규정 때문에 검사들은 에플리가 증언 시에 한 말을 공유하는 것이 금지되기 때문에 그들은 졸도 직전인 스포킨에게 자신들의 생각을 알려 줄 수 없었다. (미국의 경우 사법기관인 검찰이 대배심 또는 조사 과정에서 얻은 정보는 사법기관이 아니고 행정 규제기관인 SEC 및 SEC 직원들과 해당 정보를 공유하는 것은 금지된다-역주)

회계사들은 항소했다. 둘 다 일류 소송 변호인단을 고용했고 변호인단은 유죄 선고를 없던 일로 하기 위해 상급 법원을 몰아붙였다. 레이코프는 피고인 측 변호인단에게 보낼 답변의 초안을 작성하면서 항소장의 쪽수 제한을 초과했다. 남부지검의 항소를 지휘하는 오드리 스트라우스(Audrey Strauss)가 그에게 분량을 줄이라고 압박했다. 레이코프는 항소장에 자신의 입장을 빠짐없이 담을 필요가 있다고 고집을 피웠다. 스트라우스는 판사가 싫어할 거라고 받아쳤지만 레이코프는 단어든 문장 부호든 각주든 어느 하나도 덜어 낼 수 없었다. 길이를 포기한 스트라우스는 한 가지 입장을 고집했다. "아무리 그래도 분리 부정사는 싹 정리해야 하네"라고 그에게 말했다. 이 말에 (영어 교사의 아들로서) 글쓰기에 자부심을 지닌 젊은 검사는 폭발했다.

"완전히 잘못된 생각이에요!" 레이코프가 외쳤다. 그는 분리 부정사 금지 규칙이 19세기 후반의 몇몇 현학자가 영어를 부정사가 한 단어인 라틴어처럼 바꾸기 위해 만들어 낸 괴상한 날조물에 불과하다고 설명했다. 위대한 작가들은 (셰익스피어! 포크너!) 모두 부정사를 분리했다고도 했다. 여전히 친한 친구 사이지만 레이코프와 스트라우스는 문법 때문에 검사장 사무실의 복도를 울릴 정도로 상대방에게 고함을 지르며 다퉜다. 결국 스트라우스가 항복했다. 오늘날 레이코프 판사는 자신의 재판과 관련된 소장에 대해 엄격한 분량 규정을 두고 있으며 이를 초과하는 변호사에게는 호통치듯 주의를 준다.

항소 기간 동안 연방 제2항소법원은 개의 주둥이 위에 먹이를 올려놓는 아이처럼 양쪽에 승리를 흔들어 댔다. 우선 상급 법원은 피트 마위크의 2인자이자 둘 중 직급이 낮은 회계사에 대한 기소를 뒤집었다. 그러더니 그 번복 결정을 다시 뒤집음으로써 검찰에게 다시 승리를 안겨 주었다. 그러고는 다시 결정을 번복했다. 남부지검은 힘껏 싸웠지만 그렇게 끝나 버렸다. 레이코프는 가장 중요한 회계사에 대한 기소가 유지된 것으로 마음을 달랬다. 당시 게임 판의 신사적인 규칙을 준수했던 레이코프는 피고인 측 변호사에게 전화를 걸어 이렇게 말했다. "당신이 이겼소. 우리는 이제 상고하지 않을 거요."

불과 몇 년 후에는 지미 카터 대통령이 핵심 회계사인 앤서니 나텔리 (Anthony Natelli)를 사면했는데, 나텔리는 훗날 워싱턴의 부동산 개발업자로 명성을 얻었다.[33] 이렇게 해서 상반된 평결이 내려졌다. 정부는 회계사 등의 화이트칼라 범죄자들이 기소될 수 있다는 경고를 재계에 전달했다. 그러나 제2항소법원의 번복과 대통령 사면 때문에 그 메시지가 빛을 잃었다. 그럼에도 에플리에 대한 스포킨의 호된 비난 덕분에 어느 법학자가 1970년대 말 그 사건이 "미국 법조계 역사상 법률 윤리에 있어 가장 의미심장한 사건 중 하나일지도 모른다"고 썼다.[34]

Chapter 4

한마음으로 당신의 것

UNITEDLY YOURS

1975년 2월 3일 월요일의 이른 아침에
엘리 블랙(Eli Black)은 법인 차량의 뒷좌석에 올라타 운전사에게 활기찬 인
사를 건네고 주말을 어떻게 보냈는지 물었다. 운전사인 제임스 토머스는 싹
싹하게 대답했고 차를 몰아 상사를 맨해튼의 어퍼 이스트 사이드(Upper East
Side)에서 미드타운(Midtown)에 있는 팬아메리칸 빌딩까지 태우고 갔다.

블랙의 사업은 신통치 않았다. 그는 유나이티드 브랜즈(United Brands)의
회장이었는데, 이 회사는 치키타(Chiquita)라는 바나나 상표를 소유한 유나
이티드 프루트(United Fruit)의 모회사였다. 유나이티드 프루트는 20세기 중
반 중미를 장악했다('바나나 공화국[banana republic, 바나나 등의 1차 산업 상품을
미국 등의 강대국에 수출하며 강대국의 자본과 비호를 바탕으로 부정부패를 일삼는 독재 국
가−역주]'이란 표현도 이 회사에서 유래했다). 그러나 1970년대 초반에 이르면서
사업은 쇠퇴해 갔다. 1970년 블랙은 유나이티드 프루트를 자신이 소유한

회사에 합병시켜 유나이티드 브랜즈를 설립하는 꼼수를 부렸다. 10대째 랍비를 배출한 집안 출신[1]으로 그 자신도 정통파 랍비였던 블랙은 성직을 떠나 자본가가 되었다. 기업을 사고파는 일에 종사하기 전에는 리먼 브라더스에서 근무했다. 그는 유나이티드 브랜즈를 재정적으로뿐만 아니라 두루두루 호전시키겠다고 장담했다. 그는 자기 회사가 훌륭한 윤리 의식을 갖췄다며 광고하고 다녔고, 1973년 주주들에게 보내는 서신에서는 회사의 '변화하는 이미지'가 〈뉴욕타임스〉, 〈시카고 데일리 뉴스〉, 〈보스턴 글로브〉 기사를 통해 주목받았다고 자랑했다. 어느 기자는 "북반구에서 사회적으로 가장 의식 있는 미국 기업일 것"이라는 칭찬을 늘어놓았다.[2]

그러나 호조세는 중단되었다. 매출은 계속해서 떨어졌고 손실이 쌓여갔다. 몇몇 중미 국가는 석유 수출국 기구(OPEC)가 어떻게 성공적으로 시장 지배력을 확보했는지를 본 후에 자기들도 바나나 시장을 통제하기 위해 카르텔을 결성했다. 새로 탄생한 바나나 수출국 연합(UPEB, Union de Paises Exportadores de Banano)은 다국적 바나나업체에 대한 관세를 올렸고, 이는 유나이티드 프루트에게 커다란 충격을 가했다. 궁지에 몰린 블랙은 나름 대응방안을 만들어 대처했다.[3]

그런데 이제 그가 부린 꼼수의 결과가 점점 더 분명해지고 있었다. 토머스는 블랙을 내려놓기 위해 차를 세웠다. 그러고는 블랙에게 낮 동안 자신이 필요한지 물었다.

"아니, 짐. 오늘은 사무실에 있는 날이야." 블랙이 대답했다.

블랙은 그날 아침 사무실에 가장 일찍 출근한 사람이었다. 그는 44층의 긴 복도를 지나 자기 사무실로 걸어갔다. 한 귀퉁이에 위치한 사무실은 CEO의 사무실치고는 작고 수수했다. 그곳에는 크롬 다리가 달린, 현대적이고 녹슨 색상의 목제 책상이 놓여 있었다. 그의 아내가 그린 추상화가 벽면을 채웠다. 책상에는 그때 하버드에서 MBA를 취득할 참인 아들 리온의 사진이 놓여 있었다. (훗날 리온 블랙도 아폴로 글로벌 매니지먼트라는 대형 사모 투자회사를 설립하여 억만장자 자본가가 되었다.) 아버지 블랙이 사무실로 들어섰다. 그는 목재 문의 빗장을 질러 이중으로 잠근 다음에 바로 옆의 거의 쓰지 않는 금속 문을 잠갔다.

블랙은 0.25인치 두께의 판유리로 된 창문으로 가서 베니션 블라인드를 올렸다. 그는 서류 가방을 휘둘러 유리창을 깨뜨렸다. 그러자 유리가 산산조각이 나면서 그 밑의 거리로 떨어졌다. 블랙은 조심스레 창틀에서 떨어진 유리 조각을 주워 들었다. "자해하려고 한 것 같지는 않다"고 나중에 어떤 경찰이 말했다.

30분 후 운전사가 블랙의 사무실로 올라왔다. 그는 문을 두드렸다. 아무 대꾸도 없었다. 그는 더 크게 문을 두드렸다. 문을 쾅쾅 치면서 큰 소리로 블랙을 불렀다. 걱정이 된 운전사는 더듬거리는 손으로 자기 열쇠를 찾아 문을 열려고 했다. 빗장이 채워져 있어 문을 열 수가 없었다. 다른 사무실로 간 그는 비서에게 블랙의 사무실로 전화를 걸어 보라고 했다. 여전히 아무 응답도 없었다. 그는 겁에 잔뜩 질려 문이 부서질 정도로 힘껏 몸을 들이받은 다음에 사무실 안으로 돌진했다. 그때쯤에는 이미 경찰관이 바로 아래 파크 애비뉴의 테라스 구역에서 그의 사체를 발견한 상태였다.[4, 5]

스탠리 스포킨에게는 엘리 블랙의 투신에서 뭔가 석연치 않은 점이 느껴졌다. 그의 친구들이 추측하듯이 그가 과로했다는 것은 설명이 될 수 없었다. 스포킨은 집행국 변호사들에게 조사에 착수하라고 지시했다. 얼마 후 그들은 블랙이 소유한 사업체 중 가장 유명한 유나이티드 프루트에서 무슨 일이 벌어지고 있는지를 알아냈다. 그것은 블랙 같은 사내라면 결코 공개하고 싶지 않을 일들이었다.

몇 달 전인 1974년 8월에 유나이티드 브랜즈의 중역 한 사람이 온두라스 대통령의 직무 대행인 온두라스 재무장관[6]을 퐁텐블로 마이애미 비치에서 만났다. 한때 호화찬란한 호텔이던 그곳은 1950년대에 프랭크 시나트라와 딘 마틴을 비롯한 랫팩(Rat Pack, 1960년대 라스베이거스의 카지노 무대에 섰던 할리우드 유명 배우와 가수로 이루어진 사교 모임 - 역주)이 파티를 벌이던 장소였다. 중역은 유나이티드 브랜즈의 사업을 휘청거리게 한 바나나 관세를 철폐해 달라고 부탁했다. 장관은 그 요청을 검토해 보겠다고 했다. 그는 500만 달러를 요구했다.[7]

그 중역에게는 그 정도 금액을 약속할 수 있는 권한이 없었다. 그는 엘리 블랙에게 그런 거액의 뇌물을 눈감아 줄 용의가 있는지 확인했다. 블랙은 그에게 금액의 절반을 제시하라고 지시했다. 온두라스 재무장관은 너그러이 그 제안을 받아들였다. 얼마 지나지 않아 유나이티드 브랜즈는 유럽 지사를 통해 그 금액의 절반인 125만 달러를 취리히에 있는 크레디트 스위스의 숫자 계좌(numbered account, 계좌주의 이름을 숫자 코드로만 나타내는 은행 계좌 - 역주)로 송금했다.[8] 그 대가로 온두라스는 바나나 관세를 낮추고 부동산 특혜 조항을 20년 동안 연장하는 데 동의했다.[9]

합의의 세부 내용을 파헤친 후 스포킨은 남부지검에 전화를 걸어 자신이 끝내주는 사건을 확보했다고 말했다. 검사들은 큰 흥미를 느꼈다. 그러한 거래는 문제가 있었고, (사내 교신과 송금 등) 증거는 탄탄했다. 그러나 이 사건은 그들을 딜레마에 빠지게 했다.

맨해튼의 연방 검찰청은 기업이 아닌 범죄자를 추적했다. 기업 범죄를 저지하는 길은 죄를 저지른 중역을 감옥에 넣는 것이었다. 하지만 이 사건의 경우 해당 중역은 사망했다. 검사들이 기업을 기소하는 것은 언제나 가능했지만 법무부는 그런 조치를 불필요하다고 보았다. 무슨 소용이 있는가? 어차피 기업은 감옥에 갈 수 없는데 라는 생각에서였다.

뉴욕 남부지검은 법을 자기편에 두고 있었음에도 그런 입장을 취했다. 정부의 기업 기소가 가능해진 때는 1909년 연방대법원이 판결을 내린 〈미국 대 뉴욕 센트럴 허드슨 리버 철도 회사 사건〉으로 거슬러 올라간다. 이 사건에서 대법원은 사상 최초로 기업의 형사 책임이라는 개념을 인정했다. 철도 회사 직원 두 사람이 어느 설탕 회사에 비밀리에 할인 요율을 제공했는데 이는 철도 회사의 부가 거래(side deals)와 특혜 부여(favoritism)를 금지하는 법에 위배되었다. 이 회사는 그다음 세기 내내 기업들이 법적인 위험에 처할 때마다 일삼는 주장으로 정부에 맞섰다. "기업을 처벌하는 것은 실질적으로 무고한 주주를 처벌하는 것"이며 항변할 기회도 주지 않고 결과적으로 "정당한 법적 절차도 없이 그들에게서 재산을 빼앗는 것"이라는 주장이었다.[10] 그러나 법원은 그러한 탄원을 배척하면서 역사적으로 기업에게 형사 책임을 묻는 일이 자주 있었음을 보여 주었다.[11]

연방대법원의 만장일치 판결에 따라 직원 한 사람의 행동에 대해서도 기업의 책임을 물을 수 있게 되었다. 법적 책임이 발생하려면 직원이 회사를 도울 목적으로 자신의 공식적인 직무 범위 내에서 행동했다는 점이 입증되어야 했다. 직원의 행동이 기업의 정책을 위반하는 경우에는 문제가 되지 않았다. 직원들은 기업의 "권한을 위임"받은 것이다. "우리가 기업이라 부르는, 보이지 않고 만질 수 없는 실체나 공기가 산을 무너뜨리고 계곡을 메우며 철로를 놓고 그 위로 열차를 운행시킬 수 있다면, 그것은 그렇게 할 의도를 품을 수 있으며 그러한 의도 안에서 고결할 뿐만 아니라 부도덕한 행동도 할 수 있다."[12] 그러나 판결 이후 수십 년 동안 검사들은 웬만해서는 기업, 특히 대기업을 범죄 혐의로 기소하지 않았고 그 대신 개인을 겨냥했다.

엘리 블랙의 자살 이후 몇 년에 걸쳐 뉴욕 남부지검은 유나이티드 브랜즈에 대해 어떤 조치를 취할 것인지 논쟁을 벌였고, 이 논쟁은 레이코프와 그의 멘토이자 친구인 러스티 윙을 사로잡았다. 그들은 상사인 로버트 피스크 검사장과 여러 사안을 상세히 논의했다.

레이코프가 남부지검에 근무하던 시절에는 검사들이 오늘날의 검사들과는 정반대 방향으로 소송을 제기했다. 물론 어떨 때는 기업을 겨냥할 필요가 있다. 그리고 오늘날에는 검사들이 기업을 처벌하려는 경향이 있다. 그들은 최우선적으로 개인을 기소하고는 싶지만, 책임을 물을 개인을 파악하고 기소하는 일은 어려운 일이라고 입을 모은다.

레이코프와 윙은 개인이 우선이라는 원칙에 뜻을 같이했다. 두 젊은 검사는 유나이티드 프루트의 뇌물 공여가 너무 노골적으로 이루어졌기에 그냥 지나칠 수 없다고 주장했다. 레이코프는 피스크에게 그들의 친구인 스탠리 스포킨이 이미 기업의 뇌물죄 책임에 대한 전국적 차원에서의 논쟁을 시작했다는 점을 알렸다. 남부지검이 도울 수 있다고 말했다.

두 검사는 부부 동반으로 1주일 동안 카리브해에서 휴가를 보내면서 피스크에게 엽서 한 통을 보냈다. 사건에 정신이 팔려 있던 레이코프는 조사에 대한 함축적인 언급을 담았고 익살스럽게도 "*Unitedly yours* (직역하면 "한마음으로 당신의 것"이지만 유나이티드 브랜즈를 합심하여 기소하겠다는 뜻을 말장난으로 나타낸 것 – 역주)"라는 맺음말로 마무리했다. 결국 몇 년 후 그들은 상사의 동의를 받아 냈다. 뉴욕 남부지검은 유나이티드 브랜즈를 공모와 5개의 통신 사기 혐의로 기소했다. 기소는 레이코프 특유의 광범위한 상상력을 기반으로 이루어졌다.

유나이티드 브랜즈를 기소하기 위해 레이코프와 윙은 2가지 법률 개념을 조합했다. 검사들은 해외에서 저지른 사기 혐의로 미국 기업을 기소할 수 있었다. 캐나다 사람에게 가짜 우표를 판매한 미국 기업은 미국에서 기소될 수 있다. 레이코프는 이 개념을 퍼즐의 두 번째 조각과 합쳤다. 그와 윙은 오래된 개념 한 가지를 선택하여 그 용도를 기막히게 바꿨다. 예전에도 유권자에 대한 공적 신뢰를 훼손한 혐의로 부패 공무원을 기소할 수 있었으며, 검사들은 같은 혐의를 엔론의 레이와 스킬링에게도 적용하여 그들을 끝장냈다. 공무원은 국민의 희생을 대가로 스스로 이득을 취하는 것이 허용되지 않는다. 레이코프와 윙은 그러한 기소 원칙을 적용했지만, 해당 사건의 위법 행위는 외국인인 온두라스 장관이 자기 국민에 대한 공적인 신뢰를 저버린 것이라고 주장했다. 유나이티드 브랜드즈는 그의 행위를 도운 것이다.

이런 이유로 유나이티드 브랜즈가 기소되었다. 아니나 다를까 피고인 측이 격분했다. 블랙의 자살 이후 부유하고 저명한 투자자들이 유나이티드 브랜즈를 인수했다. 그들은 앞다퉈 자신들의 입장을 호소했다. 자신들은 사기와 아무런 관련이 없다고 레이코프와 윙에게 해명했다.

"이것으로 우리는 온두라스에서 끝장날 겁니다. 우리 회사에서 일하는 온두라스 근로자들이 모두 일자리를 잃을 겁니다. 우리 회사는 증오의 대상이 될 겁니다"라고 투자자들은 검사들에게 말했다. 로버트 모빌로(Robert Morvillo)가 유나이티드 브랜즈의 변론을 맡았다. 통통하고 작달막하며 흐트러진 침대 같은 인상을 주는 모빌로는 나중에 전설적인 소송 변호사가 되었는데, 그때도 그런 자질을 보이기 시작하던 참이었다. 그는 형사 변호사로서의 전통적인 경로인 개업을 택했다. 몇 년 전만 해도 남부지검의 사기 전담 팀장이었던 그는 레이코프를 비롯한 부하 검사들에게 "기업이 아니라 사람이 범죄를 저지른다"고 입버릇처럼 말했다. 그러던 그가 나타나 검사장인 피스크에게 똑같은 주장을 한 것이다. 그는 기소 원칙이 제멋대로이며 몹시 부당하다고 주장했다. 무고한 현재 주주와 채권자에게만 타격을 입힐 뿐이며, 실업을 유발할 것이라고 호소했다. 피스크는 경청은 했지만 탄원은 거부했다.

레이코프는 모빌로와 친구 사이였기 때문에 모빌로의 열띤 변론에도 기분이 상하지 않았다. 그는 법조계 구석구석의 친구들을 규합했다. 그와 모빌로는 낮 동안에는 서로를 공격했지만, 그런 다음에는 폴리 광장 근처에 있으며 모든 법조인들이 모이는 가스너(Gassner's)에 들렀다. 그들은 가족들 이야기와 농담을 나누고 함께 술을 마셨다. 그때만 해도 법조인의 숫자가 지금보다 적었다. 웬만한 법조인은 누구나 다른 법조인들을 모두 알고 있었다.

모빌로는 유나이티드 브랜즈의 싸움을 포기했지만 그러면서도 책략을 부렸다. 1978년 7월 어느 나른한 여름날 그는 법정으로 가서 유나이티드 브랜즈가 6개 혐의 전부에 대해 유죄를 인정하고 총 1만 5000달러의 벌금형을 받는 결과를 지켜보았다. 유나이티드 브랜즈는 자사가 3년도 더 전에 그 사실을 "자발적으로 공개"했다는 진술서를 제출했다. 회사가 사실을 자발적으로 공개했다기보다는 스포킨의 요구로 공개했다고 해야 옳다. "경영진은 적당한 금액으로 정부와 합의를 보는 편이 질질 끄는 소송에 매여 있는 것보다 훨씬 더 유리하다는 결론을 내렸다"라고 진술한 것을 보면 이 회사가 딱히 죄를 뉘우친 것 같지는 않다.[13]

레이코프와 윙은 법정에서 진술서를 비판했다. 그들은 뇌물 공여에 관여한 최고 경영진 중 해고된 사람이 없다는 점을 지적했다. 몇몇은 회사를 떠났지만 자발적인 퇴사였다. 나머지는 그대로 남았다.

그것만으로도 충분했다. 그 내용은 그다음 날 〈뉴욕타임스〉 D3면에 조그맣게 실렸다. 승리와 패배 중 어느 쪽이었을까? 언론의 빈약한 취재에도 레이코프는 입장이 전달되었다고 생각했다. 연방 의회는 해외부패규제법(FCPA)이 통과되었을 때 유나이티드 브랜즈를 언급했다. 이 법은 현재에도 핼리버튼, 앨코어(Alcoa), 다임러(Daimler), 지멘스(Siemens) 같은 막강한 기업의 잘못된 관행을 파헤치는 데 쓰이고 있다. 그러나 어떤 면에서는 책임을 물을 기회가 엘리 블랙과 함께 사라졌다고 볼 수 있다.

스포킨 시대의 종언

1980년 로널드 레이건이 대통령으로 당선되었다. 한때는 배우였고 캘리포니아 주지사를 두 차례 지낸 그는 초선 취임사에서 밝혔듯이 "정부는 우리 문제의 해결책이 아니다. 정부 자체가 문제다"라는 생각에 따라 국정을 운영했다. 정부의 노련한 문제 해결사이던 스탠리 스포킨이 위태로워졌다. 레이건이 권력을 잡음에 따라 스포킨을 반대하는 이들이 그와 SEC를 에워쌌다. 신임 대통령은 향후 3년 동안 SEC의 예산을 30% 삭감했고, 집행국을 200명에서 50명 규모로 축소했다.[14] 레이건이 새로 임명한 SEC 위원장 존 샤드(John Shad)는 월가 중역으로는 50년 만에 처음으로 위원장이 된 인물이었는데, SEC가 내부자거래 같은 증권범죄에 다시 전념할 것임을 세상에 알렸다. 스포킨은 내부자거래 단속을 반대하지는 않았다. 무엇보다도 그와 레이코프는 내부자거래 형사 소송으로는 선두격인 치아렐라 소송을 제기한 바 있었다. 그러나 샤드의 메시지는 분명했다. 〈뉴욕타임스〉는 법조계가 샤드의 초점 이동은 기업의 악행에 대한 스포킨식 단속 조치를 시행하지 않겠다는 신호로 해석하고 있다는 기사를 내보냈다.[15]

레이건 지지자들은 스포킨 시대에 이루어졌던 상당수의 개혁 조치를 없던 일로 했고 SEC의 규제 수위를 낮췄다. 신임 SEC 고위 관료들은 씨티그룹(Citigroup)의 원조 격인 초대형 은행 씨티코프(Citicorp)에 대한 조사를 중단했다. SEC 조사관들은 최고 경영진이 7년 동안 다른 나라의 세금 및 외환 관련법을 우회하고 위반하는 활동을 지시했음을 밝혀냈다. 소송이 보류된 까닭은 현재 SEC가 하는 말에 따르면 씨티코프의 위반이 "중대"하지 않기 때문이었다.

레이건이 재편한 SEC는 중소기업의 공시 요건을 완화했다. SEC는 월가 투자은행의 자본 요건 하향 조정도 허용했다. 이러한 조치 덕분에 은행들은 더 큰 위험을 감내하고 더 많은 돈을 벌어들일 수 있게 된 반면, 건전성은 약화되었다. 신임 위원장인 샤드는 스포킨이 탄생시킨 뇌물 방지법인 FCPA의 수위 약화를 공개적으로 지지했다.

스포킨은 SEC 위원들과 다투는 일에 지쳤다. 겉으로는 무심한 척해도 그는 결코 비판을 즐기지 않았다. 스포킨이 해고되는 일은 불가능했지만 그의 친구들은 신임 정권이 그를 작정하고 괴롭힌다고 생각했다. 그의 오랜 친구이자 SEC의 전임 위원장인 윌리엄 케이시가 그에게 연락했다. 레이건이 방금 자신을 CIA 국장으로 임명했다는 것이다.

"스탠리, CIA의 법률 고문이 되는 것은 어떤가?"

예상 외로 스포킨은 1981년 4월 그 자리를 수락했다. 스포킨이 SEC를 떠나자 전설적인 소송 변호사로서 그와 맞붙었던 밀턴 굴드(Milton Gould)가 마지못해 찬사를 보냈다. "그는 횡포가 심했고 무례할 때가 많았지만 재계에 도덕성을 약간이나마 불어넣었다."[16] 저명한 기업 변호사로 일하기 전에 SEC 위원장을 역임한 매뉴얼 코언(Manuel Cohen)은 임종을 앞두기 몇 년 전에 스포킨에게 편지를 썼다. "내게 큰 즐거움을 주는 일은 자네가 악마나 미치광이라는 소문을 들은 기업의 수석 변호사나 CEO를 자네와의 회의에 참석시키고 나중에 그 사람이 이사회에 자네가 비합리적인 사람 같지는 않다고 보고하는 걸 듣는 거네."[17] 다른 사람들은 덜 호의적이었다. 스탠퍼드 대학의 법학 교수 한 사람은 그의 "무모한 기소 성향"을 비판했다.[18] 훗날 뉴욕의 상원의원 알폰스 다마토(Alfonse D'Amato)는 스포킨이 SEC 임기 시절 "도를 벗어났다"며 그를 "증기 롤러(steamroller)"로 칭했다.

스포킨은 연방 지방법원 판사가 되어서도 기업의 힘을 약화시키는 것을 즐겼다. 1989년 엑손 발데스(Exxon Valdez)호가 프린스 윌리엄 해협에서 좌초하여 1100만 갤런에 달하는 원유를 유출한 이후인 1991년, 그는 정부를 압박하여 엑손(Exxon)이 알래스카 원주민에게 더 넉넉한 합의금을 지급하도록 했다. 스포킨은 검사들에게 엑손이 "싼값에" 빠져나가게 내버려 두어서는 안 된다고 경고했다.[19] 1995년 스포킨은 미국 정부가 반독점법 위반에 대해 마이크로소프트와 맺은 합의를 기각했다. 그는 이 회사를 "국가의 안녕에 잠재적인 위협"을 끼치는 존재로 규정했고, 양측의 합의를 "늦게 나온 것치고는 너무 미미하다"고 평가했다.[20] 항소법원은 그러한 판결에 대해 이 독불장군을 질책했다.

한편 레이코프는 뉴욕 남부지검을 떠날 생각을 품기 시작했다. 그의 다음 행보는 무엇일까? 간단히 말하자면 신임 행정부는 스포킨을 대신할 SEC 집행국장으로 그를 고려했다. 그러나 그들은 민주당 지지자는 원치 않았다.

"와일리 고치가 널 잡아먹을 테니까"

1970년대 이전만 해도 규모가 아주 크고 명성이 높은 로펌은 형사 변호 업무를 맡지 않았다. 형사 변호사들은 부티크(boutique, 특정 분야의 법률 자문을 맡는 소형 로펌 – 역주)에서 일했다. 일류 로스쿨을 나온 신사와 최정예 변호사들은 그처럼 지저분한 일에 관여하지 않았다. 그러나 모겐소, 피스크, 스포킨이 기업의 최고 경영진을 겨냥하기 시작하자 일류 소송 변호사에 대한 수요가 발생했다.

　법조계는 잘 적응했다. 화이트칼라 범죄 변호가 쏠쏠한 이익을 낼 뿐 아니라 존경을 받는 일로 여겨지기 시작했다. 모겐소의 밑에서 일했던 피터 플레밍은 1970년대에 커티스, 맬릿-프레보스트 커티스, 콜트 앤 모슬(Curtis, Mallet-Prevost Curtis, Colt & Mosle)로 옮김으로써 첫 사례가 되었다. 몇 년 후에는 러스티 웡이 남부지검을 떠나 와일, 고치얼 앤 맨지스(Weil, Gotshal & Manges)로 이직했다. 검찰청 사람들은 송별회에서 그를 조롱했다. 레이코프는 동시 형식으로 웡에게 시체 파먹는 귀신(ghoul)을 조심하라고 경고하는 익살 시를 썼다.

　　　이제 러스티는 법정 전문가로 통하네
　　　검사의 만병통치약
　　　그의 말은 지난 주 내린 눈만큼 시원하지만
　　　임질만큼 기억하기도 쉽네
　　　이기든 지든 비기든 그는 모두의 경탄을 사네
　　　결코 실수하거나 망치는 일 없이
　　　그러니 누가 짐작이나 했겠는가
　　　검사란 직업이 그저 와일리 고치(Wily Gotch, 위의 로펌 이름을 빗댄 말장난-역주)에서의 미래를 위한 시험이었음을
　　　네가 비명조차 지르지 않아도 와일리 고치가 널 잡아먹을 테니까
　　　그래, 조심하지 않으면 와일 고치얼이 널 잡아먹는단다

　웡이 떠나고 몇 년이 흐른 1980년에 레이코프 역시 일류 로펌으로 옮겨 화이트칼라 범죄 변호를 시작하는 선구자적인 행보를 보였다. 그는 머지 로

즈 거스리 앤 알렉산더(Mudge Rose Guthrie & Alexander)에 합류했는데, 이곳은 닉슨이 1960년대에 캘리포니아 주지사 경선에서 패배하고 잠시 정계를 떠났을 때 몸담았던 로펌이다. 법조계의 변신은 거침없이 계속되었다. 일류 로펌들은 범죄로 기소된 화이트칼라 중역을 대리하는 일을 더 이상 얕보지 않았다. 그 후 수십 년 동안 검사들이 개인 기소에 초점을 맞추었던 데서 벗어나 기업 조사로 옮겨 가자 대형 로펌은 형사 변호 업무로 더 많은 돈을 벌어들였다.

대형 로펌이 이처럼 짭짤한 돈줄을 얻게 된 데는 스탠리 스포킨의 덕이 컸다. 그는 급진적이고 과감했지만 본의 아니게 현재와 같이 느슨한 규제 정책의 시대를 열었다. 여전히 실력 면에서 상대에 못 미치고 자금이 부족했던 정부 규제기관들은 준법 감시 메커니즘을 통해 그들의 권한을 행사한다. 즉 기업이 자체적으로 준법 여부를 감시하도록 한다는 이야기다. 기업들은 규제기관의 조사를 받게 되면 대개 정부에 앞서 내사를 수행한다. 그들은 로펌을 고용한다. 정부는 기업에 협조하라고 요구한다. 기업은 정부와 합의를 이끌어 낸다. 기업이 잘못을 인정하는 일은 드물다. 스포킨은 상상력과 정의감을 발휘했고 때로는 자기주장을 누그러뜨릴 줄 알았다. 그의 지휘 아래에서 사면이라는 모델이 통했다. 그러나 해석 과정에서 원뜻이 훼손되었다. 시스템 자체가 취약했다. 누가 정부에서 일하느냐가 상황을 좌우한다. 그 사람들이 무엇을 신봉하고 자신의 임무에 어떻게 접근하느냐에 따라 엄중하냐, 느슨하냐를 가를 수 있다. 2000년대 중반에 이르기까지 스포킨의 혁신은 변질되어 갔다.

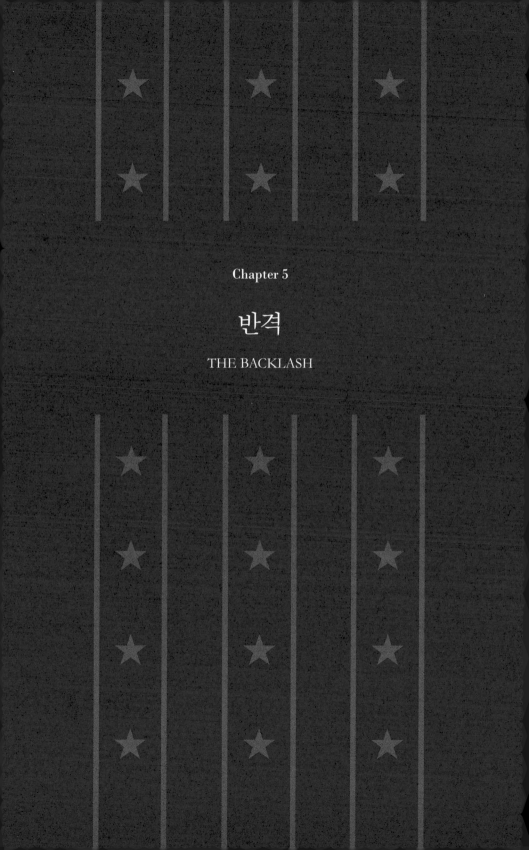

Chapter 5

반격

THE BACKLASH

1994년 메리 조 화이트의 뉴욕 남부지
검은 현대 기업 기소 역사상 가장 의미가 큰 발전을 이루어 냈다. 기업과의
특수한 합의 방식인 기소 유예 합의(DPA, deferred prosecution agreements,
불기소 합의인 non-prosecution agreements와 유사한데, DPA는 기업이 검찰이 요구
하는 사항에 동의하는 대가로 재판을 받지 않고 면책을 인정받는 합의를 말함. 보통 기업 사
기의 경우 벌금의 납부, 회사의 재발 방지 조치 또는 정부 조사에 협조 등을 약속하는 대가로
합의가 이루어짐 - 역주)를 최초로 맺은 것이다. 남부지검이 계획한 일은 아니었
다. 그들은 해당 합의 이상으로는 자신들이 한 일에 대해 이렇다 할 주의를
기울이지 않았다. 누구도 그들이 21세기 기업법 집행의 모델을 만들어냈다
는 사실을 인식하지 못했다.

최초의 기소 유예 합의 이전에 기업의 법 위반에 대한 법무부의 기소 정
책은 서서히 진화하고 있었다. 제드 레이코프의 1970년대 유나이티드 브랜

즈 소송은 일회성 사건이었다. 검사들은 계속해서 개인을 겨냥했고, 1980년대 후반이 될 때까지 기업 전체에 대한 법 집행 조치는 거의 고려하지 않았다. 1980년대와 1990년대에는 길거리 범죄에 대한 두려움 때문에 치안 활동과 형벌에도 변화가 발생했다. 연방 의회와 주 정부는 길거리 범죄에 대한 처벌 법규를 통과시켜 형량을 확대하고 최소 의무 형량을 적용하며 현대적인 교도소 단지를 건설했다. 이러한 조치는 기업에도 영향을 끼쳤다. 기업은 잘못을 저지르고도 너무나 쉽게 빠져나갔다. 정부가 유나티이드 브랜즈를 통해 깨달았듯이 징수할 수 있는 벌금도 미미했다. 불법 행위에 따른 이익이 벌금 액수를 능가했기에 벌금형은 징벌로서의 효력을 거두지 못했다.

1980년대 중반, 의회는 미국 양형위원회(U.S. Sentencing Committee)의 창설을 승인하여 형량을 검토하고 양형 기준을 성문화하여 책임감 없는 판사가 되는 대로 형을 정하던 관행을 바꾸도록 했다. 먼저 1989년에는 개인에 대한 위원회의 지침을 적용하여 유죄로 결정된 범죄자가 받을 형량을 범행의 심각성과 범죄자의 범죄 전력에 근거한 점수제로 정하게 되었다. 1991년 화이트칼라 범죄자의 형량이 너무 가볍고 기업에 대한 벌금과 제재 조치가 너무 관대하다는 국민과 의회의 항의가 빗발치자 양형위원회는 단체(organization)까지 포괄하는 개념으로 확대했다. 위원회는 협력과 개혁을 대가로 관용을 베푸는 스포킨 시대의 방식을 공식화했다. 새로운 지침에는 범죄자가 관대한 형을 받을 수 있는 요인이 상세하게 기술되었다. 양형 지침에 따르면 법원은 벌금을 부과할 때 "유죄 선고의 모든 부수적 결과"를 참작해야 한다.[1]

'부수적 결과(collateral consequences)'는 예나 지금이나 불분명한 개념이다. 유죄 선고 때문에 어떤 회사가 파산하면 정부가 얼마나 걱정스럽겠는가? 규제기관이라면 무고한 직원들의 실직을 걱정해야 하지 않겠는가? 고객, 공급업체, 경쟁사에는 어떤 결과가 미칠까? 금융위기가 오지 않을까? 상당히 악의 없는 언급에서 비롯된 부수적 결과는 하찮은 개념이었지만 모든 것을 휘감는 커다란 넝쿨로 자라났고, 2008년 금융위기 이후에는 '대마불옥(too big to jail)'이라는 약칭으로 알려지게 되었다. 검찰과 규제기관은 해당 기업이 무너지고 금융시장이나 경제에 심각한 문제가 발생할 수 있기 때문에 정부가 초대형 은행을 비롯한 일부 기업을 처벌해서는 안 된다는 개념에 발목을 잡혔다.

양형위원회가 단체를 처벌할 지침을 마련함에 따라 뉴욕 남부지검도 기업 조사에 대한 해결책을 찾기 시작했다. 화이트의 전임자가 검사장으로 있던 1992년 남부지검은 살로먼 브라더스의 트레이더가 미국 장기 국채(U.S. Treasury bond) 시장을 매점하려 했던 사건에 대해 소송을 제기하지 않기로 합의를 했다. 검찰청은 투자은행 살로몬 브라더스가 성실하고 철저히 협조했다고 판단했기 때문에 합의 즉시 기소를 철회했다. 검찰청은 비슷한 합의를 한 차례 더 했다.

2년 후인 1994년 검사들은 프루덴셜증권에 대해 승산 없는 기소를 살려 내기 위해 안간힘을 썼다. 10년이 넘는 동안 프루덴셜의 중개인들은 대부분 소액 투자자로 이루어진 고객들을 부적절하게 위험한 투자로 이끌었다. 중개인들은 안전한 투자라고 홍보했지만 소액 투자자들에게는 그 말이 들어맞지 않았다. 프루덴셜은 상당한 수수료를 챙겼지만 고객들은 총 20억 달러가 넘는 손실을 입었다.[2] 그러나 남부지검의 검사들은 프루덴셜을 어떤 식으로 형사 기소하든 심각한 문제가 발생하리라는 점을 알고 있었다. 위법 행위 대부분은 몇 년 전에 이루어졌다. 기억이 희미해졌고 증거는 변질되었다. SEC는 이미 1년 전에 합의에 의해 민사 소송을 취하했고 그 때문에 새로운 증거를 찾지 않았다. 프루덴셜에는 자사의 기업 문화를 쇄신하고 싶다는 의지를 드러내어 검사들을 설득할 정도로 매력적인 CEO가 있었다. 남부지검의 그 누구도 공공연히 인정하지는 않았지만 자신들이 소송에서 이기지 못할 것을 우려했다. 물론 검사들이 프루덴셜에 그런 말을 전할 수는 없었다. 그렇다면 어떻게 해야 할까? 화이트의 수석 자문들이 소집된 회의에서 그녀의 직속 부하인 시라 니먼(Shirah Neiman)이 아이디어를 내놓았다. "기소 유예 합의를 시도하면 어떨까요?"

그때까지만 해도 그러한 합의는 길거리 범죄에만 적용되었다. 기소 유예 합의는 1930년대에 소년 초범을 처리하는 방법으로 시작되었다. 경감 사유(mitigating circumstance)가 존재한다면 완전한 유죄 선고보다는 덜 무거운 처벌을 내려야 할 수도 있다(범죄자가 아픈 어머니 때문에 약을 훔친 상황이 그 사례다). 기소 유예는 불기소와 엄중한 처벌 사이의 중간 지대였다.[3]

화이트는 썩 마음이 내키지는 않았지만 다른 방법이 보이지 않았다. 그녀는 최초로 대기업에 대한 기소 유예 합의를 승인했다. 1994년 10월 말 법무부는 프루덴셜 증권이 재발 방지 조치를 강행하는 조건으로 기소를 유예했다. 법무부는 프루덴셜을 압박하여 3억 3000만 달러를 투입하여 투자자를 위한 기금을 조성하도록 했다. 이는 SEC가 그 전해에 조성한 기금의 두 배 규모였다. 화이트는 자신과 남부지검이 정식으로 기소하지 않은 까닭은 프루덴셜의 직원 1만 8000명과 고객들에게 일어날 일을 우려했기 때문이라고 말했다.[4]

회사는 남부 연방 법원의 판사를 역임한 법률 자문을 감시인으로 두라는 요구를 받아들였다. 그는 프루덴셜의 이사회에 등재되었고 향후 3년 동안 남부지검에 보고했다. 합의의 무엇인가가 니먼과 화이트의 마음을 괴롭혔다. 정의가 구현되지 않았다는 점이었다. 프루덴셜 사건 이후 메리 조 화이트 치하의 남부지검은 그녀의 임기가 끝난 2002년 초반까지는 더 이상 기업에 대한 기소를 유예하지 않았다.

그러나 미국의 다른 연방 검찰청은 그 일을 계속했다. 기업 소송 변호사들은 검사들이 사건에 착수하기도 전에 기소 유예 합의를 요구한다고 불평했다. "어떤 연방 검찰청은 실제로는 기소할 증거도 없으면서 회사를 기소하겠다고 협박하고, 그런 다음 회사에 협력을 대가로 기소 유예를 제안했다"고 니먼은 훗날 말했다. 그에 따르면 화이트는 "우리가 그 아이디어를 제안했던 것을 크게 후회했다"고 말했다.[5]

소송 변호사들은 새로운 시스템을 활용했다. 변호사들은 정부가 의혹을 뒷받침할 증거도 모으기 전에 자기들에게 강제로 합의를 맺게 한다면서 자기네 말을 들어 주는 관료를 보는 족족 하소연을 했다. 그러나 소송 변호사들도 일찌감치 기소 유예 합의를 제안받으면 그에 동의했다. 그래야 본격적인 수사가 중단되기 때문이었다. 1990년대 중후반에는 소송 변호사들의 불평이 법무차관인 제이미 고어릭(Jamie Gorelick)과 빌 클린턴 대통령이 임명한 법무부 고위급 관료들에게까지 닿았다. "규칙도 없는 듯하다, 어떤 정책 때문인가, 어떤 요소를 고려했는가?" 소송 변호사들은 기업 기소에 관한 서면 지침을 요구했다. 고어릭은 기업 기소를 성문화한 지침을 작성하라고 지시했다.

화이트와 니먼은 서면 지침이 불필요하다고 생각했다. 물론 소송 변호사들은 검사들이 어떤 요소를 검토했는지 잘 알았다. 어떤 사안이든 요인은 동일했다. 적절한 협력이 있으면 합의가 이루어졌고, 소송 변호사들도 기업이 충실하고 성실한지 가늠할 수 있었다. 니먼과 화이트는 변호사들의 불평이 터무니없다고 생각했다. 서면 지침은 불필요할 뿐 아니라 위험했다. 무엇이든 글로 옮기는 순간 약삭빠른 변호사들이 이용할 수 있기 때문이었다.

160

소송 변호사들은 거기에 나온 내용과 나오지 않은 내용에 대해 트집을 잡기 시작할 것이 분명했다.

그러나 서면 지침은 남부지검의 생각과는 관계없이 작성되게 되어 있었다. 이처럼 검사들의 실무를 위협하는 위험에 직면한 메리 조 화이트는 니먼에게 워싱턴으로 가서 정치가들이 검찰의 정책을 망치지 못하도록 감시하라고 지시했다.

화이트의 특사는 그 상대가 피고인이든, 변호사든, 판사든, 법무부 동료든, 아랫사람이든, 상사든 법정과 직장에서 차별 없이 일을 추진했다. 니먼은 브루클린과 퀸스의 현대적인 정통파 유대계 가정에서 자라났다. 그녀의 어머니는 피아노 연주자이자 피아노 교사였고 아버지는 유대 역사 전문가였다. 그녀는 어퍼 이스트 사이드의 정통파 학교인 라마즈(Ramaz)와 바너드 대학을 나온 다음에 컬럼비아 로스쿨을 졸업했는데, 그녀가 졸업한 1968년도에는 304명 중 23명만이 여학생이었다. 그녀는 법률 학술지(law review, 로스쿨의 학생 단체 또는 변호사 단체에서 내는 학술 법률 간행물 - 역주) 발간 모임에서 일했다.

니먼은 로스쿨 이후에는 두 명의 연방 법원 판사 밑에서 클럭으로 일하면서 법정에 대한 사랑을 키워 나갔다. 그중 한 판사가 맡은 재판에는 도시 전역에 폭발물 설치를 도운 웨더 언더그라운드(Weather Underground, 1960 - 70년대에 활동한 극좌파 학생 단체 - 역주)의 운동가가 피고인으로 섰다. 재판 당일이 되자 그녀는 방청객 사이에 앉아 재판이 시작되기만을 초조하게 기다렸다. 검사들과 피고인 측 변호인단이 일어나서 판사실로 들어갔다. 그녀는 자신이 우려하던 대로 그들이 합의하리라는 것을 깨달았다. 참담한 심정이 되었다.

1960년대 후반까지 니먼은 뉴욕 남부지검에 들어가기로 결심을 다졌다.

그녀는 채용을 담당하는 검사를 만나 형사국에 들어가고 싶다고 말했다. 그 검사는 남부지검이 형사국에 여성을 뽑지 않는다고 니먼에게 알려 주었다. 몇 년 동안 남부지검의 민사국(civil devision)에 여성들이 근무한 적은 있었지만 로버트 모겐소가 (자신의 전임자들과 마찬가지로) 여성의 형사 검사 채용을 막았다는 것이다. 그녀는 자신도 그런 방침을 안다고 말했다.

"그 일을 문제 삼을 겁니까?" 그가 물었다.

"네. 나는 정말로 문제 삼을 작정이고 그러고 싶습니다." 그녀가 대꾸했다.

때는 1969년이었다. 그녀의 지원 절차가 시스템을 구불구불 통과하는 동안 1970년 모겐소가 떠나고 휘트니 노스 '마이크' 시모어(Whitney North "Mike" Seymour)가 검사장이 되었다. 그녀를 클럭으로 썼던 연방 판사 밀턴 폴락(Milton Pollack)은 그 시대에 가장 존경받는 연방 판사로 손꼽혔는데, 시모어에게 전화하여 자신의 가장 뛰어난 클럭 중 한 명을 형사국에 채용하라고 권했다. 시모어가 그에게 말했다. "좋아요! 그를 보내세요." "'그'가 아닙니다"라고 폴락이 대답했다.

남부지검의 형사국장이 니먼에게 중식당에서 점심을 하자고 연락했다. 그때 그녀는 코셔(kosher, 유대교의 율법을 따르는 정결한 음식 - 역주)만 먹던 습관을 막 중단한 참이었고 중식당에는 한 번도 가 본 적이 없었다. 그녀는 중국음식이 비위에 맞지 않았다. 그래서 그와 같은 음식을 주문했으나 먹지 않았다. 그녀는 그가 자기에게 던진 세 가지 질문을 기억한다. FBI 요원들과 잘 지낼 수 있겠는가? 목요일에 있는 형사국 회의 때 오가는 음담패설을 감당할 수 있겠는가? 배심원들이 당신을 신뢰하겠는가?

그녀는 화가 났다. 그처럼 성차별적이고 황당한 질문이라니. 오랜 세월이 지났지만 니먼은 지금도 자기가 그때 한 대답을 기억한다. 물론 요원들과 잘 지낼 수 있고 질 나쁜 말도 모두 감당할 수 있다! 그리고 배심원들이 여성을 신뢰하지 않을 이유는 도대체 무엇인가? 직장으로 돌아온 그녀는 자신이 검찰청에 일자리를 얻지 못하리라 생각하고는 얼마 전 그녀에게 자리를 제안한 로펌의 지인에게 전화해서 그 제안을 수락했다. 10분 후 시모어 검사장이 전화해서 "뉴욕 남부지검 형사국 최초의 여성이 되고 싶습니까?"라고 말했다. 그녀는 그에게 주말 동안 생각해 보겠다고 대답했다.

니먼은 그 자리를 받아들였다. 당연한 일이었다. 그녀가 취임 선서를 했을 때 〈데일리뉴스〉, 〈뉴욕타임스〉, 〈뉴욕포스트〉 등이 그 사실을 보도했다. 어떤 기사에 따르면 그녀의 새 동료 중 몇 명이 뒷자리에 앉아 "좋아, 맥솔리(McSorley's)나 가자!"라고 말했다. 이 술집은 여성 출입을 허용하지 않아서 신문에 난 곳이었다. 얼마 후 선구적인 여성 형사 검사들이 집단으로 그녀의 뒤를 이었다.

30년 후에도 니먼은 남부지검에 있었다. 그녀는 〈뉴욕 썬(New York Sun)〉과의 인터뷰에서 자신이 "하루에 22시간" 일한다고 말할 정도로 집요한 사람이었다. 사람들은 그녀를 신뢰했다. 그녀는 세법 등 난해한 분야에 숙달할 만큼 매우 귀중한 존재였다. 퉁명스럽고 성질이 불같으며 다가가기 어려웠지만 유능했다. 젊은 검사들은 니먼을 대하느니 이슬람 테러리스트나 마피아 보스를 진압하겠다고 할 정도였다.

그녀는 그를 때보다 옳을 때가 많았지만 외교적인 유전자를 지니지는 못했다. 니먼은 동료들이 자기에게 이질적인 이중 잣대를 들이댄다는 사실을 알고 있었다. 남자 검사의 호전성은 칭송하고 보상하면서 그녀에게는 호전적이라며 비난했다. 물론 그녀가 호락호락한 사람은 아니었지만 사실 남자 검사 대부분에 비하면 호전적이지 않았다. 루돌프 줄리아니는 1980년대에 남부지검의 검사장이 되자 니먼을 물리적으로 추방했다. 그녀를 같은 층의 반대편에 있는 사무실로 추방해 버린 것이다. 1990년대에는 메리 조 화이트가 그녀를 시베리아에서 복귀시켜 자신의 수석 자문으로 앉혔다. 니먼은 나쁜 소식을 전하거나 조직폭력배들의 영역 다툼에서 칼 휘두르는 것을 두려워하지 않았다. 화이트는 니먼의 '폭력'이 끝난 이후에 현장에 도착하여 사태를 진정시키는 영웅 역할을 할 수 있었다.

1999년 니먼은 화이트를 위해 한 가지 임무를 더 수행해야 했다. 기업 기소 지침의 작성을 돕는 일이었다. 그녀는 경멸감을 억누른 채로 여느 때와 같이 산더미 같은 자료를 조사하고 화이트의 연설과 판례법과 자신이 맡았던 사건과 제도적인 지식을 검토했다. 니먼은 검사들이 기업을 기소하기 전에 검토해야 할 요소를 정리한 자료를 들고 워싱턴에 도착했다. 이 자료는 홀더 메모(Holder memo)의 근간이 되었다. 이 이름은 당시 재닛 르노(Janet Reno) 장관 밑에서 법무차관을 지내던 에릭 홀더(Eric Holder)에서 유래했다. 그러나 사실 홀더는 자료를 작성하는 데 거의 관여하지 않았다. 홀더 메모 운영위원회의 여러 위원 중에서도 니먼이 가장 강력한 실권을 지녔다.

1999년 6월 16일에 완성된 홀더 메모는 정책이 아니라 검사를 대상으로 한 가이드에 불과했다. 그러나 이는 법무부가 최초로 기업 기소의 원칙을 나열한 시도였다. 홀더 메모는 기업 기소의 일반적인 요소를 최초로 열거했다. 검사들은 "증거의 충분성, 재판 성공의 가능성, 범죄 억제와 갱생을 비롯한 유죄 선고의 가능한 결과" 등을 검토해야 했다. 하지만 홀더는 그보다 더 깊게 들어갔다. 기업의 기소 여부를 결정할 때 검사들이 감안할 수 있는 8대 요소를 제안한 것이다.

1. 범죄의 심각성 및 일반인에게 해를 끼칠 위험성

2. 기업 내에 위법 행위가 퍼져 있는 정도

3. 기업이 비슷한 행위를 한 이력

4. 기업이 위법 행위를 시의적절하고 자발적으로 공개했는지, 조사에 기꺼이 협조했는지 여부. "필요한 경우 기업 변호사 – 의뢰인의 비밀 유지 특권(attorney – client privilege)과 작업 성과물 특권(work product privilege) 포기를 포함함"

5. 기업의 준법 감시 프로그램 존재 여부와 적절성

6. 기업의 시정 조치

7. 부수적 결과. "개인적으로 과실 여부가 입증되지 않은 주주와 직원의 부당한 피해를 포함함"

8. 비형사적인 시정 조치의 적절성

새로운 요소들은 법 집행 방식을 근본적으로 바꾸었다. 연방대법원은 1909년 〈뉴욕 센트럴 앤 허드슨 판결〉 이후로 기업을 형사 피고인으로 기소하는 것을 허용해 왔다. 홀더 메모는 메리 조 화이트의 프루덴셜 기소 유예 합의 이후로 기업 기소에 대한 검사들의 결정에 영향을 끼친 점을 인정했다. 즉 기업은 개인과 다르다는 점이었다. 홀더 메모는 정부가 기업 기소를 당연한 것으로 생각하고 처리하지 않았다는 사실을 인정한 셈이었다.

법무부는 어떤 방법으로 기업으로부터 충분한 협력을 얻어 내느냐에 고심했다. 기업들은 수사를 피했고 협력하는 척하면서도 위법 사실을 숨겼다. 오랜 세월 동안 대기업들은 변호사와 의뢰인 간의 비밀 유지 특권 뒤에 숨어서 사실과 잘못된 행동을 은폐했다. 그들은 특권을 행사하고 최고 경영진이 관여한 수상한 거래의 자세한 내용이 법정 증거로 채택되지 못하게 손을 씀으로써 문제가 되는 행위들에 보호막을 쳤다.[6]

기업은 연방 정부의 조사를 받을 때면 미국에서 최고로 손꼽히며 조사를 늦추거나 심지어 중단시킬 능력이 있는 로펌을 고용하여 자사 경영진을 위해 법률 자문료를 지불했다. 중역 여러 명이 의심을 받는 상황이면 담당 변호사끼리 공동 변론 합의(joint defense agreement)를 체결하여 연방 정부의 기소에 대해 자신들이 알아낸 바를 서로 공유했다.

이런 책략이 정부의 조사를 방해했기 때문에 니먼을 비롯해 메모를 작성한 위원들은 재계와 변호사 단체에 그 같은 행동을 더 이상 묵인하지 않겠다고 알리기로 했다. 그들의 책략은 일종의 사법 방해였다. 이러한 상황을 뒤집기 위해 홀더 메모의 작성자들은 정부에 대한 협력이 무엇을 의미하는지 분명히 했다. 그들은 필요한 경우 기업이 기업 변호사와 의뢰인 간의 비밀 유지 특권을 포기할 필요가 있다고 명시했다. 해당 특권은 변호사가 자기 의뢰인에게서 얻은 의뢰인의 불리한 정보를 법정에서 사용하지 못하게 함으로써 의뢰인을 보호하는 증거법의 원칙(rule of evidence)이다. 변호사와 의뢰인 간의 비밀 유지 특권은 미국 사법 체계에 선행하는 윤리 강령의 근본 원칙으로서 변호사들은 이를 신성불가침으로 간주한다.

변호사와 의뢰인 간의 비밀 유지 특권 포기 조항을 비롯한 홀더 메모의 내용은 작성된 이후 처음 몇 년 동안은 논란의 대상이 아니었다. 그러다가 톰슨 메모(Thompson memo)가 나왔다.

단호해진 톰슨

2002년 아서 앤더슨이 기소된 이후 래리 톰슨 법무차관은 기업을 견제하고 공격적인 법무부에 대한 비난 여론을 잠재울 방법을 짜내는 데 몰두했다.

조지 W. 부시 행정부의 정치 자문들은 이를 걱정하기 시작했다. 기업 중역들은 백악관 참모들에게 법무부가 기업을 악마처럼 묘사한다고 말했다. 엔론 태스크포스는 너무 호전적이라고 했다. 기업 중역들은 그런 취급을 받는데 익숙하지 않았다. 게다가 공화당 정부가 아닌가! 2002년 초반, 부시 대통령은 백악관으로 톰슨을 불렀다. 법무차관과 로버트 뮐러 FBI 국장은 백악관의 루스벨트 룸(Roosevelt Room)에서 대통령을 만났다. 두 사람은 대통령과 법률 이론을 논하지 않기로 결정했다. 그 대신 검사들이 엔론 기소 등의 기업 조사를 통해 수집한 증거를 대통령에게 보여 주었다. 군데군데 센 짧은 머리에 무테안경을 쓴 톰슨은 특유의 당당한 태도와 귓속말보다 조금 큰 목소리로 증거들을 설명했다.

조지 부시는 망연자실한 표정이었다. 그가 신임하는 참모들이 기업 중역들이 숫자를 조작하고 국민에게 거짓말을 했다고 한 것이다. 더욱이 그 가운데는 켄 레이처럼 자기와 사적으로 알고 지내는 사람들도 있었다. 대통령은 기업에서 벌어지는 일을 더는 용납할 수 없었다. 보고가 끝날 무렵 그는 뮐러와 톰슨 편으로 돌아섰고 정계와 재계 자문들의 희망을 산산조각 냈다. 부시는 "보비, 그리고 L.T., 지금 하는 일을 계속 추진하세요"라고 말했다. 래리 톰슨 같은 법 집행 강화를 지지하는 사람이 딱 듣고 싶던 말이었다.

1945년에 태어난 래리 딘 톰슨(Larry Dean Thompson)은 마크 트웨인의 고향인 미주리 해니벌에서 태어났다. 그의 어머니는 가정집 여러 곳에서 요리사로 일했고 아버지는 철도 인부였다. 둘 다 고등학교 교육 이상은 받지 못했다. 미주리는 흑백 분리 지역이었기 때문에 톰슨은 8학년까지 흑인 전용 학교를 다녔다. 톰슨의 아버지는 휴가 때면 공짜 열차표를 받아 와 온 가족을 중서부 이곳저곳으로 데리고 갔다. 표면적으로는 흑백 통합이 시행된 지역에 가더라도 그들은 자기네를 받아줄 호텔이 있으리라는 기대를 품지 않았다. 톰슨 가족은 필요한 경우에는 하숙을 위해 흑인 가족으로 이루어진 비공식 모임에 가입했다. 그러한 경험에도 그는 적개심을 품지 않았다. 그는 친절하고 공평한 행동들을 기억했다. 흑백 통합 고등학교에서는 농구와 미식축구 선수로 활약했다. 한번은 시내의 식당이 그를 손님으로 받지 않으려고 했던 적이 있었다. 그때 그의 코치와 팀 동료들은 흑인 동료인 그 없이는 그곳에서 식사하지 않겠다고 말했다.

그가 이전에 다니던 흑백 분리 학교의 교사들은 엄격하고 깐깐한 교육 방식을 채택했다. 그에게 백인 학생들보다 우수해져야 한다고 말한 적도 있었다. 어떤 해에는 도시 차원의 행사로서 해니벌의 네 학교 모두의 학생들이 참여하는 맞춤법 경연 대회에서 톰슨이 2등을 차지했다. 그의 교사들은 칭찬하기는커녕 1등하지 못한 이유가 힘껏 노력하지 않아서라고 꾸짖었다. 톰슨은 그런 점 때문에 그들을 좋아했다. 그는 대학 2학년 때 사회학 강의 시간에 교수가 미국의 계층화(class stratification)를 가르치기 전까지는 자신이 "소위 '약자'"라는 사실을 전혀 알지 못했다고 입버릇처럼 말했다.

톰슨은 청소년기까지는 정치에 대해 별다른 생각이 없었다. 그러나 1964년에는 이미 보수주의 반항 분자이자 1964년 공화당 대선 후보였던 배리 골드워터(Barry Goldwater) 상원의원의 《보수주의자의 양심(Conscience of a Conservative)》을 읽고 사상적인 고향을 발견했다. 그는 1964년 민권법(Civil Rights Act of 1964)에 대한 골드워터의 입장을 지지하지 않았지만 애리조나의 선동가인 골드워터의 다른 견해들은 그를 사로잡았다. 톰슨은 정부가 국민을 지원해야 한다는 생각에 결코 동의하지 않았다. 그는 흑백 분리를 시행한 주체가 정부였다는 말을 사람들에게 자주 했다. 이제까지 만난 보수주의자들이 자기를 인격체로 대한 반면에 진보주의자들은 자기를 가르쳐야 하는 존재로 대했다고 생각했다.[7]

그는 1967년 미주리 캔턴의 컬버-스톡턴 대학을 졸업한 후 미시간 주립 대학에서 사회학 석사 학위를 받은 다음에 미시간 대학의 로스쿨에 진학하여 1974년에 졸업했다. 톰슨이 정치에 깊숙이 관여하기 시작한 때는 레이건 혁명의 투사로 활약한 1980년이었다. 킹 앤 스폴딩(King & Spalding)이라는 애틀랜타의 로펌에 신참 변호사로 있던 톰슨은 남북전쟁 재건기 이후 공화당원으로는 최초로 조지아주 상원의원으로 당선된 맥 매팅리(Mack Mattingly)의 선거 운동을 도왔다. 2년 후 톰슨은 매팅리 덕분에 연방 검사가 되어 조지아 북부 연방 검찰청에 파견되었다. 그는 그때 36살이었다.

톰슨은 검사로 일하면서 화이트칼라 범죄가 블루칼라의 길거리 범죄만큼이나 심각한 문제라고 생각하게 되었다. 화이트칼라 범죄는 경제의 활력을 떨어뜨리고 불공평한 경쟁의 장을 조성한다고 생각했다. 그는 연방 검사 생활을 하면서 온갖 핑계를 들었다. 그의 취미는 사고 실험(thought experiment)이었다. 예를 들어 마약상이 브루클린에서 잡혔다고 치자. 마약상은 "나는 뉴욕 동부 지역의 자선 단체에 많은 돈을 기부했다. 문제를 해결할 의사는 있지만 유죄를 시인하지는 않을 거다. 나는 민사 해결을 원한다. 내 돈을 빼앗아 자선 단체에 줘 버려도 된다. 무슨 일을 해도 좋다. 내게 무슨 짓을 해도 된다. 하지만 형사 해결에는 동의할 수 없다"라고 말한다.

언어도단이었다. 미국은 마약을 소지한 아이들을 감옥에 처넣었다. 그러나 기업과 법무부가 합의했다는 이유로 재계 거물을 풀어 주는 것을 미국이 용납해야 하는가? 그는 매우 온화한 사람이라 현 상황이 거슬린다는 말 이상은 하지 않았다. 래리 톰슨이 어떤 일이 "거슬린다"고 인정하는 것은 보통 사람으로 치면 식탁을 뒤엎는 행동에 맞먹었다.

시라 니먼과 래리 톰슨 모두 화이트칼라 범죄에 인정사정없었다. 그들은 검사들의 우선순위가 개인을 추적하는 일이어야 한다고 생각했다. 우연찮게도 두 사람은 여성 선구자와 흑인 공화당 지지자라는 측면에서 '아웃사이더'였다.

톰슨은 아서 앤더슨의 기소가 필요하다는 점을 단 한 번도 의심해 본 적이 없었다. 아서 앤더슨은 공격적으로 나왔기 때문에 검사들이 기소해야 한다고 생각했다. 그는 그 결정을 믿었다. 그러나 앤더슨 기소가 분노를 불러일으키자 그는 어쩔 수 없이 대응책을 내놓아야 했다.

니먼과 뉴욕 남부지검이 홀더 메모 작성을 돕기 위해 변호사 단체의 압력에 대응했듯이 톰슨은 법무부가 어떤 방식으로 기업 기소를 추진할 것인가 하는 문제에 몰두했다. 그와 그의 팀은 홀더 메모를 수정하기로 했다.

그 결과물인 톰슨 메모가 2003년 1월 20일에 완성되었다. 아서 앤더슨이 유죄 선고를 받은 지 6개월이 지난 때였다. 중요한 변화는 감안해야 할 요인이 새롭게 추가된 것이었는데 9개 요인 중 8번째로서 그 내용은 "기업의 위법 행위에 책임 있는 개인을 기소하는 것의 적절성"이었다. 톰슨은 그때도 기업 기소가 정부의 우선 순위여야 한다고 생각했다. 그 외에도 톰슨 메모는 그 전신인 홀더 메모에 요약된 정책을 공식화했다. 홀더 메모는 권고에 불과했지만 톰슨 메모는 미국 전역의 연방 검찰청이 준수해야 했다. 서문에서 톰슨은 톰슨 메모라는 지침의 필요성을 강조했다. 그에 따르면 기업들은 협력한다고 주장하면서도 어떤 기업이 저지른 위법 행위의 전체 내용이 드러나지 않도록 방해한다는 것이었다.

톰슨 메모는 거래를 제안했다. 아량을 베풀려는 의도는 아니었다. 기업들은 협력의 대가로 정부로부터 점수를 딸 수 있었다. 검사들은 기업에게 변호사와 의뢰인 간의 비밀 유지 특권을 포기하고 자세한 정보를 정부와 공유하도록 강요할 수 있었다. 기업은 개인의 기소에 협조해야 했다. 그리고 공동 변론 합의와 같은 책략을 삼가야 했다. 공동 변론 합의란 서로 다른 조사 대상을 맡은 변호사들끼리 정부의 전략과 기소에 대해 아는 바를 공유하는 일이다. 노련한 변호사들을 갖춘 노련한 기업들은 정부가 조사에 착수했을 때 방어 체제를 마련해 놓고 있었다. 정부는 그것을 허물어 버리고자 했다.

톰슨은 검사들의 목표와 재계에 보내는 메시지를 메모에 담았다. 그는 법무부가 법적으로 기업을 기소할 수는 있어도 기업을 무작정 기소하지 않을 것임을 분명히 했다. 그러나 기업 스스로가 해야 할 일을 알고 있어야 한다는 점을 명시하고자 했다. 만연한 부정행위, 자책 부재, 가짜 준법 감시 프로그램 등의 죄를 법무부는 엄중하게 다루겠다고 밝혔다. 화이트칼라 전문 변호사들이 분노로 아우성쳤다.

톰슨에 대한 공격

2003년 중반까지 톰슨은 양측의 공격을 받았다. 미국 재계는 나스닥(Nasdaq) 폭락 이후 법무부가 수사와 기소에 적극적이었다는 데 분개했다. 그러나 국민과 언론은 즉각적인 만족감을 원했다. 2003년 6월 CNBC 인터뷰 진행자는 톰슨에게 무엇 때문에 그렇게 오래 걸리느냐고 질문했다. 같은 달에 마사 스튜어트(Martha Stewart)가 내부자거래 조사 과정에서 사법 방해 혐의로 기소되었다. "가장 악명 높은 스캔들의 당사자인 CEO들은 아직도 기소되지 않았습니다. 우리가 켄 레이, 제프 스킬링, 버니 에버스(Bernie Ebbers)가 아닌 마사 스튜어트가 법정으로 들어가는 모습을 보는 이유는 무엇인가요?" (에버스는 월드컴의 공동 설립자이자 CEO였다. 그는 2005년 사기와 공모의 유죄가 인정되어 25년형을 선고받고 현재 복역 중이다.)

톰슨이 대답했다. "우리는 해당 조사에 관한 사실을 검토하고 있으며, 그러한 사실이 우리를 해당 사안에 연루된 사람들에게 이끌고 가도록 할 작정입니다. 우리는 내가 린치 폭도(lynch mob)의 사고방식이라 부르는 짓에 전혀 관여하고 싶지 않습니다. 우리는 전문가답게, 체계적으로, 그러나 무엇보다도 철저히 추진할 겁니다."[8] 그는 그다음 달에 있었던 기자회견에서도 '린치 폭도'라는 표현을 되풀이했다. 흑백이 분리된 미주리에서 자라난 사람으로서는 불행한 비유였다. 스탠리 스포킨과 마찬가지로 그는 자신의 엄중한 접근법을 가볍게 표현하기를 좋아했지만 위법 행위자 개인을 기소하는 일에는 변함없이 진지했다.

법무부의 공세에 대해 좀 더 강력한 반발이 일어나기 시작했다. 재계 로비 단체와 변호사 단체가 법무부가 새로 내놓은 기업 기소 정책을 공격하고 나선 것이다. 부패하고 냉혹한 엔론, 월드컴, 아델피아의 경영진을 겨냥한다는 이유로는 검사들을 비난할 수 없었다. 톰슨 메모의 급소는 기업에 변호사와 의뢰인 간의 비밀 유지 특권을 포기하라고 요구한 것이었다. 어떤 기업이 조사 과정에서 특권을 포기할 때는 로펌의 자료를 빠짐없이 정부에 전달해야 했다. 그 안에는 변호사가 진행한 면담의 녹취록을 비롯한 직원과 변호사의 회의 내용까지 포함되었다. 자료에 얼마만큼 많은 기밀이 포함되어 있는지 잘 아는 로펌과 기업들은 자료를 보호하기로 했다.

재계 로비 단체는 기다렸다. 아서 앤더슨의 범죄에 대한 기억이 그 회사의 홍보 문구에 가려 희미해졌다. 앤더슨이 기소된 지 2년 남짓 흐른 2004년 9월에 미국 변호사 협회(ABA, American Bar Association)가 법무부를 압박하기 시작했다. ABA는 변호사-의뢰인 간 비밀 유지 특권의 문제에 대응하기 위한 전담 조직을 만들어 정부 정책을 되돌리는 데 초점을 맞추었다. (SEC도 법무부와 비슷한 정책을 시행 중이었다.)

ABA는 재계 로비 단체 및 비즈니스 라운드테이블(Business Roundtable),

미국 상공회의소(US Chamber of Commerce) 등의 경제 단체는 물론 기업 변호사 협회(Association of Corporate Counsel), 전미 형사 변호사 협회(the National Association of Criminal Defense Lawyers)를 도와 연합 단체를 결성했다. 미국 시민 자유 연맹(American Civil Liberties Union)까지 기업의 권익을 보호하는 연합 단체에 가세했다. 해당 연합 단체는 로비를 벌이고 공격적인 검사들을 비난했지만 문제의 심각성을 데이터로 제시할 정도의 본격적인 노력은 하지 않았다. 이들이 리서치 해서 제시한 수치는 별 가치가 없었다. 유도 질문같이 편향 여론 조사(pushpolling)의 전형적인 요소를 갖춘 연구에 불과했다. 게다가 응답자들이 수사 대상이었을 가능성이 더 컸기 때문에 편향된 결과가 나왔다. 법무부의 반대파는 무작위 표본 없이 온라인 설문 조사를 진행했고, 따라서 그 결과는 과학적으로 타당성이 결여되었다. 연합 단체는 2005년에 진행된 설문 조사에서 수사 대상이 된 응답자 가운데 50% 남짓이 비밀 유지 특권을 포기했다고 밝혔다. 이는 자체적으로 선택한 그룹이 포함되었음에도 나머지 50%는 특권을 포기하지 않았다는 뜻이다. 후속 연구에서 연합 단체는 "우리는 전문 설문업체나 통계학자가 아니므로 표본 추출이 통계적으로 유의미하다거나 직군 전체에 대해 대표성을 띤다고 말할 수는 없다"고 인정했다. 훗날 법학자 한 사람이 쓴 바에 따르면 해당 설문 조사는 "최소한의 정밀함조차 없이, 학계에서 요구되는 기준에 따른 최소한의 검증도 거치지 않고 진행되었다." 이 학자는 직권 남용 주장의 증거가 없다는 결론을 내렸다.[9] 그럼에도 의회는 법무부를 비난하면서 설문 결과를 인용했다.

〈월스트리트 저널〉의 사설란이 이 캠페인에 의욕적으로 가세했다. 이 신문은 사설에서 톰슨 메모가 기업에 '사형 선고'를 내리겠다는 협박을 제도화한 조치라고 비난했다. 2006년에 실린 어느 기명 논평은 "혐오스러운 톰슨 메모"라고 비난했다.[10] 톰슨은 〈월스트리트 저널〉의 사설란의 정치관에 동조할 때가 많았지만 공격에 시달리면서 이 신문을 끊었다.

메리 조 화이트는 그에 앞서 연방 검사장직과 뉴욕의 막강한 로펌 데브 보이즈 앤 플림턴(Debevoise & Plimpton)의 파트너 자리를 맞바꾸었는데 열렬한 법무부 비판자가 되었다. 2005년 화이트는 '기업의 형사 책임: 무엇이 잘못되었을까?(Corporate Criminal Liability: What Has Gone Wrong?)'라는 제목의 연설 서두에서 "특히 연방 정부 차원에서 기업의 형사 책임 범위는 웬만해서는 확대될 수 없다"는 의견을 밝혔다. 그녀는 다음과 같은 점을 인정했다.

나는 정부 검사들이 현재 기업의 형사 책임이라는 손쉬운 수단과 톰슨 메모를 이용해 미국 재계의 사업에 지나치게 깊숙이 관여하고 정부 조사에 어떻게 대응해야 하는지를 기업에 지시하는 데 대해 내 몫의 책임을 져야 합니다. 그러나 형사 조사를 받는 기업을 대리하는 과정에서 그러한 조치를 받아들여야 하는 입장이 되고 보니 몰랐던 사실을 알게 되었고, 이에 일부 검사들에게 형사 조사 과정에서 기업을 대하는 방식을 바꾸든가 적어도 완화해 줄 것을 촉구합니다.[11]

톰슨은 2003년 8월 행정부를 떠나 이듬해 펩시코(PepsiCo)의 법률 고문이 되었다. 그는 전담 조직까지 만들어 자신의 메모를 무산시키는 데 전념했던 ABA의 회의에 참석했다. 사람들은 뻔뻔하게도 그에게 이렇게 말했다. "래리, 우리는 당신이 그런 식으로 쓸 의도가 아니었다는 걸 알아요. 당신은 정말 좋은 사람이니까요." 같은 일이 미국 상공회의소와 전미 형사 변호사 협회 회의에서도 벌어졌다. 톰슨은 거북했고 가식적인 분위기를 느꼈다. '불쌍한 기업 중역들을 부당하게 대우한다며 그렇게 아우성을 치더니!' 그는 생각했다. 그는 검사들이 기업 중역들에게 다소 공격적이었다 치더라도 법 집행 당국이 가끔은 대상을 엄중하게 다룰 수도 있다고 판단했다. 그 정도 는 대기업과 거물 변호사가 대처할 수 있다고 생각했다.

소송 변호사들은 법무부의 조사를 "돕는다"는 명목으로 톰슨에게 딴죽 을 거는 잔꾀를 썼다. 그들은 기업에 변호사-의뢰인 간 비밀 유지 특권을 포 기하라는 문구 때문에 직원들이 주눅 들어서 내사 때 입을 다물 수밖에 없 다고 주장했다. 2006년 9월에는 공화당과 민주당의 여러 중견 의원들이 법 무장관이던 알베르토 곤잘레스에게 서한을 보내어 수정안을 지지해 달라고 요청했다. 서한을 보낸 이 가운데는 딕 손버그(Dick Thornburgh) 같은 전직 법무장관들과 제이미 고어릭 등의 역대 법무차관들뿐만 아니라 송무 차관 (solicitor general)을 역임한 시어도어 올슨(Theodore Olson)과 케네스 스타 (Kenneth Starr) 등도 있었다. 해당 서한은 "법무부 정책은 비밀 유지 특권과 작업 성과물 보호의 포기를 기정사실화했다는 점에서 기업과 기타 조직 구 성원이 자신들의 변호사와 상의하는 데 제동을 걸었고, 그에 따라 변호사는 법률 준수에 대해 제대로 자문해 줄 수 없게 되었다"고 주장했다.[12]

고어릭은 애당초 톰슨에게 비밀 유지 특권의 포기 문구가 포함된 원래 의 메모를 작성하라고 지시한 사람이었는데, 그때는 민간 로펌인 윌머헤일 에서 기업을 변호하는 파트너 변호사로 일하고 있었다. 래리 톰슨은 어리석 고 이기적인 짓이라고 생각했다. 반대파는 자신들의 터무니없는 주장을 뒷 받침할 증거를 하나도 제시하지 못했다. 그는 워싱턴의 정치 집단이 재계에 자신들이 분노 여론을 부추기고 후원금을 받을 만한 일을 하고 있는지 알 리려고 안간힘을 쓴다고 생각했다. 톰슨은 정치 자금을 조성하는 수단이 된 것이다.

그 즈음에 그는 로스앤젤레스 카운티에서 일어난 소소한 스캔들 기사를 읽었다. 경찰들이 중남미계 남성들을 체포하여 구금하고 미란다 원칙을 손에 쥔 펜으로 받친 대형 화면에 띄워 보여 주었다는 내용이었다. 그런 다음 경찰은 체포된 사람들에게 방금 보여 준 내용을 이해했다는 서명을 하라고 요구했다. 그들이 자신들의 권리를 이해했을까? 그들이 영어를 하는지는 확인한 걸까? 그들 중 경찰의 관행을 거부한 사람은 거의 없었다. 그렇지만 벨트웨이 콘퍼런스(Beltway conference)와 칵테일 모임에 참석하는 사람들이며 암트랙(Amtrak)의 아셀라 고속 열차(Acela Express, 뉴욕과 워싱턴 사이를 왕복하는 고속 열차 - 역주)를 타고 내리는 사람들은 기업 중역들의 권리가 짓밟히는 데 대해 다 같이 목소리를 높였다. 기업 중역을 제외하고는 마약 밀매업자, 조직폭력배, 테러리스트 등 그 어떤 잠재적인 범죄 집단에 대해서도 그처럼 격렬한 항의가 쏟아지지 않았다.

톰슨이 펩시의 자기 사무실에 있을 때 오랜 지인이며 뉴저지의 연방 검사장인 크리스 크리스티(Chris Christie)에게서 전화가 왔다. "여기서 무슨 일이 벌어지고 있는지 아셔야 할 것 같아서요. 같이 점심 먹을 수 있을까요?" 그들은 뉴욕 컬럼버스 서클의 트럼프 인터내셔널 호텔 타워에서 만났다.

크리스티는 그에게 나쁜 소식 몇 가지를 전했다. 톰슨 메모를 둘러싸고 소동이 일어나자 백악관이 겁을 낸다는 것이었다. 톰슨이 현직에 있던 초반만 해도 부시 행정부는 법무부의 결정에 간섭하지 않았다. 그러다 알베르토 곤잘레스가 법무장관이 되었다. 백악관 자문이던 그는 결코 자리 변화에 적응하지 못한 채로 미국 최고의 법 집행관이라기보다는 정부 정보원처럼 행동했다. 크리스티는 톰슨에게 법무부의 몇몇 정치꾼이 톰슨 메모를 철회하려고 준비한다는 말을 전했다.

미국 전역의 연방 검사장들이 분노했다. 그들은 톰슨 메모가 기업들을 협상 테이블로 불러냈다고 생각했다. 크리스티는 톰슨 메모의 철회를 저지하기 위해 웬만해서는 규합하기 어려운 연방 검사장들로 된 단체를 구성하고 지휘했다. (크리스티는 기업 기소에 있어 미심쩍은 이력을 지녔다. 반대파는 그가 돈이 되는 기업 감시인 역할을 자기 친구들에게 나눠 주었다고 비난했다. 그는 합의의 대가로 제약회사인 브리스틀-마이어스 스퀴브(Bristol-Myers Squibb)가 자기 모교에 기부하도록 만든 적도 있었다. 법무부 본부의 최고위 관료들은 그 거래에 대해 우려가 컸다. 연방 검사장이 자기 직위를 이용하여 자기와 관계된 기관에 혜택을 준 모양새였기 때문이다. 법무부는 그러한 거래를 막기 위해 규정을 바꾸었다. 그 외에도 크리스티는 전임 법무장관인 존 애시크로프트의 로펌에 기업의 준법 감시인 역할을 맡겼는데 이곳에 최종적으로 지급된 보수는 자그마치 5200만 달러로 당초 예상을 훌쩍 뛰어넘었다.)[13]

연방 의회는 특권 포기 요구를 불법화하기 위해 힘을 모았다. 법무부는 입법부가 행정부의 권한을 침해하는 것을 간과할 수 없었다. 하지만 부시의 지명자들은 수세에 몰려 톰슨 메모를 수정하는 작업에 착수했다. 2006년 12월 12일 톰슨의 자리였던 법무차관에 오른 폴 맥널티(Paul McNulty)가 수정 사실을 발표했다. 새 정책은 특권 포기를 요구하기 전에 특권 포기가 조사에 미치는 긍정적이고 부정적인 영향을 신중하게 따져 보아야 한다는 내용을 골자로 했다. 그때부터 검사들이 특권 포기 요구에 앞서 검사장의 승인을 받고, 검사장은 법무부 본부의 형사국 차관보에게서 승인을 받는 것이 의무화되었다.[14]

맥널티는 새 정책을 소개하는 서한에서 법무부가 "지난 4년 동안 기업 범죄 기소에서 유례없는 성공을 거두었다"고 했다. 그러나 그는 기업 중역들이 다음과 같은 불만을 토로한다고도 썼다. "기업 변호사업계와 관련된 사람 다수가 우리 관행 때문에 기업의 직원과 법률 자문 사이에 충분하고 솔직한 의사소통이 이루어지지 않고 있다는 우려를 표명했다."

이와 같이 맥널티와 부시 시대 후기의 법무부는 변호사 단체와 재계 로비 단체가 퍼붓는 비난을 수용했다.

맥널티 메모에는 새로운 문구가 포함되었는데 변호사-의뢰인 간의 특권을 "미국 법에서 가장 오래되고 가장 신성한 특권 가운데 하나"라며 찬양하는 내용이었다. 그러나 맥널티 메모에는 그러한 특권의 포기가 조사를 돕고 정부가 "기업이 자발적으로 공개한 내용의 정확성과 완전성"을 평가하는 데 반드시 필요하다는 내용도 담겨 있었다. 반대파는 여기서 만족하지 않았다. 그들은 완전한 철회를 원했다.

Chapter 6

폴 펠티어의 흰 고래

PAUL PELLETIER'S WHITE WHALE

2002년 9월 청년 변호사 마이클 앳킨슨(Michael Atkinson)은 안정적인 로펌의 고소득 파트너 자리를 떠나 법무부 본부에 합류한 지 얼마 지나지도 않은 터에 폴 펠티어(Paul Pelletier)라는 선배 검사와 함께 PNC 은행을 조사하는 상황에 부딪혔다. 2001년 PNC는 대차대조표에서 부실 자산을 없애기 위해 몇 가지 복잡한 거래를 추진했다. 모두 초대형 보험사인 AIG의 비밀 자회사인 AIG 파이낸셜 프로덕트(AIG Financial Products, 이하 AIG FP)의 주선으로 이루어졌으며 허위 거래였다. AIG FP가 직접 위험을 부담하기보다는 PNC가 투자자와 규제기관의 눈에 들 만한 대차대조표를 꾸미기 위해 이 회사에 수수료를 주고 자산을 맡긴 것이었다. 그러한 거래가 발각됨에 따라 앳킨슨과 펠티어는 조사에 착수했다.

먼저 그들은 피츠버그로 날아가 FBI 지부가 있는 시 외곽의 새로 지어진

(정부 기준으로는) 호화 건물로 택시를 타고 갔다. 앳킨슨은 정부에 합류할 때부터 바라던 바를 실행에 옮길 기회를 얻게 될 참이었다. 복잡한 기업 범죄를 파헤치고 악질적인 기업 중역을 적발하는 것이 그의 목표였다. 그는 그때 난생 처음으로 FBI를 만났다. 딱히 인정하고 싶진 않았지만 그는 현기증을 느끼다시피 했다.

두 사람은 로비에 도착하여 서명을 했다. 그런 다음 앉아서 기다렸다. 30분이 흘렀다. 쉰 목소리, 자신만만한 보스턴 남부 억양, 금발이 특징이며 여느 때처럼 안경 줄에 매단 레이밴 선글라스를 착용한 펠티어는 점점 더 초조해졌다. 그는 법무부 곳곳에 인맥이 뻗어 있었다. 그는 주위를 기웃거렸다. 그러다 피츠버그에서 일어날 일을 직감했다. PNC 사건으로 영역 싸움이 벌어질 터였다. FBI 요원은 회의 전에 펠티어가 맡았던 소송 기록을 받기 위해 마이애미의 법무부 동료에게 연락했다. FBI 요원이 알지 못했던 것은 그의 동료가 공교롭게도 펠티어의 친구였기에 그에게 그 일을 귀띔해 주었다는 사실이다. 펠티어는 대수롭지 않다는 듯 말했다. "알겠어. 이번 사건과 관련해서 그 사람들이 나한테 귀 주입관(ear douche)을 주겠다는 거로군." "귀 주입관이요?" 앳킨슨은 처음 듣는 그 말이 무슨 뜻인지 도통 알 수 없었다. 얼마 지나지 않아 그는 그런 펠티어식 표현이 대단히 많다는 사실을 깨닫게 되었다. 그는 라틴어 단어를 써서 "그 사람들이 fugitate하지 못하게 해!"라는 말도 검사들에게 자주 했는데 감시 중인 표적이 도망가지 못하게 주의하라는 뜻이었다. 귀 주입관의 의미는 다음과 같았다. 남들이 무슨 이유로든 자기 말을 안 들어주면 그 사람들의 귀에 귀 주입관을 꽂고 쌓인 귀지를 파내야만 그들도 별 수 없이 펠티어의 방식으로 일을 해야 한다는 사실을 깨닫게 된다는 뜻이었다.

한 시간 남짓 기다린 끝에 요원이 나타나서 앳킨슨과 펠티어를 위층에 있는 회의실로 데리고 갔다. 두 검사는 기다리는 동안 무슨 일이 벌어졌는지 짐작했다. FBI 요원, FBI 관리자, 피츠버그 연방 검찰청에 소속된 검사 등이 그 시간 내내 거기에 앉아 대화를 나누고 있었다! 그들은 법무부 본부를 그 사건에서 배제하기로 모의했다. PNC는 그들에게 적절한 표적이었고 〈피츠버그 포스트 가제트(Pittsburgh Post - Gazette)〉는 물론 〈월스트리트 저널〉 일면에까지 이름을 올릴 수 있는 기회였다. 그렇기에 워싱턴이 억지로 끼어드는 것을 결코 용납하지 않으려고 했다. 펠티어는 자리에 앉아 FBI 관리자가 조바심과 불쾌감을 숨길 생각도 하지 않고 사건에 대해 하는 말을 들으면서 자신의 예상이 옳았음을 확인했다. 관리자는 피츠버그의 현지 FBI 지부와 연방 검찰청이 사건 조사를 주도하겠다고 말했다. 자기들에게 법무부 본부가 왜 필요한지 잘 모르겠다고 했다.

펠티어의 인내심은 10분을 채 넘기지 못했다. "당신들이 주도하는 일 따위는 있을 수 없어!" 그는 큰 소리로 외쳤다. "당신들은 무슨 일부터 시작해야 할지도 모르겠지만 상관없어. 댁들은 이 사건에 관여조차 하지 못할 거니까. 당신들은 이해 상충 관계에 있거든. 곧 배제될 거야. 우리 사건이 될 거야! 당신네 사건이 아니라. 우리가 어떻게 조사를 진행할 계획인지 듣고 싶은가? 아니면 우리를 한 시간 더 앉혀 놓을 텐가? 어떻든 엿이나 먹어!" 펠티어가 소리쳤다.

"너나 엿 먹어!" FBI 관리자가 큰 소리로 맞받아쳤다.

앳킨슨은 바라볼 뿐이었다. 그날 회의는 그가 민간 부문에서 겪었던 그 어떤 회의보다 더 빠르고 철저하게 결렬되었다. 모두 같은 팀이 아니던가?

아니나 다를까 펠티어의 말이 옳았다. 피츠버그 지부는 배제되었다. 그곳 검사장에게는 상충되는 이해관계가 있었다. 사건은 앳킨슨과 펠티어의 차지가 되었다. PNC 조사와 더불어 펠티어에게는 AIG 기소를 위한 기나

긴 도전이 시작되었다. AIG는 그에게 흰 고래(white whale, 스스로의 파멸을 초래하면서까지 집착하는 대상을 뜻하며, 허먼 멜빌의 소설《모비 딕(Mobby Dick)》에서 주인공의 다리와 목숨을 앗아 가는 흰 고래에서 유래함 - 역주)가 되었다. 그는 일부 혐의에 대해 기소를 하고 몇몇 재판에서는 승리를 거두었지만, 법무부는 AIG의 문화를 바꾸거나 공격적이고 비합법적이기 일쑤인 이 회사의 활동을 저지하는 데 성공하지 못했다. 2008년에 이르러 AIG FP는 비공개 위험 자산의 손실 때문에 파산하면서 세계 금융 시스템의 붕괴에 일조했다. 펠티어와 그의 동료들은 다시 한번 AIG를 전체적으로 조사하고 같은 사람들을 심문하려 했지만 조사는 역시 무산되었다. 그는 그 까닭이 AIG 파이낸셜 프로덕트 중역들의 혐의를 입증하는 증거가 부족해서라기보다는 법무부 상사들 때문이라고 확신했다.

화이트칼라 부서의 쇄신

펠티어가 마이애미 연방 검찰청에서 화이트칼라 부서장으로 일하다가 워싱턴으로 올라온 지 얼마 되지 않았을 때의 일이다. 펠티어는 비서들의 비위를 맞추고 경비들과 잡담을 나누었으며, 상급자들에게는 인상을 찌푸리고 모든 직장 사람들에게 가족의 안부까지 물었고, 여러 사람이 그를 검사 중의 검사라고 불렀다. "폴은 호불호가 갈리는 사람이었다. 폴에게 이중적인 감정을 느끼는 사람은 한 명도 없었다"고 옛 동료이자 그를 존경하는 가이 싱어(Guy Singer)는 말한다. 그를 좋아하는 사람들의 눈에는 그가 낭만적이고 고결하며 순수하고 비정치적인 사람으로 비춰졌다. 형사국의 사기 팀장인 조시 호치버그(Josh Hochberg)가 그를 문제 해결사로 채용했다.

법무부 본부는 오랫동안 뉴욕 남부지검에 뒤쳐져 왔다. 남부지검이 기업 범죄 같은 가장 크고 중요한 사건들을 차지했다. 법무부 본부의 관리자들은 소속 검사들을 다른 검찰청으로 파견하는 경향이 있었다. 이런 검사들은 직접 소송을 해 본 경험이 많지 않았기 때문에 사건을 법정으로 가져가는 일을 회피했고 그에 따라 한층 더 취약해졌다. 그들은 소송 대신에 합의를 모색하는가 하면 아예 사건 종결에 실패했다. 호치버그는 자기 밑에 있는 검사들의 자질과 기량을 향상시킴으로써 상황을 바꾸려고 했다. 그는 전국을 돌아다니면서 소송에 강한 개, 즉 배심원 앞에서 제 기량을 발휘할 수 있는 검사들을 찾았다. 그는 혈통은 중시하지 않았다. 그에게 일류 로스쿨의 졸업생으로 집단을 구성할 생각은 없었다. 그는 마이애미의 연방 검찰청이 좋은 성과를 거둔다는 사실을 파악했다. 그러나 그곳은 뉴욕 남부지검과는 다른 전략을 취했다. 맨해튼의 남부지검은 신중하고 위계질서가 확실했다. 그러나 저 아래 마이애미의 연방 검찰청은 처세에 밝은 변호사들을 검사로 채용했고 그들에게 자유를 주었다. 미국에서 내로라하는 로스쿨을 나온 검사도 몇 명 없었다. 그곳의 좌우명은 "완벽성과 신속성 중에서 하나를 선택해야 한다면 신속성을 택하라"였다. 펠티어는 마이애미 연방 검찰청의 전략을 구현하는 인물이었다. 성급하지도, 경솔하지도 않았지만 행동하는 사람이었다. "빈둥거리지 마. 빨리 결정을 내려서 진행해." 그가 잘하는 말이었다.

호치버그가 소송 경험을 쌓게 하기 위해 자신이 마이애미로 파견한 검사들 덕분에 펠티어를 알게 되었다. 펠티어는 처음에는 호치버그에게 반발했다. 그는 워싱턴에서 온 쓸모없는 얼뜨기 집단이 자기 재판에 올라타도록 내버려 두지 않을 참이었다. "얻는 것에 비해 골치 썩을 일이 많았다. 그리고 사건을 조사하기보다는 그가 보낸 검사들을 훈련하는 데 시간을 쏟아부어야 할 판이었다"라고 펠티어는 말했다. 호치버그는 각별히 신경을 써서 가장 유능한 검사들을 파견했고, 결국 펠티어는 예상보다는 나쁘지 않다고 생각하기에 이르렀다. 심지어 그 검사들이 도움이 될 때도 있었다.

펠티어는 호치버그에게 자신이 마이애미를 떠나는 일은 절대로 없다고 몇 달 동안 말했다. 그는 그곳에서 너무 즐겁게 일했다. 그를 설득하는 과정에서 호치버그는 그에게 법무부 본부의 사기 팀에 검사 50명이 있으며 현재 15건의 기소를 진행 중이라고 말했다.

"기소 사건이 50건이라는 건가요? 아니면 15건이라는 건가요?" 펠티어가 물었다. 호치버그는 15건이라는 답을 되풀이하면서 검사 3명 당 1건인 셈이라고 말했다. "15건이요!?!? 집어치우세요." 마이애미에서 13년을 보내는 동안 펠티어는 100건이 넘는 소송을 맡았고 그 가운데 약 20건이 의료 소송과 돈세탁 소송 등 화이트칼라 소송이었다.

펠티어는 지조 높고 열정적인 검사이긴 해도 원래부터 검사 재목은 아니었다. 1956년 8월 21일에 태어나 3500명의 근로자 계층이 살며 보스턴 남쪽에 있는 매사추세츠주 다이턴에서 11남매 중 넷째로 자라났다. 열 번째 아이가 태어난 후에 그의 어머니는 두 차례 유산을 겪었다. 주치의가 그녀에게 "환자분의 몸이 '더는 안 된다'고 알려 주는 겁니다"라고 말했다. 그러나 그녀는 훨씬 더 많은 사랑을 베풀 수 있었기에 〈보스턴 글로브(Boston Globe)〉의 주간 특집 기사 '입양될 수 없는 아이'를 읽고 그중에서 한 아이를 입양했다. 11번째인 브라이언은 소아 헌팅턴 병(Huntington's disease)이 있었고 어린 나이에 세상을 떠났다. 펠티어의 아버지는 시어스 백화점의 지배인이었는데, 처음에는 매사추세츠주 폴리버에 있다가 그 후 로드 아일랜드주 뉴포트에서 일했다. 그의 어머니는 아이들을 키운 후에 다시 공부하여 정식 간호사가 되었다.

폴은 어릴 때부터 일했고 순전히 자기 의사에 따라 공부했다. 11살부터 그는 양계장이자 그 지역 술집들에 상품을 공급하는 브래드쇼스 푸드 프로덕트(Bradshaw's Food Products)에서 일했다. 그는 형 마이크와 함께 달걀 절임을 만들었다. 그들은 달걀을 삶고 빨래판에 대고 위아래로 굴려서 껍질을 벗겼고 그런 달걀을 소금물에 담근 다음에 배달했다. 형제는 날마다 방과 후에 2000개 정도의 달걀을 절였다. 그 외에도 폴란드식 소시지, 양파, 돼지 족발, 돼지 무릎, 양의 혓바닥, 소 내장을 비롯해 절일 수 있는 것은 무엇이든 절였다. 폴은 처음에 1시간에 1달러를 벌었다.

1970년 어느 날 남매 중 누이 한 명이 (마이크와 폴은 어떤 누이인지 기억이 나지 않는다고 말한다) TV로 인기 퀴즈 프로그램인 〈내 직업은 뭘까요?(What's My Line?)〉를 보고 있었다. B급 유명인들이 재담을 하면서 출연자 각각의 직업을 맞히는 프로그램이었다. 누이는 마이크와 폴에게 "너희들 진짜 시시한 일을 하잖아. 너네도 신청하지 그래?" 그들이 싫다고 하자 누이가 대신하여 참가 신청서를 보냈다. 둘은 프로그램에 출연하게 되었다. 뉴욕에 가기 위해 형제는 프로비던스에서 비행기를 탔는데, 펠티어 가족 중 비행기를 탄 사람은 그들이 처음이었다. 프로그램은 에드 설리번 극장에서 녹화되었다. 그때 마이크는 16살, 폴은 13살이었다. 형제는 영화배우 샌디 덩컨(Sandy Duncan)과 희극 배우 수피 세일스(Soupy Sales)를 만나게 되었다. 집에 돌아온 그들은 모두에게 이 사실을 말했지만 예상할 수 있듯이 동급생들은 그 말을 믿지 않았다. 몇 달 후 해당 방송분이 방영되자 그들은 한동안 그 지역의 영웅이 되었다. 학교 관계자들이 확성 장치로 그들의 출연 사실을 알릴 정도였다. 현지 신문도 그들이 출연한 방송에 대해 보도했다.

폴은 잡히지 않으려고 기를 쓰면서 어린 시절의 대부분을 보냈다. 그는 수녀들을 피해 다녔다. 남들보다 느린 아이들만 수녀들에게 잡혔다. 그러나 경찰은 두세 차례 그를 잡는 데 성공했다. 어느 날 밤 15살이던 펠티어는 파티에 갔는데 그의 하키 코치가 선수들을 위해 맥주 한 통을 가져왔다. 맥주는 금세 바닥이 났다. 폴은 친구 한 명과 함께 술집에 가려고 자신의 폴크스바겐 비틀을 탔다. 폴은 임시 면허를 받을 생각으로 얼마 전 50달러를 주고 그 차를 샀다. 아직 번호판이 달려 있지 않은 차였다. 그들이 맥주 몇 잔으로 몽롱해진 상태에서 10대다운 논리를 동원하여 짠 계획은 적발을 피하기 위해 전조등을 끈 채로 뒷길을 달린다는 것이었다.

그와 그의 친구는 시 경계선을 따라 차를 달려 술집이 있는 톤턴으로 갔다. 두 사람 모두 술집의 이름을 몰랐지만 그 앞에 '오픈 허스 주점'이라고 쓰인 큰 표지판이 달려 있었다. (표지판은 나중에 불에 타 없어졌다.) 펠티어와 친구가 술집의 주차장으로 들어설 때 경찰관이 차를 몰고 나오는 중이었다. 그는 수상하다는 듯이 두 사람을 보더니 손전등을 비췄다. 경찰관은 차에서 내려 이리저리 살펴보더니 소년들에게 차에 번호판이 없다고 말했다. 폴은 친구를 보며 놀란 얼굴로 소리쳤다. "누가 번호판을 훔쳐갔나 봐!" 면허증과 차량 등록증을 요구받은 폴은 집 서랍장 안에 놔두고 온 것 같다고 대답했다. 경찰관은 두 사람을 끌어내려 경찰서로 데리고 갔고 둘은 그곳에서 TV로 〈더 먼스터스(The Munsters, 미국의 시트콤 – 역주)〉를 시청했다.

한편 그의 집에서는 폴의 형 마이크가 귀가 시간을 넘겨 몰래 집안으로 들어가고 있었다. 그가 계단 꼭대기에 올라서자마자 전화가 울려 온 집안이 깼다. 아버지가 느릿느릿 침대에서 빠져나와 전화를 받았다. 톤턴 경찰서에서 온 전화였다. 아버지는 마이크를 보고 이렇게 말했다. "윗도리를 입어라. 지금은 우리 둘이서 경찰서에 가고, 네 일은 이따가 처리할 거다."

"나는 화가 나 있었어요." 마이크는 말했다. "아직도 나는 그때 전화가 울리지 않았다면 귀가 시간을 넘겼어도 내 방에 무사히 들어갈 수 있었을 거라고 생각하니까요."

하찮지만 나름 처벌을 했다고 생각한 경찰관은 폴을 풀어 주었는데 어느 정도는 이 10대 청소년의 말주변에 넘어가서였다. 그들이 차를 타고 집으로 돌아오는 길에 아직 화가 가시지 않은 마이크가 아버지를 향해 있는 힘껏 천진난만한 표정을 지으면서 이렇게 말했다. "아버지, 알코올 냄새가 나는 것 같아요. 폴이 술을 마신 것 같지 않으세요?"

몇 년 후에 펠티어는 어울리지도 않게 경찰이 된다. 그는 1978년 프로비던스 대학을 끝으로 가톨릭 계열 학교생활을 마쳤다. 대학에 다니는 동안 그는 막연히 공직에 입문해야겠다는 생각을 품게 되었다. 그의 생각에 변호사가 되면 유리할 것 같았다. 그러나 그에게는 로스쿨에 다닐 돈이 없었다. 브래드쇼스에서 절임을 만들고 러스티 스커퍼의 술집에서 바텐더를 하면서 번 돈으로는 충분하지 않았다. 어느 날 펠티어의 친구들이 전부 그가 일하는 술집으로 몰려와서 자기들이 다이턴 현지의 경찰 시험에 응시할 작정이라고 말했다. 보수가 괜찮다는 말을 들은 그는 친구들과 함께 경찰 시험을 치렀다.

펠티어가 가장 높은 점수를 얻어 유일하게 난 자리를 차지했다. 정규 경찰관이 아니라 교통과 치안 유지 등 지루한 업무에 투입되는 '특별' 경찰관이었다. 1년 반가량 톤턴 개 경주장에 있는 경찰서에서 일하는 동안 그가 수갑을 채운 적은 어떤 사내가 가짜 삼쌍승식(trifecta, 경마 등의 경주에서 1, 2, 3위를 순서대로 맞히는 방식 - 역주) 경주권을 내려고 했을 때뿐이었다. 산탄총을 들고 하루 수익을 계산하는 회계원들을 보호하는 일을 할 때면 1달러를 더 벌었다. 얼마 지나지 않아 그는 질릴 정도로 일을 하여 충분한 돈을 모았다. 로스쿨에 진학할 때였다.

보스턴의 뉴잉글랜드 로스쿨이 그를 받아들였다. 이곳은 보스턴의 일류 학교에 들지 못했을 뿐 아니라 전국적으로는 훨씬 더 알려지지 않은 학교였다. 그러나 펠티어는 1학년을 마칠 무렵 학교의 법률 학술지에서 활동하기 시작했다. 법원 클럭직을 두 번 거친 후에 그는 1984년 법무부 본부의 조세국에 채용되어 남부 지역을 담당했다. 신참 검사들은 큰 타격을 입지 않도록 한가한 현장에서 일을 시작했다. 싹이 보이는 검사는 덜 지루한 현장에서 일을 할 수 있었다. 펠티어는 앨라배마 버밍엄에서 업무를 시작했으며 처음 6개월 동안 배심원 재판에 세 차례 참여했다.

몇 년에 걸쳐 관료 사회에서 승진을 거듭한 그는 1989년 진짜 위험한 장소인 마이애미를 떠맡게 되었다. 경찰과 마약상의 세계를 화려하고도 판에 박히게 묘사한 TV 드라마 〈마이애미 바이스(Miami Vice)〉가 방영되던 시대였다. 젊은 검사에게 마이애미는 범죄의 보고였고, 머리가 어느 정도 돌아가는 사람이라면 그곳에서 성공하지 않을 수 없었다. 4년 반 동안 세금 사기 사건을 담당한 후에 그는 마이애미 연방 검찰청으로 옮긴 지 얼마 지나지 않아 마약 사건을 다루게 되었다. "연방 검사를 하기에는 호시절이 아니었다"라고 펠티어는 회고한다. 1986년 연방 의회는 돈세탁을 범죄로 규정한 법을 통과시켰다. 미국 양형위원회는 새 지침을 도입했고 입법부는 최소 의무 형벌과 신규 몰수법을 통과시켰다. 검사들에게 새 무기가 생겼다. 과거에 마이애미의 검사들은 펠티어가 '로드킬(roadkill)'이라 불렀으며 재빨리 마무리 지을 수 있는 피라미 사건을 주워 담는 데 주력했다. 새로운 무기가 생기자 마이애미 연방 검찰청은 좀 더 본격적인 범죄자들을 겨냥하기 시작했다. 그 이후 수십 년 동안 검사들은 그 무기를 남용할 터였지만 펠티어는 초기 몇 년 동안의 상황을 다음과 같이 말한다. "그 덕분에 경쟁의 장이 공정해졌다. 나는 50년 형이 합당한 사람들에게 50년 형을 구형할 수 있었다."

펠티어의 대담한 방식은 그 시대, 그 장소에 적합했다. 그는 2억 달러라는 사상 최대 규모의 불법 마약 수익을 압수하여 〈기네스 세계 기록

(Guinness Book of World Records)〉에 올랐다. 새롭게 야심을 다진 검사들은 마약상의 변호사들을 조준하기 시작했다. 그들은 분명 범죄에 조력한 자들이었다. 마이애미 검찰청에는 피고인 측 변호사들과 나이 많은 검사들 사이의 신사협정이 존재했다. 검사들은 법조계 동료들을 추적하지 않았다. 그러나 펠티어를 비롯한 젊고 정력적인 검사들은 낡은 규범을 내던졌다. 그들은 돈세탁을 돕고 교사한 혐의로 피고인 측 변호사들을 기소하기 시작했다. 그들이 기소한 '더티 멜' 케슬러('Dirty Mel' Kessler)는 "나는 버거킹보다도 많은 현금을 지니고 있다"고 농담한 적이 있었으며 마약 수익 9500만 달러의 은닉을 도왔던 인물이다.[1] 펠티어가 처음 압수한 돈도 케슬러에게서 발견된 현금 봉투에서 나왔다.

펠티어는 조직을 상대로 소송하는 법에 관해 지도를 받았다. 그는 잔챙이 마약상에서부터 두목에 이르는 사슬을 타고 올라가는 법을 배웠다. 그 과정에서 변호사를 포함한 모든 사람을 소탕했다. 그는 최소 의무 형량과 공판전 구류로 위협하는 등 새로 제정된 연방법을 활용함으로써 그들이 두목을 배신하고 검찰에 협조하도록 만들었다. 결과적으로 그는 조직 전체를 뿌리 뽑을 수 있었다.

더 큰 도전을 찾던 펠티어는 마이애미 연방 검찰청이 마약 조직과 그들의 약삭빠른 변호사뿐만 아니라 은행가, 변호사, 기업의 전문가 들도 추적하기를 바랐다. 1997년 펠티어는 화이트칼라 부서의 우두머리가 되었다. 5년 후에는 동료인 커크 오그로스키(Kirk Ogrosky)와 함께 메디케어(Medicare) 사기 소송을 진행했다. 한쪽에는 검사 세 명이 있었다. 다른 쪽에는 의사, 약사, 병원 소유주 등을 포함한 피고인 12명을 대리하는 변호사 15명이 있었다. 추잡하고 치열한 소송이었다. 피고인 측은 위법 행위라고 주장하며 재판 무효를 청구했다. 펠티어는 동료 검사들과 함께 피고인 측을 강하게 밀어붙이면서도 붙임성을 잃지 않았다. 그는 농담을 하면서 동료 검사와 요원들의 기분을 북돋웠다. 배심원들도 그에게 호감이 있는 듯 보였다.

몇 달 후 배심이 평결을 내렸다. 피고인 대부분이 유죄 선고를 받으면서 검사들이 승리했다. 평결을 들은 후 중범죄자가 된 의사 중 하나가 검사석으로 걸어왔다. 그는 오그로스키를 노려보더니 그를 지나쳐 펠티어에게 다가갔다. 두 사람은 서로를 쳐다보았다. 그때 의사가 펠티어를 와락 껴안았다. "나는 그 사람이 한 짓이 싫었기 때문에 그를 몹시 괴롭혔고, 배심이 그에게 법의 심판을 내렸다. 이상한 일이었지만 내 생각에는 존경심에서 그랬던 것 같다"는 것이 펠티어의 설명이다.

마이애미 연방 검찰청의 선배 검사들은 펠티어가 화이트칼라 부서를 쇄신하기를 바랐다. 화이트칼라 부서에는 펠티어가 말하기를 "현장에서 물러나는" 사람들이 너무 많았다. 펠티어는 특유의 표현에 따르자면 "자신의 무능을 떠벌리는" 검사를 쫓아내는 활동에 착수하기도 했다. 그는 그런 검사를 무시했고 그러한 감정을 공공연히 드러냈다. "젠장, 할 일 좀 해!"라고 그는 고함을 질러 댔다.

그러나 여느 정부 기관이 그렇듯이 인사 결정은 느리게 이루어졌다. 대상이 된 검사가 심각한 실수를 하여 기소가 위태로워질 정도면 그 검사를 내보내도 무방하다는 것이 펠티어의 생각이었다. 해당 부서의 책임자가 펠티어와 다른 관리자를 자기 사무실로 불렀다. 그는 펠티어에게 그 젊은 검사를 자기 부서에서 내보내겠다고 말했다. 그러더니 그 검사를 좀 더 정중하게 대하라고 펠티어에게 말했다. 관리자가 부서장의 사무실에서 나갔다. 펠티어는 다른 검사 앞에서 자신이 옳다고 믿는 바에 대해 꾸짖음을 들은 것이 분해서 입구로 걸어가 문을 쾅 닫은 다음에 잠갔다. 그런 다음 분통을 터뜨렸다. "널 죽여 버릴 거야! 내 부하들 앞에서 다시는 나한테 그 따위 행동을 하지 마!"

펠티어는 좋은 상관, 유능한 지도자, 요령 있는 조사 책임자라는 평판을 얻었다. "그가 이겨야 한다고 이야기를 한 적은 단 한 번도 없었다. 판사에 게서 중형을 이끌어 내도 '장하다'고 하는 일은 없었다"라고 오그로스키는 회고한다. "언제나 옳은 일을 하는 것이 목표였다." 펠티어는 젊은 검사들에게 매우 중요한 가르침을 전달했다. 이기지 못하리라는 우려가 들 정도로 어려운 사건에 부딪히면 검사들은 협상을 하려는 경향이 있다는 것이다. 그러나 펠티어는 그들에게 참고 견디라고 조언했다. 상대가 유죄라는 믿음이 들고 증거가 충분하면 정부는 재판에서 질 가능성이 있더라도 기소를 제기해야 한다. 증인들이 잠적하거나 말을 바꾸는 일은 흔히 일어난다. 그러나 증거를 믿었는데도 재판에서 지면, 그래, 그것이 사법 제도라고 받아들여야 한다고 그는 말했다.

AIG 추적

조시 호치버그는 몇 년 동안 펠티어를 지켜보고 있었다. 기업범죄국에는 그의 재능과 자세가 필요했다. 호치버그는 펠티어를 설득하여 워싱턴으로 불러오는 데 성공했다. 펠티어가 마이애미를 떠날 때 그의 상급자들은 소송 변호사 중 절반이 그의 변호사 자격이 박탈되기를 원하며 나머지 절반은 그를 두려워한다고 농담했다. 2002년 7월 펠티어는 소송 관련 특별 고문이라는 별난 직책을 달고 법무부 본부에 합류했다.

몇 달 후 펠티어는 마이크 앳킨슨을 만났다. 그는 그 만남에서 좋은 인상을 받고 돌아왔다. 앳킨슨은 명민하고 진지한 인물로 정부에서 일하기 위해 대형 로펌을 퇴사했다. 그 덕분에 그가 옳은 일을 하는 편에 서게 된 것이라고 펠티어는 생각했다.

피츠버그 연방 검찰청과의 영역 다툼 이후에 펠티어와 앳킨슨은 PNC와 그 조력자들을 본격적으로 조사했다. AIG FP는 AIG 보험사의 수상쩍은 사업부로 PNC 은행에 금융상품을 판매했다. 회계법인인 언스트 앤 영(Ernst & Young)이 그 거래를 승인했다. 금융 규제 철폐는 그 당시의 좌우명이었다. 연준과 통화감독청(Office of the Coptroller of the Currency) 같은 은행 규제 기관은 은행들을 속박에서 풀어 주었다. AIG는 은행보다도 정부 규제를 덜 받았다. 보험을 관할하는 주 정부는 AIG처럼 마구잡이로 뻗어 나가는 다국적 기업을 제어하지 못했다. 이 보험사의 설립자이자 CEO겸 회장인 모리스 '행크' 그린버그(Maurice 'Hank' Greenberg)는 자신이 거느린 거대 조직을 밀착 통제하면서 제왕적 CEO의 마지막 세대로 군림했다. 그는 AIG를 세계 최대 보험사로 키웠고 자신이 쌓은 부와 업적의 상징이라도 되듯 AIG의 일일 주가에 집착했다. AIG FP는 불량 조직 내부의 불량 조직이었고 비밀 상품을 취급하는 사업체였다. 이 회사는 투자를 관리하지 않았고 은행도 아니었다. 기업에 주식이나 합병에 대해 조언을 제공하는 회사도 아니었다. 그렇기에 공식적으로 그 어떤 규제의 대상도 아니었다.[2] 이 회사는 '혁신' 상품에 주력했는데 금융시장에서 이 말은 대개 정부 규제 간의 허점을 이용하는 규제 차익거래(regulatory arbitrage)를 의미한다.

펠티어와 앳킨슨은 범죄를 저지른 당사자를 겨냥해야 한다는 점을 잘 알았다. 그들은 언스트 앤 영을 비롯한 관련 기업 세 곳을 조사할 예정이었으나 세 회사 모두를 동시에 조사하는 것은 아무 회사도 조사하지 않는 것이나 마찬가지였다. 그래서 두 사람은 PNC부터 시작했다. 이 은행은 총 7억 6200만 달러의 자산을 투입하여 AIG FP와 3건의 규제 차익거래를 했다.

PNC와 AIG FP는 PNC의 대차대조표에서 "덜어 낸" 부실 자산을 관리할 부외기업을 설립했다. PNC의 외부감사인들에게 이러한 거래를 허용받으려면 신생 부외기업에 투자할 독립적인 제3자(이 경우에는 AIG FP)가 반드시 필요했다. PNC가 아니라 AIG FP가 이 부외기업을 관리하기로 되어 있었다. 겉으로 보기에 그러한 투자기구를 이용한 거래는 당시 법규를 준수하는 거래였다. 그러나 해당 거래에는 교묘한 부분이 있었다. 즉 AIG FP는 수수료뿐만 아니라 약간의 추가 보수까지 받았지만 PNC가 모든 위험을 부담했다. 실질적인 의미에서 PNC는 자산을 덜어 내는 것이 아니었다. 자산 가치가 하락하면 PNC가 손실을 입고 자산 가치가 상승하면 PNC가 차액을 갖는 형태였다. AIG는 실질적인 위험을 전혀 부담하지 않는 동시에 그 어떠한 보상도 얻을 수 없었다. 이러한 거래는 법규에 위배되었다. PNC는 투자기구의 존재를 밝히고 이를 청산하는 과정에서 자기들이 이익을 1억 5500만 달러로 38% 부풀렸다고 시인했다.[3]

해당 거래를 추진한 PNC 중역들은 정부 조사관들에게 자신들이 회계 전문가가 아니라고 말했다. 그들은 거래를 위해 회계장부를 정리하는 일을 언스트 앤 영에 맡겼고, AIG FP에게 거래 책임을 위임했다고 입을 모았다. 사실 PNC는 거래를 순조로이 추진하기 위해 로펌을 여기저기 찾아다녔다. 첫 번째 거래를 할 때 뉴욕의 로펌을 찾아간 적이 있었다. 그곳의 변호사들이 자신들이 찾던 답을 내놓지 않자 PNC는 좀 더 만만해 보이는 본거지 피츠버그의 로펌을 찾아갔지만 그들도 마찬가지였다. 다시 워싱턴의 로펌을 찾아갔으나 그곳 역시 속지 않았다. PNC는 그 로펌의 못마땅한 의견은 묵살하고 피츠버그 로펌을 다시 찾았다.

PNC의 최고 재무 책임자는 기민했다. 언스트 앤 영의 파트너였던 그는 PNC와 자신은 해당 거래의 합법성 여부에 관한 언스트 앤 영의 파트너의 조언에 의지했을 뿐이라는 말로 스스로를 변호했다. 그러므로 펠티어와 앳킨슨의 임무는 PNC가 언스트 앤 영의 파트너 회계사를 속였는지, 그들의 조언과 반대되는 행동을 했는지, 아니면 언스트 앤 영도 해당 거래가 가짜였음을 알고 있었는지 밝혀내는 것이었다. 그러나 파트너 회계사는 흔들리지 않았다. 그는 계속해서 PNC가 위험을 이전했다는 주장만 되풀이했다. 그 말은 아주 엄밀한 의미에서만 옳았다. 그러나 AIG는 아무리 실현 가능성이 없다 해도 손실 위험을 떠맡을 정도로 어리석은 회사가 아니었다. 사실 AIG가 실제로 손실을 입을 위험은 유성이 AIG 본사를 덮쳐 초토화할 위험에 가깝다 해도 과언이 아니었다.

PNC가 스테로이드를 복용했다면 AIG FP는 의사였다. AIG FP는 전국을 누비며 수십 개 금융회사에 상품을 선전하고 다녔다. PNC만이 AIG FP와의 거래를 받아들였다. 다른 금융회사들은 그러한 거래가 회계 기준을 준수하는지에 대해 우려를 제기했다.[4] AIG는 그 어떤 판매 설명회에서도 굳이 그러한 의혹에 대해서 언급하지 않았다. PNC 은행을 대상으로 한 설명회에서도 마찬가지였다.

AIG FP의 대표는 알려진 바가 거의 없는 조지프 카사노(Joseph Cassano)였는데, 그는 자신이 공격적인 근로자 계층 출신임을 과시하듯 드러내었다. 그는 아이비리그 대학은커녕 학자금을 보조받아 브루클린 칼리지(Brooklyn College)를 다녔다. 그는 투자은행의 후선 부서에서 착실히 경력을 쌓아 드렉설 버넘 램버트에 입성했다. 이 투자은행은 고든 게코(Gordon Gekko, 1980년대 미국 금융계를 다룬 할리우드 영화 〈월스트리트〉의 주인공이며 실존 기업 사냥꾼을 빗댄 인물 - 역주)로 대표되는 1980년대 야심의 상징이었다. 카사노도 때마침 1980년대 초반에 합류했다. 1987년, 그는 AIG의 금융 상품 사업부인 AIG FP로 옮겼고 2001년에는 이 사업부의 총책임자가 되었다.

AIG FP를 장악한 그는 PNC 상품을 승인했다. 펠티어와 앳킨슨은 카사노나 다른 경영진이 그 거래가 가짜임을 인지했다는 확실한 증거를 하나도 밝혀내지 못했다.

카사노를 비롯한 AIG의 경영진은 전문가의 자문에 따랐을 뿐이라고 주장했다. 변호사들과 언스트 앤 영이 해당 거래를 승인했다는 주장이었다. 전문가들에게서 승인을 받았다는 주장을 한다고 해서 사기꾼이 무죄가 되는 것은 아니지만 혐의 입증은 한층 더 어려워진다.

펠티어와 앳킨슨의 조사 과정 내내 (PNC의 규제기관인) 연준과 통화감독청은 그들에게 적대적이었다. 금융 규제기관들은 정부의 다른 규제기관 이상은 아니더라도 그 정도로 규제 완화의 시대를 열렬히 환영했다. 심지어 화상 회의 도중에 연준 관료들이 거래 과정에서 사기는 없었다고 검사들을 설득하려 한 적도 있었다. 펠티어는 그때도 큰 소리로 정부 동료들의 말을 막았다. "이게 사기라는 증거는 충분해요. 아무튼 우리는 이 회사를 반드시 추적할 거요!"

검사들이 PNC가 규제기관을 기만했다는 증거를 찾아냈음에도 불구하고 규제기관이 검찰에게 보인 이런 적대적인 태도는 더더욱 이해할 수 없는 것이었다. PNC는 규제기관에 날짜를 소급 조작한 회계 관련 통신 내용을 제출했다. 규제기관이 처음 이루어진 두 건의 거래에 대해 우려를 표하자 이 은행은 당국에 보고하지도 않고 세 번째 거래를 서둘러 마무리 지었다. 그 거래가 마지막일 것으로 생각한 규제 당국은 PNC에 불쾌감을 표시하는 것으로 그쳤다. 그들은 PNC가 기소되면 투자자들이 공황 상태에 빠질 것이니 법무부가 세 번째 거래를 눈감아 달라고 강하게 요청했다. 예금 이탈이 일어날 수도 있고, 공포감이 다른 지역 은행은 물론 훨씬 큰 금융회사로까지 확산될 수도 있으니, 처벌 조치는 PNC 은행과 시스템에 너무나 큰 위험을 끼칠 수 있다는 주장이었다. 은행 감독 업무를 총괄하던 연준 관료 허버트 비언(Herbert Biern)은 법무부 관료들에게 면담을 요청했다. 그는 그중에서도 펠티어와 앳킨슨뿐만 아니라 그때까지도 형사국 차관보 자리에 있던 마이클 처토프를 만나려고 했다. 비언은 PNC가 기소되면 은행 인가를 상실할 것이라고 우려했다. 그는 연준과 통화감독청이 이미 PNC를 적절히, 무엇보다도 조용히 처리했다고 주장했다.

마침 처토프가 아서 앤더슨을 기소하는 데 성공한 참이었다. 그는 아서 앤더슨에 대한 법무부의 공세를 비난하는 여론을 의식하기 시작했지만 연준의 태도에 화가 치밀어 올랐다. 앤더슨 때와 같은 정서가 일어났다. 그러나 이번에는 기업의 돈을 받는 지지자들이 아니라 정부 내부에서 저항이 발생한 것이다. 처토프는 비언에게 법무부가 "피해가 발생할까 봐 이런 은행들을 기소하지 못한다면 그 은행들의 몸집이 너무 크다는 이야기"라고 말했다. 미래를 내다본 경고였다.

결국 법무부는 PNC를 기소하지 않았다. 아서 앤더슨 때 겪었던 일을 다시 감행할 수는 없었다. 처토프는 비언과 다른 규제기관 관료들에게 분통을 터뜨렸지만, 결국 그의 경고는 실현되었다. 2003년 6월 조사가 시작된 지 9개월쯤 지나서 PNC는 기소 유예 합의를 맺었지만 운영을 계속했다. 펠티어는 기소 유예 합의에 만족했다. 그는 처토프가 자기를 지지해 준 것이 기뻤고 어떻든 간에 중역 개개인을 추적하려고 했다. 두 사람 모두 기소 유예 합의의 시대가 도래했다는 시대적인 변화를 인식하지는 못했다.

난공불락의 법률 전략을 도입한 AIG FP도 2004년 11월 기소 유예 합의에 서명했다. 이 회사는 벌금과 부당 이득 반환금으로 1억 2600만 달러를 약간 웃도는 금액을 냈다. 펠티어와 앳킨슨은 만족했다. 법무부는 로펌 브라이언 케이브(Brian Cave)의 제임스 콜(James Cole)을 AIG의 감시인으로 지정했다.[5] 콜은 그 이후 오바마 행정부 시절에 법무차관이 되었다. AIG가 콜의 비용을 부담했다. 그는 이사회와 의견을 나누고 정기적인 보고서를 작성했는데 그 내용은 일반에게 공개되지 않았다. 콜은 금융회사의 사업 중 매우 제한된 부분만을 감시하는 책임을 맡았고 애당초 감시인으로서의 임기도 1년에 불과했다. 기소 유예 합의는 엄격하게 실행되었다. 그러나 AIG FP의 문화에 눈에 띄는 영향은 미치지 못했다. 아무도 해고되지 않았다. "모두보여 주기일 뿐 물러나는 사람은 없었다"고 법무부 사람들은 말했다. AIG는 주기적으로 펠티어에게 연락하여 콜이 너무 많은 금액을 청구한다고 불평했다. 한편 카사노는 자신의 세력을 규합해 AIG 전반에 영향을 끼치기에이르렀다.

Chapter 7

KPMG가 망친 경력

KPMG DESTROYS CAREERS

2006년 6월 27일 저스틴 웨들(Justin Weddle)은 맨해튼 남부의 원 세인트 앤드류스 플라자에 위치한 뉴욕 남부지검의 6층 사무실에서 판사가 자신을 거짓말쟁이라고 했다는 사실을 알았다.

뉴욕 남부지검의 연방 검사인 웨들은 연방 지방법원 판사 루이스 A. 캐플런(Lewis A. Kaplan)이 방금 내린 판결을 읽었다. 그는 사무실 문을 닫으면서 낭패라고 생각했다. 다른 사람을 대할 낯이 없었다. 남부지검 사람들 모두가 지금 이 판결을 읽고 있을까? 그는 남부지검 형사 검사들로만 이루어진 모임의 일원이었다. 웨들은 제임스 코미가 그 유명한 '겁쟁이 클럽' 연설을 하던 자리에 있었다. 그와 동료들은 정당한 이유를 위해 정당한 방식으로 정당한 일을 했다. 강직한 그는 재미로 하는 거짓말조차 좋아하지 않았다. 만우절을 싫어했다. 그 누구도 거짓말을 항상 가려낼 수는 없다는 것을 알았기 때문에 독선에 빠지지 않으려고 했던 그는 진리와 정의를 수호하는 법률가가 되었다. (물론 진부한 생각이었지만 웨들은 그렇다고 믿었다.) 금시라도 웃을 듯한 표정에 들창코와 금발이 특징인 연방 검사 웨들은 악당을 잡기 위해 카우보이처럼 난폭한 행동도 서슴지 않는 검사라기보다는 사람들과 어울리기 좋아하는 남학생처럼 보였다. 남을 괴롭히기 좋아하는 사람으로 그를 착각할 사람은 없을 것 같았다.

그러나 캐플런 판사의 관점은 달랐다. 판사는 정부에 우격다짐을 쓰는 사람들이 있으며, 그들이 부유한 미국인들에게 조세 회피 상품을 제공한 회계법인 KPMG를 조사하는 과정에서 KPMG 사람들의 권리를 박탈하고 협조를 강요했다고 생각했다. 캐플런은 웨들을 비롯한 정부 당국이 KPMG에 전직 중역들의 변호사 비용을 더 이상 내주지 말라고 압박하는 과정에서 "열의에 휩싸여 판단력이 흐려졌다"고 썼다. KPMG로서는 선택의 여지가 없었다고 판사는 생각했다. 기업의 생존을 위한 투쟁이었고 "머리에 뭣 같은 총이 겨눠진 상태"에서 한 협상이었다는 것이다.[1] 캐플런 판사는 그렇게까지 할 생각은 아니었다. 그러나 그는 웨들과 다른 남부지검 검사들이 KPMG 중역의 헌법적 권리를 침해했을 뿐 아니라 자신을 속였다고 믿었다. 웨들은 캐플런이 "진실에 인색했던" 검사들을 비난하는 내용을 계속해서 읽어 내려갔다. 그는 자신의 사무실에 앉아 자신의 직장 생활에서 가장 큰 불운을 경험하고 있었다.

웨들은 이 사건으로 자살 행위를 한 셈이었다. 검사들이 보기에 KPMG는 미국 부유층의 탈세를 도울 목적으로 불법 투자상품을 판매했으면서 미국 국세청에는 그것이 투자 수단이라고 보고했다. 정부 추산에 따르면 이는 역사상 가장 큰 규모의 세금 범죄 사건이었다. KPMG는 110억 달러 이상의 세금 손실을 허위로 꾸며 냈고 그에 따라 미국은 최소한 25억 달러의 세금 수입을 거둬들이지 못하는 손해를 입었다.[2] 사건 처리의 난이도로 따졌을 때 웨들이 그때까지 해 왔던 일들은 새발의 피였다. 탈세 방식은 신종 파생금융상품이 잔뜩 동원되어 복잡하기 짝이 없었다. 검사들은 탈세가 회계원칙을 잔뜩 이용하여 포장한 허위 거래를 통해 이루어졌다고 판단했다.

그러나 배심원 앞에서 그러한 주장을 합리적 의심의 여지가 없는 정도로 입증하는 것은 아람어를 중국어로 번역하고 그런 다음 다시 영어로 번역하는 일에 맞먹었다. KPMG의 거래를 승인한 로펌만 해도 한두 군데가 아니었다. 내부 제보자 하나 없었다. 검사들은 최정상급 로펌의 도움을 받는 KPMG에 대해 대대적인 내사를 펼칠 수 없었다. 그 어떤 직원도 동요하거나 정부에 증거를 제공하려 하지 않았다. 수사관들은 도청 정보 하나 입수하지 못했다. 기소된 중역들은 모두 지역 사회 내에서 정직한 시민들이었다. 범인들을 법정에 세우려면 고된 작업과 번뜩이는 지혜뿐만 아니라 가능한 한 많은 행운이 필요했다. 웨들은 이 사건이 어려울 수 있음을 잘 알았다. 그러나 이것이 자신의 파멸을 가져오리라는 생각은 하지 못했다.

웨들의 말마따나 언론보다 규모가 더 컸던 KPMG 사건이 파열음을 내기 시작했다. KPMG 사건의 후폭풍은 이 단일 사건을 넘어 다른 곳에까지 미쳤다. 사건 직후에 미국 상원의원들은 검사들의 직권 남용으로 판단되는 관행을 몰아내기 위해 법안을 작성했다. 법무부는 기업과 중역에 대한 조사 방침을 등 떠밀리듯 수정해야 했다. 아서 앤더슨 기소, 나스닥 거품 붕괴 후의 기소, 톰슨 메모 때문에 몇 년 동안 쌓이고 쌓인 반발이 터졌다. 그런 마당에 KPMG 사건은 법무부에 그 이상의 일격을 날렸다. 사건이 흐지부지되자 피고인 측 변호사들은 조사에 한층 더 효과적으로 맞설 수 있었다. 그 결과 법무부는 최고위급 중역들을 기소하는 데 더 큰 어려움을 겪었다.

"사실대로 대답을 해 보시오"

미국 국세청(IRS, Internal Revenue Service)은 기업의 범죄와 처벌로 떠들썩하던 2002년 초반, KPMG의 조세 회피 상품을 조사하기 시작했다. 바로 엔론과 아서 앤더슨의 조사가 시작되던 때였다. IRS는 KPMG에 9건의 소환장을 발부했다. 회사는 소환에 완전히 응하지 않았다. 2002년 7월 정부는 KPMG를 강제 소환 하는 소송을 제기했다. 몇 달 후 상원 상임 조사분과위원회(Senate's Permanent Subcommittee on Investigations, 이하 PSI)가 위원장이자 미시간의 상원의원인 칼 레빈(Carl Levin)의 지휘 아래 조사에 착수했다. PSI는 2003년 11월에 공개 청문회를 열어 KPMG의 위법 행위를 폭로했다. 심지어 이 회사가 받는 수수료는 투자 수익이 얼마만큼 창출되었느냐가 아니라 세금이 얼마만큼 절약되었느냐에 따라 정해졌다. KPMG 경영진은 상원 앞에서 형편없는 변명을 늘어놓았고 호전적이거나 혹은 회피하는 태도를 보였다. 기억에 남는 언쟁을 언급하자면 KPMG의 어느 파트너는 레빈으로부터 공세를 받자 "대답을 어떻게 바꾸라는 건지 모르겠습니다"라고 맞받아쳤다.

레빈 상원의원은 "사실대로 대답을 해 보시오"라고 대꾸했다.[3]

청문회 이후에 KPMG는 좀 더 회유적인 전략을 새로 취하기로 결정했다. 이 회사는 워싱턴의 감초 같은 존재이자 최고의 변호사인 로버트 베넷(Robert Bennett)을 고용했다. 베넷은 검찰청을 나가 대형 로펌에서 화이트칼라 변호를 맡았다는 점에서 뉴욕 남부지검의 선구자인 피터 플레밍, 러스티 윙, 제드 레이코프와 비슷한 길을 거쳤다. 베넷은 1970년대 수도 워싱턴의 연방 검찰청에서 근무했으며 화이트칼라 변호가 호황을 맞이하리라는 점을 예견했다. 기업들은 수임료가 싼 형사 변호사를 일컫는 '5번가 변호사(Fifth Street Lawyer, 워싱턴 5번가에 있는 항소법원 앞에서 의뢰인을 찾는 변호사 - 역주)'에게 사건을 맡기려 하지 않았다. 그런 변호사들은 점심시간이 되기도 전에 만취하기 일쑤였다. 베넷은 화이트칼라 변론을 하기 위해 전문 로펌으로 떠났다. 그곳에서 강력한 업무 기반을 구축한 그는 1990년에 15명의 변호사를 데리고 스캐든 압스 슬레이트 미거 앤 플롬(Skadden, Arps, Slate, Meagher & Flom)으로 옮기면서 화이트칼라 전담 부서를 구축했다. 그는 보잉(Boeing)과 노스롭 그루먼(Northrop Grumman)과 같은 초대형 기업은 물론 유명인도 대리했다. 그의 의뢰인 가운데는 캐스퍼 와인버거(Caspar Weinberger)도 있었다. 그는 레이건 행정부가 인질과 무기를 교환했던 이란-콘트라 사건 당시에 국방장관이었다. 또한 국제상업신용은행(Bank of Credit and Commerce International)의 돈세탁 및 비밀 은행 거래 스캔들이 일어났을 때는 클라크 클리퍼드(Clark Clifford)의 변론을 맡았다. 그러다 모니카 르윈스키 스캔들이 터졌을 때 빌 클린턴의 개인 변호사로 일했다. 2002년 스캐든은 미국에서 가장 많은 돈을 벌어들이는 로펌이 되었고, 파트너 한 명 당 수익을 기준으로 할 때는 10위를 기록했다.[4]

다부진 몸매와 위압적인 분위기를 한 베넷은 소탈한 매력으로 자신을 포장했다. 그는 새 의뢰인인 KPMG에게 정부에 협조하는 모습을 보여 주기 시작하라고 조언했다. KPMG는 중역 세 명을 해임했다. 그러나 베넷의 첫 조치는 역부족이어서 2004년 초반 IRS가 이 사건을 형사 기소하기 위해 법무부에 이첩하는 것을 막지 못했다. 그 당시 복잡한 세금 사건은 모두 뉴욕 남부지검 검사장의 법률 고문이던 시라 니먼에게 배당되었다. 그녀는 도움을 받고자 연방 검사들을 사건에 참여시켰고, 그 가운데는 경험이 많은 스탠리 오쿨라(Stanley Okula)와 자신만만한 젊은이 저스틴 웨들이 있었다.

웨들은 뉴욕 채퍼쿼에서 자라나 컬럼비아 로스쿨에 진학했다. 졸업 후 그는 맨해튼의 일류 로펌 가운데 하나인 데브보이즈 앤 플림턴에서 일했다. 그러나 그는 법정에 서서 재판을 하며 범죄자들을 감옥에 집어넣고 싶었다. 그의 상사인 파트너 변호사가 남부지검에 들어가려는 웨들의 추천서를 썼다. 웨들은 그 추천서를 읽게 되었다. 파트너는 당시 검사장이던 메리 조 화이트에게 "당신과 내가 이야기했던 대로 저스틴은 스타예요"라고 썼다.

1999년 그는 화이트가 지휘하던 뉴욕 남부지검에 합류했다. 맨해튼에서 잠시 근무한 후에 뉴욕 화이트 플레인스 사무실에 있는 남부지검의 교외 지청의 일반 범죄 부서에서 일했다. 화이트 플레인스는 검사 한 명이 70개 사건을 동시에 처리하기도 할 정도로 치열한 곳이다. 한 명이 체포되면 검사는 대략 3시간 내에 무슨 일이 벌어졌는지 알아내고 소장을 쓰고 법정에 가야 한다. 날마다 격무의 연속이었지만 사소한 실수 이외에는 용납되지 않았다. 어느 정도 지나면 한 단계 위로 승진하여 좀 더 복잡한 범죄 사건을 담당했다. 웨들은 29살이던 1999년 최초로 큰 건을 맡았다. 웨스트체스터 카운티의 지방 검사이던 자닌 피로(Jeanine Pirro)의 남편 앨 피로(Al Pirro)를 세금 사기 혐의로 기소하는 건이었다. 그녀는 방청객 좌석의 맨 앞줄에 앉아 남편의 재판을 지켜보는 때가 많았다.[5] 웨들은 조심스러워졌다. 그는 웨스트체스터를 차로 지날 때면 정확한 제한 속도를 유지했고 모든 교통 규칙을 지켰으며 뒷거울에 시선을 고정했다. 그는 현지 경찰에게 구실을 주고 싶지 않았다. 정부는 36가지 세금 포탈과 공모 혐의로 앨 피로를 기소했다.[6]

복잡한 세법에 통달한 검사는 드물다. 그 사실을 솔직히 인정한다고는 하더라도 대부분은 시도조차 하고 싶지 않다고 말할 것이다. 피로의 기소를 담당하면서 웨들은 세법에 대해 어느 정도의 전문 지식을 갖추게 되었다. 결과적으로 연방 검찰청에서 세금 사건에 손을 대 본 사람이라면 누구나 시라 니먼과 일하게 되었다.

"현미경으로 살펴볼 거요"

2004년 2월 초 웨들은 길고 고된 재판을 막 끝낸 터였다. 그가 아내와 어린 자녀를 데리고 스페인에서 휴가를 보내려던 참에 니먼이 전화하여 그에게 KPMG 사건이 형사 조사에 회부되었다고 말했다. 그는 상원 청문회를 무심히 지켜보았을 뿐이다. "자네가 담당할 거야." 니먼이 말했다. 웨들은 니먼이라는 토네이도를 직격으로 맞았다. 그녀는 그가 해야 할 일 수천 가지를 줄줄이 읊었기 때문이다.

곧이어 그들은 베넷과 KPMG를 만나기로 일정을 잡았다.

니먼, 오쿨라, 웨들과 그 외 검사 몇 명이 전략 회의를 가졌다. 니먼은 소환장을 보내려는 의욕에 불탔다. "그 사람들이 문서를 없애도록 놔두면 안돼." 그녀가 말했다. 아서 앤더슨이 그런 짓을 한 지 얼마 지나지 않았을 때였다. 니먼은 웨들을 쳐다보며 이렇게 물었다. "변호사 비용은 어떻지?" "왜요?" 그가 물었다. "톰슨 메모에 내용이 있어."

톰슨 메모에는 그 전신인 홀더 메모와 마찬가지로 기업이 자사 중역들의 변호사 비용을 내주는 것을 검사가 어떻게 보아야 하는지가 요약되어 있었다.

기업이 죄를 지은 자사 직원과 대리인을 보호하는 모습을 보이는가를 검사가 고려해야 할 추가 요소로 규정되었다. 그러므로 사건은 상황에 따라 달라질 수 있지만, 검사는 기업의 협력 정도와 가치를 가늠할 때, 기업이 변호사 비용을 선납하든, 위법 행위에도 직원을 처벌하지 않고 그대로 놔두든, 공동 변론 합의에 따라 정부의 조사 정보를 직원에게 제공하는 행위 등을 통해 기업이 위법 행위를 저지른 직원과 대리인에게

지원을 약속했는지 여부를 참작할 수 있다.[7]

대부분의 검사는 누가 변호사 비용을 지급하는지에 초점을 맞추지 않았는데, 그 까닭은 피고인과 피고인 측 변호사 간의 관계에 개입하지 않기 위해서였다. 그러나 공격적인 검사들은 기업이 변호사 비용을 떠맡는 관행이 입막음 목적이라고 생각한다. 법무차관을 역임한 래리 톰슨은 이렇게 말했다. "기업이 직원이 선택한 변호사에게 수임료를 내주는 걸 보면서도 무조건 직원들의 입을 막으려고 저러는 건 아니겠지 라고 생각한다면 이빨 요정을 믿는 격입니다."

2004년 2월 25일, 정부와 KPMG는 뉴욕에서 대규모 회의를 열었다. 스페인에서 갓 돌아온 웨들은 시차를 극복하느라 애를 먹고 있었다. 워싱턴의 IRS 요원들, 뉴욕과 워싱턴의 법무부 관리자들, 전임 국세청장을 포함한 스캐든의 변호사 군단 등 모두가 회의에 참석하려고 했다. 남부지검은 원 세인트 앤드류스 플라자의 여러 층을 쓰고 있다. 공간 대부분이 여기저기 쌓여 있는 책들로 어지럽다. 회의실에는 값싸고 서로 어울리지 않는 의자들이 놓여 있다. 중요하고 공식적인 회의는 가죽 의자와 길쭉한 나무 탁자가 놓여 있고 사방에 법률 서적이 꽂혀 있으며 창문이 없는 8층 도서관에서 열린다. 이 도서관이 정부가 KPMG와 만난 곳이었다. 베넷은 선의의 제스처로 회의를 제안했지만 두려움을 품고 있었다. 베넷은 기업 조사가 합법적인 강탈이라고 생각했다. 그는 화가 나서 싸우기를 원하는 최고 경영진에게 이렇게 조언했다. "원칙을 넘어서세요. 그러지 않으면 회사를 유지할 수 없습니다."

모두가 의자에 앉자 베넷은 정부 측부터 말을 시작하는 것이 당연하다는 암시를 보내는 듯했다. 그러나 웨들이 경계하는 태도로 그에게 먼저 시작하라고 청했다. "이건 당신이 주도하는 회의입니다, 봅. 우리한테 하고 싶은 말이 뭔가요?" 무도회가 시작되었다. KPMG와 스캐든은 남부지검이 얼마만큼 진지한지, 얼마만큼 알고 있는지, 어떤 계획을 세웠는지, 협상에 얼마나 순순히 응할 것인지를 알아내려고 했다. 검사들은 그중 어떤 것도 드러내지 않으려 하는 한편, KPMG에 이 문제를 심장 절개 수술만큼 심각하게 받아들이고 보더 콜리(Border Collie, 스코틀랜드산 양치기 개로서 매우 지능적이며 순종적인 면이 특징이다 - 역주)처럼 협조적으로 나오라고 압박했다. 이에 대해 베넷과 스캐든 팀은 암울한 시나리오를 제시했다. 기소를 추진하면 KPMG와 직원 1만 8000명이 갈 곳을 잃을 수 있다는 것이다.[8] 아서 앤더슨의 직원은 2만 8000명을 웃돌았다. 기소는 회사에 타격을 주는 데 그치지 않고 기업들이 앞다퉈 다른 회계법인을 찾는 동안에 기업 회계가 엉망이 되면서 자본시장에 재앙을 끼칠 수 있다는 것이다. 전형적인 각본이었다. 스캐든 변호사들은 검사들에게 실행에 옮기기 전에 SEC를 비롯한 규제기관과 상의하라고 억지를 부렸다.

검사들은 조사가 초기 단계라고 강조했다. 그 누구도 무슨 일을 할지 아직 결정하지 못했다고 말했다. 웨들은 KPMG 사건에 대해 아는 바가 거의 없다고 솔직히 털어놓았다. 검찰청은 그저 정보를 찾고 있을 뿐이었다. 그러나 협조 요구에 있어서는 단호했다. 검사들이 경계하는 데는 이유가 있었다. KPMG가 앞선 IRS 조사에 협력하지 않은 데다 중역들이 상원 청문회에서 도전적으로 나왔기 때문이다.

처벌을 최소화하고 싶었던 베넷은 KPMG가 태도를 완전히 바꿔야 한다고 강조했다. 그런 다음 양측은 운명을 판가름할 대화를 나누었는데 그 내용은 KPMG가 기소된 직원들의 변호사 수임료를 내줄지 여부였다. 검사들은 KPMG가 퇴임을 앞둔 제프리 스타인(Jeffrey Stein) 부회장에게 막대한 퇴직금을 지급한다는 익명의 제보를 입수했다. 조사의 핵심이 될 사람에게 제공하는 것치고는 관대한 조치였다. 조사를 진지하게 받아들이고 범법자를 적극적으로 처벌하겠다는 KPMG의 주장과는 딴판이었다. 니먼은 KPMG와 스캐든 변호사들에게 회사가 "위법 행위를 보상"해서는 안 된다고 경고했다. 웨들과 오쿨라는 그녀의 경고를 익명의 정보 제공 맥락으로 이해했다. 반면, KPMG와 스캐든은 다른 의미로 받아들였다. 즉 검사들이 KPMG에 한 경고는 KPMG가 전현직 직원들의 변호사 수임료를 계속해서 지급할 경우 정부에 협조하지 않는 것으로 간주하겠다는 뜻으로 이해한 것이다.

웨들은 KPMG에 법률 비용에 대해 어떤 계획이 있냐고 물었다. 스캐든의 변호사인 솔 필천(Saul Pilchen)이 목소리를 높였다. "왜 묻는 거죠?" 필천이 직접 기록한 일지에 따르면 웨들은 "당신들이 수임료를 재량대로 지급하면 우리는 현미경을 대고 조사할 거요." 이 대화로 웨들의 인생이 바뀌게 되지만 그때는 그럴 낌새가 거의 보이지 않았다. 그는 회의를 마친 후 다시는 그 내용을 생각하지 않았고 얼마 지나지 않아 모든 내용을 잊었다.

범법자에게 보상을 제공하지 말라는 니먼의 경고에 현미경 발언까지 나오자 베넷과 KPMG는 조사 대상인 중역을 자르는 것 이외에는 달리 도리가 없다는 생각을 굳히게 되었다. 베넷은 침착하게 행동했다. "우리에게는 수임료를 지급할 법적 의무가 있을 겁니다." 그가 말했다. 실제로는 KPMG는 자사 중역들에게 보상을 약속하지 않았고, 그러므로 회사에는 변호사 수임료를 내줄 법적 의무가 없었다. 그다음 달 KPMG는 자기들 딴에는 정부가 암시했다고 생각한 조치를 취했다. 정부 조사에 협력하는 중역에 대해서는 최대 40만 달러까지 변호사 수임료를 지급할 수 있다는 방침을 새로 발표한 것이다. 기소되는 중역을 해고한다는 내용도 있었다. 사실 이 조치는 KPMG에 득이 되었다. 그 덕분에 정부에 협력하는 인상을 주면서 관행은 유지하고 덤으로 돈도 조금 절약할 수 있었다.

KPMG의 협력은 시종일관 두서없이 이루어졌다. 2004년 8월 KPMG 와의 회의에서 남부지검 검사들은 스타인 부회장의 후한 퇴직금 문제를 들고 나왔다. 조사에 진지하게 임하겠다고 약속했음에도 KPMG는 유죄 가능성이 있는 사람들에게 후하게도 황금 낙하산(golden parachute, 인수 합병 등의 이유로 회사를 조기에 떠나는 임원들에게 주는 거액의 퇴직 위로금으로 정규 퇴직금 이외에도 보너스와 스톡옵션 등이 포함됨 - 역주)을 나눠 주었다. 그 당시 KPMG와 스캐든은 훨씬 더 걱정스러운 사실을 알고 있었다. 스타인에게 지급된 변호사 비용은 회사가 정한 상한선인 40만 달러를 초과한 것이다. 아무도 그 사실을 정부에 알리지 않았다.

베넷의 워싱턴 공작

첫 회의로부터 1년 정도 지난 2005년 초반 뉴욕 남부지검은 사건 해결을 위해 스캐든 및 KPMG와 의견을 나눌 준비를 시작했다. 퇴임을 앞둔 데이비드 켈리(David Kelley) 검사장은 기업에 대한 조사가 끝나있기를 바랐다. 켈리는 KPMG가 범죄를 저질렀다면 남부지검이 개인도 기소해야 한다는 뜻을 분명히 밝혔다. 웨들은 해야 할 일을 내부 서신으로 작성했다. 그는 사건 해결을 위해 전체적인 상황을 파악하려고 노력했다. KPMG가 무엇을 지급할 것인가? KPMG가 무슨 말을 할 것인가? 기소 혐의는 무엇이 될까? 기소를 해야 하나 말아야 하나? 조사는 진전되고 있었고 그의 경력은 탄탄대로였다. 얼마 전인 2004년 말에는 그의 둘째 아이인 딸이 태어났다.

그러나 돌이켜보면 다가올 일에 대한 전조가 있었다. 조사 과정 동안 한

번은 IRS의 변호사들이 웨들에게 KPMG 기소에 차질이 빚어질 것이라고 경고한 적이 있었다. 그가 무슨 이유냐고 묻자 그들은 앤더슨 기소가 워싱턴 정계에 걸림돌이 되었다고 답했다. 웨들은 그 말이 무슨 뜻인지 이해하지 못했다. 그는 앤더슨은 KPMG와 아무런 상관도 없다고 생각했다.

베넷이 보기에 검찰과의 대화는 순조로이 진행되지 않았다. 남부지검은 여전히 싸우려는 듯한 인상을 주었다. 그는 기소 가능성을 없애고 싶었다. 니먼은 회의 때 KPMG에 대해 이렇게 말한 적이 있었다. "업계에서 퇴출되어야겠죠." 2005년 3월 2일 KPMG와 스캐든은 데이비드 켈리를 만났다. 베넷이 자기 의뢰인이 얼마나 협력적이었는지 극찬할 때 켈리가 그의 말을 끊었다. "솔직히 말하겠습니다. 다른 대기업은 훨씬 더 협조적이었어요."[9]

남부지검 내부에서는 니먼이 사건 해결에 대해 강경 노선을 고수했다. 남부지검이 KPMG를 기소하지 않는다면 반드시 유죄 인정을 받아 내야 한다고 생각했다. 회사는 악질적인 행위에 관여했다. 회사 최고위급 경영진의 주도와 승인에 따라 미국을 상대로 수년 동안 수십억 달러의 사기를 일삼았다. 켈리는 그 말에 동의했다. 그는 베넷에게 편지를 보내 최종 결정을 알렸다. KPMG는 한 개의 공모 혐의에 대해 유죄를 인정할 수 있으며 기소는 없으리라는 내용이었다. 며칠 후 베넷이 답신을 보냈다. 검사들은 편지를 읽으면서 그 뻔뻔함에 기가 막혔다. 베넷은 아무 내용도 없는 편지를 몇 장이나 썼다. 그는 우아하고 정중했다. 켈리에게 편지를 보내 준 점에 감사하다면서 계속해서 협상하기를 고대한다고 썼다. 뭐라고? 검사들은 몹시 당황했다. 켈리는 KPMG에 결정한 바를 통보한 것이지 대화를 지속하자고 한 것이 아니었다. 남부지검의 입장은 KPMG가 거래를 거부하면 반드시 기소하겠다는 것이었다. 켈리는 자신의 결정을 재차 밝히는 편지를 한 통 더 보냈다.

뉴욕의 검사들은 워싱턴 실세인 베넷이 워싱턴에서 열심히 공작 중이라는 사실을 알지 못했다. 그는 법무차관으로 승진한 제임스 코미에게 면담을 요청했다. 로버트 피스크가 래리 톰슨에게 앤더슨 사안으로 만나자고 요청했을 때 톰슨은 거부했다. 반면에 불과 얼마 전까지 남부지검의 검사장으로서 그토록 강경하게 발언했던 코미는 면담 요청에 응했다.

2005년 5월 5일 코미와의 만남을 앞둔 KPMG는 마침내 전임 부회장 스타인의 변호사 수임료 지급을 중단했다. 또한 퇴직 프로그램의 일환으로 스타인과 맺었던 경영 자문 계약을 해지했다. 스캐든은 그렇게 하면 정부와의 대화에서 좀 더 유리한 입장에 서는 데 도움이 되리라 생각했다.

2005년 6월 13일 KPMG와 스캐든은 코미를 만났다.[10] 베넷은 법무부 관료들에게 KPMG는 기소든 유죄 인정이든 감당할 여력이 안 된다고 말했다.

법무부 관료들이 아서 앤더슨에서 일어났던 일을 상기할 필요도 없이 베넷이 먼저 그 이야기를 꺼내면서 자신의 주장을 밀어붙였다. 그는 KPMG를 기소하는 일이 "공정하지 않다"면서 "그 모든 대기업의 장부와 재무제표를 누가 처리하겠는가?"라고 물었다. 미국의 자본시장은 3개 회계법인에 의존하게 될 것이라고 말했다. 베넷과 다른 변호사들은 KPMG가 뉴욕 남부지검의 재무제표도 감사한다는 점을 지적했다.

뉴욕에서의 성과 없는 대화가 몇 달 동안 이어진 끝에 베넷의 호소는 워싱턴에서 먹혀들었다. 코미는 존 애시크로프트 법무장관과 상의했고, 법무부는 너그러운 태도를 보였다. 코미는 남부지검 검사들에게 협상 테이블로 돌아가라고 지시했다.

"애시크로프트는 회계법인을 한 곳 더 퇴출시켰다는 책임을 떠안을 수 없어" 코미는 남부지검 검사들에게 말했다.

"두 건은 완전히 달라요!" 니먼이 받아쳤다. "우리는 그 사람들이 퇴출되지 않도록 돕는 겁니다."

코미의 명령으로 남부지검은 말발을 잃었다. 더 이상 협박을 해 보았자 무의미했다. 스캐든은 질릴 대로 질린 법무부 본부가 KPMG 기소를 승인하지 않으리라는 점을 잘 알았기 때문이다. 이제 맨해튼 검사들이 KPMG를 기소하거나 유죄 인정을 받아 낼 가능성은 사라졌다. 니먼은 화가 치밀었다.

나중에 캐플런 판사는 검사들이 살려 달라고 호소하던 KPMG를 윽박질렀다고 비난했다. 호소했다고? KPMG와 스캐든은 검사들을 무시하고 수뇌부를 찾아갔다. 2005년 8월 29일, KPMG는 남부지검과 기소 유예 합의를 맺었다.[11] 정부는 사기 혐의 하나에 대해서만 문제를 제기했지만 합의에 따라 기소는 유예되었다. KPMG는 벌금으로 4억 5600만 달러를 냈다. 웨들과 같은 팀 검사들은 합의서에 (KPMG가 분명히 인정한 대로) 위법 행위를 상세하고 엄중하게 밝힌 사실 진술서가 포함되었다는 사실에 만족했다. KPMG는 파트너들은 "미등록 허위 조세 회피 상품을 개발하고 홍보하며 운영함으로써 고액의 자산을 보유한 미국 국민이 자본 이익과 일반 소득에 대한 미국 개인 소득세 수십억 달러를 탈루하는 것을 도왔다"고 인정했다.[12] 그 외에도 KPMG는 조세 회피 상품의 활용 방식도 자백했다. 파트너들이 2단계로 조작을 진행했는데, 먼저 부유한 고객의 대리인을 내세워 조세 회피 상품 거래의 운영 방식을 거짓으로 조작했다. 그런 다음 가짜로 내세운 대리인의 거래를 승인하는 의견서를 썼다. 그 후 캐플런 판사는 기소 유예 합의를 상당한 처벌로 간주했다. 그는 KPMG가 기소 유예 합의 조항을 준수하지 않을 경우 처벌받을 가능성이 있다고 봤다. "정부가 KPMG의 기소 유예 합의 위반을 공표하고 범법 사실을 기소해 재판에 붙일 것"이라는 의견이었다. 캐플런은 코미를 비롯한 법무부 고위 관료들에게 기소를 실행에 옮길 의지가 없었다는 사실을 알지 못했다. 코미는 이미 '겁쟁이 클럽'의 일원이 되어 있었다. KPMG, 스캐든, 법무부의 예상대로 KPMG는 기소 유예 합의를 끝으로 더 이상 처벌을 받지 않았다.

"진실에 인색한"

KPMG와의 합의에 썩 만족하지 않았던 뉴욕 남부지검은 이제 범법자 개인을 법정에 세우는 데 초점을 맞추었다. 기소 유예 합의를 발표한 날 정부는 KPMG의 조세 회피 거래에 연루된 9명을 기소했는데, 그 가운데 8명이 KPMG 중역이었다. 나중에 그 숫자는 KPMG의 전임 중역을 비롯하여 18명으로 치솟았다.

2006년 봄에 이르기까지 KPMG의 변호사들은 정부가 기소된 중역들에 대한 변호사 수임료를 더 이상 지급하지 말라고 KPMG를 압박한 것은 수정 헌법 제6조에 명시된 권리(피고인이 변호사를 선임할 권리와 법정에서 공정한 대우를 받을 권리를 말함)를 침해하는 행위라고 주장하기 시작했다. 2006년 4월 〈월스트리트 저널〉 사설란은 웨들의 이름을 들먹여 가며 검찰 기소를 비난했다.[13] 충격을 받은 웨들은 아침이 되자마자 이 사실을 신임 검사장 마이클 가르시아(Michael Garcia)에게 알렸다. 검사장이 그 사설을 직접 읽는 것을 막고 싶었기 때문이다. 그러나 가르시아는 웃음을 터뜨리면서 "대단하군. 액자에 넣어 둬"라고 말했다. 본래 검사들은 그런 언론 기사들을 신경 쓰지 않았다. 캐플런 판사는 수임료 문제를 중시하지 않는 듯 보였다. 클린턴이 임명한 그는 검사로 일한 적은 없었지만 정부는 그를 우호적인 판사로 간주했다. 캐플런은 복잡한 소송을 주관할 때도 난감해 하지 않았다. 그는 9·11 무역센터 테러를 둘러싼 복잡한 보험 분쟁에서 중재자 역할을 맡았다. 당뇨병 치료제로 환자의 사망을 유발한 레줄린(Rezulin)과 관련된 소송도 주관했다. 그러나 KPMG 사건을 담당하는 검사들은 걱정하기 시작했다. 2006년 5월, 캐플런이 이 사안으로 토론 청문회를 열었는데 청문회가 정부에 유리하게 돌아가지 않았기 때문이다. 캐플런은 피고인 측에 공감하는 듯 보였다. 캐플런은 뉴욕의 로펌인 폴 와이스 리프킨드 와튼 앤 개리슨(Paul, Weiss, Rifkind, Wharton & Garrison)에서 24년간 일한 후에 판사로 임명되었다. 그는 전 직장의 변호사들과 끈끈한 친분을 유지했고, 한번은 퇴직한 파트너가 가족 신탁에서 50만 달러가 넘는 돈을 횡령한 혐의로 변호사 자격을 박탈당했을 때도 이 사람의 성격 증인(character witness)으로 재판에 서기도 했다.[14] 이 로펌의 다른 파트너 마크 벨닉(Mark Belnick)도 정부의 손에 끔찍한 시련을 겪었다. 검사들은 폴 와이스를 떠나 타이코 인터내셔널(Tyco International)이라는 거대 기업의 사내 변호사가 된 벨닉을 회사로부터 미승인 성과급과 대출금 수백만 달러를 횡령한 혐의로 기소했다. 벨닉은 무죄 선고를 받아 냈지만 그때는 이미 평판이 땅에 떨어지고 난 다음이었다.

2006년 6월 27일 캐플런 판사는 〈미국 대 스타인 사건〉의 판결문을 발표했다. 웨들은 무슨 일이 일어날지 짐작조차 하지 못한 채로 뉴욕 남부지검의 사무실에 앉아 있었다. 시라 니먼은 캐플런의 아내가 방청석에 앉아 있는 것을 보고 불안해졌다. 판사 관점에서 뭔가 주목할 만한 판결을 내리려는 조짐이 보였기 때문이다. 아니나 다를까 캐플런의 판결문은 정부를 혹독하게 비난하는 내용이었다. 캐플런은 다음과 같은 결론을 내렸다. "변호사 수임료 결정이 정부의 '강압'이나 '괴롭힘' 없이 내려졌다는 정부 측 주장은 그러한 단어들의 정의를 곡해할 때만이 정당화될 수 있다." 그는 검사들이 KPMG 피고인들의 권리를 침해했다는 판결을 내렸다. 톰슨 메모의 조항과 자신이 검사들의 직권 남용이라 본 행위를 공격했다. "정부는 열의에 휩싸여 판단력이 흐려졌다"고 썼다.

그에 따르면 피고용인들은 업무 관련 행위로 조사를 받으면서 발생하는 법률 비용을 변상받을 수 있으리라 생각하게 마련이다. 특히 명예 훼손으로 기소된 기자는 십중팔구 그렇게 생각한다. 캐플런은 불법 체포로 고발된 경찰관들과 의료 사고로 기소된 간호사들도 마찬가지로 생각한다고 지적했다. 반면에 살인으로 기소된 기자나 절도로 기소된 간호사는 그러한 기대를 하거나 그럴 권리를 누릴 수 없다.

캐플런은 이 개념을 확대해서 KPMG가 변호사 선임과 관련된 직원의 헌법적 권리를 침해했다고 판결했다. "범죄로 기소된 사람은 누구나 변호사의 조력을 받을 권리가 있다. 재정 수단이 있는 피고인은 돈이 허락하는 한 최고의 변호사에게 의뢰할 권리를 지닌다. 가난한 피고인은 정부의 비용으로 유능한 변호사의 변론을 받을 수 있다. 이것이 수정 헌법 제6조의 골자다." KPMG의 변호사들이 탈세 문제에서 헌법적 원칙으로 논의 초점을 전환한 것은 효과적인 전략으로 판명되었다.

판사는 자신이 웨들과 니먼 등 뉴욕 남부지검 검사들의 부정행위로 본 행위에 대해 분노를 억누른 듯한 말로 판결문을 마쳤다. "정부는 초기 대응에서부터 진실에 인색했다. 정부가 최초의 내부 법률 지침에서 취한 입장의 문자적인 진실조차 옹호하기 어렵다." 그는 정부가 법률 비용에 대해 어떤 말을 했는지, 언제 그 말을 했는지를 사실대로 말하지 않았다고 썼다. 그는 웨들을 법정으로 불렀는데 그로부터 "전체 이야기와 완전히 동떨어진" 대답을 들었다고 했다. 캐플런은 웨들이 "현미경" 발언을 했다고 믿었다. 진술서를 통해 판사는 검사들이 기소된 중역들을 해임하라고 KPMG를 압박했음을 확인할 수 있었다고 했다. (스캐든의 솔 필천은 자신이 모든 대화 내용을 그대로 기록한 것은 아니라고 인정했다. 웨들은 자신이 그 말을 했는지 기억이 나질 않았다. 그와 그의 동료들 역시 해당 문구에 대한 기억이 전혀 없었다.)

니먼은 법정에서 "위법 행위를 보상"하는 데 대한 자신의 발언이 연방 양형 지침을 인용한 것일 뿐 구체적으로 KPMG의 변호사 비용 지급을 지칭한 것은 아니라고 해명했다. 캐플런은 개연성 없는 주장이라고 일축했다. 그는 검사들이 자신에게 한 말이 "진실을 호도"하는 것이라고 생각했다. 판사는 "다시 일어나서는 안 될 일"이라고 경고했다.

뉴욕 남부지검은 분개했으며, 특히 캐플런이 특정 검사들을 지목한 것에 반발했다. 판사의 판결문을 읽은 후 웨들은 마이클 가르시아를 만나러 갔다. 앞으로 할 일을 결정하기 위해 고위급 검사들이 모두 모여 있었다. 캐플런 판결은 KPMG 사건과 남부지검에 문제를 유발했다. 웨들의 귀에는 논의 내용이 잘 들어오지 않았다. 발언을 할 때도 목소리를 쥐어짜는 것 이외에는 이렇다 할 말을 할 수 없었다. 가르시아는 성명서를 발표해야겠다고 고집했다. 그는 검사들을 지지했으며 캐플런에게 판결에 항의하는 서신을 보냈다. 검사장치고는 드물고도 대담한 조치였다. 또한 사실과 다르다고 판단되는 부분을 바로잡고 캐플런에게 검사들의 실명과 그들에 대한 비난을 삭제해 달라고 요청하는 내용의 답변서를 썼다. 웨들은 안도감과 고마움을 느꼈다. 그러나 캐플런은 그 요청을 거절했다.

이듬해인 2007년 여름 KPMG 사태는 정점에 달했다. 캐플런은 그 자신의 말에 따르면 "정말 내키지는 않지만 어쩔 수 없이" 기소된 KPMG 중역 16명 가운데 13명의 기소를 중지했다. 그는 검사들의 잘못된 행동이 "양심에 충격을 준다"면서 검사들은 "고의로든 몰인정해서든 피고인 다수가 법으로 보장된 변론 자금을 수령하는 것을 막았다. (중략) 스스로를 세상에 정의의 본보기로 내세우는 집단에서 이러한 행위는 허용되지 않는다"고 썼다.[15] 2008년 8월 판사 세 명으로 구성된 연방 제2항소법원의 재판부가 캐플런의 판결을 인정했다.[16] "정부의 기소 위협은 상대방을 정부의 대리인으로 바꿔 놓고도 남았다. KPMG는 침착하게 기소 위협을 받아들이고 톰슨 메모에 나열된 다른 요소의 잠재적 심각성을 평가하며 어떻게 나아가야 할지 직접 결정할 수 있는 입장이 아니었다"는 것이 항소법원의 의견이었다.[17]

톰슨 메모 철폐 운동

스타인 재판에 대한 캐플런의 판결이 나온 후 법무부는 톰슨 메모 때문에 이미 수세에 몰린 데다 아서 앤더슨에 대해 월권을 행사했다는 혐의를 받자 분노한 나머지 승산 없는 전투에 돌입했다. 판사는 톰슨 메모를 공격했다. 아서 앤더슨을 업계에서 퇴출하는 데 일조한 공격적인 기소, 변호사-의뢰인 특권, 기소된 중역이 법률 비용을 변상받을 수 있는 권리 등 미묘하면서 서로 다른 3가지 요소가 하나로 통합되자 검사들은 통제력을 상실했다. 〈월스트리트 저널〉의 사설과 미국 상공회의소 등 대체로 기업에 우호적인 측은 KPMG 재판을 기회로 삼아 3가지 요소를 물고 늘어지고 수세에 몰린 법무부에 공격을 퍼부었다. 의회는 그들의 의견을 경청했다.

2006년 가을, 상원 법사위원회는 톰슨 메모와 검사들의 직권 남용에 트집을 잡고 KPMG를 희생자로 만들기 위한 청문회를 열었다.[18] 버몬트의 민주당 상원의원 패트릭 리하이(Leahy)와 그때까지만 해도 펜실베이니아의 공화당 상원의원이던 알렌 스펙터(Arlen Specter)는 법무부가 기업들을 괴롭혔다고 생각했다. 입법부를 통해 행정부에 간섭하기가 꺼려졌던 리하이는 법무부가 자발적으로 바뀌기를 기대했다. 스펙터는 좀 더 적극적이었다.

12월에 그는 톰슨 메모의 방침을 뒤집는 법안을 발의했다. 스펙터의 법안은 기소를 결정하는 과정에서 검사들이 변호사-의뢰인 특권의 포기를 요구하거나 기업이 직원의 법률 비용을 대납했는지 여부를 고려하는 것을 금지하는 내용이었다.[19]

신임 법무차관인 폴 맥널티와 그의 동료들은 이 법안을 법무부의 권한에 대한 입법부의 중대한 침해 행위로 간주했다. 맥널티는 의회보다 먼저 선수를 쳐야 한다는 것을 알았다. 스펙터가 상원에 법안을 발의한 지 5일이 지났을 때 맥널티는 기업 기소에 관한 새 메모를 발표했다. 새 규정에 따르면 연방 검사가 기업에 특권 포기를 요구하고자 할 경우 법무부 윗선에게서 승인을 받아야 했다.

그러나 비난은 잦아들지 않았다. 맥널티의 조치는 비난을 잠재울 만큼 과감하지 않았다. 2008년 8월 그의 후임인 마크 필립(Mark Filip)이 검사의 권한을 한층 더 축소했다. KPMG 사태와 변호사 단체의 저항이 일어난 후 법무부의 기본 원칙은 검사들이 기업에게 변호사-의뢰인 특권 포기를 요구하지 못하도록 하는 것이었다. 누가 변호사 비용을 부담하는가를 묻는 것도 금지되어 있다. 톰슨 메모는 사장되었다.

재계와 변호사 단체는 정부의 조사가 강탈 행위에 맞먹는다며 다음과 같은 주장을 일삼았다. 조사가 시작되면 기업은 항복하는 수밖에 달리 도리가 없다는 것이다. 직원들은 회사가 법 집행 당국에 자신들을 넘겨줄까 봐 두려워할 것이다. 또한 정부가 기업에게 직원들의 생계 수단을 박탈하고 법률 비용 지급을 중단하라고 강요하는 것은 무죄로 추정되는 사람들에 대한 학대 행위가 아닌가? 캐플런의 판결은 기업이 직원뿐 아니라 최고 경영진을 뜻대로 휘두르지 못하도록 견제하는 데 도움이 된다는 것이다.

그러나 연방대법원은 캐플런의 주장처럼 헌법에 돈이 허락하는 한 최고의 변호사를 선임할 수 있는 권리가 명시되어 있지 않다는 내용의 판결을 적어도 두 차례 이상 내렸다. 국민에게는 실력 있고 유능한 변호사를 선임할 권리가 있다. 1989년에는 〈미국 대 몬산토(United States v. Monsanto) 판결〉[20], 〈캐플린 앤 드리스데일, 차타드 대 미국(Caplin & Drysdale, Chartered v. United States) 판결〉[21] 등 KPMG 재판과 유사한 건이 두 차례 있었다. 이때 연방대법원은 정부가 기소된 형사 피고인으로부터 법률 비용 지급 명목으로 떼어 둔 자금을 비롯한 자산을 압수할 수 있다는 판결을 내렸다. 캐플린 사건(Caplin case)에서는 로펌이 기소된 마약상에게서 수임료를 받았다. 하급 법원은 마약상에게 정부가 압수할 가능성이 있는 자산을 이전하지 말라는 판결을 내렸지만 어차피 마약상은 기소되기 전에 수임료를 지급한 상태였다. 해당 로펌은 자기들이 받은 돈을 압수 대상에서 제외해 달라는 소송을 냈다. 연방대법원은 압수가 수정 헌법 제6조에 명시된 마약상의 권리를 침해하지 않는다며 로펌의 소송을 기각했다.

　잡범이나 궁핍한 범죄자의 관점에서 볼 때 법원들이 일련의 상황을 수정 헌법 제6조의 위반으로 판단하지 않은 것은 경악할 일이다. 버클리 로스쿨의 찰스 와이셀버그(Charles Weisselberg) 교수와 수 리(Su Li) 교수의 지적에 따르면, 법원은 궁핍한 범죄자나 잡범이 유능한 변호사를 선임하는 데 걸림돌이 되는 여러 상황을 인정했다. 법원 판결은 법원이 지정한 변호사가 만취 상태로 재판을 하며 법정으로 오는 길에 음주 운전으로 체포되는 알코올 중독자라 해도 피고인의 권리가 침해받지 않는다는 뜻이다. 연방대법원은 지정된 변호사가 법정 밖에서 수행한 업무의 수임료에 대해 1000달러를 상한선으로 정한 것이 사형 재판의 경우라 할지라도 헌법에 위배되지 않는다고 판단했다. 대법원 판결문에 따르면 법원에서 지정한 변호사가 다른 변호사로 교체되고 심지어 의뢰인이 새 변호사와 '의미 있는 관계'를 형성하지 못하더라도 권리 침해가 일어난 것이 아니다. KPMG 재판에 대한 캐플런의 판결에 법적인 근거가 있을지는 몰라도 "일반적인 형사 소송을 자주 접한 사람에게 스타인 판결은 별세계 일까지는 아니더라도 굉장히 특이한 사례"라고 와이셀버그 교수는 말했다.

정부의 법 집행 당국은 마약상과 조직폭력배를 기소하여 변호사 수임료로 쓰일지도 모를 돈을 포함한 자금을 압수한다. 피고인이 공모 혐의로 기소되는 갈취 사건에서도 정부가 자산을 압수하거나 동결하는 일이 일반적이다. 그러한 조치 때문에 피고인이 변호사를 선임하지 못할 정도로 궁핍해져도 할 수 없다. 법원은 자산 압수가 피고인의 헌법적 권리를 침해하지 않는다고 판결해 왔다. 대체로 기업의 화이트칼라 범죄처럼 정교하고 복잡한 형사 사건에 이러한 판결이 내려진다.

법무부는 KPMG의 중역들이 자기 변론을 위해 "남의 돈"을 쓸 권리가 없다는 말로 검사들의 조치를 해명했다. 캐플런은 그 주장을 받아들이지 않았다. 그러한 권리는 직원들이 회사에 암묵적으로 기대하는 바라고 맞받아쳤다. 캐플런은 마약과 조직폭력배 사건에서 정부가 압수하는 자산은 불법 취득 이익이라고 말했다. 그러나 그런 식이라면 기업 중역의 자산 역시 불법 취득 이익일 가능성이 있으며, 기소된 마약상도 기소된 기업 중역만큼이나 결백할 가능성이 있다. 판검사를 포함한 다수의 화이트칼라 범죄 전문가조차 두 가지 유형의 범죄를 달리 취급해야 한다고 주장한다. 화이트칼라 피고인에게는 일정 수준에 달하는 변호사를 선임할 권리가 있다고 믿는 사람이 많다. 최고 경영진은 초일류 로펌의 변론을 받아야 한다는 이야기다. 법원과 사법제도는 궁핍한 범죄자의 변호사 선임 권리를 보장하는 일에는 별 관심을 보이지 않는다.

캐플런의 판결이 옳았다 해도 기소를 기각하여 범죄 혐의를 입증하려는 남부지검의 시도조차 차단할 필요가 있었을까? 그의 판결 덕분에 기소된 KPMG 중역들은 자기가 선택하는 변호사를 선임할 수 있었다. 심지어 그 수임료는 전 직장의 부담이었다. 정부의 간섭으로 말미암은 피해는 모두 복구될 터였지만 사건은 법정에서 다뤄졌어만 했다.

와이셀버그 교수는 KPMG 사건이 정부가 가하는 부당한 압력과 권력에 대한 기업의 승리이자 수정 헌법 제6조의 권리에 대한 정당한 재천명으로 인식될 수 있다고 주장한다. 정부가 법정에서의 결투에서 패하고 열세에 몰린 사례로 해석될 수 있다는 것이다. 또는 "돈이 되고 성장하는 소송 분야에 대한 자금 흐름을 보전하기 위해, 실질적으로 로펌이 보상과 선납을 통한 보수를 수령할 자격을 보호하기 위해" 대형 로펌이 주도하는 싸움으로도 읽힐 수도 있다고 그는 주장한다.[22]

특권 포기와 기업 중역의 변호사 선임 권리를 둘러싼 싸움은 2000년대 중반 화이트칼라 재판에서 결정적인 부분을 차지했다. 캐플런의 판결과 톰슨 메모 철회는 정당하든 아니든 정부가 기업을 조사하고 기소하는 데 장애가 되었다. 검사들은 더 이상 기업에 특권을 포기하라거나 고발된 중역의 변호사 수임료 지급을 중단하라거나 서로 다른 의뢰인을 대리하는 변호사끼리 정보를 공유하는 공동 변론 합의를 집어치우라고 강요할 수 없었다. 공동 변론 합의라는 정보의 고속도로를 통해 소송 변호사들은 서로 검찰의 기소 전략을 공유하면서 피고인 측은 재판을 준비하고 공조할 뿐만 아니라 중역들끼리 말을 맞출 시간을 확보할 수 있다.

2005년 연방대법원은 의무적 양형 지침에 이의를 제기한 〈미국 대 부커(United States v. Booker) 판결〉에서 원고의 손을 들어 주었다. 판사를 대상으로 한 해당 지침은 유죄인 사람에게 특정 형량을 선고하도록 엄격하게 규정한 것이었다. 연방 배심은 어떤 마약 밀매업자에게 양형이 10년형에서 최고 종신형까지인 범죄로 유죄 선고를 내렸다. 그러나 선고 당시에 판사는 피고인이 드러난 것보다 훨씬 더 많은 크랙(crack, 코카인과 베이킹소다를 혼합한 마약-역주)을 소지했으며 법 집행을 방해한 증거가 수두룩하다는 점에 근거하여 형량을 30년에서 최고 종신형으로 올렸다. 대법원은 해당 판결을 유지했는데, 그렇게 해서 판사에게 양형에 대한 재량권을 돌려주었다. 최근 일부 판사들은 화이트칼라 범죄자들에게 전보다 낮은 형량을 선고한다. 검사들은 자신들과 협상하는 임원들이 유죄를 인정하거나 양형 거래를 하기보다는 운에 맡기는 경향이 있다고 말한다. 물론 의무적 양형 기준은 폐해가 크며 판사에게 재량권을 맡기는 것이 대체로 바람직하지만, 오히려 그 때문에 최근 기업 중역들의 자백을 받아 내기가 어려워지는 뜻밖의 결과가 나타나고 있다.

법원은 지난 10년 동안 검사에게서 기업 범죄 대응에 필요한 무기를 몇 가지 더 빼앗았다. 엔론의 중역 제프 스킬링에 대한 2010년 판결에서 대법원은 검사들이 그에게 적용했던 공적 신뢰 훼손(honest-services fraud) 법 조항의 범위를 축소했다. 법원은 해당 조항의 적용을 뇌물과 리베이트 등 가장 악질적인 사기 유형에만 제한함에 따라 기업의 부정행위 같은 모호한 혐의로 기소하는 것을 금지했다.[23] 〈월스트리트 저널〉이 2006년 스톡옵션 백데이팅(stock-option backdating)을 폭로하는 기사를 터뜨렸다. 중역들이 스톡옵션 행사 날짜를 자신에게 더 유리하도록 주가가 낮은 날짜로 소급 지정하여 이익을 취득하는 관행이 재계에 퍼져 있다는 내용이었다. 그러자 SEC와 법무부가 100여 개 기업을 조사했다. 샌프란시스코의 연방 검찰청은 스톡옵션 백데이팅 태스크포스를 발족시켰다. 기업 수십 곳이 장부를 다시 수정했고 중역 수십 명이 일자리를 잃었다. 기소는 대부분 불발되었다. 스톡옵션 백데이팅 소송 중에서도 브로드컴(Broadcom)의 공동 CEO에 대한 기소가 가장 큰 규모에 속했는데 검찰의 직권 남용 때문에 기각되었다. 대법원의 스킬링 판결 이후에 다른 소송 몇 가지도 취하되었다.

미국 전역의 검찰청이 재계에 만연한 스톡옵션 백데이팅 관행에 대응하기 위해 준비했다. 그 후 몇 년에 걸쳐 다수의 연방 검찰청들이 다양한 기소를 제기했다. 어떤 검사는 이겼지만 대부분의 기소는 패배로 끝났다. 항소심에서 뒤집힌 사건도 여러 개였다. 검사들이 직권 남용으로 징계를 받는 일조차 있었다.

문화의 변화로 검사들은 개인을 기소하기보다는 합의할 수밖에 없는 상황에 처했다. 뉴욕 남부지검은 기업과의 합의보다는 개인 기소를 추구했다. 그 때문에 니먼, 오쿨라, 웨들의 경력이 타격을 입었다. 복잡한 기업 사건에 관련된 개인을 기소하는 데 따른 위험은 진작부터 컸다. 이제 그 위험이 성층권을 뚫을 지경에 이른 셈이다. KPMG 사건으로 말미암아 개인 기소라는 위험을 무릅쓰기보다는 기업과의 합의를 하는 것이 검사 입장에서 유리해졌다.

톰슨 메모 철회 이후에 거대 기업은 합의 협상에서 자신들의 이점을 최대한도로 활용했다. 필요할 경우 기업과 변호사는 자기 입장을 호소하고 원하는 결과를 얻기 위해 권력의 회랑(corridors of power, 주요 사안이 결정되는 정치권의 상층부 – 역주)에 접근했다. 변호사들은 변호사-의뢰인 특권을 마음껏 휘두름으로써 증거 개시 요청에 저항했다. 법원이 이러한 전투에 관심을 보이는 일은 드물며 언론 취재도 거의 이루어지지 않는다. 최소한 이러한 전투 때문에 조사가 지연되고, 시간 지연은 피고인들에게 유리하게 전개되었다.

법무부는 10년 동안 일어난 법적 변화의 의미를 간파하지 못했다. 법 조항이나 정책 한 가지가 바뀐다고 해서 중대한 변화가 일어나는 것은 아니지만, 아무튼 피고인의 권리 회복은 분명한 결과로 나타났다. 이는 총체적으로 화이트칼라 기업 조사에서 (대부분은 드러나지 않았지만) 검사가 사용할 무기가 상당할 정도로 무뎌지거나 사라지는 결과로 이어졌다. 이처럼 기업에 대한 압력 수단과 영향력을 잃어버리자 정부는 기업을 조사할 때 기업의 협력에 의존할 수밖에 없는 상황에 처하게 되었다. 법무부의 패배와 후퇴는 힘의 균형을 방어 변호사 쪽으로 이동시켰다.

루마니아 유배

KPMG 사건은 뉴욕 남부지검의 검사들에게 흠집을 냈다. 캐플런 판결 직후에 제드 레이코프가 시라 니먼을 차이나타운의 앤티카 로마로 데리고 가 같이 점심을 먹었다. 그녀는 캐플런 판사에게 화가 나 있었고 레이코프가 느끼기에 움켜쥔 주먹에 맞먹는 독설을 퍼부었다. 캐플런은 그녀의 성실성을 비난했다. 니먼은 검찰청 내에서 인기가 없었다. 그런고로 동료들은 그녀의 곤경에 복합적인 감정을 느꼈다. 실수를 하거나 지나치게 호전적이라는 점에서 그들은 웨들이 아닌 니먼을 비난했다. 검사 중의 검사인 그녀는 변호사 쪽 친구가 결코 많지 않았다. 그녀의 예전 상사는 스타 변호사로 변신한 로버트 모빌로(Robert Morvillo)였는데, 그는 매거진 〈아메리칸 로여(American Lawyer)〉와의 인터뷰에서 화이트칼라 형사 제도가 지나치게 가혹해졌다고 매도하면서 니먼이 "갈수록 융통성을 잃어 간다"고 말했다. 또 다른 전설로 꼽히는 스탠리 아킨(Stanley Arkin)은 한술 더 떠서 같은 잡지와의 인터뷰에서 니먼이 "사람들이 바라는 직업 검사와는 정반대"라고 말했다.[24]

웨들의 KPMG 사건 동료인 스탠리 오쿨라는 계속해서 남부지검에서 일했지만 평판을 유지하느라 고군분투했다. 훗날 판사들이 자신들에게 거짓말을 했다며 그를 비난하면서 그의 평판은 한층 더 나빠졌다.

기소는 대부분 기각되었지만 2007년 가을에도 KPMG 사건은 여전히 진행 중이었다. 캐플런은 나머지 피고인들에 대한 재판을 연기했다. 웨들은 더 이상 견딜 수 없었다. 검사가 몇 년이 지난 후에 사건에서 손을 떼는 것은 드문 일이 아니다. 그는 구실을 찾기 위해 평소보다 더 오래 참았지만 기진맥진해지고 만신창이 된 이제는 끝내고 싶었다. 그의 상사는 사건에서 손을 떼게 해 달라는 그의 요청을 이해하고 허락했다.

〈월스트리트 저널〉은 처음에 그가 사건에서 배제되었다고 보도해서 그에게 굴욕감을 주었다.[25] 이 신문은 6주 후에야 그가 자발적으로 떠났다는 정정 보도를 실었다.[26] 조세 회피 소송을 통틀어 남부지검이 징벌적 벌금으로 13억 달러를 회수했고 수십 건의 중범죄 선고를 받아 냈다. 웨들은 정부가 승리를 기록했다고 주장해도 되었다. 거의 모든 대형 로펌이 미국 부유층의 세금 포탈을 도왔다. 법무부는 이들의 탈세 수법에 제동을 걸었다. 그러나 고발된 로펌과 피고인들은 웨들과 그의 동료 검사들을 공격하여 유리한 위치에 섰다.

웨들은 자기 자신을 시장에 내 놓았다. 남부지검 연방 검사 출신이므로 금세 직장을 구할 수 있으리라는 생각을 여전히 품고 있었다. 그는 캐플런 판결이 일으킨 파장을 간파하지 못했다. 전 직장인 데브보이즈 앤 플림턴을 비롯한 로펌들은 그에게 자리를 내주지 않았다. 법조계가 복수를 한 것이다.

어느 날 그는 법무부의 루마니아 상근 법률 자문 자리가 났다는 구인 공고를 보았다. 어떤 이유에선지 그는 그 기회를 덥석 잡았다. 경력을 다시 쌓기 위해서라면 뉴욕에서 수천 마일 떨어진 곳이라도 갈 수 있었다. 귀양이나 유배가 될 수도 있지만, 그래서 어쩌라고? 부쿠레슈티로 간 그는 외교관

226

이 되어 남부 유럽의 법 집행 공조를 지원하는 데 힘을 보탰다. 2년 남짓한 행복한 시간이 흐르자 대형 로펌의 친구 한 사람이 그에게 자리가 났다고 연락을 해왔다. 해당 로펌은 그를 비행기로 실어 왔다. 그는 여러 번의 인터뷰를 통과했다. 그런 다음 알 수 없는 이유로 대화가 중단되었다. 그는 아무 말도 듣지 못했고 어떤 일이 일어났는지 전혀 알지 못했다. 알고 보니 웨들의 조세 회피 조사 대상이 된 어느 은행의 변호사가 로펌에 전화해서 그를 채용하지 말라고 한 것이었다. 결국 2014년 그는 뉴욕의 어느 로펌에 화이트칼라 전문 변호사로 채용되었다.[27] KPMG 사건은 아직도 그의 뇌리를 짓누른다. 10년이 지나서도 그 사건을 거론하면 그가 괴로워하고 감정을 주체하지 못하는 모습을 볼 수 있었다.

Chapter 8

AIG 사냥

THE HUNT FOR AIG

AIG는 문제를 피할 수 없었다. 2002년
부터 2004년까지 2년 동안 PNC-AIG 금융상품을 추적한 후에 법무부와
폴 펠티어는 AIG가 연속해서 법을 어기고 있다는 확신에 따라 이 보험사를
잡아들이기 위해 다시 6년을 바쳤지만 좌절감만 느꼈다. AIG를 상대로 한
그다음 대형 소송에는 미국 재계 거물 가운데 한 사람으로 세계 최대 부호
중 하나인 워런 버핏(Warren Buffett)과 그의 거대 산업·금융 복합체인 버크
셔 해서웨이(Berkshire Hathaway)가 연관되어 있었다.

2005년 2월 회계 및 화이트칼라 전문가로 엔론 태스크포스에 있다가 법
무부 본부 형사국으로 복귀한 톰 해너식은 AIG와 버크셔 해서웨이의 자회
사인 제너럴 리인슈런스 코퍼레이션(General Reinsurance Corporation, 이하
젠리) 사이의 수상쩍은 보험 거래를 조사하기 시작했다. 젠리는 다른 보험사
에 보험을 판매하는 이른바 재보험업을 전문으로 했고, 신생 파생상품과 여

러 가지 복잡한 금융 거래에도 손을 댔다. SEC와 뉴욕주 법무장관 엘리엇 스피처(Eliot Spitzer)도 조사를 시작했다.

해너식은 버지니아 리치먼드로 내려가 자료 확보를 위해 버지니아 동부 지역의 검사들과 멍거 톨스 앤 올슨(Munger, Tolles & Olson)의 유력 변호사인 론 올슨(Ron Olson)을 만났다. (버크셔의 부회장이자 해당 로펌의 창립 파트너인 찰리 멍거[Charlie Munger]는 매력적이고 별난 억만장자로서 버핏의 후덕함을 보여주는 '오마하의 현인[Oracle of Omaha]' 공연에서 오랫동안 제2 바이올린을 연주해 왔다.) 올슨은 검사들에게 서류철 하나를 전달했다.

해너식은 그날 저녁 달리 할 일이 없었기 때문에 호텔 방으로 돌아와 서류철을 펼쳤다. 그는 뒤죽박죽된 서류를 시간순으로 정리하는 데만 두 시간이 걸렸다. 그런 다음 서류를 훑어보았다. 그날 밤이 끝날 무렵 그는 읽은 것이 무엇인지 깨달았다. 해너식은 다시 올슨을 만나 자료에 대해 고맙다고 했다. "내가 착각한 걸지도 모르지만 그 서류에 5억 달러짜리 가짜 거래 내용이 담겨 있는 건가요?" 그는 올슨에게 물었다. 2주 후 해너식은 사건과 관련된 사람들을 대면 조사 하기 시작했다.

모든 조사에는 요원이 필요했다. 요원은 FBI에서 파견되는 것이 일반적이지만 그 당시 법무부는 화이트칼라 사건에 대해서는 대부분 미국 우편 조사국(Postal Inspection Service)의 요원을 차출했다. 이는 화이트칼라 범죄 상당수가 우편 사기 혐의를 동반했기 때문이다. 우편 조사관은 법무부의 비밀 병기였다. 조사관들은 대체로 공인회계사였고 복잡한 금융 용어에 통달했다. 과거 우편 조사관들은 은행 강도와 열차 강도를 소탕했다. 이들은 1970년대 초반에는 클리퍼드 어빙(Clifford Irving)을 수신인으로 하는 편지가 사기임을 밝혀냈다. 전하는 바에 따르면 어빙에게 은둔 생활을 하는 백만장자 하워드 휴즈(Howard Hughes)의 자서전을 대필할 수 있는 독점권을

부여하겠다는 내용이었다. (자서전 원고도 가짜임이 밝혀졌다. 어빙과 그의 작가 친구
가 모두 꾸며 냈으며 어떤 식으로든 휴즈가 관여하지 않은 원고였다. 그 후 휴즈는 어빙과 출
판사를 고소했다.) 1980년대 후반에는 내부자거래에 대한 조사가 시작되었으
며, TV 전도사 짐 배커(Jim Bakker)의 전도 조직이 성추문과 사기 사건으로
무너진 후 그를 감옥에 집어넣는 데도 우편 조사국이 결정적인 역할을 했
다.[1] 2000년대 중반에 이르자 미국 우편 조사국은 재정난에 직면했고 조사
부서의 예산이 삭감되었다.

해너식과 제임스 텐딕(James Tendick)이라는 우편 조사관은 AIG와 젠리
의 다른 경영진을 면담하는 등 사건을 조사했다. 그들은 버핏에게 '하루 동
안의 여왕(queen for a day, 형사 조사 과정에서 검사와 개인 사이에 이루어지는 합의로
서 해당 개인이 범죄와 관련하여 아는 사실을 정부 측에 말하되, 그 내용이 이후 자신에게 불
리하게 작용하지 않는 조건의 합의 - 역주)'을 제안하고 그를 맨해튼 중심가에 있는
울위치 빌딩으로 불러서 면담했다. 이 합의에 따르면 정부는 증인이 솔직하
게 털어놓는 증언에 대해 면책해 줄 수 있다. 버핏은 특유의 익살을 부리며
조사에 임했지만 별 도움이 되지 않았다. 오마하의 현인은 자세한 거래 내
용을 잘 알지 못한다는 말로 검사들을 설득하려고 할 뿐 그 이외의 말은 아
꼈다.

버핏과의 만남이 소득 없이 끝났지만 해너식과 텐딕은 어떤 일이 있었는
지 파악하기 시작했다. 독재적인 회장 겸 CEO인 행크 그린버그가 AIG를
이끌고 있었다. 그는 월가의 전망치에 절대로 미달하지 않도록 자기가 세운
보험사의 주당 순익을 1센트까지 관리했다. 월가가 달리 주목하는 실적 평
가 기준이 있다면 검사들 생각에는 그린버그가 그 기준까지 조작하도록 시
켰을 듯했다. 2000년 증권 분석가와 투자자들은 AIG가 보험금 지급을 위
해 쌓아 두는 자금을 조작하고 있다고 의심했다. 그러한 '손실 준비금(loss

reserve)'도 실적 평가 기준이었다. 투자자들은 신규 사업의 추진과 더불어 손실 준비금도 늘어나야 한다고 본다. 기업이 손실 준비금을 적립하지 않을 경우 현재 체결하는 모든 신규 보험 계약으로 말미암아 미래에 큰 손실을 입을 가능성이 있다. AIG가 꽤 활발한 속도로 신규 보험 계약을 체결했음에도 손실 준비금은 감소했다. 투자자들은 AIG가 이익을 부풀리기 위해 준비금을 끌어 쓰는 것 같다고 생각했다.

2000년 10월, 불안을 잠재우기 위해 그린버그는 젠리의 최고 경영자인 로널드 퍼거슨(Ronald Ferguson)에게 연락했다. 두 사람은 AIG와 젠리 사이에 5억 달러 규모의 허위 계약 두 건이 체결되도록 했다. 보험 계약처럼 꾸민 거래였지만 실은 AIG에 대한 대출에 불과했다. 젠리는 계약 일방으로서 비밀 수수료를 청구하는 한편 AIG는 아무런 위험도 부담하지 않았다. 이 거래를 통해 AIG는 이익이 줄어드는 일 없이 손실 준비금을 부풀릴 수 있었다. 그린버그는 자기가 제안한 거래가 허위 거래가 아니며 자신은 무위험 거래를 지시하지 않았다고 주장했다. 그는 버핏처럼, 그러나 그보다는 신뢰성이 떨어지는 말로 자세한 사항은 알지 못한다고 우겨 댔다.[2]

스피처는 계속해서 의심을 버리지 않았고 AIG 이사회에 행크 그린버그를 해임하라고 압력을 가했다. 2005년 3월 그의 말이 먹혔다. 이사회는 CEO인 그린버그를 자신이 세운 회사에서 물러나게 했다. 스피처는 뉴욕 주 법무장관으로 있는 동안 연방 검찰청을 제치고 적극적으로 금융계를 규제하여 연방 검찰청을 난처하게 만들 때가 많았다. (또한 끼어드는 일도 있었다. AIG에 대한 다른 조사에서 그는 어느 중역을 면책하여 본의 아니게 법무부의 조사에 차질을 빚기도 했다.) 5월이 되자 AIG는 위험 이전이 전혀 일어나지 않았다는 사실을 파악했으며 해당 계약 기간 동안의 이익을 수정했다고 밝혔다.

한편 해너식은 형사 기소에 박차를 가했다. 그는 마이클 처토프로부터 화이트칼라 조사에서 가장 중요한 요소는 추진력을 계속해서 유지해 가는 것임을 배웠다. 6월 초에 해너식은 젠리의 중역 두 명과 양형 거래를 체결했다. 정부 측에 AIG의 허위 재무제표 작성을 의도적으로 도왔다고 증언할 증인 두 명이 생긴 것이다. 검사들도 다이너마이트급 증거를 담은 녹음테이프를 확보했다. 테이프는 중역들이 그 거래가 실질적인 보험 계약이 아니라 이익을 조작하기 위한 것임을 인지하고 있었다는 점을 알려 주었다. 기업 중역이 자신의 행위가 잘못임을 알고 있었는지 입증하는 것이야말로 화이트칼라 소송에서 최대의 과제다. 녹음 테이프에 따르면 당시 젠리의 최고 재무 책임자이던 엘리자베스 몬래드(Elizabeth Monrad)는 2000년 11월에 있었던 전화 회의에서 자기 회사가 "그 사람들이 계약을 통해 얻으려고 하는 회계 수치를 달성하려면 고생해야 할 것"이라고 말했다. 몬래드는 "이런 거래는 모르핀과 좀 비슷해요. 벗어나기가 아주 어려워요"라고도 했다.[3]

AIG-젠리 조사는 전도 유망하게 시작되었다. 그러나 법무부에서는 "큰 사건은 큰 문제를 일으킨다"는 격언이 전해 오는데, 이 말은 일반적으로 관료 사회 내부의 정치적 문제를 뜻한다. AIG-젠리는 더할 나위 없이 큰 사건이었다. 여러 검찰청이 별 관련도 없으면서 재판 관할권을 주장했고 조사에 끼어 들고 싶어 했다. 법무부 내의 영역 다툼에 판정을 내리는 역할은 차관실이 맡는다. 그 당시 버지니아 동부 연방 검찰청의 검사장이던 폴 맥널티가 수사 참여를 밀어붙였다. 해너식은 탐탁지 않았다. 새로운 검사가 추가로 합류한다는 것은 추진력이 둔화된다는 뜻이었다. 그 사람에게 복잡한 내용을 설명해야 했기 때문이다. 아니나 다를까 레이 패트리코(Ray Patricco)라는 연방 검사가 추가되었다. 검사들은 사냥감이 도망치는 동안 진창을 헤치며 조사를 진행했다. 해너식은 중역들이 큰 압박감을 느끼지 않는 것에 초조해졌다.

"기소하면 좋은 일이 생길 것"

해너식은 형량 협상을 받아 낸 후 법무부를 떠나 변호사로 개업했다. 법무부에서 10년간 일한 노장이며 극도로 복잡한 소송 여러 건을 맡은 경험이 있는 콜린 콘리(Colleen Conry)가 사건을 이어받았다. 그 당시 사기 팀의 부책임자인 폴 펠티어는 그녀를 높이 평가했다. 그녀도 그에 대해서 마찬가지로 생각했다. 콘리는 펠티어의 조언에 의지했다.

펠티어는 그처럼 심각한 사건에서는 법무부가 회사의 최고위급 중에서 책임이 있는 사람을 추적해야 한다고 강조했다. 그와 콘리는 기업 중역들에게 동료가 감옥에 가는 모습을 보여 주면 그들이 더 이상 화이트칼라 범죄를 저지르는 일을 막을 수 있다고 믿었다. 펠티어는 그 이전에 PNG 문제로 AIG를 조사했을 때는 개인을 기소하지 못했지만 이번에는 법무부가 개인에 초점을 맞추길 바랐다. 두 사람은 그러려면 어마어마한 시간, 에너지, 요원, 돈을 투입해야 한다는 사실을 잘 알고 있었다. 펠티어는 첫 기소에 누구를 포함해야 할지 이리저리 궁리하는 콘리를 도왔다. 중역 개개인이 의도적으로 잘못을 저질렀다는 명확한 증거가 있는가? 사건의 약점은 무엇일까? 피고인 측은 어떤 식으로 대항할까?

펠티어는 마이애미에서 했던 것처럼 워싱턴에 파장을 일으키고 있었다. "얇아야 이긴다(Thin to win)"는 말을 주문으로 삼았다. 이 위대한 소송 격언은 수십 년 전 피터 플레밍이 유나이티드 브랜즈 재판에서 주창했던 말이었다. 펠티어는 검사들에게 가능한 한 혐의를 단순화하고 늘리지 말라고 조언했다. 꼭 필요한 증인들만으로 재판을 짧게 진행하고, 배심원을 위해 사안을 최대한 명확하게 정리하라는 의미였다. 그는 검사들이 재판 기간을 3개월로 예상할 경우 사건에 대해 더 이상 파악하지도 못한 채로 반드시 지게 마련이라는 이야기를 들었다. 예외 없이 그랬다. "6주 넘는 재판은 무조건 난장판으로 바뀌니까 배심원단을 놓칠 것을 각오해야 한다"고 그는 말했다.

그러나 좋은 재판의 관건은 확실하고 빈틈없는 조사였다. 펠티어는 "기소하면 좋은 일이 일어난다"는 격언을 남겼다. 화이트칼라 소송에서는 검사가 자신이 모르는 사실이 남아 있을지도 모른다는 불안감이나 어딘가에 금덩어리 같은 확실한 증거가 파헤쳐지길 기다릴지도 모른다는 기대감을 품을 경우 마음만 먹으면 아주 쉽게 조사를 지속할 수 있다. 그러다 보니 조사가 몇 년 동안 지속되고 사건이 너무 오래되어 법무부가 할 수 있는 일이라고는 자잘한 혐의에 대해 유죄 시인을 받아 내고 승리를 주장하는 것 이외에는 없는 지경에 이르렀다. 펠티어의 좌우명은 그런 상황에 대한 해독제였다. 마이애미의 법 집행 당국에서는 B플러스짜리 일을 하면 A플러스짜리 결과가 따라온다는 말이 있었다. 그의 군단은 펠티어의 방식에 열광했지만 상급자들과 고상한 변호사 단체는 그렇지 않았다. 그런 태도는 위험을 불러들였다. 모험을 감행하는 검사는 질 위험이 크다. 물론 짐 코미가 유명한 연설에서 말했듯이 어떨 때는 겁쟁이 클럽의 가입을 철회할 필요가 있다. 그러나 상급자들은 그러한 태도를 좋아하지 않았다. 공격적인 검사는 변호사 단체뿐 아니라 판사나 언론의 비판을 불러일으키는 법이었다.

검사들과 방어 변호사들은 대부분의 경우 공통 언어를 사용하며, 그런 경향은 워싱턴과 뉴욕에서 두드러진다. 그들은 먹고 살기 위해서는 타협해야 한다는 것을 안다. 쌍방은 각자의 극단적인 입장을 명확히 밝힌 다음에 노력하여 타협에 이른다. 편하고 잘 알려진 방법이었다. 폴 펠티어는 그러한 공통 언어를 사용하지 않았다. 그 언어를 이해하지 못했거니와 좋게 생각하지 않았다. 그에게는 변호사들의 호감을 살 생각이 없었다. 그는 변호사를 친구로 사귀거나 변호사와의 친분을 이어 가지 못했을지는 몰라도 유능한 검사들에게는 더할 나위 없이 좋은 친구였다. 조사 팀과 재판 팀을 짜고, 남들의 의욕과 사기를 고취하며, 재판에서 결실을 거두는 재능이 있었다. 그는 그렇게 하지 못하는 사람을 "월급 도둑"이라 불렀고 그런 사람을 정부에서 몰아내는 데 전력을 다했다.

2005~2006년에 펠티어는 잭 아브라모프(Jack Abramoff) 사건을 감독했다. 법무부는 가장 유력한 공화당계 로비스트 중 하나로 꼽히던 아브라모프뿐만 아니라 그의 인맥인 기업인과 정치인들을 기소했다. 사기 팀은 조사를 진행하기 위해 별 활동이 없던 공직자 청렴 조사부(Public Integrity Section)와 힘을 합쳤다. (내부적으로 이 부서는 PIN으로 불렸지만 펠티어는 '자는 것이 취미인 검사들[Prosecutors Interested in Sleeping]'이라는 의미에서 PIS라고 불렀다.) 이 사건은 정치적으로 위험하고 민감한 작업을 수반했다. 이런 사건을 조사할 때 검사들이 당파적이거나 편파적이라는 비난을 피하려면 평소와 같은 일을 하는 것이 최선이다. 펠티어에게는 당연한 일이었다. 그는 기소를 추진함에 있어 다른 방법은 전혀 알지 못했다.

그러나 미묘한 내부 정치에 적응하려는 노력에는 실패했다. 펠티어는 자기가 보기에 동료들의 능력 부족 때문에 빈번히 발생하는 일 때문에 계속해서 화가 난 상태였다. 한번은 정무직 관료들이 근무하는 전방 본부가 우호적인 분위기를 조성하기 위해 팀들을 모은 적이 있었다. 펠티어는 후배인 가이 싱어(Guy Singer)가 다른 사람들에게 과도하게 공손하다고 생각했다. 펠티어는 싱어가 이 말 저 말에 동의하는 것을 잠시 동안 가만히 듣고 있었다. 싱어는 회의에서 자기가 원하는 것을 얻기 위해 사소한 양보를 하는 것쯤은 개의치 않았다. 반면에 펠티어는 그런 유전자가 없었다. 그는 당혹감으로 목이 뻣뻣해지고 귀가 달아오르는 것을 느꼈다. 회의가 단조롭게 진행되는 동안 그는 싱어에게 쪽지를 건넸다. "한 번만 더 동의하면 네 대가리를 박살내 버릴 줄 알아."

2004년 여름, FBI는 퀘스트 커뮤니케이션스(Qwest Communications) 수사에 사기 팀의 도움을 요청했다. 덴버에서 설립되어 총아로 떠오른 이 통신사는 매출을 30억 달러 부풀리는 회계 사기에 관여했다. 당시 콜로라도 현지 검찰청이 관련 재판에서 패소한 참이라 CEO인 조지프 나시오(Joseph Nacchio)에 대한 후속 기소도 불발될 위험이 있었다. 펠티어와 그의 동료들은 콜로라도 검찰청이 잘못된 가설로 접근했다고 판단했다. 검사들은 회계 사기를 입증하지는 못하더라도 나시오를 회사가 목표 이익을 달성하지 못하리라는 것을 알고는 1억 주를 투매한 혐의로 기소할 수는 있었다. 2005년 12월 대배심은 내부자거래와 관련된 42개 혐의로 나시오를 기소했다.

펠티어는 42개는 너무 많다고 생각했다. 그러나 이미 일어난 일을 되돌릴 수는 없었다. 그는 재판 담당 검사들을 도와 6쪽 분량의 기소장으로 논거를 정리했고, 재판 기간을 단축하여 6주라는 최적의 기간 내에 끝날 수 있도록 했다. 2007년 4월, 나시오가 42개 중 19개 혐의에 대해 유죄를 선고받으면서 검사들이 승소했다. 나시오는 6년 형을 받았다. 그러나 화이트칼라 중역에 대해서는 항소 과정에서까지 혐의를 인정받기가 늘 어렵다. 변호인단이 항소심에서 자원과 노력을 무한정 쏟아붓기 때문이다. 2008년 3월, 연방 제10항소법원의 재판부(panel)는 유죄 판결을 파기했다. 펠티어는 재판부가 착오를 저질렀다는 것을 믿어 의심치 않았다. 법무부는 포기하려고 했지만, 그는 항소심 판사들과 법무부 송무차관실을 끈질기게 괴롭혔다. 그는 3인으로 이루어진 재판부가 아니라 전체 법관으로 이루어진 '전원 합의체(en banc)'에서 재판을 다시 해야 한다고 주장했다. 결국 그의 직감이 옳았다. 2009년 2월, 연방 제10항소법원은 재판부의 판결을 파기하면서 유죄 선고와 형량을 확정지었다. 나시오는 4년 넘게 복역했다.

2005년 학구적이고 원숙한 경력 검사 조시 호치버그가 사기 팀의 책임자 자리를 내려놓자 펠티어가 그 자리를 원했다. 형사국의 앨리스 피셔 (Alice Fisher) 차관보가 선택안을 놓고 심사숙고하는 동안 펠티어가 책임자 직을 대행했다. 다른 사람이라면 자기만의 스타일을 억누르고 때때로 평정을 되찾으며 법무부 내부의 적들과 함께 식사할 수 있었을 것이다. 펠티어는 그러지 못했다. 그는 미친 듯이 조사에 임했고 자기 사람들을 두둔했으며 자기가 그들을 어떻게 생각하는지 솔직히 말했다.

피셔는 도저히 그에게 책임을 맡길 자신이 없었다. 그녀는 펠티어를 사무실로 불러 앉게 했다. 그러고는 그에게 부책임자 자리를 제안했다. 그녀는 "축하합시다"라고 말하고 와인을 한 병 꺼냈다.

"축하요? 와인병 치우세요! 떨어졌다는 이야기나 들으러 온 거 아닙니다!" 펠티어가 말했다. 그는 눈물을 참을 수 없었다. 그 자리는 그의 친구이자 다른 경력 검사인 스티븐 티렐(Steven Tyrrell)에게 갔다.

하트퍼드로 날아가다

검사들은 2006년 2월 전임 CEO와 최고 재무 책임자를 비롯한 젠리 중역 네 사람을 기소했다. 그러나 콜린 콘리는 버지니아 동부 연방 검찰청의 레이 패트리코와 같이 일하는 데 어려움을 겪었다. 패트리코 연방 검사는 자꾸만 그녀를 무시하는 듯한 발언을 하거나 자기가 버지니아 동부 연방 검찰청의 검사장을 하다가 법무차관이 된 폴 맥널티와 친구라는 것을 넌지시 암시했다. 펠티어는 콘리를 지키려 했지만 그녀는 재판에서 빠지겠다고 했다. 그는 AIG-젠리 조사를 마무리 짓는 작업에 착수했다.

피고인 측은 재판 장소를 버지니아에서 젠리 본사가 있는 코네티컷으로 옮기고 싶어 했다. 제3자인 코네티컷 연방 법원이 관여함에 따라 당연히 해당 법원의 사람들도 재판에 참여하게 되었다. 그야말로 엉망진창이었다.

2006년 늦여름 펠티어는 법무부 본부에서 찾아낸 애덤 사프왓 검사를 재판에 투입했다. 델라웨어 연방 검찰청에서 본부로 갓 옮겨 온 사프왓은 화이트칼라 범죄와 기업 범죄를 조사한 경험이 있었다. 그는 펠티어와 완전히 대비되는 인물이었다. 펠티어가 감정에 휩싸일 때 그는 평정을 유지했고, 펠티어가 큰 그림을 볼 줄 아는 반면에 그는 세부 사항을 꼼꼼히 따졌다.

검찰 팀은 그해 남은 기간 동안 재판을 준비했고 다른 검찰청과 전략을 논의하는 데 조사에 들인 만큼 시간을 들였다. 사프왓과 펠티어는 패트리코를 별로 존중하지 않았다. 그들만 그런 것이 아니었다. 사건을 담당한 요원들도 버지니아와 코네티컷 사람들에게서 좋은 인상을 받지 못했다. 한번은 회의 동안 언쟁이 어쩌나 격렬했는지 우편 조사관인 제임스 텐딕이 "이봐, 대체 무슨 빌어먹을 짓들이야? 정신들 차려!"라고 소리를 지를 정도였다.

2007년 봄 사프왓과 펠티어는 패트리코와 만나 재판 전 회의와 이슈들을 검토하기 위해 비행기를 타고 하트포트로 올라갔다. 두 사람은 자정쯤 도착해서 그다음 날 아침에 있을 회의에 참석하기 위해 뉴헤이븐까지 갈 택시에 올라탔다. 펠티어가 작은 공책을 꺼냈다. 그들은 45분 동안 대략적인 재판 전략을 짜고 증인 명단을 정리했다. 패트리코와 다른 검사가 잠정적인 증인으로 정리해 놓은 사람들은 70명에 달했다. 그러나 그 모든 증인을 부른다면 검사들은 2~3주 동안 재판에서 초점을 잃을 것이 분명했고, 이는 배심원에게는 용납되지 않는 일이었다. 사프왓과 펠티어는 증인을 10명으로 줄였다. 패트리코는 어떤 문서를 취합했고 자료를 어디에서 확보했는지 요원들이 진술하는 것으로 재판을 시작하자고 했다. 사프왓과 펠티어는 아마추어 같은 방법이라고 생각했다!

펠티어와 사프왓은 주요 협력자를 먼저 내세워 처음 30분 동안 그에게 배심원단 앞에서 사기의 전모를 증언하도록 해야 한다고 주장했다. 그런 다음 배심원단이 검찰 측 설명을 청취하고 나면 검사들은 연대표 (choronology)에서 빠진 시간을 채우고 필요한 증인을 보강하면 되었다. 연구 결과에 따르면 배심원들은 재판 초반에 마음을 정하며 그러한 첫 인상에 맞춰 남은 증거를 해석한다고 한다.

그러나 그들은 회의에서 그 문제를 매듭짓지 못했다. 그해 남은 기간 동안 치열한 싸움을 벌인 끝에야 펠티어와 사프왓이 승리를 거두어 택시 안에서 정한 재판 전략을 밀고 나갈 수 있게 되었다.

추문과 정실 인사

펠티어와 사프왓이 AIG와 젠리의 기소를 추진하는 동안 여러 문제가 법무부를 어지럽혔다. 2005년 2월 조지 부시가 알베르토 곤잘레스를 존 애시크로프트의 후임 법무장관으로 임명했다. 2년 반이라는 그의 짧은 임기 동안 정실 인사와 무능이 두드러졌다. 곤잘레스가 물러난 지 2달이 흐른 2007년 11월 법무부 감찰국장이 법무부에 대한 신뢰가 떨어졌다고 비난하고 나섰다. 그는 2004년 부시의 재선 이후 연방 검사장에 대한 행정부의 정치적인 숙청과 법무부의 부적절한 경력직 채용 관행 등과 같은 추문을 그 이유로 거론했다. 그 당시 대통령이 임명하는 법무부 최고위 직급 11개 가운데 채워진 것은 3개에 불과했다.[4]

화이트칼라 기소는 지도부의 공백뿐만 아니라 자원 유출 때문에 어려움을 겪었다. 9·11 테러 이후 수년 동안 법무부는 화이트칼라 조사에서 재원과 인력을 빼냈고, 이러한 자원 유출은 곤잘레스의 임기 내내 계속되었다. FBI는 국내 수사 조직에서 국제 첩보 기관으로 탈바꿈하여 테러리즘에 초점을 맞추었다. 2002년 5월, FBI는 최우선 과제를 재정립하고 그에 맞춰 조직을 개편했다. 10대 주요 과제 중에 FBI가 최우선으로 꼽은 과제가 "테러 공격에서 미국을 보호한다"였다. 두 번째로 "외국의 첩보 작전과 간첩 활동에서 미국을 보호한다"는 과제가 꼽혔다. 사이버 범죄와 공무원 부패 근절 다음에 오는 7번째 과제는 "화이트칼라 범죄를 척결한다"였다.

2000년에서 2004년 사이에 FBI는 현장 요원 1143명을 마약, 조직범죄, 화이트칼라 범죄 등의 전통적인 수사 분야에서 테러리즘으로 이동시켰다. 표면상으로 FBI의 화이트칼라 전담 요원 숫자는 120명 정도 줄어들었을 뿐이다. 그러나 FBI는 공식적인 재배치 이외에도 전통적인 분야에 남아 있던 요원 1200명의 업무 부담을 줄여 이들에게 테러리즘 조사를 돕도록 했다. 이러한 정책 전환은 전체 요원 가운데 4분의 1 정도에 영향을 끼쳤다.[5] 우편 조사국은 그 이전까지는 뉴욕 남부지검과 법무부 본부에 큰 도움을 주었지만 그때부터는 복잡한 기업 범죄 조사에서 빠졌다. 그 대신 방향을 바꾸어 남은 요원들을 간단한 우편 사기 조사에 투입했다. 이 기간 동안 지도부 공백에 처한 법무부는 검사들의 경험 부족과 무능은 물론 무리한 범죄혐의 적용 때문에 화이트칼라 재판에서 고전했다.

다른 추문이 부시의 두 번째 임기가 막바지에 이른 2008년 7월에 불거지기 시작했다. 대배심은 오랫동안 알래스카 상원의원을 지낸 유력 정치인 테드 스티븐스가 현지 사업가로부터 주택 수리비를 포함한 수십만 달러어치의 선물을 받고도 보고하지 않아 7개 혐의로 기소된 데 대해 파기 환송결정을 내렸다. 부시가 백악관을 떠나고 오바마가 들어오는 동안 사건은 유야무야되었다. 기소는 조사 대상과 기소 대상의 헌법적 권리를 보호하기 위한 일련의 법 규정에 따라 진행된다. 정부는 피고인 측에게 공소 제기의 근거가 되는 증거를 제공해야 할 의무가 있다. 이러한 증거는 1957년 연방대법원 사건 이후에 젠크스(Jencks) 자료로 불린다. 그보다도 더 중요한 것은 정부가 피고인의 무고함을 입증할 증거를 빠짐없이 피고인 측에게 제공해야 한다는 점이다. 이때의 증거는 1963년 연방대법원 판결 이후 브래디(Brady) 자료로 불린다. 또한 이와 관련된 1972년 연방대법원 재판에서 대법원이 내린 질리오(Giglio) 판결에 따라 검사들은 증인과 증언을 대가로 기소하지 않기로 거래를 한 경우 배심에게 그러한 거래 사실을 알려야 한다. 결국 법원은 스티븐스 재판의 검사들이 브래디 원칙과 질리오 판결을 위반했다는 것을 밝혀냈다. 판사는 기소를 기각했다. 그 이후인 2009년 에릭 홀더는 판사가 스티븐스의 혐의를 무시했다는 청구(motion)를 제출했다. 2010년 가을, 재판에 배정된 검사 중 한 사람이 목숨을 끊는 비극이 일어났다. 2012년 법원이 지정한 특별 검사는 최소한 2명의 연방 검사가 고인이 된 스티븐스 상원의원의 변론에 도움이 될 만한 증거를 피고인 측에게 "의도적으로 주지 않고 은폐했다"고 썼다. (스티븐스는 2008년 재선에서 패하고 2년 후에 항공기 추락 사고로 사망했다.) 직급이 낮은 검사들은 비난을 받고 상급자들은 책임을 면했다. 교훈은 분명했다. 세간의 이목을 끄는 재판에서는 조심해야 한다는 것이다. 모든 검사가 패소에 대해서 크게 걱정하지 않았다. 그러나 스티븐스 사태는 그보다 더 통렬한 교훈을 남겼다. 그와 같은 트라우마를 입으면 경력이 망가지고 자살로까지 내몰릴 수 있다는 교훈이었다.

펠티어가 살린 재판

법무부가 혼돈 속에서 소용돌이쳤던 2008년 1월 젠리 중역 4명과 AIG 중역 1명 등 중역 5명에 대한 펠티어와 사프왓의 재판이 시작되었다. 법원에 도착한 검사들은 주눅이 들지 않을 수 없었다. 피고인 측 변호사들은 정부 권력이 얼마나 막강하고 무서운지 떠들어 대는 경향이 있으며, 어떤 점에서는 그 말이 옳다. 그러나 그 재판에는 5개 변호인단이 동원되었다. 컴퓨터의 케이블 선 때문에 탁자 다리가 안 보일 정도였다. 어소시에이트, 행정직, 조수, 배심 전문가 군단이 선임 변호사들 뒤에 앉아 있었다. 맞은편 탁자에는 적은 보수를 받으며 서로 사이가 좋지 못한 정부 직원 몇 명이 앉았다.

레이 패트리코는 젠리의 최고 협력자인 리처드 네이피어(Richard Napier) 부사장에게서 증언을 받았다. 패트리코는 펠티어의 방식을 따라 그에게서 사기에 관한 증언을 듣는 것으로 시작했지만, 그러다가 배심원단의 존재를 잊어버린 듯 행동했다. 그는 네이피어에게 문서 수십 건을 보여 주었다. 배심원들의 입이 딱 벌어지는 것이 눈에 보일 정도로 너무 많은 자료였다. 휴정 시간 동안 변호사 중 한 명이 검사 한 명에게 "제발 이 고통에서 우리를 좀 구해 주세요!"라고 농을 걸었다. 그 외에도 패트리코가 다른 증인을 오랫동안 자세하게 심문한 후에 다른 서류철을 꺼낸 적이 있었다. 그때 배심원 한 명이 "세상에, 또 시작이야!"라고 말하듯이 눈을 희번덕였다.

젠리 중역인 네이피어가 첫 번째 증언을 하는 동안 패트리코는 전보다 좀 더 강하게 증인을 밀어붙이면서 그가 온전히 기억하지도 못하는 사실을 떠올려보라고 다그쳤다. 변호인단이 덤벼들었다. 반대신문에서 젠리 중역 엘리자베스 몬래드의 변론을 맡은 리드 와인가튼(Reid Wengarten)이 네이피어의 허를 찔렀다. 와인가튼은 무수한 CEO와 각료들을 대리할 정도로 변호사계의 왕족이었다. 좁은 만큼 인맥이 얽힌 법조계인지라 와인가튼이 패트리코를 자신의 로펌인 스텝토 앤 존슨(Steptoe & Johnson)의 신임 변호사로 채용한 적도 있었다.

그러던 와인가튼이 이제 자신의 후배였던 패트리코를 측면에서 공격했다. 증인석 앞에 선 와인가튼의 추궁에 네이피어는 몇 가지 실수를 인정하고야 말았다. 네이피어는 진술을 철회하지는 않았지만 피고인 측은 그의 진실성에 타격을 가했다. 반대신문 이후에 검사들과 요원들이 방에 모였다. 그들은 비참한 심정이었다. 패트리코는 망연자실하게 소파에 누워 있었다. 다른 검사는 네이피어 때문에 망했다고 씩씩거렸다.

펠티어는 모두를 진정시켰다. 그는 재신문을 어떻게 진행할지 간단히 설명했다. 재신문에서는 검찰 측이 제한적이나마 반대신문에서 피고인 측이 제기한 사안을 다시 논의할 수 있는 기회가 주어진다. 펠티어는 어떻게 질문에 집중할지, 피고인 측이 네이피어의 진실성에 의문을 제기할 때 어떻게 대응할지를 설명했다. 패트리코의 재심문은 효과적이었다.

검사들은 재판 내내 자리를 두고 다퉜다. 처음에는 펠티어가 최종 반박(rebuttal)을 책임지기로 했지만 패트리코도 그러기를 원했다. 코네티컷 연방 검찰청 및 버지니아 동부의 연방 검사장과 앨리스 피셔 형사국 차관보는 검사들 및 요원들과 전화 회의를 가졌다. 피셔는 반대했지만 나머지 사람들이 패트리코에게 최종 반박을 넘기기로 결정했다.

최종 반박에서 패트리코는 인간적인 주장을 펼쳤다. 사기가 주가에 타격을 가했다는 것이다. 그는 이렇게 주장했다. "[AIG의] 모든 주식 지분 뒤에는 힘들게 번 돈을 털어 주식 한 주를 산 살아 숨 쉬는 사람이 있는데, 아마도 퇴직 예금을 붓고, 자녀들의 학자금에 보태고, 가족을 위해 약간의 가욋돈을 마련하기 위해서였을 겁니다."

그 말은 실수였다. 패트리코 검사의 주장은 사기가 주주의 손실을 유발했다는 생각에 근거하지 않았다. 그보다 검사의 주장은 사기가 주주에게 영향을 끼쳤다는, 즉 "중요하다"는 것이었다. 그 차이는 중요하지만 미세했다. 각각은 별개의 혐의였고 필요한 증거도 달랐다. 그의 말은 나중에 항소심에서 검찰 측의 발목을 잡았다.

갈등과 실수가 있었음에도 정부는 5주 만에 재판을 끝냈는데, 펠티어는 바로 이 시한을 넘기면 정부가 재판에서 패소하리라 보았다. 정부는 이 재판에서는 패소하지 않았다. 2008년 2월 말, 배심원단은 5명의 피고인 모두에게 모든 혐의에 대해 유죄를 평결함으로써 정부에 압도적인 승리를 안겨주었다.

검사들은 이번 승리가 첫 단계에 불과하다고 생각했다. 펠티어와 사프왓은 위로 올라가 좀 더 높은 중역을 잡고 싶었다. 그들은 어렵다는 것을 알면서도 그린버그를 기소하고 싶었다. 재판 후 두 사람은 거래가 일어났을 때 젠리의 고위 간부였고 거래에 대해 보고를 받은 조지프 브랜던(Joseph Brandon)을 기소하려고 했다. 그는 2001년 CEO로 승진했고 거래의 윤곽을 알고 있는 듯했다. 브랜던은 버크셔 해서웨이의 총아였으며 버핏의 잠재적인 후계자로 거론되었다. 그런 만큼 거물 표적이었다. 패트리코는 증거가 충분하지 않을 것을 우려하여 브랜던을 기소하지 말자고 주장했다. 정부는 한 번도 그를 기소하지 않았다.

행크 그린버그도 교묘히 벗어났다. 그린버그는 CEO 시절에 AIG 중역인 크리스천 밀턴(Christian Milton)을 거래의 교섭 대표로 지정했다. 밀턴은 재판에서 유죄를 선고받았지만 끝까지 자신의 상사인 그린버그에 불리한 증거를 내놓지 않았다. 펠티어와 사프왓은 5개 혐의 전부에 대한 형이 너무 가볍다며 "컨트리클럽(country club)" 형이라고 말했다. 전임 CEO 퍼거슨은

2년 형을 받았다. 전임 최고 재무 책임자인 몬레드는 18개월 형을 받았다. 다른 사람들도 중형을 피했다. 펠티어는 유죄가 인정된 중역들에게 면책을 조건으로 해서 대배심 앞에 세우라고 팀을 닦달했다. 그래야 그들이 마지못해 선서를 하고 그린버그의 역할에 대해 아는 바를 증언하리라는 이야기였다. 그것이 위로 올라가 기업의 총수를 잡는 방법이라고 했다. 그러나 다른 검찰청들은 증거가 충분치 못하다는 이유를 들어 그러한 전술을 거부함으로써 펠티어의 야망을 꺾었다. 2017년 91살의 그린버그는 뉴욕주 검찰청과 12년의 긴 싸움을 벌인 끝에 마침내 합의하면서 해당 거래로 AIG의 장부가 왜곡되었다는 점을 인정했다. (그러나 사기를 저지르지 않았다는 주장은 여전했다.)

펠티어와 사프왓은 젠리 자체와도 협상을 시작했다. 양측에게는 걸리적거리는 문제가 한 가지씩 있었다. 젠리의 현직 CEO 브랜든은 AIG와의 거래 당시에는 CEO가 아니었지만 거래 사실을 알고 있었다. 펠티어와 사프왓은 젠리와 젠리 측 변호사에게 사기에 가담한 사람을 회사가 계속해서 CEO로 둔다면 정부는 회사와 합의하지 않겠다고 말했다.

그들은 회사에 그를 내보내야 한다고 대놓고 말하지는 않았지만 '괜찮아! 이사회도 그 생각에 반대하지 않을 거야'라고 생각했다. 그러나 변호인 측은 KPMG 사건을 거론하면서 부당하다고 반발했다.

그때부터 사프왓과 펠티어는 젠리나 AIG의 변호사와 대화할 때마다 극도로 조심했다. 검사들은 변호사 수임료, 공동 변론 합의, 조사받는 중역들의 고용 상태 등을 입 밖에 내는 일을 삼갔다. 그들은 KPMG 이후의, 톰슨 메모가 폐지된 세상에서 일하고 있었다. 결국 2010년 1월 20일 검사들은 젠리와 불기소 합의를 맺었고 젠리는 9000만 달러가 넘는 돈을 냈다. 이 회사는 자사의 고위 경영진이 거래의 목적이 AIG가 날로 늘어가는 손실 준비금을 국민과 SEC에 거짓으로 보고할 수 있도록 돕는 것임을 알고 있었다고 인정했다.

몇 년 후 젠리-AIG 재판은 좌절로 끝났다. 2011년 8월 2일, 연방 제2항 소법원의 재판부는 젠리와 AIG의 중역들에 대한 유죄 평결을 기각했다. 데 니스 제이콥스(Dennis Jacobs) 판사는 조지 H. W. 부시의 임명을 받았으며 법원에서 손꼽히는 자유의지론자였는데 검사들이 주식시장의 손실을 자기 들이 입증하고자 하는 특정 사기 혐의 탓으로 돌린 것은 도를 넘어선 행동 이라는 판결문을 썼다. 제이콥스 판사는 적어도 정부가 보기에는 거의 모든 증권법 기소에 적대감을 표출했다. 그는 재판에 제출된 증권 차트가 편파적 이라 판단하고 검사들이 "이 거래 때문에 해당 기간 동안 AIG 주식이 12% 폭락했다고 주장한 것은 근거가 없으며 (금융 공황 때 AIG의 역할을 감안할 때) 피고인들이 미국의 모든 가정을 강타한 경기 침체를 일으킨 양 편파적인 인 상을 심어 준다"고 썼다. 그러나 이 주장에는 심각한 문제점 하나가 있었는 데, 시기를 착각했다는 점이다. 1심 재판은 2008년 초에 시작하여 금융위 기가 닥치기 꼬박 8개월 전인 2월에 끝났다. 그러니 배심원단이 아직 일어 나지도 않은 사건 때문에 편견에 휩싸인다는 것은 있을 수 없는 일이었다.

그때는 이미 펠티어가 법무부를 떠나 개업을 한 때였다. 사프왓은 법무부 가 연방 제2항소법원에게 전원 합의체로 재판부의 판결을 재심해 줄 것을 요청해야 한다고 주장했다. 바로 펠티어가 나시오 재판 때 했던 방식이었 다. 그러나 법무부 송무차관실은 재판부에게 재심을 고려하지 말 것을 권고 했다. 재판부는 일부 잘못된 사실을 수정했지만 판결을 유지했다. 법무부는 그때 법원 전체에 탄원서를 낼 수 있었지만 그러지 않았다. 사건을 다시 재 판에 붙일 수도 있었지만 그럴 의향이 없었다. 화이트칼라 소송의 대표적인 성공 역시 원점으로 돌아갔다.

AIG 사냥이 계속되다

항소심 패소라는 실망스러운 결과가 나오기 전이며, 펠티어와 사프왓이 젠리-AIG 조사와 재판에 매달려 있는 동안 전 세계 금융 거품이 콕 찌르는 통증을 느끼기 시작했다. 집값은 2006년 최고조에 달했고 그 이듬해 초에는 모기지(mortgage, 주택담보대출) 증권의 가격이 곤두박질치기 시작했다. AIG는 그해 후반에 갖고 있던 모기지 증권 때문에 손실을 입기 시작했다. 2008년 2월, 회사는 53억 달러의 손실을 입었다고 보고했는데, 1919년 설립 이래 역대 최대의 분기 손실이었다. AIG가 손실을 입은 까닭을 파악한 투자자나 분석가는 드물었다. 프라이스워터하우스쿠퍼스(PricewaterhouseCoopers, 이하 PwC)는 AIG의 장부에 "중대한 결함"이 있다는 보고서를 내려고 했다. 이 회사가 발표한 숫자를 믿으면 안 된다고 투자자에게 경고한 셈이었다. AIG의 자금 출혈은 서브프라임 모기지 증권 때문이었다.

사프왓과 펠티어는 AIG-젠리 재판의 배심원 평결을 기다리는 동안 그 소식을 접했다. 그들은 좀 더 많은 정보를 얻기 위해 AIG와 SEC에 연락을 취했다. 사프왓이 자료를 파고들었다. 워싱턴으로 돌아오자마자 그는 펠티어의 사무실로 와서 조사해야 한다고 말했다.

"가치 평가에 대한 해석 다툼에 불과할까?" 펠티어가 질문했다. 장부 자산의 가치를 다루는 재판은 까다롭기로 악명 높았다. 이런 증권은 시장에서 거래되는 것이 아니기 때문에 가치 평가가 필요했다. 검찰이 전문가 증인에게 가치 평가를 의뢰할 수 있지만 피고인 측도 전문가 증인을 내세워 대항할 것이 뻔했다. 그럼 배심원들은 어깨를 으쓱하고 말 터였다. "우리보고 어쩌라구?"

"아니요, 폴. 그렇지 않아요. 무엇인지 확실히 집어낼 수는 없지만 뭔가 이상해요. 뭔가 아주 잘못된 일이 이 회사에서 벌어졌어요."

펠티어가 고개를 끄덕였다. "그래, 가서 보자고."

그때까지 5년 동안 폴 펠티어는 띄엄띄엄 AIG의 범죄를 조사했다. AIG 가 겪고 있는 모기지 문제의 진원지는 런던에 본사를 둔 파생금융상품의 온 상인 AIG FP였다. 펠티어가 잘 아는 사업부였다. 그는 PNC의 부외 거래를 조사하는 동안 AIG FP도 조사한 바 있었다. 그때 정부는 AIG FP의 최고 중역들이 범죄를 저질렀음을 입증하는 증거를 충분히 찾아내지 못했다. 이 제는 AIG FP가 훨씬 더 수상한 활동에 관여한 정황이 보였다. 다시 한번 폴 펠티어가 2008년 금융위기의 주범 중 하나로 악명을 떨치게 된 사람을 조 사할 순간이 닥쳤다. 그 사람은 조지프 카사노였다.

Chapter 9

진실도 화해도 없었다

NO TRUTH AND NO RECONCILIATION

폴 펠티어는 오바마의 사람들이 법무부에 들어올 때 짜릿한 기분을 느꼈다. 그는 뼈 속 깊이 매사추세츠의 진보적인 민주당 지지자였지만 그 감정은 정치적인 것이 아니었다. 그는 무능을 경멸했고 부시 임기 후반의 '광대들'에게 작별을 고하게 되어 기쁠 뿐이었다. 법무부 조직은 '전방 본부(front office)' 사람들과 일선 검사들로 나뉜다. 전방 본부는 정무직 간부와 이들을 보좌하는 직원들로 구성된다. (펠티어는 이들을 경멸조로 '관광객'이라 불렀다.) 법무부의 지역 검찰청 대부분에서는 전방 본부 사람들과 실무 검사와의 경계가 명확하지 않다. 지역 검찰청은 법무부 본부보다 규모가 작다. 검사장과 실무 검사들은 일반적으로 세부 사항과 중요한 결정에 관여한다. 수도에서 물리적으로 떨어져 있는 덕분에 그들은 워싱턴의 간섭을 덜 받는다. 이와 대조적으로 워싱턴에서는 전통적으로 전방 본부와 경력직인 실무 검사 사이의 경계가 더 명확하다. 제대로 된 정무직 간부라면 좀처럼 그 선을 넘어 조사의 세세한 부분에 간섭하지 않는다.

관광객들은 펠티어가 사랑하는 법무부를 이용하여 명예가 더 큰 직위에 오르기 위해 잠깐 들렀다 갈 뿐이었다. 그러나 그렇다고 해서 그들 모두가 똑같은 것은 아니었다. 어떤 사람은 유능했고 어떤 사람은 그렇지 못했다. 부시 행정부에서 마지막으로 투입한 무리는 최악에 속했다. 그는 오바마 사람들이 훨씬 더 우수하리라는 기대를 품었다.

금융위기는 리먼 브라더스가 붕괴하고 AIG가 구제 금융을 요청하며 뱅크 오브 아메리카(Bank of America)가 메릴린치를 인수한 2008년 9월 정점에 달했다. 부시가 임명한 재무장관이며 골드만삭스의 CEO를 역임한 헨리 폴슨(Henry Paulson)은 연준의 벤 버냉키(Ben Bernanke) 의장 및 뉴욕 연준은행의 티머시 가이트너(Timothy Geithner) 총재와 머리를 맞댔다. 10월까지 그들은 대형 상업은행과 투자은행에 자금을 지원하기 위해 수천억 달러를 투입했다.

버락 오바마는 희망과 변화를 대선 구호로 내세웠지만 그가 취임할 때 온 나라는 공포와 분노로 요동치고 있었다. 오바마 행정부는 맨 먼저 붕괴하는 세계 금융계와 대공황 이후로 최악의 침체로 추락한 경제에 대응해야 했다. 그는 일관성을 유지하기 위해 가이트너를 재무장관으로 임명했다. 1년 후에 첫 번째 임기가 끝나는 버냉키는 연준에 그대로 남았다. 2009년 2월 대통령의 압력으로 의회는 총 8000억 달러 규모의 경기 부양안을 통과시켰다.

시장은 2009년 봄에 바닥으로 떨어졌지만 그런 다음에 안정을 되찾기 시작했다. 위기는 잦아들었지만 경제는 극심한 후퇴기로 곤두박질쳤다. 국내 총생산(GDP)이 2008년 4분기에 6.3% 감소했다. 실업률은 2009년 10월 정점으로 치솟아 10%에 달했다. 월가는 완전히 바뀔 것처럼 보였다. 베어스턴스(Bear Stearns)는 제이피 모건 체이스(JP Morgan Chase)에 인수되었다. 리먼 브라더스는 증발했다. 워싱턴 뮤추얼(Washington Mutual) 같은 모기지 은행은 파산했다. 모기지 은행인 컨트리와이드 파이낸셜 코퍼레이션(Countrywide Financial Corporation)은 파산 위기를 겪고 메릴린치와 마찬가지로 뱅크 오브 아메리카에 인수되었다. AIG는 패니 메이(Fanny Mae)와 프레디 맥(Freddie Mac)처럼 연방 정부의 관리를 받았다.

정부 관료, 당사자인 은행가, 투자자, 규제기관, 검사, 변호사 등 모두가 위기가 끝나면 본격적인 규제가 뒤따르리라 예상했다. 규제는 어떤 형태로 이루어질까? 금융계에 대한 규제 개혁이 단행되겠지만 분명 기소도 이루어지겠지. 어떤 범죄로 기소될까? 누가 감옥에 갈까? 오바마 대통령은 에릭 홀더를 법무장관으로 임명했다. 그는 클린턴 시대에 재닛 르노 법무장관 밑에서 법무차관을 지낸 바 있었다. 홀더는 눈에 띄지는 않지만 워싱턴 정가의 실세 로펌인 커빙턴 앤 벌링(Covington & Burling)에서 지난 8년을 보냈다. 홀더가 2009년 2월 초에 법무부 건물로 돌아오자 환호가 일었다. 사람들이 줄줄이 사무실에서 나와 계단 아래를 지켜보았다. 그들은 박수를 치고 환호성을 질렀다. 알베르토 곤잘레스는 실패작이었다. 부시 시대의 마지막 법무장관인 마이클 무카시(Michael Mukasey)는 그보다는 괜찮았지만 잠시 머물렀다 가는 사람으로 간주되었다. 그는 연로한 판사로서 조직의 생리를 결코 알지 못했다. 홀더는 르노 밑에서 차관으로 일할 때부터 존경을 받았다. 그는 법무부 내부에서 전문성으로 평판을 얻었다. 그는 명쾌한 사람이었다.

그러나 오바마의 신임 내각은 출발부터 지체되었다. 상원은 3월이 되도록 데이비드 옥든(David Ogden) 법무차관을 인준하지 않았다. 래니 브루어도 4월까지 형사국 차관보로 취임하지 못했다. 뉴욕에서는 프리트 바라라

(Preet Bharara)가 8월 중순이 될 때까지 남부지검의 검사장에 취임할 수 없었다. 역사적인 금융 붕괴가 일어났음을 감안하면 놀라운 일이지만 오바마가 임명한 법무부 본부의 최고위 관료들과 그들을 보좌할 검사들에게는 복잡한 화이트칼라 사기에 대한 경험이 부족하거나 전혀 없었다. 브루어는 연방 검사로 일한 적도 없었다. 옥든은 래리 톰슨처럼 노련한 형사 검사는 아니었지만 워싱턴의 유력 로펌 윌머헤일(WilmerHale)의 파트너였다. 두뇌가 비상하고 높은 평가를 받았지만 그는 형사 기소 경험이 거의 없었다. 실무 검사들은 전방 본부의 정무직 간부들이 복잡한 기업 범죄의 기소에 대해 아무것도 모른다고 투덜거렸다.

오바마 행정부의 전방 본부는 불간섭주의 전통을 고수하지 않았다. 정무직 간부들은 법무부 본부의 중요한 기소에 대해 구체적인 내용을 요구했다. 그들은 진척 사항을 일일이 챙기고 모든 결정을 하나하나 물어보는 등 형사 조사의 세밀한 사항에 집착했다. 그들은 법무부 본부의 기소에 대한 자질구레한 내용에 집착했지만 그런 만큼 다른 검찰청의 활동에는 관심을 보이지 않았고 그들이 알아서 해결하도록 내버려 두었다.

한편 행정부와 집권당이 된 의회 민주당은 앞으로의 위기를 방지하기 위해 금융 시스템을 개혁하는 작업에 착수했다. 그 결과 2010년 7월에 통과된 도드-프랭크법은 재앙을 초래한 경제·사회적 격변에 테크노 관료주의가 제시한 해결책이었다. 민주당은 1990년대를 통틀어 금융 규제 완화를 밀어붙였다. 그러한 그들이 이제 자신들의 이념을 분산시키지 않으면서도 포퓰리즘 열풍에의 영합을 의식적으로 거부하는 조치를 통해 규제 완화의 결과로 발생한 재앙을 수습하기 위한 개혁에 나선 것이다. 티머시 가이트너의 말마따나 '구약 성경식 복수'를 꾀하는 것이 무슨 소용이 있겠는가?[1]

민주당은 처벌을 내리기보다 미래의 유사한 위기를 미연에 예방할 조치를 설계했다. 오바마 행정부와 의회 민주당은 도드-프랭크법을 정밀하게 입법함으로써 현실적인 실행이 가능하도록 했다. 이처럼 이 법은 금융계의 구석구석까지 규제 영역으로 포섭했지만 20세기 초반에 제정되어 재계와 금융계의 고삐를 죄었던 유사 법과는 정반대되는 작용을 했다. 1933년과 1934년 증권법은 단순한 언어와 단순한 개념으로 이루어졌지만 거대한 야망과 구조 개편의 의지를 담고 있었다. 이 법은 증권 조작을 불법으로 규정한 반면에 '조작(manipulation)'의 정의는 명시하지 않은 채로 두었다. 그러나 이제는 세계가 훨씬 더 복잡한 양상을 띠었다. 민주당 의원들 중에서도 엘리트 교육을 받은 이들은 좀 더 세련된 방식으로 문제를 해결해야 한다고 생각했다. 그들은 모든 금융 문제를 상정하고 그에 대한 해결책을 제시하려는 목적의 법을 제정했다. 그에 따라 규제기관은 이 새로운 법의 성격을 규정하기 위한 난해한 규칙을 만들어야 했다.

브루클린 로스쿨의 K. 사빌 라만(K. Sabeel Raman)은 다음과 같이 지적한다.

(클린턴 행정부의 '정부 재창조(reinventing government)' 계획에서 오바마 행정부의 비용 편익 분석과 투명성 강조에 이르기까지) 물결처럼 이어진 진보주의적 통치 구조(governance)의 개혁은 공통된 문제점을 지닌다. 하나같이 '민주적인' 정부보다 '좋은' 정부를 앞세운다는 점이다. 이러한 진보주의 시각의 통치 구조 개혁은 오늘날 좌우 양편의 반대파가 제기하는 근원적인 문제, 즉 정부가 무능하고 무책임한 데다 재계와 금융계의 엘리트들로부터 과도한 영향을 받는다는 우려를 해소하지 못한다.[2]

도드-프랭크법은 그러한 결함을 내포한 접근법을 상징했다. 이러한 맥락에서는 개인을 기소하는 것이 둔감하고 거친 대응책처럼 보일 수 있었다. 가이트너는 유명한 어록을 통해 개인 기소가 포퓰리스트 폭도들을 만족시킬 뿐 아무것도 해결하지 못한다고 시사했다. 처벌에 관한 한 오바마 행정부의 접근법은 '진실과 화해 운동(truth-and-reconciliation movement)'을 본받은 것으로 보였다. 오바마 행정부는 자신들이 금융위기에 신속하고 적극적으로 대응했다고 보았다. 그러나 국민은 자신들이 납득할 만한 방식으로는 진실에 접근하지 못했다. 국민은 구제 금융이 투입되고 은행가들이 알려지지 않은 범죄 혐의를 벗는 식의 부패한 흥정을 지켜보았다. 기소 없는 개혁은 개혁 자체의 신뢰도를 떨어뜨렸다. 폴 펠티어는 오바마호의 승무원들이 등장한 것을 유감으로 여기게 되었다.

모두가 '래니'라 부른 사람

에릭 홀더와 마찬가지로 커빙턴 앤 벌링에 있던 래니 아서 브루어(Lanny Arthur Breuer)가 법무부에 합류했다. 브루어가 클린턴 대통령 때 맡았던 대통령 직속 법률 고문으로 임명될지도 모른다는 소문이 돌았다. 그가 누락되자 백악관의 대통령 수석 보좌관이자 클린턴 시절에 알게 된 람 이매뉴얼(Rahm Emanuel)이 그를 법무부 형사국 차관보로 밀었다.

브루어는 친구와 적, 그리고 그를 잘 알지 못하는 사람을 막론하고 모든 이들에게서 이름으로 불린 사람이었다. '래니'라는 이름은 애정을 드러내는 상황에서, 비난하는 상황에서, 어린아이 취급을 하는 상황에서 불렸다. 브루어는 말이 많고 숨김이 없는 성격으로서 성실함이 묻어 나오는 콧소리를 냈다. 그는 마음만 먹으면 따뜻한 사람처럼 보일 수 있었다. 그러나 자기 역할을 할 때는 사랑과 존경 중 어느 것을 받고 싶은지 마음을 정하지 못하여 둘 다 받으려고 안달이 난 사람처럼 보였다. 그는 직접적인 대결을 싫어했다. 아랫사람이 자기 때문에 화가 나더라도 그는 눈치채지 못한 척하면서 그 사람의 팔을 토닥거리고 "다 괜찮아"라고 말했다. 그런 다음 최대한 빨리 그 자리를 떠났다.

1958년에 태어난 브루어는 뉴욕 퀸스의 엘름허스트에서 성장했다. 그의 부모 둘 다 외동이었다. 어머니는 홀로코스트로 부모와 대가족을 잃었다. 그녀는 나치가 이웃 폴란드를 침공하여 제2차 세계대전의 도화선을 당긴 1939년 9월 1일에 독일에서 네덜란드로 도피했다. 래니는 형보다 14년 후에 태어났기 때문에 식구들은 그가 형의 바르 미츠바(bar mitzvah, 유대교인이 13살 때 치르는 성인식 - 역주) 날 밤에 잉태되었다는 농담을 했다. 강단 있는 아이였던 브루어는 컬럼비아 대학의 럭비 선수였다. 학교에 남아 컬럼비아 로 스쿨을 다닌 후 1980년대 후반부터 4년 동안 로버트 모겐소가 검사장으로 있던 맨해튼 남부지방 검찰청에서 일했다. 그는 자기가 지방 검찰청에 취직하겠다고 할 때 어머니가 무슨 말을 했는지 들려주는 것을 좋아했다. 그가 앤드류 쿠오모(Andrew Cuomo), 댄 래더 주니어(Dan Rather Jr.), 사이러스 밴스 주니어(Cyrus Vance Jr.) 등 검찰청에 있는 유명인의 아들들을 언급하자 그녀가 대꾸했다. "그 사람들? 그 사람들이 검찰청에 있어야지. 너? 너는 로펌에 가야 한다." 의사가 된 그의 형은 어머니의 충고에 반대했다. "너는 한 번도 돈을 지녀 본 적이 없어. 그러니까 무엇이 아쉬운지도 모를 거야."

브루어는 검찰청에서 유명 로펌인 커빙턴 앤 벌링으로 옮겨 10년 가까이 근무했다. 그의 소송 중에서도 그가 클린턴 행정부를 고소한 동성애자 해병 저스틴 엘지(Justin Elzie)의 대리인으로 참여한 재판은 특히나 세간의 눈길을 끌었다. 육군은 엘지가 전국 방송에 나와 성 정체성을 밝히자 그를 불명예 전역 시켜서 어떤 혜택도 받지 못하게 했다. 브루어에게서 감명을 받은 백악관 변호사들은 그를 대통령 특별 법률 고문으로 맞아들였다. 그는 "행정부를 고소해서 백악관에 일자리를 얻은 사람은 내가 유일하다"는 말을 즐겨했다.

그는 클린턴의 두 번째 임기 때 합류했는데 당시는 무수한 추문과 거짓 추문을 둘러싼 당파 싸움으로 말미암아 대통령이 몰락하고 있을 때였다. 브루어는 법을 수호하느라 여념이 없는 명민하고 유능한 변호사로 알려졌다. 앨 고어의 법률 고문과 테네시주 법무장관을 지낸 찰스 버슨(Charles Burson)은 그 당시 백악관 변호사들의 화력이 인상적이었다고 회상했다. "나는 속으로 '이 사람들은 정말 좋은 변호사들이야'라고 생각했다. 특히 래니가 훌륭했다"고 그는 말한다.

한번은 백악관이 의회에 자료를 보낼 때 어떤 사건이 발생했다. 자료가 유출되는 일을 방지하기 위해 팀은 보호 명령을 내리기로 협의했다. 양측이 보호 명령에 서명했고 백악관은 첫 번째 문서 묶음을 전달했다. 하지만 문서가 의사당에 도착하자마자 그 내용이 언론에 유출되기 시작했다. 버슨은 그때 모두가 "이곳에 아주 많은 법이 존재하는 듯이 보이지만 중요한 건 정치"임을 깨달았다고 말한다.

백악관 시절에 브루어는 이름이 같은 래니 데이비스(Lanny Davis)를 만났는데 그와 데이비스는 '두 명의 래니'로 불렸다. 데이비스는 불도그 같은 변호사이자 홍보 전문가로서 몇 년 동안 케이블 TV에 출연하여 클린턴을 옹호했다. 데이비스와 브루어는 대통령 집무실에서 처음 만났을 때 상대방의 이름도 업튼 싱클레어(Upton Sinclair) 소설의 주인공 래니 버드(Lanny Budd)를 따서 지은 것임을 알게 되었다. 당당하고 교양 있는 래니 버드는 지금은 거의 잊힌 인기 연작 소설에서 역사적으로 중요한 순간마다 등장하는 인물이다. 데이비스는 첫 만남이 있던 다음 날 두 사람의 어머니가 마이애미 비치에서 만나 같이 점심 식사를 했다고 기억한다. 그와 브루어는 사이가 좋았지만 홍보 전략 문제로 충돌할 때도 있었다. 데이비스는 언론에 좀 더 많은 정보를 제공하자는 쪽이었지만, 데이비스가 기억하기로 브루어는 정보를 숨기는 쪽이었다.

브루어가 커빙턴으로 돌아간 후 조지 W. 부시가 대통령이 되었다. 그는 그 후 몇 년 동안 유명 의뢰인들을 위해 일했다. 그중에는 전 국가 안보 보좌관으로 국립문서보관소의 기밀 서류를 반출하고 파기한 경범죄 혐의에 대해 유죄를 인정한 샌디 버거가 있었다. 그 외에도 그는 올스타 투수를 지낸 로저 클레멘스가 경기 능력을 높여 주는 약물을 복용한 혐의로 의회 청문회에 섰을 때 클레멘스에게 법률 자문을 제공했다.

법무부의 형사국 차관보를 맡기까지 브루어는 인맥 쌓기와 개인 홍보 등의 영리한 활동을 일과처럼 수행했다. 이 두 가지 활동은 워싱턴 정계에서 벌어지는 경쟁의 고전적인 요소였다. 그는 가능한 한 많은 사람에게 형사국을 개선하는 방안에 대한 조언을 구했다. 역대 형사국 차관보, 법무차관, 법무장관 중에서 생존해 있는 모든 사람, 적어도 그의 전화를 받는 사람들과 의논했다. 대다수가 그의 전화를 받았다. 그때 대부분 개업 변호사로 활동하고 있던 전직 요인들이 그에게 알려 준 교훈은 형사국이 타협할 경우 방향을 잃을 수 있다는 점이었다. 오바마가 임명한 이들은 비전문성, 추문, 잘못된 운영, 정치화 등이 부시 시대의 법무부에 흠집을 냈다고 보았다. 형사국에는 개편이 필요했다. 그는 형사국을 다시 구축할 작정이었다.

의견 수렴 과정에서 브루어는 증권사기와 의료사기를 다루는 형사국 사기 팀에 엘리트 법조인이 없다는 이야기를 여러 차례 들었다. 그들에게 재판 경험이 충분하지 않다는 것이었다. 브루어는 호치버그와 펠티어가 이끄는 마이애미 '마피아' 때문에 사기 팀의 재판 역량을 얕잡아 보았다. 그는 그곳의 혼란스러운 분위기가 문제라고 생각했다. 브루어는 "기소하면 좋은 일이 생길 것"이라는 말을 듣고는 배 속이 뒤틀렸다. 나쁜 일이 일어날 수도 있었다. 테드 스티븐스 재판에서 일어났던 것처럼 말이다. 사기 팀의 좌우명은 카우보이들이나 지껄일 법한 말이었다. 그처럼 무모하고 의미 없는 허세는 검사들을 위험에 빠뜨릴 수 있었다. 대뜸 기소부터 하고 그런 다음에 심문하면 직권을 남용하거나 허점을 간과할 가능성이 커져 재판을 망칠 수 있었다. 브루어와 그를 따르는 꼼꼼하고 신중한 법률가들은 개업 변호사의 전문성을 수입함으로써 상황을 개선할 수 있다고 생각했다.

거북이

2009년에는 금융위기가 자본주의의 발작이나 100년에 한 번 일어날까 말까 한 홍수가 아니라는 점이 갈수록 분명해지기 시작했다. 사기가 기승을 부리는 듯 보였다. SEC와 법무부는 수십 건의 조사에 착수했다. 조사 대상은 월가의 투자은행, 상업은행, 지역 은행, 모기지 은행, 초대형 보험사, 소규모 모기지 전문 보험사, 신용평가 기관, 헤지펀드, 자산운용사 등을 아울렀다. 잠재적인 조사 대상이 미국 전역에 걸쳐 있었다.

조사 범위에는 모기지와 구조화 금융상품(structured financial instrument)이 포함되었지만 그것이 전부는 아니었다. 기업들이 자산의 평가 가치를 거짓으로 보고했는가? 장부를 가짜로 꾸몄는가? 기업들이 망해 가는 동안 중역들이 공개적으로 한 말과는 다른 행동을 몰래 하지 않았는가? 은행가들은 무모하고 어리석었다. 의심할 여지 없이 그들의 활동 중 일부는 공격적인 경영 전술일 뿐 불법이 아니라고 판명되게 마련이었다. 정부가 엔론 사태 때 했던 것처럼 검사들은 이번에도 은행의 행위를 하나하나 조사할 필요가 있었다. 위법 가능성이 있는 모든 행위를 조사하는 작업은 일개 검찰청이나 SEC의 현장 담당자, 혹은 법무부가 단독으로 수행하기에는 너무도 방대하고 광범위하며 복잡했다.

한 가지 해결책은 법무부가 전국적인 태스크포스를 창설하는 것이었다. 래리 톰슨의 도움으로 출범한 기업 범죄 전담반은 회의나 열고 통계 수치로 빽빽한, 아무도 읽지 않는 보고서를 배포하는 빈사 상태의 조직이 되버렸다. 전국적인 태스크포스가 창설되면 금융위기 조사를 수행하기 위해 자원을 동원하고, 금융위기와 관련된 사건의 조사가 우선 과제라는 점을 분명히 밝히며, 앞으로 있을 기소에 대한 책임을 적절하게 분배할 수 있었다. 협력 문제는 법 집행 당국을 괴롭히는 고질적인 골칫거리였다.

오바마 행정부는 금융위기 조사에 대해 부시 행정부가 내린 결정을 이어받았다. 부시 행정부의 마지막 법무장관이었던 무카시와 마크 필립 차관은 전국적인 금융위기 태스크포스를 창설하지 않기로 결정했다. 그들은 태스크포스가 굼뜨고 관료주의적인 조직이 되리라 판단했다. 물론 태스크포스에는 본질적인 문제점이 뒤따를 수 있다. 검사들이 일을 하고 있다는 인상을 주기 위해 무리해서 기소하려는 유혹에 빠질 수 있다. 사건을 배정하고 관할권 분쟁을 조정하는 책임은 법무장관에게 있으므로 필립 차관이 사건을 분배했다. 그는 금융위기 사건을 전국에 분배하면서 상당수를 지역 검찰청으로 보냈다. 지역 검찰청의 검사들은 대부분 기업 범죄에 대한 전문 지식이 부족했다. 모기지 은행인 컨트리와이드 파이낸셜에 대한 조사는 캘리포니아의 로스앤젤레스와 새크라멘토가 맡았다. 지역 저축은행이며 2008

년 가을에 무너진 워싱턴 뮤추얼은 시애틀 검찰청에 배정되었다. 경험이 부족한 검찰청을 피해 가더라도 조사는 영역권 다툼 때문에 지연되었다. (뉴저지, 버지니아 동부, 브루클린에 있는 뉴욕 동부, 그리고 널리 알려진 뉴욕 남부지검 등) 최소한 법무부 산하의 4개 검찰청이 2008년 9월 금융위기를 가장 첨예한 국면으로 몰아간 리먼 브라더스 파산을 조사하기 시작했다.

홀더 시대의 법무부는 무카시가 정해 놓은 경로를 바꾸지 않았다. 홀더 시대의 첫 법무장관인 데이비드 옥든은 미국의 법 집행 및 규제 구조가 제 기능을 하지 못한다고 보았다. 주 정부의 규제기관과 연방 규제기관은 협력하기는커녕 누가 먼저 기자 회견을 여느냐를 놓고 경쟁을 벌였다. 자원 낭비와 허술한 일 처리는 예정된 결과였다. 홀더의 법무부가 이러한 문제를 시정한다는 것은 꿈도 꾸지 못할 일이었다. 그의 임기 첫 해에 법무부는 행동을 삼갔고 정치적 내분에 빠져 있기까지 했다. 법무부의 전직 최고위 관료 한 사람은 그 내분을 여섯 살배기끼리 하는 축구 경기에 비유했다. 모두가 축구공 주위에 모여 있고 공이 앞으로 나아가는 일은 절대 없다는 의미에서였다.

브루어와 옥든은 티격태격했다. 차관과 권한이 막강한 형사국 차관보 사이의 정치적인 머리싸움은 흔한 일이고, 둘의 다툼은 전형적인 패턴으로 치달았다. 일반적으로 전국적인 목표를 정하고 관할권 분쟁을 조정하는 업무는 형사국 차관보가 아닌 차관의 소관이다. 그러나 브루어는 더 큰 역할을 맡고 싶어 했다. 한편 옥든도 그 나름대로 어려움을 겪고 있었다. 옥든을 차관으로 밀어붙인 사람은 민주당의 실세로 오바마의 인수위원회를 이끌던 존 포데스타(John Podesta)였다. 홀더는 그를 원망했고 화가 나서 제멋대로인 성질을 부려 백악관 관료들의 화를 돋우었다. 홀더는 퀸스의 엘름허스트 동부에서 중산층 교육을 받았다. 그의 아버지는 바베이도스 출신 부동산 중

개업자였고 어머니는 전화 교환원으로 일한 뉴저지 토박이였다.[3] 어떤 법무장관은 좀 더 정치적이고 형식적으로 역할을 수행하면서 법무부 내에서 DAG(Deputy Attorney General)로 불리는 차관을 최고 운영 책임자로 활동하게 하기도 한다. 홀더는 좀 더 적극적으로 활동하고 싶었다. 그는 공민권과 국가 안보에 관한 한 열의를 보였지만 금융위기에 대해서는 결코 큰 관심을 드러내지 않았다. 그는 2009년 2월 회의에서 금융사기를 법무부의 우선 과제로 거론하면서 옥든에게 부시 시대의 기업 범죄 전담반을 개편하여 금융위기를 해결하라는 임무를 맡겼다.

3월 16일 회의록 초안에는 '대통령 직속 금융범죄 단속 위원회 제안'의 개요가 담겨 있었다. 향후에 임명될 위원장이 옥든과 브루어뿐 아니라 미국 전역의 검사장에게 보고하는 체계였다. 휘갈긴 글씨로 대충 작성된 이 제안서는 '모기지 사기', 'TARP(Troubled Asset Relief Program, 정부의 부실 자산 구제 프로그램)/구제 금융 사기', '증권사기', '원자재 사기' 등 4개 유형의 범죄를 기소할 그룹을 구성해야 한다고 지적했다. 대형 금융사의 최고 중역들이 저지른 사기는 '증권' 범주에 들어가야 했지만 뚜렷이 명시되지는 않았다. 증권 부문은 회의록에서 세 번째 순서였고 '관련 범죄 유형'에는 폰지 사기와 내부자거래 등 금융위기와는 전혀 관계없는 범죄들이 포함되었다.

2009년 내내 법무부 관료들은 각양각색의 제안서를 앞다퉈 내놓았고 영향력을 놓고 머리를 굴렸다. 브루어는 태스크포스를 창설하여 자기 소관인 형사국 안에 두고 금융위기 문제를 해결하는 계획에 찬성했다. 그는 조사를 수행하고 사건을 법정으로 끌고 가는 등 실행력이 있는 조직을 원했다. 이에 옥든의 사무실은 미심쩍다는 반응을 보였다. 그들은 브루어의 과감한 제안을 권력을 장악하고 스포트라이트를 독차지하려는 시도로 보았다. 브루어의 계획은 연방 검사장들이 차관이 아닌 자신에게 보고하도록 하는 것이었다. 차관실은 그의 포부를 비웃었다. 브루어는 연방 검사장 집단의 특이한 구조를 오해했다. 연방 검사장은 형사국 차관보에게 보고하지 않았고 앞으로도 그럴 일은 없었다. 형사국은 조사와 관련된 몇 가지 국가 권력만을 지닌 반면에 검사장들은 대체로 고집이 강하고 야심만만한 무리들이었다. 검사들은 부시 행정부의 검사장 해고 파문 이후에 훨씬 더 큰 자치권을 얻었다. 법무부에 익숙하지 않은 브루어는 정계의 복잡성을 이해하지 못했다.

좀 더 가능성이 큰 제안이 사기 팀 내부에서 나왔다. 펠티어를 제치고 팀장이 된 스티븐 티렐과 그 밑의 제이 러너(Jay Lerner)는 모기지 사기를 기소할 모기지 사기 전담반을 만들자고 제안했다. 모기지 손실은 어마어마했기에 무시할 수 없었다. 그들의 메모는 "그 어떠한 주요 금융 규제기관의 규제도 감독도 감사도 받지 않는 모기지 대출업체"의 출현에 주목했다. 과거의 조치는 은행 돈을 사취한 채무자를 추적하는 것이었다. 그러나 티렐과 러너는 "모기지 사기와 관련하여 가장 일반적이고 수상한 직업군"을 겨냥했는데, 회계사, 모기지 중개업자, 대출자를 제1 표적으로 꼽았다. 이 메모에는 사기 팀의 책임자가 지휘하며 검사들로 이루어진 전문 팀이 미국 전역을 누비며 모기지 사기를 기소한다는 계획이 요약되어 있었다. 가능성이 있는 방안이었다. 계획에 따르면 초기에는 월스트리트 은행가나 고위 중역을 표적으로 삼지 않았다. 그러나 전문화된 팀이라면 월가의 돈 기계에 대한 일련의 증거를 찾아낼 가능성이 컸다. 모기지 사기 전담반이 구성되면 검사들은 밑바닥 모기지업체에서 조사를 시작하여 모기지를 사들인 다음에 증권으로 묶어 전 세계에 판매하는 월가 은행에까지 손을 뻗을 수 있게 된다. 2000년대 중반에 모기지 증권이라는 월가의 창조물은 사기와 그릇된 정보로 가득했다.

7월 16일, 8개 주의 법무장관들과 대표들, 재무부와 주택도시개발부

(Department of Housing and Urban Development)의 대표, 브루어, 옥든, 티렐, 펠티어와 법무부의 그 이외 대표 17명이 워싱턴에서 만나 금융위기 기소 방안을 논의했다. 브루어는 티렐의 제안에 대해 아무런 조치도 취하지 않았다. 사기 팀 사람들은 그 아이디어가 자기 것이 아니기 때문에 그가 무관심한 것이라고 생각했다. 결국 법무부는 모기지 관련 범죄를 저지른 사기꾼들을 기소했지만 그들 대부분은 잡범이었다. 법무부는 대형 모기지 대출업체의 고위급 중역을 한 명도 기소하지 않았다.

국민과 의회의 압력이 잇따르자 법무부는 무언가 조치를 취해야겠다고 생각했다. 마침내 2009년 11월에 오바마 대통령은 금융사기 제재 태스크포스(Financial Fraud Enforcement Task Force, 이하 FFETF)을 발표했다. 12월 11일 금요일에는 그 전날 밤 뉴욕 리틀 이탈리아의 터줏대감인 이탈리아 식당 폴리니(Forlini's)에서 식사를 한 미국 각지의 법무부 고위 관료들이 만나서 새 태스크포스의 전략을 대략적으로 세웠다. 뉴욕 남부지검의 프리트 바라라 검사장과 옥든이 발언한 다음에 브루어가 "증권사기 사건의 실시간 조사"에 대한 의견을 냈다. 법무부 본부 직원들이 눈을 부라렸다. 2시 45분에 회의가 끝날 예정이었다. 일정은 관광 투어 일정처럼 근사하게 마무리되었는데 "뉴욕증권거래소 관광(잠정)"이 마지막 활동이었다.

회의 목적이 뉴욕 남부지검과 법무부 본부와의 관계 개선을 돕는 것이었다면 그 목적은 달성되지 못했다. 전도유망한 출발 이후에 FFETF는 무산되었다. 옥든은 홀더에게 등을 떠밀려 1년도 못 되어 자리에서 물러났다.[4] 태스크포스는 기소를 하는 데 필요한 실권이 없었다. 법무부는 태스크포스에 직원을 배치하는 데 어려움을 겪었다. 태스크포스는 전국의 검찰청, 노동부와 사회보장국 등 최소한 26개 연방 기관과 정부 부처의 직원뿐만 아니라 주 정부의 법무장관, 지방 검사, "기타 주, 지방, 부족이나 지역 대표"와 진행 상황을 확인하는 조정위원회에 불과했다. 주로 직원들이 상관을 대신하여 한 달에 한 번 전화상으로 회의에 참여할 예정이었다.

법무부 본부가 본격적인 태스크포스를 만들 작정이 아니었다면, 본부는 전국 곳곳의 검찰청에 배정된 여러 사건을 감독해야 하는 한층 더 큰 책임을 져야 했다. 그러나 홀더의 법무부는 한 일이 거의 없었다. 그로부터 불과 몇 년 전 래리 톰슨과 마이클 처토프는 사건을 조율하고 조사와 기소를 추진하고 진행 상황을 정기적으로 확인하기 위하여 필요하다면 소몰이 막대기를 동원해야 한다고 판단했다. 법무부 내에서 신생 FFETF는 웃음거리가 되어 '거북이'나 어렴풋이 이디시어처럼 들리는 '푸투테' 같은 조롱 섞인 별명으로 불렸다. 태스크포스가 무산되었기 때문에 법무부의 그 누구도 조사 활동 전반을 감독하지 않았다. 아무도 책임을 지지 않았다. 모든 사건이 따로따로 취급되었다. 금융위기를 예방하기 위한 국가적인 노력은 모두 사그라졌다.

"건배하는 거 좋아해요?"

브루어는 큰 사건을 원했고 그런 포부를 당당히 드러냈다. 그러나 그는 그런 포부를 실행에 옮기는 법을 알지 못했다. 그를 비난하는 사람들은 그가 그날그날 화제가 되는 사건을 쫓는다고 보았다. 남서부 국경 통제나 해외 뇌물이 화제가 될 경우 브루어는 그 사건에 달려들었다. 2009년 4월 막 법무부에 합류한 그는 상원 법사위원회 소속 범죄·약물 분과위원회에서 크랙 코카인과 순수한 코카인 분말에 대한 형 선고에 어떤 차이가 있는지 증언했다. (도시의 흑인과 관련이 있는 크랙을 판매할 경우 부유한 백인 사회에서 흔한 코카인을 판매할 때보다 더 높은 형을 받았다.) 어떤 직원들은 그를 명예광으로 간주했다.

브루어는 다르게 생각했다. 그에게는 할 일이 너무 많았다. 그는 형사국의 인권부를 바꾸었다. 공직자 부패 부서를 활성화할 계획도 있었다. 그는 감청 승인의 속도를 높였다. 그리고 조직범죄부도 개편했다.

브루어가 법무부 개편에 열의를 보이자 조직 내의 파벌들이 떨어져 나갔다. 그의 반대파는 그가 주위에 기업과 화이트칼라 변론에만 몰입하며 범죄자 기소 경험이 부족한 신참 검사 등 충신들만 둔다고 주장했다. 법무부 본부의 직원들은 그가 채용한 사람들을 '브루 크루(Breu Crew, 브루어 일당 – 역주)'라고 불렀다. 2009년 10월, 브루어 밑의 부국장이자 역시 커빙턴 출신인 스티븐 포겔(Steven Fagell)이 상사를 대신하여 형사국 검사들에게 다음과 같은 이메일을 보냈다.

> 건배하는 거 좋아해요? 〈30 록(30 Rock, 미국의 시트콤 – 역주)〉의 에미상 각본상을 자신이 받았어야 한다고 생각합니까? 전방 본부의 시끌벅적한 사람들과 일을 하고 싶어 좀이 쑤시나요? 그렇다면 우리에게 여러분의 재치, 지성, 문장에 대한 재능을 제공해 주십시오. 우리는 법무차관의 연설문 작성 팀을 꾸리는 중이고, 광범위한 주제를 넘나들며 [차관의] 연설문 작성을 도울 영리한 문장가와 재담가 몇 명을 찾고 있습니다.[5]

법무부 본부 사람들은 이 이메일을 무시했다. 어느 전직 법무부 관료에 따르면 "멕시코의 무시무시한 마약 카르텔인 로스 세타스(Los Zetas)를 무너뜨리려는 식의 위험한 일을 하는 사람들에게 그런 이메일을 보내면 안 됩니다. 그때 반응은 '저게 지금 나를 갖고 노는 건가?'였습니다." 검사들이 정치

꾼의 연설문을 쓰기만을 고대한다고? 어이없는 생각이었다. 그뿐만 아니라 브루어는 모의재판을 열어 연방 검사들에게 개정 진술과 증인 심문을 연습하게 했다. 많은 검사가 굴욕감을 느꼈다.

경험이 있는 검사들은 브루어의 이상과 법무부 개편이 필요하다는 생각에 발끈했다. 브루어는 사기 팀장인 스티븐 티렐을 만나서 자기가 뉴욕 남부지검과 경쟁하고 싶다는 말을 했다. 티렐은 회의적이었다. 결국 그는 자신이 브루어에게 필요하지 않다는 것을 알고 법무부를 떠나 개업을 하기로 결정했다. 브루어는 〈내셔널 로 저널(National Law Journal)〉과의 인터뷰에서 티렐의 후임으로 '록스타'를 채용하고 싶다고 말했다. 일반 검사들은 무슨 말인지 알아들었다. 사기 팀에서 일했던 어느 전직 검사에 따르면 그 속뜻은 "너희들은 형편없어"였다.

브루 크루는 엘리트를 채용하고 싶어 했다. 그들은 최상위 로스쿨을 졸업하고 명망 있는 판사의 클럭으로 일했으며 유명한 로펌에 있었던 사람을 원했다. 그가 보기에 마이애미 마피아는 그리 품격 있는 이력의 소유자들이 아니라는 점에서 법무부 본부의 한계를 상징했다. 스티브 포겔은 법무부 본부의 채용 방식을 바꾸기 위한 회의에 사람들을 불렀다. 그는 상급자들에게 "우리는 모두 커빙턴의 채용 위원이었어요"라고 말했다. "그래서 소송 전문가를 채용하는 법을 알고 있습니다." 대부분의 대형 로펌들은 소송 경험이 있는 변호사를 확보하려고 법무부 사람들을 채용한다. 브루 크루는 그와 반대로 행동했다.

브루어는 검사들에게 "우리가 질 일은 절대 없어"라고 타일렀다. 이 말의 의미는 그와 그의 무리가 잠재적인 피고인을 100% 유죄로 생각하더라도 재판에서 승소할 가능성이 70%에 불과하다면 기소를 추진하지 말아야 한다는 것이었다.[6] (브루어는 그가 겁쟁이라는 견해를 받아들이지 않았다. 그는 자신이 어려운 사건에 손댔고 화이트칼라 처벌에서 뛰어난 성과를 올려 왔다고 믿었고 "우리는 기소할 사건이 있으면 기소했고 그렇지 않으면 넘겼다"고 말했다.) 브루어 밑의 첫 국장인 개리 그린들러(Gary Grindler)는 패소할 경우 전방 본부에 나쁜 인상을 주게 된다고 거듭 강조했다. 하루는 그린들러가 펠티어에게 이렇게 말했다. "알다시피 자네가 이번 재판에서 지면 래니가 체면을 구기게 될 거야."[7]

"그러든 말든 상관없어요!" 펠티어가 소리쳤다. 그린들러의 생각에 그의 화가 폭발했다. 그는 붉으락푸르락 달아올랐다. "내가 25년 넘게 연방 사건을 기소하는 동안 내게 그딴 말을 지껄인 사람은 없었어요. 아직 닥치지도 않은 일인데 패소할 경우에 누가 체면을 구길지도 모른다니"라고 펠티어가 말했다.

재판은 전방 본부를 담당하는 관광객들의 출세에 아무런 영향도 미치지 않았다. 법무부 수뇌부들은 일신의 명예를 추구한다. 그러나 유능한 지도자들은 훌륭한 재판을 통해 명예를 높이고 아랫사람들에게 자기를 받들고 뒷받침하라고 지시하기보다는 자기 스스로가 그들을 뒷받침하고 보호함으로써 자신의 목표를 이룬다.

브루어는 명성이 자자한 법조인 두 명을 채용했다. 티렐을 대신할 사기 팀의 책임자로 최고 로펌 데이비스 폴크(Davis Polk)의 파트너인 데니스 매키너니를, 형사국 책임자로 뉴욕 동부지검의 형사국장을 지낸 그렉 앤드리스(Greg Andres)를 채용했다. 앤드리스는 부차관보로 합류해 사기 팀을 감독하게 되었다. 브루어의 지명 때와 같은 의문이 제기되었다. 그 두 사람이 그 순간에 적합한 선택이었냐는 것이었다. 둘 다 소송 변호사로서 기업의 화이트칼라 사건 변론에 관여했던 탓에 법무부의 분위기가 부정적으로 바뀌었다.

270

1970년대에 매키너니는 뉴욕 남부지검의 존경받는 검사였다. 그러나 그 이후로는 아서 앤더슨을 비롯한 기업을 변론하는 데 대부분의 경력을 바쳤다. 기업 변론 전략을 설계했던 사람이 기업 기소에 적극적으로 찬성하리라고는 기대하기 어려웠다. 그는 법무부의 일선 검사들에게 자기는 아서 앤더슨을 업계에서 퇴출하여 직원들을 불필요하게 길거리로 내몬 것을 매우 부당한 처사로 생각한다는 뜻을 명확히 밝혔다.

품위 있고 단정한 매키너니는 엄청난 사건을 쫓으라고 아랫사람들을 닦달했지만 그는 매우 조심스럽고 신중했기 때문에 사람들은 그가 터무니없이 높은 장애물을 세우고 누구도 얻을 수 없는 수준의 증거와 확신을 요구하는 것이 아닌지 의심했다. 매키너니가 일선 검사와 자리를 맞바꾸기만 한다면 뛰어난 일선 검사가 될 수 있을 거라는 농담도 돌았다. 그가 열심히 일한다는 사실에 의문을 제기하는 이는 없었다. 그는 뉴욕에 가족을 두고 워싱턴에 내려왔고 하루에 16시간씩 일을 할 때가 많았다. 길 건너편의 CVS(편의점과 약국을 겸한 미국 상점 – 역주)에서 먹을 것을 구입하는가 하면 사기 팀 사무실 근처에 있는 '사기 팀 기숙사' 건물의 작은 아파트에 설치한 페달 밟기 자전거로 운동했다. 그의 사무실은 엉망진창이었다. 그는 셔츠 자락이 빠져나오고 옷에 음식물 얼룩을 묻힌 칠칠치 못한 차림으로 건물 안을 돌아다녔다.

매키너니는 그 누구와도 다른 방식으로 기소를 준비했다. 그는 수많은 이메일 내용을 기억했다. 실무 검사 모두가 서류철을 만들어서 그에게 제출해야 했다. "이건 데니스(매키너니)의 승리를 위한 서류철이야." 어느 검사가 괴로운 야근을 준비하면서 다른 검사에게 하는 말이었다. 그는 대형 로펌에서 하듯이 자기 조직을 관리했다. 실무 검사들은 대부분 자신들이 하는 모험적인 업무에 자부심을 느낄 뿐 아니라 법무부에서의 역할에 수반되는 자유가 좋아서 로펌 연봉을 희생한 사람들이다. 매키너니는 그런 그들에게 변론과 판례의 모호한 부분을 조사하라고 하는 식으로 그들을 어소시에이트처럼 부렸다. 펠티어와 마이애미 마피아는 그의 밑에서 애가 탔다. 고집이 센 데다 유능한 검사들을 다루기에 결코 적합한 방법이 아니었다.

매키너니는 그때까지 2인자 역할을 해 왔고 법무부의 부서장이라기보다는 수석 참모에 가까웠다. 그는 데이비스 폴크에 근무할 때와 1994년 빌 클린턴 시절의 화이트워터 사태에서 로버트 피스크가 특별 검사를 맡았을 때 모두 피스크 밑에서 일했다. 이제 그의 상사는 브루어였다. 그는 브루어의 체면을 세워 주고 싶다는 말을 자주 했다. 브루어도 그와 같은 마음이었다.

브루어의 사무실은 펜실베이니아 대로와 9번가 사이의 법무부 본부 건물에 있었다. 사기 팀 사무실은 반마일 정도 떨어진 뉴욕 대로와 14번가 사이에 있었다. 매키너니는 하루 종일 두 건물을 왕복하면서 회의에 참석하고 전방 본부에서 받은 메시지를 전했다. 마일이 쌓일 때마다 그에 대한 경력 검사들의 존경심이 조금씩 사라졌다. 한번은 매키너니가 어느 검사에게 법무부 본부로 가서 법무부 교육 회의장까지 브루어를 수행할 수 있겠냐는 이메일을 보낸 적이 있었다. 그런 요청은 마땅히도 묵살되었다.

매키너니는 의사 결정을 미지의 신형 바이러스에 대한 실험이라도 되는 양 취급하는 듯 보였다. 의사 결정은 아주 신중하게 내려져야 한다는 것이었다. 실무 검사들은 그가 이렇게 말했다고 전한다. "내일로 미룰 수 있는 결정을 왜 오늘 내리는 거지?" 아니면 가능한 한 윗사람에게 공을 차서 그 사람이 결정하도록 하자는 태도였다. 매키너니는 남들이 자기에게 대드는 것을 좋아했다. 다른 상급자가 이런 자질을 갖추었다면 다양한 시각을 기꺼이 들을 줄 아는 사람이라는 존경을 자아냈을 것이다. 하지만 매키너니의 경우에는 무엇인가 달랐다는 것이 동료들의 생각이었다. 그는 미묘한 차이, 복잡성, 반론을 찾아내려는 듯 보였다. 남들의 반대 의견을 들으면 한층 더 무기력해지고 최종 결정을 내려야 한다는 의무에서 해방되는 것 같았다. 아서 앤더슨에 대한 기소로 상처를 입은 그는 검사들이 너무 쉽게 성급하고 무모해진다고 생각하는 듯했다. 2013년 법무부가 영국계 은행인 스코틀랜드 왕립은행(Royal Bank of Scotland)의 직원들이 주요 기준 금리인 런던 은행 간 금리(LIBO, London Interbank Offered Rates)를 조작한 혐의에 대해 기소를 검토하고 있을 때 매키너니가 검사들에게 이 사건에 대해 물었다. "부수적 결과는 어떻게 할 건가?"

한편 그렉 앤드리스도 거칠다는 평판을 얻었다. 그가 마피아를 기소하려 했을 때 범죄 조직인 보난노(Bonnano)는 그를 암살하라는 지시를 내렸다. (암살 시도는 실행에 옮겨지지 않았다.) 그러나 얼마 전 금융위기에서 비롯된 첫 번째 대형 소송 때문에 법무부가 대대적으로 망신을 당했을 때 앤드리스도 한몫했다. 앤드리스가 형사국장으로 있었던 뉴욕 동부지검은 내부적으로 헤지펀드를 운용했던 투자은행 베어스턴스의 중역 두 명을 기소했다.

2007년 초반부터 서서히 확산된 금융위기는 베어스턴스가 운용하던 두 개 헤지펀드의 파산을 가속화했다. 베어스턴스가 결코 회생하지 못하고 붕괴 위기에 직면했을 때 제이피모건은 연준에서 넉넉하게 빌린 자금으로 베어스턴스를 헐값에 인수했다. 중역 랄프 치오피(Ralph Cioffi)와 매슈 태닌(Matthew Tannin)에 대한 재판이 2009년 10월 브루클린에서 시작되었다. 이 재판은 세계적으로 언론의 주목을 받았다. 재판은 3주 동안 이어졌다. 이틀 동안의 평의 끝에 배심원은 두 명의 펀드매니저에게 무죄 평결을 내렸다.

법무부는 혼란에 빠졌다. 기소 팀은 부주의하고 성급했다. 유죄를 입증하는 듯한 이메일 더미에 근거하여 기소를 했지만 두 중역의 행위와 동기를 복잡하게 만든 다른 증거를 간과한 것이다. 게다가 담당 판사가 피고인들에게 가장 불리한 이메일 몇 통을 재판에서 배제했다. 아서 앤더슨과 KPMG 재판에서 그러했듯이 베어스턴스 재판의 패소는 엄청난 파문을 일으켰다. 법무부의 자신감이 떨어졌다. 어느 금융 규제기관의 수장은 패소가 "나라 전체에 악영향을 끼쳤다"고 말했다. "모든 사람이 겁을 먹었다." 전직 연방 검사 한 사람은 이렇게 말했다. "나는 그런 식의 패소를 경험해서는 안 된다고 생각했다. 엄청난 실패였다. 법무부가 패소해서는 안 되었다. FBI는 더욱더 몸을 사렸다. 법무부도 더 조심스러워졌다. 그렇다, 이로써 비슷한 사건에 찬물을 끼얹었다고 보면 된다."

그런데도 브루어는 패소한 지 몇 달도 되지 않아서 앤드리스를 워싱턴으로 불러들였다. 그를 임명함으로써 브루어는 과거 10년 동안 법무부에 가장 큰 실패를 안긴 2대 기업 화이트칼라 재판으로 지울 수 없는 상흔을 입은 두 명의 고위 관료를 거느리게 되었다.

의회로 간 브루어

소심증은 홀더 치하의 법무부 전체로 빠르게 확산되었다. 브루어의 형사국에 국한된 일은 아니었다. 엔론 재판으로부터 6년이 흐른 2010년 9월, 브루어의 형사국은 캐스린 루에믈러가 엔론을 상대로 거둔 최고의 승리를 외면했다. 기소는 상당히 상징적인 중요성을 띠었다. 엔론 사기에 관여한 월가 중역에 대해 유일하게 제기된 소송이었기 때문이다. 같은 달, 2심 날짜가 잡히기 불과 며칠 전에 법무부는 메릴린치 중역으로 나이지리아 바지선 사건에 연루된 제임스 브라운에 대한 공소를 철회했다. 1999년 엔론은 나이지리아 연안의 발전 바지선 지분을 메릴린치에 매각하고는 장부에 이익을 계상했다. 사실은 매각이 아니라 대출이었다. 메릴린치 중역들은 내부적으로 그 거래를 '관계형 대출(relationship loan)'로 불렀다.[8]

사건은 끝나버렸고, 이는 최근 몇 년간 항소법원의 판결 상당수로 말미암아 화이트칼라 기업 기소의 기준이 높아진 데 따른 피해였다. 2004년에 배심원단이 메릴린치 중역 네 명에 유죄를 선고했고 그들은 수감되었다. 2006년 연방 제5항소법원은 재판에서 유죄 선고를 받은 메릴린치 중역 다섯 명 중 네 명에 대한 사기와 공모 기소를 기각했다. (나머지 한 명은 항소하지 않았다.)[9] 제5항소법원은 메릴린치 중역에게 제기된 공적 신뢰 훼손 혐의를 문제 삼았다.

항소법원은 검사들이 메릴린치 중역들의 동기가 단지 사사로운 이득을 취하기 위한 것뿐이라는 공소 내용을 입증하지 못했다는 판결을 내렸다. 더 나아가 판결을 내린 선임 판사는 메릴린치와 엔론의 중역들은 정부와 거래를 매듭짓지 않는다면 엔론이 타격을 입을 것을 걱정했다고 썼다. 판사는 그들이 회사에 가장 이익이 되는 일을 했다고 판결했다. 중역들의 "유일한 사적인 이익이나 보상"은 "뇌물이나 리베이트의 경우에서처럼 제3자가 아니라 엔론 자체에 귀속되었다"고 했다. 레이건이 지명한 해당 판사는 엔론의 최고 경영진이 사기 설계에 기여했다고 해서 회사가 사취를 당한 것은 아니라고 주장했다. 〈포춘〉은 항소법원의 판결에 대해 "사기가 지나쳐서 사취가 아니라는(too-crooked-to-defraud)"라는 식의 판결이라고 지적했다.[10]

루에믈러는 법무부 차관실의 수석 보좌관 시절에 브루어가 싸우는 것을 계속해서 회피한다는 사실을 깨달았다. 조금만 차질이 빚어져도 그의 형사국은 뒤로 물러나 소송을 철회하기 일쑤였다. 그녀는 "이번 주에 몇 건을 철회한 건가요?"라는 말로 그에게 일침을 가했다.

법무부가 나이지리아 바지선과 관련해 남은 기소를 철회했을 때는 루에 믈러가 이미 백악관으로 옮겨 오바마 대통령의 차석 법률 고문이 되었을 때다(나중에는 수석 법률 고문에 올랐다). 그녀는 분노했다. 법무부 관료 중에 브루어만 소심한 것은 아니었다. 예의상으로나마 그녀에게 공소를 철회한다는 이야기를 해 준 사람조차 없었다. 그녀는 그 사실을 인터넷에서 읽고 알았다. 이치에도 맞지 않았다. 정부는 재판 전날에 공소를 철회하기로 결정했다. 그토록 오래 기다리고 그토록 많은 준비를 하고서 어째서 마지막 순간에 철회한 것인가?

그녀는 법무부의 자기 후임인 리사 모나코(Lisa Monaco)에게 전화했다.

"이게 대체 무슨 일이죠?"

모나코가 머뭇거렸다. 그녀는 법무부에 자원 제약 문제가 있다고 하소연했다. 그러더니 형사국 사람들이 후렴처럼 자주 읊어 대던 불평을 했다. 재판을 이기기가 어려웠을 테고 이길 가능성이 기껏해야 반반이라는 이야기였다.

배심원단은 원래 기소에 이의가 없었고 문제의 행위가 악질적이며 부정직한 것이라는 결론을 내렸다. 그들은 반(反)-기업, 반(反)-엔론 열풍에 휩싸인 사람들이 아니었다. 사려가 깊었고 피고인들을 신중하게 구분했다. 그들은 기소된 여섯 명 중 다섯 명에게 유죄를 선고하는 한편, 회계 부서의 여자 중역에 대해서는 무죄를 선고했다. 다른 중역들에게는 그토록 불리하게 작용했던 그 많은 문서 어디에서도 그녀가 관여했다는 증거를 찾을 수 없었기 때문이다.

사건 판결은 안 좋은 때에 닥쳤다. 연방대법원이 법무부를 날카롭게 공격한 지 얼마 지나지 않았을 때였다. 2010년 6월 24일 〈스킬링 대 미국 (Skilling v. United States) 판결〉에서 대법원은 엔론의 제프 스킬링과 신문 재벌이며 자기 회사인 홀링어 인터내셔널(Holinger International)의 돈을 횡령한 혐의로 유죄 선고를 받은 콘래드 블랙(Conrad Black)의 사기 혐의 중 몇 가지 죄목을 기각했다. 스킬링과 블랙은 주주의 공적 신뢰를 훼손한 혐의로 유죄를 선고받아 실형을 살고 있었다. 대법원은 공적 신뢰 훼손 죄가 지나치게 모호하다고 비판하면서 그 적용 범위를 축소했다. 루스 베이더 긴스버그(Ruth Bader Ginsburg) 대법관은 만장일치 판결에 대해 판결문을 작성했다. 앤터닌 스캘리아, 클래런스 토머스, 앤서니 케네디 대법관은 더 나아가 법 자체를 완전히 폐지하려 했다는 의견서를 작성했다.[11]

그러나 대법원 판결은 루에플러에게 핑계가 되지 않았다. 법무부는 좀 더 기본적인 사기 혐의로 공소를 제기할 수도 있었다. 패소할 위험을 감수하더라도 공소를 제기해 주장의 정당성을 입증해야 할 때가 있는 법이다. 하지만 그러기에는 법무부 사람들은 너무 겁이 많았다.

물론 자원 제약도 오바마 시대 법무부를 짓누르는 요인이었다. 상급자들은 주기적인 채용 동결 조치를 내려야 했고, 그 때문에 부서장들은 직원이 떠나도 빈자리를 채울 수 없었다. 삭감은 전국적인 연방 검찰청 네트워크에도 영향을 미쳤다. 브루어는 자원 제약 문제를 연방 의회에 항의했다. 문제를 개선하려던 조치들은 실패했다. 2009년 5월 오바마 대통령은 금융 사기를 쫓는 수사관과 검사에게 1억 6500만 달러의 예산을 배정하는 것을 골자로 하는 사기 단속 및 경기 회복법(Fraud Enforcement and Recovery Act)에 서명했다. 당시 델라웨어 상원의원이었으며 법안의 공동 작성자인 테드 코프만(Ted Kaufman)은 하늘 높은 줄 모르는 미국 금융계 고위 경영인들의 범죄 추적에 자원을 보강 투입하는 것을 법의 취지로 했다. 하지만 메릴랜드의 민주당 상원의원이며 상원 세출위원회(Senate Appropriations Committee) 위원장인 바바라 미쿨스키(Barbara Mikulski)가 배정한 예산은

3000만 달러에 불과했다. 미쿨스키 의원실은 코프만의 보좌관에게 배정할 수 있는 예산이 그것뿐이라고 말했다.[12]

법무부는 다른 정부 부처와 다툼으로써 문제를 악화시켰다. 뉴욕 남부지검이 스탠리 스포킨과 협력했던 시대는 오래전에 지나갔다. 2010년 말 SEC의 로린 라이스너(Lorin Reisner) 집행국 부국장이 대배심 정보와 감청 정보를 입수하기 위해 법무부를 압박했다. 대배심 정보는 기밀이므로 법무부가 SEC 같은 행정 규제기관과 공유할 수 없었다. 이러한 기밀 준수 조항은 여러 측면에서 조사에 차질을 빚는다. SEC가 새로운 정보를 확보하고 조사를 추진한다면 궁극적으로 연방 검사에게도 도움이 되겠지만 기밀 준수 조항은 그 과정에 장애물이 된다. 최근 몇 년 동안 연방 검사들은 기업 조사에서 증거 수집 수단으로 대배심을 활용하는 것을 갈수록 경계하는 추세다. 특히 남부지검에서 대배심을 덜 활용하는 경향이 두드러진다. 검사들은 증인이 선서한 후에 증언하는 것을 좋아하지 않는다. 그들은 증인이 이야기를 바꿀까 봐 우려한다. 그럴 경우 피고인 측 변호사들이 증인의 진실성에 의문을 제기할 수 있기 때문이다. 라이스너가 SEC를 대신하여 요청을 전달했을 때 법무부는 위협을 감지했고 SEC가 조사에 끼어들려 한다고 생각했다. 고위급 관료들은 정보 공유에 반대했다.

오바마 시대의 법무부는 톰슨 메모에서 공적 신뢰 훼손 조항에 이르기까지 하나씩 도구를 상실하는 것이 자기 조직의 조사와 기소 능력을 떨어뜨린다는 것을 알지 못하는 듯 보였다. 법원은 화이트칼라 범죄 기소에 대해 점점 더 많은 트집을 잡았다. 재계 로비 단체와 변호사 단체가 동원되었다. 그러나 문제에 대한 분석은 거의 이루어지지 않았다. 법무부 고위 관료들은 웬만해서는 공개적으로 문제를 거론하지 않았다.

법무부는 대응을 할 때도 편협한 방식으로 했다. 대법원 판결로부터 몇 달이 흐른 2010년 9월 28일, 브루어는 의회 앞에서 공적 신뢰 조항의 법령 개정에 찬성하는 증언을 했다. 법무부 본부의 관료들은 공공 부문이나 민간 부문의 부정부패 관련 내용을 부활시켜 달라고 할지, 아니면 둘 다 요청할지, 어느 쪽이 의회의 승인을 받을 가능성이 큰지 논의했다. 브루어는 좀 더 적당한 길을 택했다. 그는 공직자 부패 사건에 대한 부분만 개정할 것을 권고했다. 오바마 행정부는 변호사 단체의 의견을 받아들여 민간 부문의 공적 신뢰 훼손 죄목을 다루지 않고 넘어갔다. 소송 변호사 출신인 브루어는 해당 혐의를 기업 환경에 적용할 경우 웃음거리가 된다는 이야기를 들은 적이 있었다. 그는 의회에 민간 부문의 부정부패를 포괄해야 하니 법령을 확대해야 한다고 요구하지 않았다. 오바마 행정부는 의회에 민간 부문 해결에 대한 의지가 없다고 보았다. 그러나 브루어는 한술 더 떠서 민간 부문 해결을 반대하는 근거까지 제시했다. 상원의원들에게 민간 부문의 공적 신뢰 훼손을 다루는 법을 제정하기란 너무 어렵다고 말한 것이다. 브루어는 의회에 이렇게 말했다. "민간 부문의 미공개 자기거래(self-dealing)에 관해서 적절한 내용을 작성하기란 공공 부문의 경우보다 한층 더 어렵습니다."[13]

오바마 행정부는 적절한 정치적 판단을 놓친 것 같다. 무엇이든 차질이 빚어질 때마다 계속해서 한계와 제약에 사로잡혔기 때문이다. 그러나 금융 위기 이후 은행들에 대한 분노는 정점에 달했다. 구제 금융과 성과급이 국민의 격분을 불러일으켰다. 2009년 민주당이 상하원을 모두 장악했다. 그들은 검사에게 더 많은 무기가 필요하다는 주장에 반박하기가 어려웠을 것이다. 검사들의 기업 범죄 조사를 돕기 위한 법령 개혁안이 통과될 수도 있었다.

Chapter 10

성과 최우선 도시의 법조계

THE LAW IN THE CITY OF RESULTS

1919년 민주당의 정치 책사와 공화당을 지지하는 지식인이 힘을 합쳐 '회전문' 로펌의 시조인 커빙턴 앤 벌링을 설립했다. J. 해리 커빙턴(J. Harry Covington)은 1909년부터 1914년까지 메릴랜드에서 민주당 3선 하원의원을 지냈다. 그는 연방거래위원회(Federal Trade Commission)를 창설하는 데 기여한 법안을 발의했다. 훗날 우드로 윌슨(Woodrow Wilson) 대통령은 워싱턴 연방 지방법원의 모태가 되는 법원의 판사로 그를 임명했다. 에드워드 벌링(Edward Burling)은 혁신 성향의 공화당 정치 분파이며 단명한 불무스(Bull Moose) 당을 지지했다. 그의 차분한 총명함과 커빙턴의 인맥이 결합되어 가공할 만한 회사가 만들어졌다.

얼마 지나지 않아 회사 파트너들이 공직으로 옮겼다가 회사로 되돌아오는 관행이 생겨났다. 1921년 커빙턴에 들어온 딘 애치슨(Dean Acheson)은 1944년 제2차 대전 종전 후 세계 금융질서를 재편하고 국제통화기금(IMF)

을 탄생시킨 브레턴우즈 회의에서 프랭클린 루스벨트 대통령을 보좌했다. 1949년 애치슨은 해리 트루먼 대통령의 국무장관이 되었다. 커빙턴의 파트너들은 재무부, 국세청, 국방부 법률 고문실 등의 수장직을 차지했다. 1971년에는 어느 젊은 파트너가 미국 식품의약청(FDA)의 규제에 반발한 식품회사들을 대리하다가 이 기관의 법률 고문으로 변신했다. FDA에 있는 동안에도 그는 계속해서 커빙턴을 '우리'라고 지칭했다. 그가 4년 후에 떠나자 커빙턴의 다른 파트너가 그의 후임이 되었다.[1] 또한 커빙턴 변호사들이 법무부를 채웠다는 것은 두말할 나위도 없다.

1970년대까지 커빙턴 앤 벌링은 수도 워싱턴의 선두 로펌으로서 미국의 일류 기업 대부분은 물론 전 세계 거의 모든 주요 국가와 주요 무역 단체 대다수를 의뢰인 명단에 올렸다. 세금 자문과 반독점 업무에 특화된 이 로펌은 〈포춘〉이 선정하는 200개 기업 중에서 IBM, 듀폰(Dupont), 엑슨(Exxon), 프록터 앤 갬블(Proctor & Gamble) 등을 포함한 20%를 대리했다. 커빙턴 앤 벌링의 변호사들은 무분별한 규제 완화 조치의 하나인 1996년 통신법 (Telecommunications Act of 1996)의 통과에 주도적인 역할을 했다. 커빙턴은 1999년 엑슨과 모빌(Mobil)의 합병 과정에서 엑슨에 자문을 제공했다. 비교적 최근의 의뢰인들은 세계 최고 순위권에 드는 금융회사들로 골드만삭스, JP 모건 체이스, 뱅크 오브 아메리카, 웰스파고, 도이체방크 등이 대표적이다.[2]

오늘날에도 커빙턴은 비선출 종신 권력층의 감초 같은 존재이지만 한때 그랬던 것처럼 특출한 명성을 떨치지는 못한다. 영향력이 딱히 막강한 것도 아니다. 〈아메리칸 로여〉의 집계에 따르면 1985년 커빙턴은 4900만 달러의 매출로 미국에서 37번째로 큰 로펌으로 꼽혔으며 지분 파트너당 21만 5000달러의 평균 수익을 올렸다. 그 후 10년 동안 급성장을 거듭하여

1995년에는 1억 3500만 달러의 매출과 49만 달러의 파트너당 평균 수익을 달성했다. 이러한 성장세에도 그 당시 커빙턴은 규모 면에서 44위에 불과했다.

그 이후 다른 로펌과 컨설팅업체 여럿이 대열에 합류했다. 워싱턴의 경쟁 로펌인 윌머헤일은 커빙턴보다 규모가 크고 수익성이 좋았다. 컨설팅업체와 로비 회사들이 커빙턴의 업무 중 꽤 큰 부분과 신규 채용한 변호사들을 빼내어 갔다. 워싱턴은 온갖 종류의 전문가가 성공할 수 있을 정도로 널찍한 대형 천막이 되었다. 이런 회사들은 의뢰인을 대신하여 로비 활동을 펼치고, 의뢰인에게 영향을 미치는 법안 작성을 돕고, 법적 분쟁과 규제 위반 사건에서 의뢰인을 대리하며, 의뢰인에게 자문을 제공하고, 의뢰인의 합병 계획을 관철시키거나 정부의 간섭을 막기 위해 경제적 분석을 돕는다. 이런 회사들의 이름이라도 아는 사람은 극소수에 불과하다. 언론에서 이들을 다루는 일은 드물지만 기자들이 그 파트너들을 취재원으로 삼는 일은 흔하다. 연방 의원들과 규제자들이 이들을 면밀히 조사하는 일도 드물다. 그 까닭은 언젠가 자기들이 그런 회사에 들어가거나 그들로부터 선거 후원금을 받을 가능성을 염두에 두고 있기 때문이다.

커빙턴은 집요함과 명민함에서 각별히 출중하다는 명성을 유지했지만 절제되고 조심스러운 태도 때문에 잘 드러나지는 않았다. 한번은 유명한 파트너 한 사람이 "이 법정에 부담을 끼칠 의도는 없다"는 말로 변론을 시작한 적이 있다. 그러자 판사가 그 말을 끊고 "당신의 이야기를 듣는 것은 절대로 부담이 되지 않는다"고 말했다.[3] 커빙턴은 소속 변호사들에게 명성을 부여했지만 그 반대의 경우는 아니었다. "그곳의 변호사들은 개인적인 역량이 상당한 경우도 있지만 그보다는 그들이 커빙턴 앤 벌링 소속이라서 영향력을 떨치는 것"이라고 훗날 뉴욕시의 정치가로 활약한 마크 그린(Mark

Green)은 워싱턴 로펌의 비밀스러운 권력을 다룬 1978년의 저서 《다른 정부(The Other Government)》에서 다음과 같이 썼다. "커빙턴은 성과 최우선 도시에서 자행되는 편법 기술을 상징했다."[4]

수십 년 동안 커빙턴 앤 벌링은 자기네 문화에 대한 자긍심에 빠져서 일주일에 한 번씩 워싱턴의 메트로폴리탄 클럽에 모여 자기들끼리 점심을 먹었다. 1966년 (향후 22년 동안에도 그러했지만) 당시, 여성을 받지 않던 그 클럽에서 설립자인 에드워드 벌링의 추도 행사가 열렸을 때 사내 안내 자료에는 여성 변호사와 남성 파트너의 아내는 참석을 불허한다는 내용이 명시되었다. 클럽은 1972년 처음으로 흑인 회원을 받아들였는데 부분적으로는 설립자의 아들이자 역시 커빙턴의 파트너였던 에드워드 벌링 주니어의 재촉 때문이었다. 어느 파트너는 유대인이 메트로폴리탄 클럽의 회원이 되는 유일한 방법은 커빙턴의 선임 파트너가 되는 것이라고 말했다.

1970년대에 이르기까지 비밀주의가 법조계를 밖으로 드러나지 않게 했다. 커빙턴 파트너들은 변호인-의뢰인 특권 조항과 광고를 통한 수임 유인 금지 조항 등 쌍둥이 '계율(canon)'을 들어 언론 인터뷰를 거절했다. (법률 광고에 대한 전면적인 금지는 1977년 대법원의 〈베이츠 대 애리조나주 변호사 협회 판결〉 이후에 해제되었다.) 선임 파트너인 H. 토머스 오스턴(H. Thomas Austern)은 커빙턴 앤 벌링의 과묵함에 대해 "우리의 공개적인 업무는 법원이나 정부 기관의 기록에 드러나 있다"고 해명했다. 그는 "나머지 업무는 어느 누구와도 상관이 없는 우리의 소관이며 우리는 그 일에 대해 논하지 않을 것이다"라고 말했다.[5]

1990년대 후반에 이르러 파트너들은 우려하기 시작했다. 회사는 여전히 막강했다. 그러나 폐쇄적이고 고루하며, (역사를 생각하면 놀랍지도 않은 일이지만) 백인, 남성, 개신교도가 우세했다. 그래도 커빙턴이 무료 변론과 전문성에 대한 옛날식 신념으로 대형 로펌보다는 돈에 덜 연연하는 태도를 지켰다는 점은 칭찬할 만하다. 그와 대조적으로 대형 로펌들은 백화점 형태의 온갖 서비스를 제공하기 위하여 서로 합병을 일삼으면서 훨씬 더 상업적으로 변화했다. 독자적인 역량을 연마하는 것을 선호했던 커빙턴은 갈수록 뒤처졌다. 이 로펌의 경영진은 더 이상 업계의 변화에 저항할 수 없다는 사실을 깨달았다. 커빙턴은 1999년 거의 내내 합병 파트너를 물색하던 중에 하워드, 스미스 앤 레빈(Howard, Smith & Levin)을 낙점했다. 그곳은 맨해튼의 신생 로펌으로 1983년에 설립되었으며 인수 합병 업무를 전문으로 했다. 이 로펌을 인수한 덕분에 커빙턴은 유서 깊은 이름은 유지하면서 60명의 변호사를 추가할 수 있었다. 전직 파트너의 말에 따르면 커빙턴의 "유대인은 두 배로 불어났다." 커빙턴은 유일한 목표는 아니었지만 화이트칼라 범죄 업무를 확장하여 하워드, 스미스 앤 레빈의 파트너를 책임자로 앉혔다. 1999년 이 로펌은 미국 70위 규모치고는 많은 1억 5200만 달러의 매출과 48만 5000달러의 파트너당 수익을 올렸다. 불과 2년 후에는 2억 3700만 달러의 매출과 65만 5000달러의 파트너당 수익을 창출하여 57위로 뛰어올랐다.[6]

오바마 행정부의 법무장관을 지낸 에릭 홀더와 형사국 차관보를 지낸 래니 브루어가 커빙턴으로 돌아온 2015년에는 7억 900만 달러의 매출을 올리고 43위 규모로 뛰어 오르면서 한 해를 마무리했다. 파트너들은 평균 1300만 달러가 넘는 돈을 벌었다. 정부 최고위직을 지낸 유명 파트너들은 훨씬 더 많은 돈을 벌었다. 브루어는 커빙턴으로 돌아온 후 첫 1년 동안 400만 달러를 벌었다.[7] 에릭 홀더는 법무장관 시절 19만 9700달러의 연봉을 받았다. 법무장관이 되기 위해 회사를 떠났던 1999년 그는 250만 달러를 번 것으로 알려졌는데 다시 파트너로 복귀했을 때는 그보다 몇 배의 수익을 올렸다.[8]

커빙턴이 2013년 3월에 브루어의 복귀를 발표하기 위해 낸 보도자료에는 국내외에서 법 집행 경험을 쌓은 동료 변호사 18명의 이름이 올라 있었는데 그 가운데는 법무부의 반독점국장 두 명과 국토방위부 장관이 되기 전까지 형사국 차관보를 지낸 마이클 처토프가 있었다. 그러나 그 자료에는 규제기관에서 수장을 역임했던 사람들의 이름은 빠져 있었다. 존 듀건도 2010년 주요 은행 감독기관인 재무부 통화 감독국장 자리를 떠난 후에 커빙턴에 다시 합류했다. 그리고 비슷한 일이 계속되었다.

회전문 인사는 정부 공직자의 돈벌이 수단에 그치지 않았다. 양측은 서로 상대방을 바꾸었고, 궁극적으로는 기업에 이익이 되었다. 적어도 공공연하게 인정하는 사람은 없었지만 회전문 인사는 정부에서 일하는 법률가들의 업무에 영향을 끼쳤다. 브루어는 〈뉴욕타임스〉와의 인터뷰에서 "세간에서 회전문이라 부르고 멸시하는 것 덕분에 사람들은 더 나은 공무원과 민간 소송 변호사가 될 수 있었다"라고 말하면서, 자신의 경우 역시 "나는 민간 부문에서 쌓은 많은 경험 덕분에 더 나은 법무차관이 될 수 있었다고 생각한다"고 말했다.[9]

사라진 법률가 – 정치인

피터 플레밍, 러스티 윙, 제드 레이코프 같은 뉴욕 남부지검 검사들이 1960년대와 70년대에 일류 로펌으로 이동하기 시작했다. 1990년대까지 그 추세는 가속화되었다. 미국의 거의 모든 대형 로펌이 상당한 규모의 화이트칼라 범죄 변론 부문을 창설하거나 인수했다. 1986년 화이트칼라 범죄 전문 변호사 단체는 플로리다의 보카 래턴 리조트 클럽에서 첫 연례 회의를 개최하려고 했지만 리조트 측은 '범죄 행위 논의'와 관련을 맺고 싶지 않다면서 그 단체에 퇴짜를 놓았다.[10] 새로운 장소에서 열린 회의에 변호사 75명이 참석했다. 1990년대에 레이코프와 그의 팀은 뉴욕 로펌인 프라이드, 프랭크, 해리스, 슈라이버 앤 제이콥슨(Fried, Frank, Harris, Shriver & Jacobson)으로 옮겼다. 데이비스 폴크는 봅 피스크를 보유했지만 화이트칼라 전담 부문을 만들기 시작했다. 데브보이즈 앤 플림턴은 여전히 초연한 자세를 유지하여 부티크 로펌에 형사 사건을 외주했다. 그러나 데브보이즈도 연방 검사장 직함을 잃은 메리 조 화이트를 영입하면서부터 본격적으로 추세를 따랐다.

화이트칼라 범죄 업무는 기업들이 자사의 평판을 유지하기 위해 법률 자문을 받고 수임료를 지급함에 따라 수적으로도 많을 뿐 아니라 탄탄한 이윤을 창출했다. 화이트칼라 범죄 전문 변호사들이 반독점, M&A, 지적 재산권, 파산, 기업 증권 전문 변호사보다도 더 많은 수임료를 받기 시작했다. 화이트칼라 부서가 다른 부서보다 어소시에이트 대비 파트너의 비중이 높았다. 그리고 그들은 다른 분야의 파트너들 이상으로 공통된 특징을 지녔다. 화이트칼라 범죄 전문 파트너 변호사들은 대부분 전직 정부 관료였고, 특히 연방 검사 출신들이 많았다.[11] 2016년 미국 변호사 협회 산하의 전미 화이트칼라 범죄 연구소가 개최한 13차 연례 회의에는 1차 회의의 14배에 가까운 1034명이 참석했다. 오늘날 정부의 법률가들이 퇴직 후에 진입하는 업계는 수십 년 동안 완전한 변화를 거쳤다.

레이코프는 법조계의 과거 분위기를 그리워하면서 법률이 상행위로 변질된 상황에 우려를 드러냈다. 그는 법률가-정치인(lawyer-statesman)의 시대에 성장했고 사무실에 그런 영웅들을 위한 기념 공간을 마련했다. 리온 실버먼(Leon Silverman)이 남들보다 눈에 띄는 위치를 차지했다. 실버먼은 레이코프가 근무했던 프라이드 프랭크의 대표였는데 일개 기업 변호사 차원을 훌쩍 뛰어넘는 인물이었다. 그는 대법원의 역사협회와 빈곤층에게 변호를 제공해 주는 법률구조협회의 회장이었다. 레이코프는 실버먼과 자신의 다른 법조계 영웅들이야말로 상행위로서의 법보다 법 그 자체에 더 큰 관심을 가진 법률가들의 가장 뛰어난 본보기라고 믿었다. 스탠퍼드 로스쿨의 로버트 고든(Robert Gordon)은 법률가-정치인을 "독립적인 시민이며 부패하지 않고 올바르며 배움과 현실적인 지혜를 결합할 줄 아는 사람"으로 정의했다. 레이코프는 법률가를 법률과 사회 도덕률의 천부적인 수호자로 보았다. "그들은 오늘날의 법률가 대부분에 비해 법률가의 사회적인 역할을 훨씬 더 광범위하게 보는 사람들이었다"라고 레이코프 판사는 말한다. 법률가-정치인은 상스러운 경제 논리에 밀려 멸종 위기에 처했다. 로펌이 더 이상 감당할 수 없는 호사였다.

시간이 흐름에 따라 법조계의 경쟁이 치열해졌고 구시대 모델이 사라졌다. 소수 독점 모델에서는 파트너들이 오래된 의뢰인을 잃을까 하는 끊임없는 불안 속에 살지 않았다. 기업들은 지금에 비해 더 의리가 있었다. 그들은 수십 년 동안 의뢰인이었고 앞으로 수십 년 동안도 의뢰인으로 남을 예정이었다. 든든한 의뢰인을 확보한 로펌은 정직한 변론을 제공할 수 있었다. 그들은 무엇이 합법적인지, 무엇이 그렇지 않은지, 무엇이 합법적이면서도 비윤리적인지 설명할 수 있었다. 당시 변호사들은 판단, 윤리, 심리 등에 대해 의뢰인들에게 조언할 수 있었다. 의뢰인을 다른 로펌에 빼앗기지 않으려고 계약서의 세부 조항 같은 한정된 사안에 대해서만 조언하는 변호사들과는 달랐다. 오늘날 로펌은 더 크고 많은 이익을 내지만 사업에 더 혈안이 되어 있다. 의뢰인은 자기 마음에 들지 않는 이야기를 들으면 다른 의견을 구한다. 그러한 상황에서 파트너들은 의뢰인들을 엄정하게 대하기 어렵다. 이처럼 치열한 세상의 새로운 압박은 오래된 사회의 결속을 파괴했다.

적어도 그것이 옛날 변호사들이 법조계에 대해 하는 말이었다. 완전히 정확한 묘사가 아닐지는 몰라도 사실에 가까운 이야기였다. 법조계는 훨씬 더 상업적이고 이윤에 연연하는 곳으로 바뀌었다. 과거 수십 년 동안에는 소송 전문가들이 로펌의 최고 위치를 차지했다. 그러다 기업 관련 전문 변호사들이 우위를 차지하게 되었다. 그들은 거래를 했고, 숫자와 수익을 따졌다. 2000년대에 로펌은 경영대학원으로부터 비즈니스 방법을 수입했다.

한동안 이런 경향이 커졌지만 2010년대에 이르면 변호사들이 전반적으로 자신의 직업에 대해 위기감을 느꼈다. 로펌의 규모, 매출, 파트너당 수익의 성장세는 탄탄했다. 그러나 불확실성이 기존 모델에 스며들었다. 법률가의 윤리적 책임에 관한 하버드 로스쿨의 소논문 저자들은 이렇게 썼다. "법률 직종이 스트레스와 전환의 시대에 있다는 데 광범위한 합의가 이루어져 있다. 법률 직종의 경제 모델이 압박을 받고 있는 것이다. 법률 직종이 직업적으로 독특하다는 생각은 편협하고 시대에 뒤떨어졌다. 그리고 그 결과 이 직종의 윤리적 책무가 약화되었고 그 근원은 불분명하다."[12] 법률 서비스에 대한 전체적인 수요가 감소하고 있으며, 2008년 경기 침체 이후에 그러한 감소세가 가속화되고 있음에도 로펌들은 파트너당 수익에 집착했다. "단기적인 경제 목표가 윤리적 책무와 임무를 압도함에 따라 법률가라는 직종에 대한 국민의 불신이 확산되었다"라고 소논문은 덧붙였다.

일종의 공생 관계가 대형 로펌과 법무부 사이에 형성되었다. 정부가 기업 범죄를 기소하는 방식은 민간 로펌이 업무와 사업을 수행하는 방식을 뒤바꾸는 데 일조했다. 대형 로펌은 다시 기업 조사와 기소에 대한 정부의 접근법을 바꾸어 놓기 시작했다. 법무부는 로스쿨 학위를 받은 후 향후 일류 로펌의 파트너가 되기 위한 중간역이자 경력을 쌓는 과정이 되었다. 오바마 시대 동안 이런 추세는 한층 더 두드러졌다. 이러한 변화는 정부가 개인의 처벌을 포함하여 기업의 문화를 바꾸기 위해 밀어붙이기 시작했을 때에 시작되었다. SEC의 스탠리 스포킨이 1970년대에 처음으로 협력 제도를 개척했지만 2000년대까지 법무부와 SEC뿐 아니라 정부의 모든 규제기관이 협력과 감형을 교환하는 양형 거래를 제시했다. 기업은 로펌에 내부 조사를 의뢰했다. 범죄를 저지른 중역 개개인을 1회에 한하여 대리해서는 지속적으로 수익을 창출할 수 없었다. 반면에 내부 감사로는 가능했다. 그들은 한층 더 많은 변호사와 어소시에이트를 채용했는데, 이는 앞으로 대기업의 내부 조사 수요가 추가적으로 발생할 가능성이 높았기 때문이었다.

커빙턴 앤 벌링은 기업의 내부 조사에 한몫을 담당했다. 케이블 TV 회사인 아델피아는 나스닥 거품 붕괴 이후에 회계 사기에 휘말렸고, 비영리 조직인 유나이티드 웨이 오브 뉴욕 시티(United Way of New York City)는 임원들이 자선기금을 여러 차례 횡령한 사건으로 뒤흔들렸는데, 두 곳 모두 커빙턴에 조사를 의뢰했다.[13] 2009년에는 거대 모기지업체인 프레디 맥이 커빙턴에 자사의 로비 활동이 금융위기의 실마리가 된 이 회사에 대한 신규 규제를 무력화시키는 데 도움이 되었는지 조사를 수행해 달라고 의뢰했다.[14] 휴렛-패커드는 자사의 CEO 마크 허드(Mark Hurd)가 2010년에 회사와 이전에 계약을 맺고 있었던 사람을 성추행한 혐의에 대해 조사가 필요해지자 이사회에서 커빙턴을 고용했다.[15] 그러나 커빙턴은 법조계를 장악하는 수준은 아니었다. 다른 대형 로펌들 역시 수익을 크게 내고 있었다.

한때 엔론과 아서 앤더슨 재판의 검사였고 현재는 듀크대 교수인 새뮤얼 뷰엘은 저서 《사형을 당할 죄 – 미국 기업 시대의 기업 범죄와 처벌(Capital Offenses: Business Crime and Punishment in America's Corporate Age)》에서 "법은 기업을 범죄자이자 경찰로 취급하며 기업 범죄를 탐지, 입증, 처벌하는 수단으로 활용한다"고 썼다.[16] 기업의 자율적인 단속 시스템은 계획을 가지고 만들어진 것이 아니라 그때그때의 사안을 처리하기 위해 즉흥적으로 부상한 것이지만, 결과적으로 최고 경영진을 법정에 세우는 데 지대한 영향을 끼쳤다.

뛰어난 양떼

얼마 지나지 않아 '닭이 먼저냐 달걀이 먼저냐'와 비슷한 의문이 생겨나기 시작했다. 로펌과 법무부와 SEC 사이에 공생 관계가 형성되었다. 법무부가 추진하는 조사가 공교롭게도 일류 대형 로펌에 큰 수익을 안겨 주는 것인지, 대형 로펌이 큰돈이 되는 내부 조사를 맡기 위해 검사들에게 내사가 필요한 사건을 조사하도록 유도하는 것인지 더 이상은 확실하지 않았다. 이러한 변화는 해외부패규제법(FCPA)의 위반 사례에서 확인할 수 있었다. 1977년 FCPA가 통과되는 데 기여한 스포킨은 규제기관이 할 수 있는 일을 획기적으로 확대하기 시작했다. 그는 미국 기업이 도덕적인 행동을 하는지 감시하고자 했다. 그의 활동은 남부지검과의 견고한 업무 관계와 결합되어 성공을 거두었다.

스포킨 이후에 1980년대와 1990년대를 통틀어 검사들은 해외 뇌물 사건을 제쳐 놓았다. 그들은 스포킨 비판에서 느껴지던 악취를 떨쳐 버리지 못한 것이다. 30년이 흐른 후인 2005년경부터 법무부는 FCPA 조치를 되살리는 작업에 착수했다. 법무부는 몇몇 필요하고도 중요한 성과를 거두었다. 오바마 행정부가 들어서기 전인 2008년 12월에 독일의 거대 산업체인 지멘스(Siemens)는 FCPA 합의금으로는 사상 최대 규모인 8억 달러에 미국 정부와 합의했다.[17]

래니 브루어는 법무부 본부의 형사국 차관보로 임명된 첫 해에 해외 뇌물 사건에 달려들었다. 2009년 브루어와 그 밑의 사람들은 자신들이 국민 앞에 내세울 금융위기 관련 기소가 단 한 가지도 없음을 우려하는 듯 보였다. 실무 검사들은 브루어가 갑자기 FCPA 사건을 강조한다는 것을 눈치채기 시작했다. 그는 2009년 11월, 강력한 어조로 연설을 하면서 법무부가 해외 뇌물 단속을 얼마만큼 중요하게 생각하는지 강조했다.[18] 그는 그 주제를 다양한 장소에서 거듭 언급했다. 법무부는 일류 기업의 고위직인 개인을 기소함으로써 최소한 한 건의 성공을 거두었다. 앨버트 '잭' 스탠리(Albert "Jack" Stanley)는 미국의 토목 건설 기업이며 최근 핼리버튼의 계열사가 된 켈로그, 브라운 앤 루트(Kellogg, Brown & Root, 이하 KBR)를 운영하던 인물로서 나이지리아 정부 관료들에게 뇌물을 제공한 데 대해 유죄를 인정했다. 2012년 2월 그는 2년 6개월 형을 선고받았는데, 그는 FCPA 위반으로 복역하고 있는 중역 중에서는 가장 직위가 높았다.[19]

지멘스 이후 사상 최대 규모의 후속 합의 19건이 오바마 시대인 2009년에서 2016년 사이에 이루어졌다. KBR/핼리버튼, 오크-지프(Och-Ziff), 앨코어(Alcoa) 등 세 곳을 제외하고는 모두 외국 기업[20]이어서 비판하는 사람들은 법무부가 해외 기업에 대해서는 강경한 입장을 취하면서 자국 기업에 대해서는 상대적으로 느슨하게 조사하는 것은 아닌지 의구심을 제기했다. 어느 법률가는 이렇게 지적했다. "우리 정부의 우선 과제 중 하나가 다른 나라의 범죄라니 개판도 이런 개판이 없다. 합리적인 사람이라면 그런 분야에 귀중한 자원을 쏟아붓지 않는다."

법무부도 곤혹스러운 입장이었다. 2012년 2월 워싱턴 연방 지방법원의 판사는 아프리카 관료가 관련되었으며 함정 수사로 적발한 해외 뇌물 사건을 기각했다. 그해 말에 법무부는 전력 전송 장비 제조업체인 린지 매뉴팩

처링(Lindsey Manufacturing)의 해외 뇌물 기소에 대한 항소를 철회했다. 그 이전인 12월 초에 연방 지방법원 판사가 이 회사는 물론 사장과 재무 총책임자에 대한 유죄 평결을 기각한 바 있었는데, FCPA 법과 관련해서는 최초의 사례였다. 판사는 따끔하게 질책하는 말투로 검사들이 직권 남용을 저질렀다고 비난하면서 몇 가지 위반 중에서도 대배심에 거짓 증언을 제출하고 피고인 측에게 중요한 증거를 숨겼으며 허위 정보를 제공해 수색 영장을 받은 점을 지목했다.[21]

더 중요한 것은 FCPA가 더 크고 더 중요한 금융위기 관련 조사에 쏟아야 할 관심을 분산하는 역할을 했을지도 모른다는 점이다. FCPA 사건은 워싱턴 로펌 사이에서 가내 공업, 더 나아가 일종의 갈취 행위가 되었다. (커빙턴 앤 벌링의 파트너와는 무관한) 조지프 커빙턴은 1980년대에 법무부의 FCPA 활동을 지휘한 후에 개업하여 기업에 해외 뇌물 관련 자문을 제공한 인물로 〈포브스〉에 다음과 같이 말했다. "이것은 로펌에게, 회계법인에게, 컨설팅 회사에게, 언론에게 좋은 비즈니스다. 그리고 법무부의 법률가들에게도 마찬가지인데, 그들은 시장을 만들었고, 그리고 거기서 (자신들의) 일자리도 만들어 냈으니까."[22] 변호사 단체가 새로운 호황을 누림에 따라 새로운 회전문이 생겼다. 법무부의 FCPA 집행 활동을 부활시킨 마크 멘델슨(Mark Mendelsohn)이 사사건건 참견하는 브루어에 의해 밀려나 2010년 법무부를 떠났다. 그는 막강한 로펌 폴 와이스(Paul Weiss)에서 알려진 바로는 2500만 달러의 연봉을 받으며 FCPA 업무를 시작했다.[23]

내사 급증은 예기치 못한 결과를 낳았다. 협력과 준법에 바탕을 둔 법 집행 제도의 수립으로 정부가 자체적인 조사를 제대로 진행할 수 없게 되었다. 검사들은 무분별하게 확장하는 다국적 기업을 자포자기한 상태로 바라볼 뿐이었다. 그들은 준법과 협력 없이는 거대 기업을 상대할 수 없다고 생각한다. 로펌이 조사를 진행하고, 반면 검사들의 기량이 쇠퇴한다. 정부는 (스스로 부정행위를 하는) 기업에게 조사를 맡기면서 조사 업무를 민영화 해 버린 것이다.

기업 변호사들은 의뢰인에 대한 조사를 진행하는 동안 의도적으로 관심을 두지 않는 경향이 있다. 대형 로펌의 조사가 엄밀하지 않은 것은 부정부패를 완전히 밝혀낼 경우 의뢰인이 업계에서 퇴출될 수 있기 때문이다. 대개의 경우 조사는 이사회까지 미치지 않는다. 나중에 이사회가 로펌을 필요로 할 때 바로 자사의 회장을 축출한 로펌만큼은 피하려 할 것이기 때문이다.

로펌은 의뢰인에게 특정한 요구가 있다는 사실을 알 수밖에 없다. 개인이나 사업 분야는 보호받는 것을 필요로 한다. 보고서에는 그러한 요구가 반영된다. 내사에 대해 어느 대형 로펌의 파트너는 "이 놀이의 이름은 사전 작업이다"라고 말한다. 내사의 경우 무엇을 볼 것인가 뿐만 아니라 메모, 이메일, 결정을 어떻게 해석해야 하는지, 무엇을 정부에 강조하고 어떤 표현으로 보고할 것인지 등에 대해 수십 번의 결단이 필요하다. 로펌은 외관상 객관적이고 공정하며 철저한 조사로 보이게 해야 한다는 사실을 잘 안다. 해외 자회사에서 사기 사건이 일어났다면 보고서에서 맹렬한 표현으로 자회사를 비난함으로써 회사가 그 사실을 감추지 않았다는 것을 보여 준다. 화력을 있는 힘껏 자회사에 발사함으로써 로펌은 가능한 한 그럴 듯하게 본사를 방어한다.

무분별하게 뻗어 나가는 기업을 조사하는 일은 매우 복잡하고 어려우며 기업 측 변호사들은 투지에 넘치는 데다 충분한 자금을 지원받는다. 검사들이 합의에 푹 빠진 까닭도 그 때문이었다. "사건이 크면 문제도 크다"는 검찰청의 격언에 부록처럼 따라붙는 말이 있다. "사건이 작으면 문제도 작고 사건이 없으면 문제도 없다."²⁴ 법무부는 기소 유예 합의를 열광적으로 받아들였다. 벌금 액수는 올라갔지만 결과는 전과 같았다. 기업들은 상습적으로 법을 어기고도 정부 프로그램에 참여하지 못하거나 영업 허가를 잃는 것과 같은 심각한 처벌을 모면할 수 있었다. 대부분 합의서에는 자세한 내용이 없었다. 정부는 기업이 무엇을 잘못했는지 명시하지 않았다. 법무부는 대개의 경우 합의 이행 여부를 감독할 감시인을 지정하지 않았다.

법무부는 벌금 액수가 크다는 것은 처벌이 얼마나 강력했는지를 나타낸다고 주장했다. 그러나 이러한 합의는 투명성이 부족했기 때문에 국민은 어째서 합의가 이루어졌는지, 벌금이 어떻게 책정되었는지, 범죄의 규모가 어느 정도인지, 검사들이 전혀 기소하지 않은 사건은 무엇인지 등의 기본적인 정보를 제공받지 못했다. 그러니 정말로 강력한 처벌이 내려졌는지 국민이 어떻게 알겠는가?

더욱이 거액의 수표에 서명하는 것의 장점 중 하나는 기업 변호사들이 조사 결과를 협상함으로써 손실이 어마어마한 민사상의 부수적 결과를 피할 수 있다는 점이다. 법무부가 합의서 초안을 제안하고, 은행과 은행 측 변호사들이 수정을 요청하고 원고 측 변호사들이 물고 늘어질 만한 단어들을 삭제해 달라고 협상을 제의한다. 기소 유예는 처벌이라기보다는 보이기 위한 무대 같은 성격을 띠게 되었다.

물론 기업들은 합의를 체결한 후 정부가 개인에 대한 후속 조사를 진행하면 협력하겠다고 약속했다. 그러나 검사들이 합의 후에 개인을 기소하는 일은 거의 없었다. 2000년대를 지나면서 엔론 평결의 반전, 아서 앤더슨 역풍, 톰슨 메모 철회, KPMG 기소, 베어스턴스 재판 패소 같은 상황이 이어지자 검사들은 중역 개인에 대한 조사에 덜 치중하게 되었다. 모든 변화가 대기업과 최고 간부를 돕는 방향으로 진행되었다.

기업 조사는 개인 조사와는 다르다. 별개의 경로에서 다른 속도로 다른 기간 동안 진행된다. 검사들이 시작부터 기업과 일종의 합의를 체결해야겠다고 (무의식적으로나마) 생각하면 최고 중역에 대해서는 덜 치중하게 된다. 최고 중역에 대한 조사는 시간이 더 많이 소비된다. 더 제대로 된 증거가 필요하다. 최고 중역은 유죄를 인정하기보다는 온갖 수고를 들이더라도 재판을 받으려고 할 가능성이 훨씬 더 크기 때문이다. 중역은 감옥에 갈 수 있지만 기업은 그렇지 않기 때문이다.

검사들에게는 선택지가 있다. 몇 년을 일하여 개인을 기소하는 방법이 그중 하나다. 그런데 그러한 개인은 잃을 것이 없기 때문에 재판이 끝날 때까지 싸우게 마련이다. 아니면 검사들이 기업과 협상하는 방법이 있는데, 이 경우 기업은 협상 테이블로 반드시 오게 되어 있다. 변호사들은 협상 테이블로 와서는 그 어떤 중역(특히 조직의 꼭대기에 있으며 자신의 통솔권 아래에 수천 명을 둔 중역)도 범죄의 전모를 알지 못했다면서 유감스럽다는 듯한 태도로 정부를 설득하려 든다. 그들은 정부에 누군가가 다 알고도 의도적으로 법을 어겼는지를 법정에서 합리적 의심의 여지가 없는 수준으로 입증하기란 어려울 것이라고 경고한다.

물론 평생 공직에 봉사하는 사람이라고 해서 모두 강인하거나 회전문 인사의 후보라고 해서 모두 약해 빠진 것은 아니라고 현상 유지를 옹호하는 사람들은 지적하기도 한다. 검사라면 누구나 공감하는 공통된 주장이 있다. 검사들은 어떤 면으로나 자신의 강인함을 보여 주어야 할 이유가 충분하다. 공격의 강도가 클수록 그에 이어지는 화이트칼라 피고인 측의 대응이 약화된다. 이러한 논리의 결론은 대형 로펌이 재판 경험 때문에 검사 출신을 찾기 때문에 검사들은 어떻게든 재판을 하려는 의욕을 품는다는 것이다. 그러나 두 가지 주장 모두 기소 유예 합의가 어떻게 해서 출현하고 어떤 식으로 동기 유발 구조(motivation structure)를 왜곡시켰는지 간과하고 있다.

기소 유예와 기업과의 합의가 늘어남에 따라 새로운 동기가 발생했다. 대형 로펌이 한때는 재판 경험 때문에 검사를 채용했는지는 몰라도 그런 주장은 점점 더 사실과 멀어지고 있다. 오늘날에는 거의 모든 피고인이 재판보다는 양형 거래를 택한다. 2015년에 일어난 연방 형사 사건에서 (그중 대다수가 노상 범죄인데) 97%가 넘는 피고인이 유죄를 인정했다. 재판 건수도 몇 년 전에 비해 감소하는 추세를 보이고 있다. 2015년에 진행된 연방 형사재판의 건수는 불과 5년 전에 비해 30% 가까이 감소한 2200건이었다.[25] 역시나 그 가운데 일부만이 화이트칼라 재판이었고 대부분이 대기업의 범죄가 아니라 시시한 화이트칼라 범죄였다.

합의가 증가하고 재판이 감소함에 따라 재판 역량의 중요성도 떨어졌다. 오늘날 대형 로펌이 찾는 자질은 대형 합의를 끌어낼 수 있는 능력이나 정부 내부에서 돌아가는 상황을 파악하는 능력인데, 이는 법무부가 생각하는 협력이 어느 수준인지, 어느 정도의 합의를 승리로 간주하는지를 알아내기 위해서다.

합의 협상 동안 검사들은 테이블 건너편에 앉은 기업 측 변호사들에게 강인한 인상을 주고 싶어 한다. 그들은 자신들이 판례에 정통하며 세부 정보에 빠삭하며 협상 능력을 지니고 있다는 점을 드러냄으로써 변호사들을 혼란에 빠뜨리려고 한다. 그러나 젊은 검사들은 그 외에도 상대방이 자신을 미래의 동료로 생각해 주길 바란다. 그들은 만만찮지만 무분별하지는 않은 사람으로 보이고 싶어 하고 균형 잡힌 사람이라는 인상을 주려고 한다.

개인 기소라는 드문 경우조차도 변호사 단체가 좌지우지하는 상황에 이르렀다. 화이트칼라 범죄자 개인에 대한 조사에는 고상한 의례가 수반된다. 검사들은 이를 '무도회(dance)'라고 부른다. 최고 중역을 심문하려면 먼저 그 사람의 변호사를 접촉하는 것이 일반적이다. 증역들은 검사들의 우상이자 멘토인 변호사를 구한다. 일류 로펌의 노련한 변호사들로 검사들이 일하는 검찰청에서 전설로 회자되는 사람들이다.

변호사는 일반적으로 자기보다 훨씬 어리고 경험이 부족한 검사에게 자신의 의뢰인이 증인인지, 조사의 대상인지, 아니면 표적인지 묻는다. 변호사와 검사 사이에는 불문율로 간주되는 예법이 존재한다. 그들은 상대방이 자기를 속이지 않을 것이라고 (그리고 윤리적으로 속임수를 삼갈 것이라고) 예상한다. 그런 다음 변호사가 의뢰인에게 어떤 질문을 하고 싶은지 검사에게 묻고 검사는 그 물음에 대답한다. 검사는 자기들이 확보했으며 해당 중역이 인지하고 있을 가능성이 있는 증거를 변호사에게 보여 주기도 한다. 이러한 보여주고 말하기가 끝나면 변호사가 사건을 의논하고 싶다며 의뢰인 없이 단독으로 방문하겠다고 요청한다. 이런 회의를 '변호사의 제의(lawyer proffer)'라 일컫는다. 검사들은 조사, 현안, 증거에 대해 이야기한다. 검사가 조사 대상을 직접 심문하는 경우는 거의 없다. 이 모든 왈츠 춤이 끝나고 나서야 변호사는 자발적인 면담을 위해 조사 대상과 증인을 데리고 온다. 그들은 선서 없이 면담한다.

너무 공격적으로 몰아세우는 검사들은 사교상의 불편함을 초래하지만, 일부 신참 연방 검사를 제외하면 자진해서 그런 행동을 하는 검사는 드물다. 법무부의 신참들은 대개 미국 엘리트 교육 기관 출신들이다. 그들은 가장 야심만만한 학생에 속했을 가능성이 크며, 대부분 최고 성적을 얻기 위해, 멘토와 교사의 마음에 들기 위해, 가장 좋은 중학교, 고등학교, 대학, 로스쿨에 들어가기 위해 무수한 시간 동안 젊음을 바치면서 스스로를 혹사했던 사람들이다. 교육자들은 경기 불안과 치열해진 경쟁의 시대를 살면서 아주 어릴 때부터 더 많은 공부를 하도록 압박을 받은 이런 학생 세대에 대해 우려하기 시작했다. 그들은 "지적인 호기심이 거의 없으며 목표 의식도 미숙하다"고《뛰어난 양떼 - 왜 하버드생은 바보가 되었는가(Excellent Sheep: The Miseducation of the American Elite and the Way to a Meaningful Life)》의 저자 윌리엄 데레시비츠(William Deresiewicz)는 말한다. 이런 학생들은 우등생일지는 몰라도 상상력과 위험 감수 능력이 부족하다. 법률가라는 직업은 1950년대 IBM의 중간 관리직에서 일하는 것과 마찬가지로 중상류층의 삶을 보장하는 탄탄대로의 길이 되었다.

일류 로스쿨 학생들의 노력과 희생은 그들에게 법무부의 권위 있는 일자리를 안겨 준다. 바로 그 시점부터 그들의 성공 공식이 바뀐다. 그들이 자기 일을 하면 강자의 심기를 건드릴 수밖에 없다. 정부의 젊은 검사들이 기업의 중역 회의실에 앉아 있는 사람들에 대해 공소를 제기하려면 자기 계층의 배신자가 되어 자기 스승, 동료, 친구와 아주 비슷한 사람들을 조사하고 기소해야 해야 한다. 포춘 500대 기업의 최고 중역이나 파트너와 초일류 로펌, 회계법인, 컨설팅사에 있는 그들의 조력자에 대한 형사 조사는 알카에다나 부패 정치인을 추적하는 일과는 사뭇 다르다. 부패 정치인은 강직한 검사의 분노를 자극한다. 그와 대조적으로 예의 바르고 교육 수준이 높은 중역들은 고의로 나쁜 짓을 저지를 사람으로는 보이지 않는다.

"기업의 유죄 인정을 받아 내는 일은 비교적 쉬우며 개인의 유죄 인정을 받는 일은 매우 어렵다. 그 둘을 다 받아 내는 것은 치명적이다"라고 오바마 시대에 법무장관을 지낸 데이비드 옥든은 말한다. "법무부는 기업 조직에 대해 엄청난 영향력과 권한을 가지고 있다. 사건을 충분히 진행시키거나 재판에서 패소할 위험을 감수하지 않으면서, 단지 그들을 위협함으로써 기업의 유죄 인정을 받아 내는 것은 가능하다. 하지만 바람직하지 못한 일이다. 나태한 자들에게 득이 될 뿐이다. 법무부는 명성, 실적, 거액을 얻는다. 그러나 어마어마한 합의가 있었다고 해서 반드시 사건을 실제로 입증할 수 있었음을 의미하는 것은 아니다."

한편 동기 유발 구조는 법무부 밖에서도 바뀌고 있었다. 1990년대 중반에 검사가 받는 연봉은 10만 달러 정도였고 그 정도 돈이면 (호화로운 삶은 아니더라도) 뉴욕이나 워싱턴에서 살 수 있었다. 현재 뉴욕 남부지검이나 법무부 본부의 고위 연방 검사가 받는 연봉은 15만 달러 정도다. 2016년 정부 검사의 연봉은 최고 16만 300만 달러를 기록했다.[26] 좋은 로펌의 최고 파트너라면 1년에 300~400만 달러 정도는 너끈히 벌어들인다. 한편 미국에서 가장 큰 동경의 대상이 되며 영향력이 큰 도시들의 생활비는 천정부지로 치솟았다. 검사의 연봉으로는 생계를 유지하기가 훨씬 더 어려워졌다. 반면에 개업한 파트너의 소득 성장률은 인플레이션율을 까마득히 앞섰다.

법무부에는 다양성이 필요하지만 미국 사회에서 흔히 생각하는 식의 다양성에 국한되어서는 안 된다. 법무부에는 지역적 다양성이 필요하다. 미국 전역의 일류 로스쿨에서 채용하고 해안 지역에 있는 일류 대학의 엘리트에게만 자리를 내주는 관행에서 벗어나야 한다. 법무부에는 연령의 다양성도 필요하다. 그래야 검사라는 직업이 미래의 화이트칼라 로펌의 파트너 자리를 위한 경력 부풀리기 용도에 그치지 않고 일류 로펌에서 은퇴한 파트너가 공무를 수행할 수 있는 자리로 거듭날 수 있다. 법무부는 집단 소송과 소송 변호사, 소비자 보호 변호사와 공익 변호사 등으로부터 경험의 다양성을 구해야 한다. 이 모든 변화는 변호사 단체가 법무부 직원의 돈지갑과 상상력을 틀어쥐고 있는 현상을 깨부수는 데 도움이 될 것이다.

Chapter 11

급진주의자가 된 제드 레이코프 판사

JED RAKOFF'S RADICALIZATION

제드 레이코프 판사는 넌더리를 내며 의
자에 몸을 기댔다. 그런 다음 그는 식어 버린 (크림과 인공 감미료가 듬뿍 든) 커
피를 한 모금 마시고 얼굴을 찡그렸다. 커피는 그의 클럭이 타 주는 것보다
훨씬 더 형편없었지만 누구에게도 불평할 수 없었다. 2009년 8월의 따사한
일요일에 직장에 출근할 클럭은 없었다. 판사는 불쾌한 생각, 불쾌한 커피와
함께 홀로 자리에 앉아 있었다.

흰 머리와 수염, 그리고 장난스러운 미소 때문에 레이코프는 산타클로스
의 친척 형처럼 보일 때도 있다. 대화를 할 때나 판사석에서나 그는 논리적
인 사고를 거쳐 나오는 걸걸한 목소리로 할 말만 하되 서두르는 법이 없다.
남들이 보는 레이코프는 자애롭고 상냥한 성품이며 언제든 자조적인 농담
을 꺼낼 준비가 되어 있는 사람이다. 그가 가장 즐겨 하는 일은 연설이나 패
널 토론을 하기 전에 강렬한 서론으로 시작하고는 이 자리에 자기 말에 반

박할 아내를 데리고 오고 싶었다고 말하는 것이다.

레이코프는 맨해튼 시내의 연방 법원 건물에서 벽면에 나무 패널을 덧댄 자기 사무실을 둘러보다가 창밖을 내다보더니 벽에 걸린 아내와 가족사진을 바라보고 다시 서류, 기념품, 골동품 야구공 등이 잔뜩 쌓인 책상으로 시선을 돌렸다. 레이코프는 가족사진과 자기와 아내가 사교춤을 추는 사진뿐만 아니라 〈뉴요커(New Yorker)〉의 법률 카툰, 친구들이 그린 그림, 오려 낸 신문지, 〈코트하우스 폴리스(Courthouse Follies, 휴일을 기념하여 법원 사람들이 개인적으로 공연하는 풍자극)〉에 출연한 사진, 법조계 우상들의 사진 등이 널찍한 벽을 채웠다. 그에게서 풍기는 보르시 벨트(borscht-belt, 뉴욕주 캣츠킬 산맥에 있는 유대계 미국인들의 휴양지 또는 그곳에 있는 코미디 극장을 가리키며 '유대인들의 알프스'로도 불림 - 역주)의 분위기 때문에 그가 시종일관 진지하게 자기 업무를 다룬다는 사실은 잘 드러나지 않았다.

8월 주말 오후에 레이코프는 억지로 다시 정신을 집중한 다음에 SEC와 BoA(Bank of America)가 체결한 합의서 내용을 살펴보았다. 여느 연방 지방법원의 판사와 마찬가지로 레이코프는 SEC와 기업 간의 합의서에 (1년에 서너 번 꼴로) 서명하는 데 이골이 나 있었던 만큼 깊이 생각할 필요가 없었다. (정부 규제기관이 맺는 합의는 대부분 사법부의 승인이 필요했다.) 그는 1970년대에 스탠리 스포킨과 일한 이후로 SEC에 대한 믿음을 지니고 있었다. 레이코프는 SEC의 변호사들이 강인하고 똑똑하다고 생각했다. 그보다 더 중요한 점은 이 사건의 경우 쌍방이 합의에 도달한 마당에 그가 의심스러운 눈으로 보아야 할 사람이 누구란 말인가? 그는 그저 업무 목록에서 빼 버리고 진짜 자기 사건과 좀 더 중요한 일을 처리하고 싶을 뿐이었다. 그는 사형 제도에 반대하여 세상에 이름을 알렸다. 전쟁으로 파괴된 이라크에 가서 판사들을 교육했다. 설득력 있고 예상치 못한 판결로도 유명했다. SEC 합의서에 고무도장을 찍는 일로 시간을 허비해서는 판사로서의 명성을 쌓을 수 없었다. 그는 합의서를 치워 버리고 싶었다.

언뜻 BoA와 그 최고 중역들에 대한 SEC의 주장은 단순해 보였다. 금융 위기는 2008년 9월 최고조에 이르렀다. 그달 초에는 부시 행정부의 헨리 폴슨 재무장관이 대형 모기지업체인 패니 메이와 프레디 맥의 경영권을 빼앗았다. 정부가 산파역을 맡은 가운데 9월 13일과 14일 주말 동안 BoA와 메릴린치가 협상을 벌였다. 그들은 월요일에 인수를 발표했고 같은 날 리먼 브라더스가 파산을 신청했다. 화요일에는 AIG가 정부에 인수되었다.

BoA의 구제 조치가 없었다면 은행들은 메릴린치에 대한 대출을 중단했을 것이다. 치명상을 입은 메릴린치는 수백 억 달러라는 사상 최대 규모의 기업 손실을 기록했다. BoA의 인수와 정부의 넉넉한 구제 금융이 없었다면 이 투자은행은 바다 밑바닥으로 침몰했을 것이 분명했다. BoA의 회장 겸 CEO인 켄 루이스(Ken Lewis)는 이 거래를 "일생일대의 전략적 기회"[1]로 불렀는데, 그 자신은 의도하지 않았겠지만 지금 생각해 보면 실소를 자아내는 말이다.

BoA가 경쟁 끝에 전 세계 금융 시스템이 요동치던 2008년 후반 메릴린치의 인수를 마무리 짓는 동안 이 은행의 중역들은 국민을 기만했다. SEC는 BoA가 인수 합병 거래의 체결 예정일 직전에 메릴린치 은행가들에게 몰래 성과급을 지급한 사실을 BoA 주주들에게 보고한 적이 없다고 주장했다. (얼마 후 SEC는 BoA가 메릴린치의 막대한 손실 액수를 국민에게 숨긴 것으로 혐의 내용을 변경했다.)

끔찍한 범죄라고 레이코프는 생각했다. 그렇다면 SEC가 강구한 해결책은? BoA는 아무것도 인정하지 않았다. SEC는 늘 하던 대로 시인도, 부인도 하지 않는 합의에 착수했다. 시인도, 부인도 하지 않는 합의는 야자나무

잎으로 부채질을 당하는 것만큼도 처벌이 되지 못했다. 게다가 과징금 액수는 부과할 수 있는 총액의 반에도 미치지 못했다. SEC는 (약 2조 달러의 자산을 보유한) 이 은행에 고작 3300만 달러의 과징금을 부과하려고 했다.[2] 조 단위는커녕 10억 단위도 아니며 심지어 억 단위도 아니었다. 이 액수가 BoA에는 새 발의 피도 못 된다는 사실을 레이코프는 알고 있었다.

과징금 조항에는 한층 더 터무니없는 반전이 숨어 있었다. SEC는 BoA가 주주에게 거짓말을 했다고 주장했지만, 결국 주주들이 은행의 과징금을 내는 구조가 돼 버린 것이다. 사기의 희생자가 과징금을 내야 하는 상황이었다. 주주들은 두 번이나 농락당했다. 한 번은 BoA, 또 한 번은 SEC로부터.

"지금도 나는 그 사람들이 그랬다는 것이 믿기질 않습니다"라고 레이코프는 말한다. 합의서를 두 번 읽은 다음 판사는 의자를 책상에서 컴퓨터 쪽으로 돌려 양측에 자기를 보러 오라는 명령서를 작성하기 시작했다. 그는 자기가 무엇인가를 놓쳤을 것이라는 순진한 생각을 품고 있었다. 그는 SEC가 공개 문서에는 밝힐 수 없는 타당한 이유 때문에 암호로 합의서를 작성했으리라 생각했다. 그래서 양측의 변호사들을 불러 자초지종을 설명해 달라고 요청할 참이었다.

판사가 되어라

1943년에 태어난 레이코프는 중산층이 거주하며 잘 손질된 주택과 잔디밭이 늘어선 필라델피아의 저먼 타운에서 성장했고 공립학교를 다녔다. 그는 형과 남동생 사이에 낀 둘째였다. 그의 아버지 에이브러햄은 부인과 전문의였고 난임 전문가로서 피임약 개발의 바탕을 마련한 초기 연구자 중 하나였다. 에이브러햄에게는 고마움을 느끼는 환자들이 많았고 그런 환자들은 아들인 제드에게 찾아와 감사의 뜻을 표했다. 에이브러햄은 나중에 펜실베이니아 주지사가 된 에드워드 렌델(Edward Rendell)의 아내 밋지 렌델(Midge Rendell)을 치료했다. 판사인 밋지는 어떤 행사에서 제드를 보고는 그를 안더니 모두가 들을 수 있을 정도로 큰 목소리로 이렇게 소리쳤다. "이 사람의 아버지가 내 아들을 태어나게 했어요!"

그의 어머니 도리스는 영어 교사로서 다양한 분야를 아우르는 지식인이었다. 부모는 서로 민족과 종교 분파가 달랐다. 에이브러햄은 폴란드 계통의 정통파 유대교도였고, 도리스는 독일 계통의 개혁파 유대교도였다. 도리스는 아이큐 테스트에서 차트를 벗어나는 182를 기록했다. (레이코프는 아이큐가 '고작' 154인 데에 만족해야 했다.) 레이코프의 아버지, 그 자신, 그리고 두 형제가 머리를 굴려야 구할 수 있는 답을 어머니는 순식간에 생각해 냈지만 그것을 자신의 직감으로 치부했다. 그녀는 폭 넓게 독서했고 오락물보다는 추리물을 좋아했다. 도리스는 결말을 미리 파악하여 작가가 어떤 식으로 힌트와 단서를 짜 넣었는지 찾아내는 것을 좋아했기에 늘 마지막 장부터 읽었다.

도리스는 그녀 세대의 여성들을 향했던 일상화된 차별에 희생되었다. 그녀가 7살 때의 공립학교 교육은 영재들을 과학 분야로 진로를 이끌었다. 모든 학생들이 테스트를 받았고 도리스가 최고 점수를 얻었다. 그러나 그녀의 어머니는 실험실에서 일하면 절대로 남편감을 찾을 수 없다면서 딸이 과학을 공부하는 것을 허락하지 않았다. 그 이후 그녀는 나이 차별을 겪었다. 도리스는 교사직에서 은퇴하기 바로 전에 로스쿨에 진학하기로 결심했다. 그녀는 펜실베이니아 대학을 최우등으로 졸업했고 브린모어 대학에서 석사학위를 받았다. LSAT(로스쿨 입학 시험)에서 높은 점수를 얻었다. 그녀는 펜실베이니아 대학의 로스쿨을 지망했지만 합격하지 못했다. 도리스가 연유를 알기 위해 입학처장에게 문의하자 그는 다른 지원자보다 점수와 학점이 높다는 사실을 인정했다.

그러나 그는 그녀가 기껏해야 10년 동안만 법률가로 활동할 수 있는 반면에 그녀보다 젊은 지원자들은 수십 년을 일할 수 있다고 말했다. 도리스는 템플 대학 로스쿨에 들어갔다. 그러나 그 직후에 레이코프의 아버지가 병을 얻었고 그녀는 결국 법률가가 되는 일을 포기했다.

레이코프 집안의 아들들은 전형적인 1950년대 세속주의 유대교식 양육을 받았다. 그들은 필립 로스(Philip Roth) 소설의 등장인물들이 부러워할 만한 유년기를 보냈다. 독실하지도, 구속을 받지도 않았지만 유대인으로서 뚜렷한 정체성을 지녔다. 형제 중 그 누구도 바르 미츠바를 치르지 않았다. 그들의 부모가 그 의식이 지나치게 물질주의적으로 변질되었다고 생각했기 때문이다. 의식을 치르지 않게 되어 마냥 기뻤던 레이코프와 그의 형제들은 그 대신 뉴멕시코의 캠프에 참여했다. 그들은 트리로 크리스마스를 축하했고 산타클로스의 방문을 받았다. 도리스와 에이브러햄은 아들들에게 유대계임이 확연히 드러나지 않는 이름을 지어 주었다. 첫째는 얀(Jan), 막내는 토드(Todd)였다. 그러나 부모는 아들들의 가운데 이름만큼은 유대식인 데이비드(David), 솔(Saul), 다니엘(Daniel)로 지어 주었다. 토드는 원한다면 가운데 이름을 바꿔도 된다던 어머니의 말을 기억한다.

부모는 사회적으로 의식이 있었으나 둘 다 정치에 깊이 빠지지는 않았다. 다인종 사회 복지 조직에서 활동했던 도리스는 트루먼의 지지자였지만 결코 극렬하지 않았다. 토드는 1950년대에 발급된 전미 흑인 지위 향상 협회(NAACP)의 회원 카드를 아직도 지니고 있다. 에이브러햄은 다른 식구에 비해 정치관이 명확하지 않았지만 동료가 블랙리스트에 올랐다는 데 분노하여 그가 다른 직장을 얻을 때까지 경제적 지원을 해 주었다.

레이코프 형제는 입학시험이 필수인 공립학교 센트럴 고등학교에 다녔다. 제드는 조기 졸업하여 스와스모어 대학교(Swarthmore College)에 다녔다. 동생 토드는 고교 교사가 우수한 토론 실력을 극찬하는 추천장을 써 준 덕분에 학비의 일부를 보조받아 하버드 대학에 진학했다. 다만 그의 입학은 교사가 혼동을 일으켜 제드의 기량으로 토드를 칭찬한 덕분이었다.

제드 레이코프는 뉴욕 남부지검에서 성공적인 경력을 쌓은 후 1980년에 그곳을 떠났다. 그는 자신의 정신적 스승 중 하나인 봅 피스크 검사장에게 가서 앞으로 무엇을 해야 할지 상의했다. 피스크는 머지 로즈(Mudge Rose)에 입사할 것을 제안했다. 그 제안은 레이코프를 깜짝 놀라게 했다. 우선 그 회사는 리처드 닉슨의 옛 회사였으며, 그때는 워터게이트의 기억이 여전히 생생했던 때였다. 게다가 머지 로즈는 크라바스, 스웨인 앤 무어(Cravath, Swaine & Moore), 설리번 앤 크롬웰(Sullivan & Cromwell), 데이비스 폴크(Davis Polk), 데브보이즈(Debevoise), 클리어리 고트립 스틴 앤 해밀턴(Cleary Gottlieb Steen & Hamilton) 같은 당대 일류 로펌들보다 한 단계 아래였다. 그러나 레이코프는 화이트칼라 업무를 시작하고 싶었고 머지 로즈가 그 일을 할 사람을 찾고 있었다.

검찰청에서와 마찬가지로 레이코프는 자신이 민간 부문에서 다시 한번 이름을 떨치리라는 것을 확신했다. 그는 약 8년 동안 검사였다. 그가 소송변호사로서 비슷한 수준의 성공을 거두는 데는 그 두 배의 시간이 들었다. 대형 사건은 그리 자주 들어오지 않았다. 그는 좀 더 치열한 경쟁에 직면했다. 재판은 드물었다. 머지 로즈에서 그는 처음으로 세간의 이목을 끄는 의뢰인 한 명을 확보했다. 그 사람은 마틴 시겔(Martin Siegel)로 키더, 피바디 앤 컴퍼니(Kidder, Peabody & Co.)에서 실력 있는 인수 합병 전문가로 성공을 거둔 후에 약탈적인 투자은행 드렉셀 버넘 램버트에 합류했다. 그러나 키더에서 근무할 때 시겔은 차익거래로 유명했던 이반 보스키의 내부자거 래 서클에 들어갔다. 내부정보 제공에 대한 첫 번째 대가를 받기 위해 시겔 은 보스키가 지정한 뉴욕의 더 플라자 호텔로 갔다. 호텔 로비에서 시겔은 큰 운반원과 암호명을 교환한 다음에 15만 달러어치의 100달러 지폐 묶음 이 들어 있는 서류 가방을 전달받았다.[3] 레이코프는 처음 시겔을 만났을 때 투자은행가인 그가 죄를 부인하지 않는 데 깊은 인상을 받았다. 시겔은 모 든 일을 자세히 설명했다. 시겔은 정부에 협력하길 원했다. 레이코프는 그의 양형 거래를 도왔다.

의뢰인이 정말 뻔뻔하거나 추잡한 범죄자가 아닌 한 변호사가 의뢰인에 게 호감을 느끼는 것은 가능하다. 레이코프는 시겔에게 단순히 호감을 느끼 는 정도가 아니었다. 둘은 친구가 되었다. 레이코프는 시겔이 솔직 담백하고 진심으로 죄를 뉘우친다는 것을 알게 되었다.

그 당시에는 양형 거래가 끝난 후에 양형 심리가 이어졌다. 이때 검사는 판사에게 거래 조건은 전적으로 판사의 재량에 달려 있다고 말한다. 그럼 변호사가 피고인의 입장을 호소한다. 레이코프는 양형 심리에서 능수능란 한 모습을 보였다. 그는 시겔이 살아오면서 했던 좋은 일을 빠짐없이 진술 했다. 그가 정부 조사에 얼마나 협조적으로 응했는지 설명했는데, 이런 주장 을 인정하는 일은 검사의 몫이었다. 레이코프는 그저 목이 멘 정도에 그치 지 않았다. 눈물이 그의 얼굴을 타고 흘러내렸다. 그가 계획한 일은 아니었 다. 감정 표현은 극적인 효과를 주기 위한 전환이 아니라 순수한 감정의 분 출이었다. 그는 얼굴을 돌려야 했다. 그래서 한참 동안을 창밖을 내다보았 다. 그러다 기운을 차리고 말을 이어 갔다.

레이코프와 시겔은 초조하게 선고를 기다렸다. 입회인 대부분은 판사가 시겔에게 상당한 형량을 내리리라 예상했다. 로버트 워드(Robert Ward) 판사는 시겔을 맹렬히 비난하기 시작했다. 그는 시겔의 배신과 범죄를 호되게 나무랐다. "보스키 씨가 3년 형을 받은 후에 나는 시겔 씨에 대해 생각을 하기 시작했습니다." 판사가 말했다. "나는 18개월에서 2년 형기가 합당하다는 생각이었습니다." 그때로서는 긴 형기였다.[4] 레이코프는 안도감과 전율이 물밀듯이 온몸을 휩싸는 것을 느꼈다. 그는 워드의 화법을 알고 있었다. 워드 판사는 긴 형기를 선고할 계획일 때는 마음 아파하는 표정을 지었고 부드러운 말로 선고를 시작했다. 그러나 가벼운 형을 선고할 때는 최고로 가차 없는 발언을 내놓았다. 워드는 자신이 마땅히 느껴야 할 분노를 모두 드러내는 동안 레이코프는 그가 논증에서 이겼다는 사실을 깨달았다. 시겔은 2개월 형을 받았고 금고 5년에, 집행유예 5년 형을 받았다. 몇 년 후에 레이코프는 시겔의 딸 결혼식에서 주례를 맡았다.

어떨 때는 늦게 찾아오는 사랑이 더 열렬한 법인데, 법에 대한 레이코프의 사랑이 그러했다. 레이코프는 검사라는 직업을 좋아했다. 검사로 일할 때 그는 도덕 질서 수호에 없어서는 안 될 역할을 담당한다는 기분을 느꼈다. 부패, 기만, 정부에 대한 냉소로 가득한 세상에서 검사들은 진실이 승리할 때도 있음을 확실하게 보여 주었다. 그들은 악당을 몰아냈다. 검사들이 공소를 제기함으로써 정의라는 대의명분을 발전시켜 왔다고 그는 생각했다.

그럼에도 레이코프는 검사에서 변호사로 손쉽게 전환했고 자신의 새 직업 역시 의롭다고 생각했다. 그는 국가가 얼마나 무시무시한 조직인지 잘 알고 있었다. 이제 그는 속담에 있듯이 변호사가 자유의 대변자라는 것을 믿었다. 정부를 상대로 이기는 것은 온갖 역경을 딛고 얻는 승리였다. 그는 친구에게서 절교를 당할 정도로 불미스러운 사람들을 대변했다. 모두가 등을 돌렸을 때 얻는 승리가 가장 큰 짜릿함을 안겨 주는 승리였다.

이것이 그가 판사가 되기까지의 상황이었다. 그는 직접 판사직에 지원했고 그런 다음 다니엘 패트릭 모이니한(Daniel Patrick Moynihan) 뉴욕 상원의원을 만났다. 상원에서 잔뼈가 굵은 그는 대통령에게 후보자를 제안하는 특권이 있었다. 레이코프는 모이니한과 죽이 잘 맞았고 인도 대사를 역임했던 그와 인도 역사를 통해 유대감을 형성했다.

1995년 10월 빌 클린턴 대통령은 레이코프를 연방 판사직에 지명했다. 나중에 그는 판사라는 직업에 대해 다음과 같은 가사를 쓰고 콜 포터(Cole Porter)의 노래 '광대가 되어라(Be a Clown)'의 곡을 붙여서 〈코트하우스 폴리스〉 공연에 제공했다.

> 법조인만 되어선 안 돼
> 지겨운 일만 할 뿐이야
> 훨씬 더 큰 자부심을 느낄 거야
> 네가 판사가 된다면……
> 넌 의사가 될 수 없어, 넌 돌팔이가 될 테니까
> 넌 포르노 배우로 성공할 수 없어, 잠자리에서 형편없으니까
> 하지만 넌 판사가 될 수 있어
> 왜냐하면 넌 그처럼 악착스러운 녀석이니까
> 후렴: 판사가 되어라, 판사가 되어라, 판사가 되어라

레이코프의 엉터리 시는 어떤 면으로는 다른 무엇보다도 그의 진짜 생각을 잘 반영했다. 판사직은 최고의 법률 직종이라고 그는 생각했다.

레이코프의 비극

대부분의 경우 법률가들은 레이코프의 법정에서 주장을 펼치는 것을 좋아했다. 그는 그들을 엄격하게 대할 때가 많았지만 공정했다. 법률가들이 훌륭한 주장을 펼치면 그는 경청했다. 그는 법 실무에 신경을 썼다. 그는 원고, 피고인, 검사에게 호락호락한 사람이 아니었다. 대부분의 판사보다 훨씬 더 신속하게 소송을 처리했다. 그는 결정이 빨랐고 전문 용어나 모호한 표현 없이 명확한 글을 작성했다. "그는 자기가 법원에서 가장 똑똑한 사람이라고 생각하는데, 대부분의 경우 그의 생각이 옳다"라고 어느 법률가가 말했다.[5] "그의 허세와 용기는 굉장히 매력적"이라고 말하는 사람도 있었다.

그는 판사라는 직업의 가장 중요한 측면을 이해하게 되었다. "양측 다 정말 좋은 논점을 제시하지만 판사는 그중 한 가지를 선택해야 한다." 그리고 그는 적극적으로 선택했다. 레이코프의 사법 행동주의는 2008~09년 금융 위기 이후에 아테나 여신과 마찬가지로 미완성 상태로 탄생했다. 그는 거리낌 없이 새로운 방향을 제시하고 대담한 주장을 내세우며 그런 다음 (법관 사회라는 고리타분한 세계에서 아마도 가장 논쟁적으로) 그런 일들을 공공연히 논해왔다.

2002년 레이코프는 사형 선고가 헌법에 위배된다는 판결을 내림으로써 그 어느 때보다도 창의적인 입장을 취했다.[6]

2000년, 그는 여느 판사와 마찬가지로 무작위로 재판을 배정받았다. 그것은 거의 50년 만에 처음으로 맨해튼의 법원에 신청된 연방 사형 재판이었다. 의회는 범죄율 상승에 대한 단속 조치의 일환으로 각각 1980년대와 1990년대에 새로운 사형법을 통과시켰다. 2000년 정부는 브롱크스의 마약 밀매 조직을 갈취와 마약법 위반으로 기소했다. 그 가운데 둘은 경찰 정보

원으로 의심되는 사람을 고문하고 살해한 혐의로 사형 선고를 받았다.[7]

사형 재판에 레이코프는 평소보다 훨씬 더 정신을 빼앗겼다. 그는 사형 재판의 역사적 중요성을 알았기 때문에 충분한 시간을 들이고 싶었다. 그는 법을 찬찬히 검토했을 뿐만 아니라 국가에 생명을 빼앗을 권리가 있는지를 숙고하면서 조사했다. 밤에는 사형 재판의 판례를 읽으면서 유죄를 선고받은 범죄자의 무고함에 대해 법률상의 의문점이 있는 판례들을 머릿속으로 분류했다. 유전자(DNA) 증거를 분석하는 첨단 과학이 부상함에 따라 법률가와 활동가들이 수십 건의 사건을 재조사한 결과 여러 사람이 죄를 벗었다.

레이코프는 원래 사형에 반대하지 않았다. 그는 15년 전에 직접 집안에 닥친 참상과 비극을 경험했다. 1985년의 어느 한겨울 날 아침 4시에 그의 동생 토드는 필리핀에서 걸려 온 전화를 받았다. 형인 얀이 살해되었다는 소식이었다. 토드는 어머니에게 연락했고 그녀는 다시 제드에게 전화했다. 그때 그는 뉴욕 라치몬트의 자택에서 머지 로즈에 출근할 준비를 하고 있었다. 그의 어머니는 차분하고 사무적으로 제드에게 시신을 미국으로 가져오는 데 필요한 일을 해 달라고 부탁했다. 제드도 침착하게 그러겠다고 말하고는 당장 필라델피아의 어머니에게 갔다.

도리스는 늘 모든 아들을 똑같이 사랑한다고 말했지만 다른 아들들보다 얀을 보호하려는 마음이 컸다. 어린 시절 제드는 얀이 한밤중에 야경증 때문에 잠에서 깨어 큰 소리로 우는 것을 들었다. 제드는 형보다 세 살 어렸지만 더 튼튼하고 운동을 잘해서 싸움에서 형을 이길 수 있었다. 얀은 오랫동안 비밀을 간직하다가 1970년대 중반에 커밍아웃했다. 도리스와 에이브러햄은 언짢아하지 않았지만 부모와 얀의 관계는 제드나 토드와의 관계와는 달리 순탄치 못했다. 얀은 부모의 과잉보호에 저항했다.

얀은 총명하고 창의적이었지만 꾸준하거나 뛰어난 경력을 갖지 못했다. 대학 졸업 후 그는 몇 년 동안 시카고에 머물면서 오페라 가수가 되려고 했다. 일이 뜻대로 되지 않자 그는 버몬트에 사립학교를 세웠지만 자금을 지속적으로 마련하지 못해 학교 문을 닫았다. 토드는 몇 년 동안 얀을 본 적이 없었지만 제드에 비해서는 한때 얀과 가까웠다. 얀은 자기 생각을 마음에 담아 두는 일에 서툴렀다. 그가 1970년대에 제드의 맨해튼 자택에 머물 때의 일이다. 스트레스를 받은 채로 직장에서 돌아온 제드가 아내 앤에게 큰 소리로 하는 말이 얀의 귀에 들렸다. 얀은 동생에게 아내에게 잘해 주지 않는다고 꾸짖었다. "형 따위가 상관할 일이 아니야!" 제드는 얀의 말이 옳다는 것을 알면서도 그에게 소리쳤다.

제드가 의뢰인에 대한 최후 변론을 하면서 눈물을 흘린 적은 있을지 몰라도 형을 위해서는 (그리고 얀보다 4년 전 흔한 탈장 수술을 받다가 병원에서 세상을 떠난 아버지 에이브러햄을 위해서도) 눈물을 흘리지 않았다. 제드는 감정을 그런 식으로는 드러내지 않았다. 그러나 그는 1년 전 그와 얀이 언쟁을 벌이다가 기분을 풀고 서로를 얼마나 사랑하고 존중하는지 말했던 사실에 감사했다. 그것이 사실상 그들의 마지막 대화였다.

얀은 불과 몇 달 전에 필리핀 정부의 교육 정책을 돕기 위해 필리핀으로 이주했다. 그는 외국인을 위한 외부인 출입 제한 주택 단지의 작은 단층집을 얻었다. 어느 날 저녁 그는 남창을 불렀다. 그런 다음 그와 그 남자는 화대 때문에 입씨름을 했다. 말다툼이 격해지자 남창이 파이프 버너와 얼음송곳을 집어 들고 얀을 찔러 죽였다. 얀은 42세였다. 장의사가 가족에게 그의 시신을 보여 주려고 관을 열었을 때 얀의 머리는 제드가 거의 알아볼 수 없을 정도로 심하게 훼손되어 있었다.

남창은 자기 흔적을 지우려고 얀의 집에 불을 질렀다. 다행히 경비원이 연기를 보고 도망치기 전에 그를 붙잡을 수 있었다. 남창은 경찰에게 자백했다. 제드는 이내 검찰 측이 부패했다는 확신이 들었고 기소에 문제가 생기리라는 것을 깨달았다. 한 번은 가해자가 탈옥했다가 다시 잡힌 적이 있었다. 검사가 법정에서 검찰청이 자백 진술서를 분실했다고 말한 적도 있었다. 다행히도 그날 재판에 참석한 미국 외교관이 자리에서 일어나 자기에게 사본이 있다고 말했다. 검사는 어쩔 수 없이 계속해서 재판을 진행해야 했다. 몇 년 후 살인자는 유죄로 밝혀졌지만 고작 3년 형을 받았다. 그때는 이미 형기의 대부분을 복역한 상황이었기 때문에 그는 몇 달 만에 풀려났다.

그때로 되돌아간다면, 제드 레이코프는 (동생으로서, 남편으로서, 아버지로서, 그리고 개업 변호사로서) 앤의 살해범이 그때 사형을 선고받았어도 거리낌을 거의 느끼지 않았을 것이다. 그는 훌륭한 사람을 죽인 악인이라고 레이코프는 생각했다. 판사 인준 청문회에서 그는 여느 지명자와 마찬가지로 사형을 어떻게 생각하느냐는 질문을 받았다. 국회의원들은 압도적으로 사형을 지지했다. 레이코프는 필요하다면 자기도 사형을 지지할 수 있다고 대답했다.

몇 년이 흐른 그때 레이코프 판사는 사형 문제를 다시 생각하다가 생각을 바꾸기 시작했다. 그는 그 어떤 때보다도 판결을 여러 차례 심사숙고했다. 이번 판결이 그의 미래에 중대한 영향을 미치리라는 점을 그는 잘 알고 있었다. 선고 전에 앤과 판결에 대해 의논한 적은 그때가 유일했다.

"사형에 반대하는 판결을 내리는 순간 내가 연방 제2항소법원으로 영전할 가능성은 완전히 사라지겠지." 그는 아내에게 말했다. "그렇지만 난 반대 판결을 내릴 거야."

"그래, 당신은 옳은 일을 하고 있어." 그녀가 말했다.

2002년 4월, 〈미국 대 퀴노네스(Quinones) 사건〉의 재판에 대한 예비 판결에서 레이코프는 사형에 관한 참신한 견해를 소개했다. 첨단 유전자 과학이 발달함에 따라 피고인이 자신의 무고함을 합리적 의심이 전혀 들지 않는 수준으로 입증할 수 있게 되었다. 무고한 데도 이미 사형 집행을 받은 사람은 당연히 선고에 불복하여 항소할 수 없다. 그런 사람은 배상을 청구할 수도 없었다. 레이코프는 사형이 수세기 동안 존재했지만 법적 절차를 거치는 동안 피해자에게 어떤 권리를 인정할 것이냐에 대해 사회의 인식이 바뀌었다고 주장했다. 그는 사형이 정당한 법적 절차에 대한 피고인의 권리를 침해한다고 지적했다. 사형 반대론자들은 그보다는 잔인하고 비정상적인 형벌을 금지한 수정 헌법 제8조에 위배된다고 주장하는 편이다. 사형 폐지 운동가들과 변호사들조차 레이코프와 같은 주장을 한 적은 없었다. 그의 주장은 사형 반대론자들을 짜릿하게 했고, 사형이 극악무도한 범죄에 대한 가장 적합한 형벌이라 믿는 옛 검사 동료 몇 명을 분노에 빠뜨렸다. 보수 언론은 그를 운동권이라고 비난했지만 지지자들은 그에게 찬사를 쏟아 냈다. 하버드 로스쿨의 저명한 헌법학자 로렌스 H. 트라이브(Laurence H. Tribe)는 〈뉴욕타임스〉에 "나는 적어도 20년 동안 이 문제를 골똘히 생각해 왔는데, 이는 내가 처음으로 접한 신선하고 새롭고 설득력 있는 견해"라고 말했다.[8] 레이코프는 찬성파는 물론 반대파가 보이는 관심에도 즐거워했다. 얼마 후에는 사무실 벽에 두 가지 타블로이드 신문의 표제를 나란히 붙여 두었다. 하나는 "연방 판사, 사형을 때려눕히다."[9] 그는 이것과 다른 재판을 다룬 기사의 표제를 짝지어 배열했다. 그 내용은 "레이코프, 교수형을 자주 선고하는 판사"였다.

그는 일과 관련된 곳에서는 자기 가족이 겪은 비극을 입 밖에 내지 않았다. 그러나 퀴노네스 재판 동안에는 판사석에 앉아 그 일을 털어놓았다. 2002년 6월 공동 피고인에 대한 선고 공판에 검사는 피해자의 어머니를 증인석으로 불러 가해자에게 할 말을 하라고 했다. "당신은 당신이 나한테 끼친 고통과 괴로움을 알지 못해!" 그녀는 외쳤다. "당신은 내 맏아들을 빼앗아 갔어." 레이코프 판사는 그녀의 말에 동요를 느꼈다.

"제가 한 말씀 드리겠습니다." 그는 고뇌에 찬 목소리로 말을 시작했다. "저는 어머님이 생각하시는 것보다 어머님의 고통에 절절히 공감합니다." 그는 피해자의 어머니에게 설명했다. "20년 전 제 형도 냉혹하게 살해당했습니다."[10]

그러나 레이코프는 감정적인 동요를 이기고 그다음 달 최종 판결을 내렸다. 판결은 유지되지 않았다. 2002년 12월 연방 제2항소법원이 그의 판결을 뒤집었다.[11] 판사 3인으로 구성된 재판부는 "지방법원은 정당한 법적 절차 분석을 수행함에 있어서 '진화하는 규범(evolving standard)'에 의존하는 잘못을 저질렀다"고 밝혔다. 레이코프 이론의 참신함에 항소법원의 판사들은 감명을 받지 못했다. 그들은 이미 오래전부터 많은 사형 반대론자가 무고한 사람에게 사형을 집행할 가능성을 제기했다고 주장했다. 항소법원에 따르면 대법원도 그런 주장에 대해 잘 알고 있지만 사형을 위헌이라고 판결하지는 않았다. 그 때문에 항소법원은 순환적인 논리에 따라 위헌이 아니라고 판시했다.

판결 파기는 레이코프를 낙담에 빠뜨렸다. "나는 어느 정도는 대법원까지 가리라는 기대를 품고 있었다"라고 그는 말했다. 그의 판결을 파기한 재판부에 포함되어 있지 않았던 항소법원의 판사 둘은 그들도 그런 기대를 했으며 그의 이론이 시도되리라 생각했다고 그에게 따로 연락하여 말했다. 그러나 대법원은 물 건너갔다. 그럼에도 레이코프는 자신의 이론을 여전히 자랑스럽게 생각하고 있으며, "오늘날까지도 나는 앞으로 언제든 대법원이 사형을 위헌으로 판결할 경우 내 이론이 그러한 판결의 근거가 되리라 확신한다"고 말했다.

허풍스러운 헛소리

국민의 입장에서 레이코프의 사형 위헌 판결은 그의 가장 잘 알려진 판결이 되었다. 그는 쿠바 관타나모 베이의 정부 수용소와 관련된 재판을 맡았고 정부에게 정보자유법(Freedom of Information Act)에 의거해 요청받은 자료를 공개하라는 판결을 내렸다. 그는 FBI가 9·11 이후의 테러 사건에서 거짓말 탐지기 조사를 남용했을 때 FBI에 불리한 판결을 내렸다. 법조계에서 레이코프는 복잡한 상법 소송으로 평판을 쌓았다. 그는 월드컴의 회계 사기 사건을 재판했다. 엔론 스캔들과 관련된 재판들도 주재했다. 그는 남부지검의 옛 동료들과 SEC의 옛 조사 파트너들이 규제와 법 집행을 통해 기업 문화를 바꾸는 일에 사로잡혀 개인 기소를 외면하는 상황을 지켜보았다. 기업과의 합의는 그의 마음을 어지럽혔다.

기업이 형사 책임을 지느냐는 오늘날에도 법학자들 사이에서 논란거리로 남아 있다. 직원 한 사람의 범죄가 회사 전체의 관련성을 나타낸다는 생각은 법학을 공부하는 사람들에게는 그 근거가 희박하게 느껴진다. 유럽에는 유사한 법이 없다. 학자들은 어느 기업이 법정에서 그러한 개념을 반박하고 정부에 맞서면서 자신들의 평판, 이익, 주가에 해가 될 수 있는 기나긴 법적 투쟁을 감수할 정도로 대담할 수 있겠냐고 반문한다. 현재의 연방대법원이 그러한 도전에 대해 어떻게 대응할지는 흥미로운 부분이다.

레이코프는 그 해결책이 부적절하다고 불평했다. 벌금이 주주의 주머니에서 나오는 만큼 벌금형은 부당하다는 생각이었다. 주주들은 빈번하게 기업 사기의 희생자가 되었고 그것도 모자라 범죄에 대한 대가를 대신 치름으로써 다시 한번 기만당했다.

검사들은 정부가 기업을 기소해야 부패한 문화를 바꿀 수 있다고 주장했다. 레이코프는 그러한 견해가 무엇을 의미하는지 이해하지 못했다. 물론 회사 조직이 직원의 행동에 영향을 끼칠 수는 있다. 그러나 그는 "그것은 엄청나게 과장된 이야기이고 검증이 불가능하다. 그리고 너무 모호하기 때문에 어떤 경우든 '오, 내가 큰 변화를 만들어 냈어. 그리고 내가 X 기업의 문화를 바꿔 놨어. 내가 준법 프로그램을 도입하게 했거나 그 사람들이 나 때문에 실수를 인정했거든' 따위로 주장할 수 있겠지만, 그런 주장 대부분이 허풍스러운 헛소리에 불과하다"라고 말했다.

검사들은 기업이 레이코프 시대보다 복잡해졌다고 주장했다. 그렇기 때문에 혐의가 있는 개인을 추적하고 사건을 입증하는 것이 레이코프가 남부지검에 있을 때보다 훨씬 더 어려워졌다는 것이다. 레이코프 판사는 이런 주장을 역사에 어긋나는 헛소리로 간주했다. 복잡한 사건을 원하나? 그럼 조직범죄 네트워크나 해외에 기반을 둔 마약 유통 조직을 추적해 보라. 오히려 그런 범죄라면 정부가 조직의 두목을 기소하는 것이 일반적이라고 그는 주장한다.

아니면 19세기 기업의 구조를 알아보라고 말한다. 현대 기업의 구조는 그 당시 미국 경제를 지배하던 대형 트러스트(trust, 여러 기업의 대주주가 경영인에게 주식을 위탁하고 경영을 일임하는 방식의 기업 – 역주)의 복잡성과 불투명함에 비할 바가 아니었다. 제이 굴드(Jay Gould), 존 D. 록펠러(John D. Rockefeller), J. P. 모건은 모두 정부의 감시를 물리칠 목적으로 미치도록 겹겹이 싸인 마트료시카(matryoshka) 인형처럼 소유권이 중복된 회사를 세웠다. 그러나 정부는 용케 트러스트를 해체하는 데 성공했다.

금융위기가 지나고 BoA-메릴린치 재판이 진행되는 동안 레이코프는 기업의 범행들을 처리하는 방식에 대한 검사들의 주장이 헛소리보다도 질이 나쁘다고 생각하기 시작했다. 그들은 불의의 조직을 구축했다. 검사들은 조직 문화를 바꿔야 한다고 강조함으로써 개인의 범죄를 추적하는 일은 등한 시했다. "우리는 은행 강도들은 기소하지 않을 거야. 은행 강도 조직의 문화를 바꾸고 말거야"라고 말하는 검사가 있겠냐고 레이코프는 질문을 던졌다. 그 정도로 터무니없다는 것이다.

그 대신 그는 개인의 재판을 신봉했다. 레이코프는 재판을 좋아했다. 재판 전날에 쌍방이 법원 계단에서 합의를 맺을 때면 그런 항복이 흔한 일이긴 해도 항상 실망감을 느꼈다. 그는 제대로 운영되는 재판에서 진실이 나온다고 믿었다. 배심원단이 대부분의 경우 올바르게 이해한다고 생각했다.

당연히 더 많은 최고위 중역을 법정에 세우는 일이 더 어렵기 마련이다. 그 경우 정부의 돈과 시간이 소모되며 패소할 가능성도 있었다. 그러나 그럴 때 거두는 승소는 훨씬 더 의미가 컸다. 최고 중역 한 사람을 기소하는 것은 기소 유예 합의 10건을 체결하는 것만큼이나 가치 있었다. 정부는 더 적극적이어야 하고 걱정을 줄여야 했다. 가난한 사람들과는 달리 중역들은 뛰어난 변호사를 확보할 수 있기 때문에 이런 형사 집행 분야에서는 정부가 월권을 저지를 위험은 최소화되었다.

"어설픈 정의"

2008년 11월 3일, BoA에 의해 인수될 예정인 메릴린치는 인수에 관한 중요한 정보를 담은 공식 문서인 위임장 권유 신고서(proxy statement)를 제출했다. 222쪽 분량의 이 문서 어디에도 메릴린치가 58억 달러를 직원 성과급으로 펑펑 써도 된다는 내용은 없었다. 메릴린치는 2008년 280억 달러의 영업 손실을 입었고 성과급으로 36억 달러를 지출했다. 이 투자은행은 일반적으로 지난해의 성과급을 1월에 지급하지만 CEO 존 테인(John Thain)은 지급 날짜를 합병이 마무리되기 불과 며칠 전인 12월로 앞당겼다. 정부는 그 전해 10월에 250억 달러를 투자한 것도 모자라 불과 몇 주 동안 지원 명목으로 추가 자금 200억 달러를 BoA에 쏟아부었다. 어리둥절해져 있던 국민은 성과급 뉴스를 접하고는 격분했다.

부진한 실적과 세상을 놀라게 한 내부 붕괴도 월가의 보상 문화를 바꿔 놓지 못한 듯 보였다. 정부는 금융회사에 구제 금융을 제공했고 금융회사는 그 돈으로 회사를 산산조각 내 놓은 중역들에게 보상했다. 국민이 분노하자 은행들은 시치미를 뗐고 주요 규제기관은 안일하게 대응했다. BoA는 원래 메릴린치의 이사회와 CEO가 독자적으로 성과급 지급 결정을 내렸다고 주장했다. 그 주장은 거짓이었다. 사실 BoA는 지급 계획을 알았을 뿐 아니라 몇 개월 전 메릴린치 인수에 합의했을 때 성과급 액수를 절충하는 등의 급여 조정을 요구했다.

당시 뉴욕주 법무장관이던 앤드류 쿠오모(Andrew Cuomo)는 BoA가 성과급 지급 사실을 알면서도 국민을 기만했는지 여부를 조사하기 시작했다. 쿠오모 사무실의 젊고 야심 찬 변호사 벤 로스키(Ben Lawsky)가 조사를 지휘했다. 로스키는 남부지검의 연방 검사일 때 제임스 코미가 그 유명한 '겁쟁이 클럽' 연설을 하던 자리에 있었고 그 말에서 영감을 얻었다. 쿠오모는 잠시나마 엘리엇 스피처의 역동성을 재연이라도 하듯이 공격적인 법 집행을 통해 연방 규제기관을 압박했다. 법무장관의 조사에 SEC는 부담을 느꼈다. 당혹스러워진 SEC는 곧바로 자체 조사에 착수했다.

금융 공황 이후에 미국은 SEC가 길잡이 역할을 하고 사태를 바로잡아 주리라 기대했다. 이 기관은 정부기관 중에서도 가장 뛰어난 금융시장 전문가와 증권법 전문가를 채용한다. 은행 규제기관인 연준이나 통화감독청과 달리 SEC는 과거에 강력한 규제기관이었다.

그러나 스포킨의 SEC는 더 이상 존재하지 않았다. 부시 대통령 시절의 마지막 위원장인 크리스토퍼 콕스(Christopher Cox)는 잘 알려지지 않은 하원의원이었으며 규제 완화를 적극적으로 지지했다. 그는 2005년 여름, 위원장에 오른 후에 신용 거품이나 주택 거품은 물론 시장의 투기 및 레버리지 급증을 해결하려는 조치를 거의 취하지 않았다. 2008년 가을에 구제 금융이 정신없이 투입되는 동안에도 SEC는 위원장이 자리를 비웠다는 뉴스로만 주목을 끌었다.

레이코프 앞에 놓인 사건은 금융위기에 대한 SEC의 첫 규제 대응책이었다. 공황이 정점에 이른 지 1년도 지나지 않은 2009년 8월 3일 SEC는 BoA가 메릴린치 성과급으로 국민을 기만한 혐의로 기소된 데 대해 3300만 달러를 내고 합의할 것이라고 발표했다. 한바탕 전 세계 자본시장이 수조 달러의 손실을 입고 구제 금융으로 수십억 달러가 투입된 이후라 사람들은 그처럼 적은 액수가 무엇을 의미하는지 제대로 간파하지 못했다. 금융위기 사후 단속은 이상하게 시작되었다.

레이코프는 합의서를 검토한 다음에 2009년 8월 10일 SEC와 BoA를 불러 양측이 어떻게 해서 합의에 이르게 되었는지 해명을 요구했다. 양측이 추구하는 식의 합의에는 법원의 승인이 필요했다. 그는 자신이 승인을 해야 하는 이유를 알고 싶었다. 해명은 성과급에 집중되었다. 레이코프는 합의 자료가 무슨 일이 일어났는지에 대해 어처구니없을 정도로 기본적인 사항만 담고 있다고 생각했다.

레이코프는 SEC의 변호사들이 그토록 설득 능력이 없다는 사실이 믿기지 않았다. 그들은 우물쭈물 말했다. 사실을 기억하지도 못했다. SEC가 어떻게 해서 벌금을 정했는지 해명하지도 못했다. 레이코프는 SEC의 변호사들을 호되게 나무랐다. 수석 변호사는 SEC가 처음에 제재를 가하려고 했던 이유를 설명하려고 했다. 그는 메릴린치의 성과급에 대해 "주주들이 표결 이전에 분명히 알아야만 했던 것"이라고 말했다.

레이코프가 끼어들었다. "당신이 하는 말은, 내가 제대로 이해한 거라면, BoA와 메릴린치가 주주들에게 매우 중요한 사안에 대해 사실상 거짓말을 했다는 거로군요."

물론 수석 변호사는 곧바로 말문이 막혀 그 말을 인정하지 못했다. 주주에게 거짓말을 하는 것이 훨씬 더 심각한 증권법 위반인데도 SEC는 합의 과정에서 그런 말을 꺼내지 않았다. 그저 BoA가 부주의했다는 혐의만 두었다. 거짓말에는 고의성이 있어야 한다고 판단한 것이다. SEC의 수석 변호사가 레이코프의 말을 끊고 변명하려고 했다.

"저희가 드리고 싶은 말씀은…"

"내 말이 맞소?" 레이코프가 말을 끊었다.

"기본적으로 맞는 말씀입니다." 궁지에 빠진 수석 변호사가 대답했다.

"저희가 드리는 말씀은 그 사람들이 진술한…"

"그럼 BoA와 메릴린치에서 누가 그 일에 책임이 있었던 거요?" 레이코프가 물었다.

"저희는 개인의 위법 행위는 단 한 번도 제소한 적이 없습니다."

레이코프가 연이어 쏘아 댔다. "이런 조치를 취한 것이 정말 정부기관이요? 아니면 이 문서를 작성한 사람이 존재하기는 합니까?"

"이 문서를 작성한 인간 악당이 실제로 존재했어요."

"이런 결정을 내린 사람이 있었소?"

"네, 결정을 내린 사람이 있었습니다."

"그럼 누구요?"

이것이 핵심이었다. 레이코프는 법관답게 침착함을 유지했지만 분노와 좌절을 느꼈다. 그의 추궁에 SEC의 수석 변호사는 BoA의 켄 루이스와 메릴린치의 테인 등 두 금융회사의 CEO가 위임장 권유 신고서를 승인했다고 말했다. 그러나 SEC는 주주를 기만한 혐의로 그들을 기소하는 것은 고사하고 충분히 심문하지도 못했다. SEC는 자백도 받지 못한 상태에서 실체가 없고 법인 설립 서류상에 추상적인 독립체로서만 존재하는 'BoA'와의 합의서를 승인해 달라는 요청만 했다.

레이코프는 BoA를 대리하는 클리어리 고트립의 루이스 리먼(Lewis Liman)에게 질문의 화살을 돌렸다.

"내가 알고 싶은 건" 레이코프 판사가 말했다. "당신이 인정하는지 부인하는지요."

리먼은 머뭇거리더니 판사에게 자신은 합의를 어기고 싶지 않다고 말했다. 레이코프가 대답하라고 말했다.

"BoA의 입장은 자사가 위임장 관련법이나 그 어떤 연방 증권법도 위반하지 않았다는 겁니다." 리먼이 대답했다.

합의에 대해서는 더 이상 할 말이 없었다. BoA는 주주를 기만했다는 것을 인정하지 않았을 뿐 아니라 부인했다. 레이코프는 자신이 어째서 그 합의서를 승인해야 하는지 이해할 수 없었다. SEC의 사건 설명이 옳다면 과징금으로는 부족했고, 최고 중역들에 대한 기소가 몇 건이라도 이루어져야 했다. BoA가 사실대로 말했다면 골칫거리를 떼어 내기 위해 돈으로 해결하겠다는 것이었다. 그렇다면 정부는 대체 무엇 때문에 기업에 그런 일을 강요해야 하는가? "음, 내 생각에는 양측에서 지금보다 훨씬 더 많은 자료를 받아 보아야 이것이 공정하고 합당한 합의인지, 법률 요건을 충족하는지 판단하고 승인할 수 있겠소."

재판이 진행되는 동안 SEC의 조사가 한심한 수준이었다는 것이 점점 더 명확하게 드러났다. SEC는 본격적인 조사를 전혀 하지도 않은 채로 첫 번째 합의를 체결했다. 대부분의 핵심 중역으로부터 증언을 녹취하지도 않았다. BoA는 많은 자료에 대해서 변호사-의뢰인 특권을 주장했다. 톰슨 메모 이후 정부의 소심한 태도에 발맞추어 SEC는 BoA에 특권을 포기하라고 강요하는 수고도 하지 않았다.

SEC는 재판 도중에 레이코프에게 자신들이 조사를 신속하게 진행했다는 말을 변명이랍시고 늘어놓은 적도 있었다. "보통 이 정도로 중요한 사건의 경우 소송을 제기하는 데 몇 년씩 걸리는 일이 드물지 않습니다."

레이코프가 맞받아쳤다. "정말이지 위원회가 그런다는 평판이 있더군요." "저희는 전력을 다하고 있습니다." SEC의 수석 변호사가 주눅이 들어 대답했다.

어떤 심리에서는 레이코프가 피고인 측의 공격을 막아 내는 상황까지 일어났다. 심리 도중에 리먼이 성과급 협상을 해명하기 위해 말을 꺼냈다. "사실을 말씀드리면, BoA의 급여 관행은 지나치게 엄격해서…"

"메릴린치와 비교해서겠지." 레이코프가 짓궂게 끼어들었다.

"맞습니다."

"예를 들어 중국과 비교하면 그렇지 않겠지."

제드 레이코프는 끔직한 진실을 깨닫기 시작했다. SEC는 더 이상 그가 한때 존중하던 그 기관이 아니라는 점이었다. 그런 무능함은 스포킨 밑에서라면 결코 있을 수 없는 일이었다. 1980년대와 1990년대에도 있을 수 없는 일이었다. 그는 아버지 조지 부시 시대의 첫 번째 위원장인 리처드 브리든(Richard Breeden)이 증권법을 위반한 기업 중역들이 "벌거벗겨져서 집도 잃고 차도 없이" 사는 모습을 보고 싶다고 선언했던 것을 떠올렸다.[12] 지금의 SEC는 겁을 먹고 있었다. SEC는 아무것도 하지 않는 것처럼 보이기는 싫어도 만만찮은 적들을 법정에 세우는 일도 원치 않았다. "저 사람들은 내게 적절한 답변을 하나도 제시하지 못했어"라고 레이코프는 생각했다. "SEC는 대형 은행과 대기업의 힘이 자기들을 압도하도록 내버려 두었다." 그가 사랑하던 SEC는 생각했던 것보다 더 큰 곤경에 빠져 있었다. BoA에 기만당한 주주들과 달리 레이코프에게는 그 일에 대해 조치를 취할 권한이 있었다.

2009년 9월 14일, 제드 레이코프는 좀비처럼 변한 사법 관행을 깼다. 그는 자신이 엉터리로 간주한 합의서에 서명하는 일을 거부했다. 그는 그 합의서를 "SEC에 법 집행을 한다는 허울을 제공하고 은행의 경영진에게는 당혹스러운 조사에 대한 신속한 해결책을 제공할 목적으로 고안된 수단"이라고 불렀다.[13] 괄목할 만한 저항이었다. 판사들이 그런 합의서를 퇴짜 놓는 일은 없었다. 정부는 그들에게 존중을 보이라고 요구했다. 그러나 그들은 SEC와 기업이 신발에 진흙이 묻는 일을 피하기 위해 밟고 지나가는 오버코트가 되고 말았다. 레이코프는 그 상황에 종지부를 찍고 싶었다.

그는 "제출된 동의 판결(Consent Judgment)은 공정하지도, 합당하지도, 적절하지도 않다"는 의견을 썼다. 레이코프는 SEC의 주장과 정당화를 산산조각 냈다. 그는 SEC가 BoA의 주주에게 벌금을 지급하도록 한 데 분노했다. 그런 일은 "정의와 도덕의 가장 근본적인 개념에 부합하지 않는다"라고 썼다. 그는 잘못을 저지른 중역이나 변호사를 색출하지 않은 데 대해 SEC를 비난했고, "이 모든 일은 주주뿐만 아니라 진실을 희생함으로써 저질러졌다"라고 결론지었다. 그는 2010년 2월 1일을 재판 날짜로 정했다.

국민은 금융위기에 대한 분노를 표출하면서 레이코프에게 찬사가 담긴 편지를 앞다퉈 보냈다. "판사님만이 용기를 내어 악당들에게 맞섰습니다! 어째서 은행 CEO나 월가 중역 중 그 누구도 감옥에 가지 않은 걸까요?" 매사추세츠의 어느 여성이 그에게 보낸 편지였다. 브라질의 지질학 교수와 상장기업의 전직 CEO도 그에게 찬사를 보냈다. 비벌리 힐스의 어느 의사가 "마침내 미국 판사와 사법 제도의 가장 높은 이상에 부합하는 법관"이 나타났다는 편지를 보내는가 하면 그와 같은 연방 지방법원의 판사가 "당신은 연방 사법부를 한 단계 상승시켰습니다"라는 편지를 썼다.

레이코프가 SEC 합의서를 퇴짜 놓은 9월에 쿠오모의 조사관들이 BoA 중역들을 기소하겠다고 위협했다. 그들은 BoA가 변호사-의뢰인 특권의 보호 조항을 내세우며 특정 정보의 열람을 거부하는 식으로 조사를 방해했다고 비난했다.

BoA에 규제 문제를 자문하는 로펌 클리어리 고트립이 오판을 한 것이다. 이 로펌은 레이코프가 얼마나 큰 좌절감을 느꼈는지 이해하지 못한 듯했다. 어느 날 레이코프는 변호사-의뢰인 특권 분쟁과 관련하여 제출된 명령서가 법률 용어로 가득하며 첫 문장이 행간을 띄우지 않고도 2장을 훌쩍 넘기고 "'반면'이라는 단어가 아홉 차례나 반복된"데 대해 클리어리 변호사들과 SEC를 질책했다. 클리어리는 메릴린치 인수에 대해 자문한 뉴욕 로펌 왁텔, 립턴, 로젠 앤 카츠(Wachtell, Lipton, Rosen & Katz)나 은행 경영진과 마찬가지로 메릴린치의 인수와 더불어 집단 소송이 임박했다는 사실을 파악하지 못했다. BoA는 익스포저(exposure, 신용 위험에 노출된 자산 - 역주)가 150억 달러에 이를 정도로 어마어마하다는 사실을 깨닫기 시작했다.

10월에 BoA는 로펌 폴 와이스를 추가로 고용했다. 세 로펌과 BoA는 무엇을 인정할지, 인정 자체를 할지 말지를 논의했다.[14] 곧이어 BoA는 정부의 조사관들을 달래기 위해 조사 대상 문서에 대한 변호사-의뢰인 특권을 포기했다.

그 외에도 폴 와이스는 SEC 합의금의 액수를 늘리고 기업 지배구조를 일부 개선할 것을 제안했다. 그러나 은행과 폴 와이스 변호사들은 SEC의 개인 기소에는 절대로 동의하지 않기로 했다. SEC도 선뜻 동의했다.

2010년 2월 4일 SEC와 BoA는 합의금 액수를 1억 5000만 달러로 올렸다.[15] 같은 날 쿠오모가 BoA의 전임 CEO 켄 루이스와 전임 CFO 조 프라이스에게 주주들에게 성과급에 대해 기만한 혐의로 민사상의 사기 소송을 제기했다. 이 소송으로 BoA와 중역들이 주주들에게 메릴린치의 손실 규모를 허위로 알렸다는 혐의에 폭발적인 새 내용이 추가되었다. 쿠오모의 고소장에는 루이스가 인수에서 손을 떼겠다고 정부를 위협하여 200억 달러를 추가로 지원받았다는 협박 내용도 추가되었다.[16]

로스키가 쿠오모를 위해 조사한 바에 따르면, BoA 중역들은 커져만 가는 메릴린치의 손실을 조사관들에게 알릴지 말지로 입씨름을 했다고 한다. 2008년 11월 13일 이 은행의 법률 고문인 티머시 메요풀로스(Timothy Mayopoulous)와 외부 변호사들은 고소장에 명시된 대로 손실 금액을 SEC 보고서에 공개해야 한다고 판단했다. 그런 다음 그들은 프라이스와 상의했다가 그 결정을 뒤집었다.

2008년 12월 3일 BoA의 최고 재무 책임자는 손실 금액이 메요풀로스가 제시한 기준점을 넘어섰다는 것을 알고 있었는데, 그러한 상한선을 넘으면 정보를 공개해야 했다. 그러나 그 어떤 보고도 없이 주주 표결이 진행되었다. 그러다가 엿새 후 메요풀로스는 프라이스가 이사회에서 메릴린치의 4분기 손실이 90억 달러에 이를 것이라고 하는 말을 들었다. 정확하지 않은 진술이었다. 메릴린치는 이미 90억 달러의 손실을 입었으며 4분기가 끝나기 전에 수십억 달러를 더 날릴 것으로 예측되었다. 이사회 이후 메요풀로스는 프라이스와 손실에 대해 이야기를 하려고 했다. 프라이스는 그럴 시간이 없었다.

그다음 날 아침 BoA는 메요폴로스를 해고했고, 사람들을 시켜 그를 건물 밖으로 내보냈다. BoA는 브라이언 모이니한을 법률 고문에 앉힘으로써 최고 중역을 한 명 더 보강했다. 그러나 모이니한은 15년 동안 변호사 업무를 하지 않았다. 법률가로서의 그의 경력은 그가 변호사 협회의 회원 자격을 갱신하지 않고 내버려 두었다가 그때 가서 후회했다는 말로 설명할 수 있다. 그는 은행의 최고 경영자가 될 생각이었다.

메요폴로스만 유일하게 우려를 한 것이 아니었다. 메릴린치의 회계법인인 딜로이트 앤 투시(Deloitte & Touche)는 자신들은 고소장에 따라 주주들에게 손실 금액을 알리는 방안을 "검토해야 할 수도 있다"고 BoA에 말했다. BoA의 기업 회계 담당도 공개를 요구했는데, 프라이스와의 대화에서 자신은 메릴린치의 손실을 "유리 벽 너머 전화상으로" 논하고 싶지 않다고 말했다.

쿠오모로부터 압력을 받은 데다 재판 전에 문제를 해결하려 했던 BoA와 SEC는 레이코프에게 사실을 알리기로 합의했다. BoA는 그러한 정보가 "구속력을 지니지 않도록" 해 달라고 레이코프를 포함한 모든 이를 설득하려 했다. 다시 말해 그 정보가 향후 법률 소송에서 근거로 사용되지 못하도록 법으로 보장해 달라는 뜻이었다. 2009년 2월 8일 심리에서 레이코프는 SEC의 사실 정보와 해석이 뉴욕주 법무장관의 것과 그토록 다른 이유가 무엇이냐고 추궁했다.

"그렇다면 법무장관의 결론에 동의하지 않는 건가요?" 그가 수석 변호사인 조지 캐넬로스(George Canellos)에게 물었다.

"제가 좀 완곡하게 말씀드리자면…" 캐넬로스가 대답하기 시작했다.

"이 소송에서 그러는 일이 아주 없는 일도 아닐 텐데요." 레이코프가 말을 끊었다.

"다소 우회적으로 말씀드리는 점 죄송합니다." 캐넬로스가 더듬거리며 말했다.

SEC는 BoA의 위법 행위 상당 부분을 조사하지 않고 간과했다는 모양새를 어떻게든 피하기 위해 새로운 혐의를 우겨 넣어 새로운 고소장을 작성했지만 레이코프는 그런 조치가 재판 날짜에 임박하여 뒤늦게 이루어졌다는 이유로 허용하지 않았다. (SEC는 BoA가 얼마 후 레이코프에게 제출될 수정된 합의서에는 메릴린치의 손실 규모에 대해 투자자의 오해를 유발시켰다는 혐의를 추가했다.)

SEC는 메요풀로스가 BoA에서 해고된 까닭이 합병 찬반을 묻는 위임장 투표 이전에 메릴린치의 손실 규모를 공개해야 한다고 주장했기 때문이라는 생각을 반박했다. SEC의 주장에 따르면 법률 고문인 그가 해고된 진짜 이유는 합병 성사 여부가 불투명한 가운데 모이니한이 회사를 떠나려고 했기 때문이다. 이사회가 그를 붙잡기 위해 서둘러 새로운 직책을 주었다는 것이다.

레이코프는 쿠오모의 고소장이 지나치게 감정적이라고 생각했다. 미사여구만 많고 사실 정보는 부족하다는 점에서 바람직한 고소장과는 거리가 멀었다. 그러나 판사는 심각한 위법 행위가 있었다는 것만은 확신했다. BoA의 최고 중역들은 막대하고 경악할 만한 메릴린치의 손실 규모뿐만 아니라 자기네 은행이 성과급 지급에 동의했으면서도 그 사실을 곧바로, 정확하게 이사회나 주주들에게 공개하지 않았다는 것도 알고 있었다. 그들은 정보 공개를 주장하는 사람들을 잘라 냈다. 분명 수상쩍은 구석이 아주 많아 보였다. SEC는 공개 불이행을 의도적인 규정 위반이 아닌 부주의로 판단하는 데 거리낌이 없었다.

그런데 최소한 규제기관 한 곳은 SEC와 달리 이 사안을 형사 조사의 대상이라 판단했다. 부실 자산 구제 프로그램(TARP)의 특별 감찰관실(Office of Special Inspector General)은 뉴욕 남부지검에 이 사건의 형사 조사를 의뢰했다. 그때 당시에 남부지검에서 증권·상품 사기 태스크포스를 이끌던 레이먼드 로이어(Raymond Lohier)가 직접 조사를 맡았으나 내켜 하지는 않았다. 동료들은 그가 혐의 자체를 회의적으로 본다고 생각했다. 연준은 BoA의 규제기관이자 대출을 내 주었다는 점에서 잠재적 피해자이기도 했는데도 그 정도 손실은 별일 아닌 것으로 여긴다고 주장했다.

그때 데브보이즈 앤 플림턴에서 미국 최고의 소송 변호사로 활동하고 있던 메리 조 화이트가 켄 루이스의 변호를 맡았다. 화이트는 열의를 다해 자기 의뢰인들을 변호했고 전직 맨해튼 검사장이라는 든든한 평판을 자신의 이익을 위해 이용하는 데 거침이 없었다. 훗날 SEC 위원장이 된 화이트는 "민사 소송 결정은 사실이나 법의 뒷받침 없이 이루어진 지독한 오판"이며 기소를 뒷받침할 "일말의 객관적인 증거도 확보하지 못했다"라는 말로 쿠오모의 기소를 맹비난했다.[17]

뉴욕 남부지검은 그러한 항의를 너무나 순순히 받아들였다. 워싱턴의 법무부 관료들과 맨해튼의 남부지검 관료들은 쿠오모의 조치를 정치적인 입지 다지기로 간주하고 분노 어린 반응을 보였다. 일반적으로 이런 조사의 경우 다른 검찰청의 검사들이 편협한 이기심 때문에 자료 공유를 꺼린다. 그들은 조사의 영예를 독차지하고 싶어 한다. 쿠오모의 사무실은 화해를 조성하기 위해 법무부와 자료를 공유하기로 했다. 로이어는 그 자료를 보겠다고 약속했다. BoA에서 해고된 법률 고문 메요풀로스는 옛 상관들에 대해 그 어떤 일도 발설하지 않았다. 로이어와 남부지검은 의미 있는 대면 조사를 공개적으로 수행하지 않는 등 조사 활동을 게을리했다. 오바마 대통령은 얼마 후 로이어를 연방 제2항소법원의 판사로 임명했다. 법무부는 이 사건에 대해 어떤 기소도 제기하지 않았다.

2010년 2월 22일 레이코프는 SEC와 BoA의 합의서 수정본에 마지못해 서명했다. 어쨌든 SEC의 변호사들은 증언을 녹취하고 서류를 검토했다. SEC는 압력에 못 이겨 수사했다. 레이코프는 만족하지 못했고 그 수사가 철저했다고 생각하지도 않았다. 그러나 판사는 SEC에 자세한 정보를 국민에게 공개하라고 재촉했다.

레이코프는 의견서에 이런 내용을 썼다. "제출된 합의서는 지난 8월 비공개 성과급 사건과 관련하여 작성된 알맹이 없는 합의서에 비해 상당히 개선되긴 했지만 이상적인 것과는 거리가 멀다. (중략) 없는 것보다는 낫지만 이러한 조치는 좋게 말해서 어설픈 정의에 불과하다."

레이코프가 가능만 하면 합의서에 다시 퇴짜를 놓으리라 쓴 것을 보면 어떻게 할지 고심했음이 분명하다. 그는 벌금이 '미미하다'고 했다. 그러나 그는 정부가 자신에게 합의 내용에 관해 이전보다 많은 정보를 제공했기 때문에 자신에게는 정부의 뜻을 존중해야 할 법적 의무가 있다고 믿었다. 그뿐만 아니라 레이코프는 사사로운 감정을 억누르려고 했다. 그는 "위대한 대법관이었던 할란 피스크 스톤(Harlan Fiske Stone)의 말을 빌자면 '우리 자신의 권한 행사에 대한 유일한 견제 수단은 우리 자신의 자제력'이다. 그러한 자제력을 발휘하여 본 법원은 고개를 저으면서도 SEC의 청구를 허락하고 제출된 동의 판결을 승인한다"라는 의견을 썼다.

레이코프는 자신이 SEC에 제출을 촉구했던 사실 정보 가운데 몇 가지를 의견서에 넣었다. 그는 SEC가 자발적으로 밝혔던 내용에서 한 걸음 더 나아가 BoA가 메릴린치를 인수하는 과정에서 증권법을 위반했다는 의견을 제시했다. BoA와 폴 와이스는 유감을 표시했다. '구속력 없는' 사실 정보인

데 너무하다는 것이었다. 레이코프의 의견은 2012년 9월 24억 달러에 합의된 집단 소송에서 중요한 역할을 했다.[18] 이처럼 막대한 배상금으로 말미암아 SEC는 한층 더 큰 창피를 당하게 되었다.

앤드류 쿠오모는 승승장구하여 뉴욕 주지사가 되었다. 뉴욕주 법무장관으로서 그가 제기한 기소는 그 자신이 퇴임하면서 흐지부지되었다. 뉴욕주 정부는 사건 마무리에 지나치게 뜸을 들였다. 주 정부가 자체적으로 해결하기도 전에 BoA가 주주들과 합의했기 때문에 주 정부가 별도로 의미 있는 합의를 도출하기란 법적으로 불가능했다. 2014년 3월 켄 루이스에게 1000만 달러라는 대단찮은 벌금이 부과되었는데, 그마저도 전 직장에서 대납해주었으며, 금융업 종사를 한시적으로 금지하는 징계가 내려졌다. 그가 은퇴했다는 점을 감안할 때 처벌은 미세 진드기에 물리는 정도에 상응했다. 그는 혐의를 시인하지도 부인하지도 않았다. BoA는 1500만 달러를 뉴욕주에 냈다.[19] 그다음 달 조 프라이스와의 합의에서도 무겁지 않은 징계가 내려졌다. 뉴욕주는 그에게 벌금을 부과했고 1년 6개월 동안 상장기업의 임원이나 이사가 되는 것을 금지하는 제재를 내렸다.

전국적인 스캔들

금융위기와 BoA 사건은 레이코프를 급진주의자로 만들었다. 여러 해 동안 그는 자신의 에너지를 좀 더 좁은 분야에 집중해 왔다. "그의 마음을 정말로 불편하게 만든 것은 좀 더 광범위한 사회 이론이 아니라 사기와 부당함이다"라고 그의 동생이며 하버드 로스쿨 교수인 토드는 말한다. "그때 당시에 나는 [2008년 붕괴 이후에] 근로자들이 겪어야 했던 고통에 좀 더 초점을 맞추었다. 근로자들의 실직에 말이다. 그때만 해도 금융위기의 원인에는 초점을 맞추지 못했다. 이 사건으로 나는 그 원인에 주목하게 되었다"라고 그는 회고한다.

미국의 정의는 불투명한 장막에 가려진 채 양형 거래라든가 기업과의 합의 같은 형태로 실행되었다. "재판은 형사 사법 제도 전반이 진실성을 검증받는, 다시 말해 피고인의 유죄를 입증하는 증거가 있는지 없는지를 검증할 수 있는 유일한 기회"라고 레이코프 판사는 어느 기자에게 말했다. "닫힌 문 뒤에서 운영되는 사법 제도는 조만간에 남용을 낳는 제도로 변질될 것이다."[20]

오바마가 판사 지명에 착수했을 때 레이코프는 몇 년 전 사형 위헌 판결을 내린 자신이 아직도 연방 제2항소법원의 판사로 지명될 수 있을지 궁금하게 생각했다. 신임 행정부는 판사 지명자들에 대해 연령 상한을 둔 듯했다. 레이코프는 65세였다. 그는 결코 항소법원 판사가 되지 못할 운명이었다.

레이코프는 그것이 오히려 공익을 위한 일임을 깨달았다. 그는 자신이 사형 판결을 심사숙고하고 있을 때 아내가 했던 지혜로운 말을 떠올렸다. 항소법원 판사가 되면 그는 다수 중 하나의 목소리에 불과해진다. 그의 임무는 타협을 찾고 스스로의 강력한 의견을 억누르는 데 그치게 된다. 지방법원 판사석에 있어야 한층 더 신속하게 법적 투쟁에 참여할 수 있다. 실제로 그때부터 그는 의견을 좀 더 과감하게 표현할 수 있는 기회를 얻었다. 금융위기와 더불어 미국의 모든 제도권(정치인, 규제기관, 은행, 자본시장, 게다가 급기야 검사까지)이 추락했다. 그에게는 판사로서의 의무 이외에는 그 어떤 제약도 없었다. 제드 레이코프는 자유로웠다.

Chapter 12

"정부가 졌다"

"THE GOVERNMANT FAILED"

새 대통령의 행정부가 들어설 때마다 새 검사장이 임명된다. 오바마 행정부는 뉴욕의 유력 상원의원 찰스 슈머(Charles Schumer)의 추천을 받아 프리트 바라라를 뉴욕 남부지검의 검사장으로 임명했다. 2009년 5월에 지명되어 8월에 취임한 바라라는 220명이 넘는 검사를 감독하기 시작했다. 바라라는 남부지검의 실무 검사를 지냈고, 그 이후 슈머의 수석 법률 고문을 맡고 있었다.

슈머는 "월가 출신 상원의원"으로 불릴 만큼 뉴욕시의 주력 산업인 금융계에 우호적이었다. 그는 규제를 노골적으로 반대하기보다는 은근슬쩍 폄하했다. 거품 호황기에 슈머는 뉴욕이 월가의 규제 족쇄를 좀 더 느슨하게 풀어 주지 않는 한 세계 금융 수도의 위치를 런던에 빼앗길지도 모른다고 주장했다. 베테랑 검사들은 바라라가 좀 더 노련하고 적격인 경쟁 후보들을 이기고 임명될까 봐 우려했다. 과연 바라라가 뉴욕에서 영향력이 가장 막강한 산업에 맞설까?

프리트 바라라의 인생 역정은 사람의 마음을 끄는 힘이 있다. 그는 인도 북부의 펀자브 지역에서 시크교를 믿는 아버지와 힌두교를 믿는 어머니의 아들로 태어났다. 그는 이슬람교도 아버지와 유대교도 어머니를 둔 여성과 결혼했다. 서로 다른 네 가족이 서로 다른 종교를 믿었으며, 모두 종교 탄압을 피하여 고향을 떠났다. 그는 "내 아내가 욤 키푸르(Yom Kippur)에 단식을 하고 장인이 라마단 동안 단식을 하는 때도 나는 온종일 사모사(samosa, 인도식 튀김 만두 – 역주)를 꾸역꾸역 먹게 된다"[1]라는 농담을 즐겨했다.

바라라는 뉴저지 몬머스에서 자랐고 고등학교 때 졸업생 대표였다. 그는 1990년 하버드 대학을 우등으로 졸업했고 3년 후 컬럼비아 로스쿨을 졸업했다. 그는 일류 로펌에서 일했지만 명확한 정치적 성향을 지녔다. 로스쿨을 졸업한 후 여름에 진보 성향인 마크 그린(Mark Green)의 공익 대변인 선거 운동에 자원봉사자로 참여했다. 바라라는 뉴욕 남부지검의 검사가 됐으며, 그런 다음에는 친구이자 동료인 벤 로스키의 천거 덕분에 슈머의 실무 검사로 일했다. 실무 검사로서 그는 부시 행정부의 검사장 해임을 조사했는데, 이 사건은 알베르토 곤잘레스 법무부 장관의 사임으로 이어졌다.

바라라는 눈 밑의 짙은 그늘과 숱 없는 검은 머리 때문에 제 나이보다 더 들어 보였다. 그러나 대화를 할 때 배려와 호기심으로 반짝반짝 빛나는 눈이 그의 전체적인 용모에 앳된 기운을 불어넣었다. 바라라는 여러 사람 앞에 서면 자조적인 농담을 하거나 훈계조 설교를 하면서 잔뜩 우쭐거리는 모습을 보였다. 그는 법률 기록에서 인용한 문구로 좌중을 압도했다. 특히 자신의 영웅인 클래런스 대로우(Clarence Darrow)가 대표적인 인권 재판인 1926년 〈국민 대 헨리 스위트(Henry Sweet) 판결〉에서 했던 최종 변론을 자주 인용했다. 바라라는 청중이 자신의 교훈적인 성향을 눈치채지 못하게

라도 하듯이 빠른 속도로 말했다.

그는 공식적으로나 사석에서나 언론의 비위를 맞추었고 자신의 법 집행 대상에게 훈계했다. 뉴욕주의 정치 타락상과 월가의 기업 문화를 비난했다. 그의 연설은 듣는 대상에 맞게 신중하게 조정되었다. "기업 문화가 갈수록 타락하고 있습니까?" 그는 2011년 뉴욕의 금융 언론인들에게 강경조로 연설하다가 질문을 던졌다. "윤리적인 파산이 증가하고 있습니까?"[2]

바라라가 부임했을 때 뉴욕 남부지검은 큰 건의 내부자거래를 수사하고 있었다. 조사관들은 헤지펀드 운용사와 월가의 리처치 회사에 감청 장치를 설치했다. 내부자거래 사건은 특히 전화 녹음같이 확실한 증거를 찾아내기만 한다면 현기증 나도록 복잡한 금융 거래 관련 사건보다 조사를 하거나 배심원단에게 입증하기가 한층 더 용이하다. 금융위기 사건은 조사하는 데만 몇 년이 걸릴 수 있으며, 그러고 나서도 범죄 입증은 고사하고 검사가 범죄 자체가 일어나지 않았다고 판단할 가능성도 있다.

바라라에게는 쉬운 선택 안이 없었다. 그는 범죄가 일어났는지 확실하지 않고 목표도 없는 경우라도 검사들에게 단서를 추적하라고 지시할 수 있었다. 아니면 단서가 포착되고, 누가 관련되었는지를 알 경우 내부자거래를 추적할 수 있었다. 부채 담보부 증권(collateralized debt obligation) 같은 난해한 금융상품을 조사하는 데는 3년 이상이 걸릴 가능성이 있었다. 내부자거래 사건은 그보다 훨씬 더 빨리 진행할 수 있었다.

실무 검사들은 좀 더 수월한 사건들에 이끌렸다.[3] 그들에게는 악당들이 공모한 내용을 녹음한 테이프가 있었다. 그들은 그런 감청 테이프를 듣노라면 자신들이 뉴욕 내 모든 헤지펀드 매니저의 비밀스러운 생각을 같은 방에서 직접 듣는 듯한 기분을 느꼈다. 검사들은 젊고 부유하며 건방진 녀석들이 증거를 없애기 위해 외장 하드 디스크를 박살 내어 한밤중에 쓰레기통에

버렸다는 사실을 포착했다. 그들은 FBI 요원들에게 새벽 5시(실라 코하카가 쓴《블랙 에지》에서는 새벽 6시 – 역자)에 용의자들의 집을 급습하도록 했다. 용의자들은 변호사를 선임하기도 전에 사실을 불었다. 급습, 체포, 재판 등 사건이 급진전될 때마다 〈월스트리트 저널〉과 다른 신문들이 대서특필했다.

그와 비교해 금융위기 사건의 증거는 서류 안에 숨겨져 있었다. 증거를 찾으려면 신용 부도 스왑(credit default swap), BBB 등급 주택 대출 담보부 증권, 최상급 선순위 트랜치(super senior tranche), CMBS(상업용 부동산 저당 증권)[4], RMBS(주택 저당 증권)[5], CDX(신용 부도 스왑 지수), ABX(자산 담보부 증권 지수) 등을 설명하는 문서 수백만 건을 샅샅이 읽어야 했다. 서류를 넘길 때마다 점점 더 불가해한 전문 용어가 나왔다. 내부자거래 사건의 증거는 금융위기 사건의 증거를 불충분하고 시시하게 보이게 하는 부작용을 낳았다. 젊은 검사들은 어떻게 하면 그런 증거를 배심원에게 이해시킬 수 있을지 고민했다. 그러나 거기까지 갈 일도 없었다. 검사들 스스로가 그런 증거를 조사하지 못했다. 그들의 상관들이 허락하지 않았기 때문이다.

내부자거래 사건은 검사들의 승진 길이 되었다. 남부지검은 내부자거래 재판에서 85건 모두 승소하는 기록을 세운 적도 있었다.[6] 검찰청의 가장 큰 성과는 자금 수십억 달러를 운용하는 갤리언 그룹(Galleon Group)의 대표인 라지 라자라트남(Raj Rajaratnam)을 감옥에 보낸 것이었다. 언론이 주목했다. 〈뉴욕타임스〉는 남부지검이 전임 검사장들 시절에 신통치 않은 시간은 보내다가 '다시' 활동에 나섰다고 축하했다. 〈타임〉은 "*This Man Is Busting Wall St.*(이 남자가 월가를 폭격하고 있다.)"는 표제와 함께 바라라의 모습을 표지에 실었다. 〈포춘〉은 그를 소개하는 기사에 "월가의 보안관"이라는 제목을 붙였다. 〈뉴요커〉는 온라인 판에 "월가를 두려움에 떨게 하는 사나이"라는 기사를 게재했다. 그와 동급인 미국 검사장 중에서 유명인의 지위를 얻은 것은 바라라가 유일했으며, 그는 심지어 〈배니티 페어〉 주최 아카데미상 시상식 파티에 모습을 드러내기까지 했다.

그러나 프리트 바라라는 월가와 맞서지 않고 있었다. 그는 연설을 통해 기업 문화를 비판했지만 기업과는 총체적으로 다른 변종인 헤지펀드를 둘러싼 내부자거래를 덮칠 뿐이었다. 헤지펀드는 대체로 기업치고는 규모가 작았다. 각자가 독립된 조직이었기 때문에 문을 닫더라도 시스템 전반에 영향을 끼칠 가능성이 적었다.[7] 헤지펀드의 소유주들은 부유했지만 적은 직원을 거느렸고 정치적인 영향력도 미미했다. 내부자거래는 상대적으로 가벼운 범죄여서 시소가 한쪽으로 기우뚱하는 정도의 영향만 미쳤다. 피해자는 발생하더라도 대부분 기업이나 다른 대형 투자자였다. 하지만 금융위기와 은행의 불법 행위는 수천만 미국인을 궁핍에 빠뜨렸다.

남부지검은 대형 투자은행과 상업은행에는 형사 소송을 제기하지 않았다. 미국 금융의 권력 구조에 맞서지 않은 것이다. 바라라는 대형 금융회사의 최고 중역들을 기소하지 않았다. 몇 세대를 통틀어 가장 큰 거품과 금융위기가 지나는 동안 초대형 금융회사의 중역들은 결함이 있는 금융상품을 판매하고 그런 상품을 허위로 소개했으며 자기 자본으로 위험한 거래를 하면서 전 세계 금융 시스템을 파탄 낼 뻔 했으며, 그것도 모자라 납세자의 돈 수조 달러를 구제 금융으로 받았다. 그런데도 미국에서 가장 중요한 검찰청은 헤지펀드에만 손을 댔다. 검찰청의 불합리한 행보였다.

"정부가 패배한 거예요"라고 남부지검의 어느 전임 검사장은 말한다. 같은 검찰청에 있던 연방 검사 몇 명도 그러한 생각에 공감한다. "우리는 해야 할 일을 하지 않았어요." 내부자거래 사건을 담당했던 전직 검사 한 사람은 이렇게 말했다. "내 경력에는 도움이 되었지만 세상을 바꾸지는 못했다." 국민에게 영향을 끼치는 사건이 아니었던 것이다. 라지 라자라트남이 합병 정보를 이용하여 내부자거래를 한들 누가 신경이나 쓰겠는가?

실무 검사들은 남부지검의 위험, 보상, 동기를 잘 알고 있었다. "증거가 있는 사건을 맡을 수 있는 상황에서 사실상 증거가 없는 사건에 앞으로 인생의 3년을 쏟으라고 남에게 말하기란 무척 난처한 일이다"라고 내부자거래 사건을 담당했던 검사가 말했다. "누가 내게 와서 '너를 이 사건에서 빼줄 테니 넌 저 구멍을 열심히 채워 넣도록 해'라고 했다면 나는 그 일을 기쁘게 생각하지 않았을 것이다. 어느 조직이든 그것이 인간의 현실이다."

남부지검의 수뇌부가 검사들에게 금융위기 사건을 배정했지만 그 일은 결코 검찰청의 우선 과제가 아니었다. 지도부는 실무 검사들의 셈법을 바꾸려는 노력도 하지 않았다. 검찰청이 포착한 몇 안 되는 사건은 별 계획이나 조율도 없이 찔끔찔끔 배정되었다. 남부지검의 어느 스타 검사가 모건스탠리의 수상쩍은 주택 저당 증권과 관련된 사건을 배정받았지만 그 검사는 FBI의 관심을 끌어내지 못했다. 그러고 나서 남부지검은 영역권 다툼에서 졌고, 샌프란시스코 연방 검찰청이 그 사건을 맡았다. 법무부 본부는 조사 인력을 빼내어 금리와 환율 조작 조사에 투입했다. 그 많은 찬사를 받던 남부지검이 증권사기 사건을 둘러싼 영역권 다툼에서 패배한 것은 언제부터일까? 바로 우선순위가 다른 곳에 집중되면서부터다.

남부지검은 금융위기의 첫 심판이 된 베어스턴스 헤지펀드 사건을 기소하지 않았다. 투자은행 베어스턴스의 직원 두 명이 모기지 투자 상황을 투자자들에게 잘못된 정보를 제공한 혐의로 기소된 사건이었다. 브루클린 연방 검찰청이 이 사건을 맡았다. 2009년 11월 배심원단이 헤지펀드 매니저 두 사람에게 무죄 평결을 내렸을 때 맨해튼의 검사들 중 일부는 자신들의 억울함이 풀렸다고 생각했다. 반면 자기였다면 승소했을 것이라고 으스대는 검사도 있었다. 그러나 미국 전역의 검사들은 그 사건에서 유감스러운 교훈을 얻었다. 이런 사건에 요구되는 증거를 확보하기란 거의 불가능하다는 사실이었다.

2010년 봄, 남부지검 증권·상품 사기 태스크포스의 책임자였던 레이먼드 로이어는 연방 제2항소법원의 판사가 되기 위한 인준 절차의 일환으로 워싱턴을 방문했다. 델라웨어 상원의원인 테드 코프먼이 맨해튼 연방 검찰청의 우선 과제가 무엇이냐고 질문했다. 로이어는 그곳에 모인 사람들에게 "사이버 안보"라고 대답했다. 금융위기는 거론하지 않았다.[8] 청중은 경악했다. (얼마 후 바라라는 검사들에게 로이어의 대답이 검찰청의 우선 과제를 정확히 반영하고 있지 않다고 말했다.)[9]

로이어는 바라라보다 몇 살이 많았고 경험도 더 풍부했으며 바라라를 잘 따르는 무리에 속해 있지 않았다. 그의 후임으로 바라라는 좀 더 젊은 실무 검사를 선택했다. 바라라는 젊은 부서장을 선호했다. 그는 젊은 부서장이 활동적이라고 보았다. 그리고 신세를 졌기 때문에 그에 대한 충성심도 클 것이라고 판단했다.

로이어가 떠났을 때는 태스크포스가 만들어진 지 얼마 되지 않은 때였는데도 금융위기 조사가 더 이상 이루어지지 않다시피 했다. 증권사기 팀에는 어느 때든 대개 15~20명의 검사가 있었다. 그중 잘 나가는 검사들은 대부분 내부자거래 사건을 선택했다. 몇 명은 버니 매도프의 폰지 사기 사건을 조사했다.

남부지검은 금융위기 기소로 한 차례 성공을 기록했다. 그 성과 때문에 다른 사건에서의 실패가 더더욱 부각되었다. 남부지검은 크레디트 스위스(Credit Suisse)의 중간 관리자인 카림 세라젤딘(Kareem Serageldin)을 기소했다. 세라젤딘은 2007년 주택 저당 증권의 가격이 폭락하는 동안 가격을 조작한 트레이더들을 관리한 사람이다. 그는 그 사실을 알았고 조작된 가격을 공개했다. 그는 유죄를 인정했다. (그보다 직급이 낮은 트레이더 중 한 사람은 조사에 협력한 대가로 복역을 면했다. 나머지 한 명은 미국을 떴다.) 세라젤딘은 30개월 형을 받아 수감되었다. 이러한 가격 조작은 흔히 일어나는 일이었다. 트레이더들은 거짓말을 할 동기가 충분했고 그들의 관리자와 은행의 최고 중역들도 마찬가지였다. 월가의 트레이더와 은행가, 그리고 검사 중에서 세라젤딘 밑의 트레이더들만이 거짓말을 하고 날조된 포트폴리오를 은폐했다고 믿는 이들은 드물었다. 그러나 법무부는 그 이후로 일류 은행의 유사한 주요 사건을 더 이상 밝혀내지 못했다.

매도프 조사가 남부지검에서는 우선순위가 더 높은 사안이었지만 그 조차도 끔찍이도 느리게 진행되었다. 검사들은 2008년 후반에 사기 사실이 발각된 매도프를 기소하더니 그다음부터는 조사를 중단한 듯했다. 2015년이 될 때까지 정부는 그의 동료 몇 명과 회계사를 기소했을 뿐이다. 그렇다면 월가의 조력자들은 어떻게 되었을까? 폰지 사기꾼 매도프는 수십 년 동안 대형 금융회사로부터 도움을 받았다.

JP모건 체이스는 유죄로 보였다. 이 은행은 20년 넘게 매도프의 주거래 은행이었다. 유죄를 시사하는 문서가 산더미로 있었다. 어떤 직원은 매도프의 수익률이 "믿기 어려울 정도로 좋다"면서 "적신호가 너무 많다"고 경고하는 보고서를 썼다. 중역 한 사람은 "매도프의 머리 위에 암운이 드리워져 있다는 것은 잘 알려진 사실이었고 그의 수익률은 폰지 사기의 일환으로 추정되었다"고 지적했다. 이 은행 런던 사무소의 은행가들은 매도프의 성과에 맞먹는 파생금융상품을 만들려고 시도하다가 실패했다. 해당 부서는 매도프의 활동이 수상하다는 보고서를 제출했다. 은행은 돈을 뺐다.

JP모건의 사내 변호사와 외부 로펌은 매도프의 자산운용사에 대한 우려를 경고하는 이메일을 받았다. 2008년 금융위기와 폰지 사기의 붕괴 이전에 이 은행의 글로벌 증권부장이 매도프에 대한 우려를 "미국/영국 규제기관에 공개하자"고 제안했고, 고객으로서 매도프의 중요성과 의혹의 심각성을 감안할 때 은행의 법률 고문이 "최종 결정 과정"에 참여해야 할 것 같다고 말했다. 그러나 JP모건의 변호사들은 당국에 알리지 않았다.[10]

남부지검은 주저했다. 은행 내의 여러 부서가 매도프에 대한 우려를 교환하지 않았기 때문에 정부는 은행 중역 개개인에 대한 형사 기소가 불가능할지도 모른다고 생각했다. JP모건의 관리 체계와 경고 체계는 느슨했지만 검사들은 그 사실을 어떤 한 사람의 범죄와 연관 짓는 데 어려움을 겪었다. 어떤 면에서 JP모건은 적절한 사내 관리 체계가 없었기 때문에 형사 기소를 면할 수 있었다. 그 어느 부서나 개인도 매도프의 행위를 충분히 파악하지 못했다. 적어도 그것이 검사들이 내린 결론이었다.

JP모건의 변호사들은 검사들이 그런 결론에 도달하는 데 기여했다. 화이트칼라 전문 변호사들에게 시간을 주면 그들은 어떤 조사든 진창으로 만들 수 있다. 매도프 조사가 지연됨에 따라 JP모건은 대비할 시간이 있었다. 민사 소송이 제기되었다. 매도프 자신에 대한 조사가 있었다. 이 은행과 소속 변호사들은 정부가 어떤 서류를 확보했는지 알고 있었다. 그들은 준비가 된 상태였다. 톰슨 메모가 폐지된 이후 화이트칼라 전문 변호사는 다른 회사나 개인을 대리하는 변호사와 긴밀하게 교류하며 공동 변론 합의 계약을 맺는 일도 많다. 그들은 정보를 수집하여 정부의 전략을 전체적으로 파악한다. 정부의 대면 조사를 받은 증인을 통해 그들은 정부 측 검사가 질문한 내용을 파악할 수 있었다. 정부가 글자로 기록되지 않은 내용을 질문하면 기억이 텅 비어서 알고 있는 내용이 기억나지 않는다고 하면 그만이었다.

JP모건과 정부가 벌인 큰 싸움 중 하나는 특권 자료에 관한 것이었다. 은행 중역들은 조사관들에게 변호사의 자문에 따르고 있다고 말했다. 피고인들이 변호사의 자문에 따른다는 변명(advice-of-counsel defense)을 내세울 수 있는 경우는 그들이 변호사에게 조사 사안에 대해 완전하고 정확한 기록을 제공하는 때에 한해서다. 그리고 그런 기록을 제공했다는 점을 입증하려면 조사 대상이 해당 문서 기록 전체를 검사에게 제출하여 판단을 맡겨야 한다. JP모건과 왁텔 립턴의 변호사들은 그 요청을 거부했다. 정부와 이 은행은 결국 부분적인 특권 포기에 합의했다. 검사들은 증인과 대화하고 싶다고 요청했다. 왁텔은 안 된다고 했다. 그들은 저항했고 법정 투쟁도 불사한다는 입장이었다. 그러다 마지막 순간에 타협했다. 그러나 정부는 매도프와 관련하여 JP모건을 조사하는 데 기대했던 것만큼의 자유 재량권을 행사하지 못했다. 마음껏 조사하지 못한 것이다.

정부가 변호사-의뢰인 특권에 굴복한 이후로 기업 조사에서 특권을 둘러싼 다툼은 이제는 당연지사가 되었다. 그 때문에 검사가 말도 못하게 불리해졌다. 변호사 협회는 정부가 소송을 걸겠다고 위협해도 검사들이 진짜로 소송을 거는 일은 드물다는 점을 알고 있었다. 정부는 지나치게 열성적이라는 비난을 받았고 무엇보다도 KPMG 사건에서 그런 비난 때문에 평판이 크게 손상되었다. 법에 따라 정부는 스스로가 청구하는 문서가 (보호되어서는 안 될) 중요한 사실 정보를 담고 있으며 (보호되어야 할) 변호사의 자문만으로 구성되지 않았다는 점을 판사에게 주장해야 한다. 그러나 검사가 문서에 어떤 내용이 담겨 있는지 모를 때는 그러기가 어려워진다. 남부지검의 어느 관료의 말대로 "총격전을 벌여야 하지만 총알이 하나도 없는 격이다. 그런 상황에서는 '판사님, 우리는 저 문서에 사실만 담겨 있다고 생각하는데요?'라고 말할 수밖에 없다"는 것이다.

JP모건의 은행 중역을 한 명도 기소하지 못함에 따라 남부지검은 은행의 처벌을 협의하는 것으로 방향을 바꾸었다. 바라라는 도전적으로 말했다. 그는 JP모건에 검찰청이 형사 기소를 할 만한 정보를 충분히 지니고 있다고 경고했다. 그는 허세를 떨고 있었다. 남부지검은 JP모건을 기소하지도, 많은 양보를 받아 내지도 못했다. 양측은 합의했다. 은행은 유죄를 인정하지 않았고 그 대신 2014년 1월 기소 유예 합의에 동의했다. 이는 금융위기 이후 미국계 은행의 첫 기소 유예 합의였다. JP모건은 과징금으로 17억 달러를 법무부에 냈다(추가로 3억 5000만 달러를 통화감독국에 지급했다). 매도프의 투자자들은 폰지 사기로 약 200억 달러를 날렸다.

남부지검이 기업과 체결한 기소 유예 합의는 효력이 약했으며, (물론 법무부 산하 다른 기관이 맺은 합의보다 더 미약하진 않았지만 더 강력하지도 않은) 이러한 관행은 은행권을 넘어 다른 업계로 확대되었다. 2014년 3월 남부지검은 자사 자동차의 급발진 사실을 국민에게 은폐하고 거짓으로 알린 혐의로 조사를 받던 도요타(Toyota)와 기소 유예 합의를 맺었다. 도요타는 결함을 시정했다면서 국민을 안심시켰다. 그러나 그 후 연이은 사고로 사람들이 죽었다. 남부지검은 조사에 자원을 쏟아부었다. 도요타는 남부지검과의 기소 유예 합의에 따라 12억 달러를 냈고 검찰청은 그 정도면 큰돈이라고 생각했다. 어떤 면으로는 승리였다. 법무부가 그 이전에 자동차 제조업체를 상대로 그 정도 조치를 취한 적은 단 한 번도 없었다.

그러나 도요타는 남부지검 조사에 성실하게 협력하지 않았다. 이 회사는 일본 본사에 있는 중역들에 대한 대면 조사를 거부했다. 충분한 협력이 없었다는 점에 비춰 볼 때 검찰청이 도요타로부터 유죄 인정을 받든가 이 회사를 법정에 세우든가 중역 개개인을 기소한다든가 하는 식으로 좀 더 중대한 조치를 취해도 마땅했을 법하다. 남부지검은 그렇게 하지 않았다.

"놀라운 차트"

전국적인 금융위기 대응 전담반이 없는 실정에서 미국의 모든 연방 검찰청은 2009년부터 그 이후까지 자력으로 사건을 처리해야 했다. 그들은 그런 방식을 좋아했다. 워싱턴의 최고위 관료들이 매주 전화를 하는 것도 아니었기 때문에 각각의 검찰청은 그 어떠한 요식 행위의 방해도 받지 않고 자체적인 우선 과제를 정할 수 있었다. 가장 중요한 은행에 대한 가장 중요한 조사는 뉴욕 남부지검이 수행해야 옳았다. 그러나 미국에서 가장 중요한 연방 검찰청이 금융위기와 관련하여 진행한 주요 조사는 2008년 리먼 브라더스 붕괴에 대한 조사가 유일했다. 리먼에 대한 조사는 내부자거래 조사를 우선 과제로 하고 있는 바라라의 남부지검에 가장 두드러진 타격을 입힌 것으로 알려졌다.

언론 기사는 법무부가 거의 곧바로 본격적인 조사에 착수한 듯이 묘사했다. 2008년 10월에는 리먼 중역들이 시장에 잘못된 정보를 제공했는지, 리먼이 회계 조작에 관여했는지에 대한 조사가 진행되고 있었다. 조사는 뉴욕 남부, 동부, 뉴저지 연방 검찰청 등 3개 검찰청에 할당되었다. 같은 달 〈뉴욕타임스〉는 3개 검찰청이 공조하고 있으며 조사에 진전을 이루었다고 보도했다.[11]

리먼 조사는 정부에 부유한 조사 대상이라는 골칫거리를 제공했다. 투자은행 리먼 브라더스는 서브프라임 신용위기가 진행되는 동안 몇 달 동안 경고 신호를 감지했다. 이 은행은 위태로운 재무 상태에 놓여 있었고 대출자와 투자자를 찾느라 혈안이 되어 있었다. 그토록 필사적이던 마지막 몇 달, 몇 주, 몇 시간 동안 최고 중역들이 누군가를 기만할 수 있었을까? 무수한 파생 가능성을 감안하면 자원이 필요할 수밖에 없었다. FBI 요원 10명과 검사 5명 정도의 상시 전담 인력이 투입되어야 가능한 일이었다. 세 검찰청 중 어느 곳도 그 정도 되는 인원을 전담 투입하지 않았다.

세 검찰청 모두 출발이 더뎠다. 리먼의 몰락이 악명을 떨쳤고 법무부가 리먼 사건의 중요성을 거듭 강조했음에도 조사에는 한정된 자원이 투입되었다. 브루클린과 뉴저지 연방 검찰청은 손을 놓다시피 했다. 남부지검의 검사들은 평소와 달리 조사에서 동료나 상사에 대한 소문이 거의 나오지 않는 이유가 무엇인지 알지 못했다. 실은 적극적인 추궁이 없었기 때문이다.

2009년 1월, 로펌인 제너 앤 블록(Jenner & Block)이 리먼의 파산 조사관 일을 따냈다. 원래 법원은 파산 기업의 사기나 부실 경영 여부를 밝혀낼 조사관을 지정한다. 제너 앤 블록의 회장이자 시카고 검사장을 역임한 앤턴 밸루카스(Anton Valukas)가 실질적인 조사를 담당했다. 그는 파트너 몇 명을 회의실로 불렀다. "2~3일 내에 어떻게 조사할지 업무 계획을 짜서 내게 알려 줘"라고 그가 말했다. 파트너들 입장에서는 터무니없이 빡빡한 기한이었다. 밸루카스는 성실하고 효율적으로 일했으며 다른 사람도 다 자기처럼 하기를 바랐다. 제너 앤 블록의 변호사들은 네 팀으로 나뉘어 각자 한 개씩 수수께끼 조각을 맡았다.

제너 앤 블록의 파트너들은 법무부 본부가 조사에 관여하지 않는다는 이야기를 들었다. 이 로펌은 에릭 홀더는 물론 그의 차관이나 래니 브루어와 접점이 없었다. 얼마 후 로펌 변호사들은 리먼의 파산을 담당하는 것으로 되어 있는 세 검찰청을 예우 차원에서 방문했다. 3개월이 흘렀는데도 정부는 진척을 전혀 이루지 못했다. 제너 앤 블록의 변호사들은 검사들이 리먼의 파산에 대해 아는 바가 많지 않다는 사실을 깨달았다.

제너 앤 블록은 그 이후로도 세 연방 검찰청에서 조사 진전 상황을 거의 듣지 못했다. 변호사들은 검사들에게 직접 대화를 해야 할 필요가 있는 리먼 중역들의 이름을 알려 달라고 요청했다. 그들은 당연히 안 된다는 대답을 예상했다. 검사들이 자신이 담당하는 사건을 위해서만 증인을 활용하리라 생각했기 때문이다. 때에 따라서 기다려야 할 때도 있었지만 제너 앤 블록은 결국 요청했던 모든 중역과 대화를 나눌 수 있었다. 굵직굵직한 인물을 면담할 때는 밸루카스가 직접 그 자리에 앉아서 중요한 사안을 파고들었다.

제너 앤 블록에서는 130명 정도 되는 변호사들이 14개월 넘게 리먼 사건을 조사했다. 이 로펌은 투입되는 인력과 시간 측면에서 더 이상 정부가 추진할 수 없는 조사를 포함하여 온갖 조사를 진행했고, 훨씬 더 심도 있고 철저하게 조사했다. 훨씬 더 많은 자금을 들여 자료를 분류하고 감당 가능한 분량으로 업무를 나눴다. 제너 앤 블록에는 위법 사실을 밝혀내야 할 특수한 동기가 있었다. 이 로펌은 파산 조사관으로서 채권단의 손실을 보전할 방법을 찾아야 했다. 파산 조사관은 범죄를 저지른 기업에 배상금 소송을 제기할 수 있었다. 하지만 이사회가 고용하는 로펌에는 그런 동기가 없다. 대체로 정부에 겉으로만 협력하는 척하고 자기 의뢰인을 보호하게 마련이다.

결과적으로 제너 앤 블록 팀원들의 눈에는 연방 검찰청 세 곳과 다양한 증권·은행 규제기관이 관련된 연방 조사가 남부지검의 끈질긴 연방 검사 보니 조나스(Bonnie Jonas) 한 사람의 몫인 듯 보였다. 조나스는 여기저기서 도움을 받을 수는 있었지만 업무의 대부분을 혼자서 책임졌다. 더욱이 그녀는 리먼 사건만 맡은 것이 아니었다. (남부지검은 조사에 많은 사람과 충분한 자원을 투입했다고 주장한다.)

화이트칼라 검사들은 예기치 못한 폭력과 범죄 행위에 대응해야 하는 마약이나 조직범죄 전담 검사들보다는 일정을 조정할 여지가 있다. 상급자들이 하루 활동을 감시하는 일도 드물고 상사들로부터 기한을 강요받는 일도 많지 않다. 일반적으로 검사들의 하루는 늦은 편인 9시 30분이나 10시경에 시작해서 보통 밤 8시까지 일한다. 그들이 한 번에 한 사건만 맡는 경우는 거의 없으며, 여러 가지 사건을 동시에 처리한다. 재판이 있을 때는 하루가 훨씬 더 길어진다. "재판이 짧을수록 일하는 시간이 길어진다"는 말도 있다. 조나스는 남들보다 더 긴 시간 동안 일했다. 원 세인트 앤드류스 플라자에 있는 남부지검 사무실 대부분은 창문이 나 있다. 가장 인기가 없는 사무실은 가시철조망으로 지붕이 뒤덮인 시립 교도소를 바라보는 방향이다. 그 방향의 사무실을 쓰는 검사들은 밤늦게까지 일하다가 창문 밖을 내다보노라면 스스로가 죄수가 된 기분을 느낄 때도 있다고 말한다.

조나스는 남부지검에 재직한 지 10년이 조금 넘은 2009년 가을에 조사에 착수했다. 남부지검의 검사 몇 명이 이미 사건에 배정되었지만 검찰청을 그만두거나 사건에서 손을 뗀 상태였다. 노련하기로 소문난 조나스는 명민한 기억력과 철저한 직업의식을 지녔다. 그녀는 또한 신중했다. 모든 것을 알아야 했고 뜻밖의 일을 당하는 것을 절대로 원치 않았다. "사실 관계가 복잡하게 얽힌 사건에 연루되었지만 결백한 사람이라면 그녀가 사건 조사를 담당하기를 기대해야 한다"라고 어떤 동료가 말한다.

그해 가을까지 남부지검은 조사 범위를 두 가지 사안으로 좁혔다. 리먼이 상업용 부동산 포트폴리오에 허위 평가 가격을 기재했는지, 리포 105(Repo 105, 일종의 환매 조건부 채권 매매로 현금 100달러를 빌릴 때 105달러의 채권을 담보로 제공한다고 해서 붙여진 명칭 – 역주)라는 수법을 사용했는지 여부였다. 리먼은 채무를 줄이고 건전성을 부풀리기 위해 리포 105를 이용해 분기 말마다 대차대조표에서 자산을 덜어 냈다. 제너 앤 블록의 변호사들이 연방 검사장들에게 리보 105에 대한 우려를 제기한 리먼 제보자의 이름을 꺼내자 검사들은 그들에게 관여하지 말라고 경고했는데, 이는 그 증인을 자기들이 독차지하고 싶어서가 아니었다. 검사들이 댄 이유는 신빙성이 없는 증인이라는 것이었다. 연방 검사 한 명은 그 내부 제보자가 '괴짜'더라는 말을 제너 앤 블록에 했다. 제너 앤블록 변호사들은 동의하지 않았다. 그 사람이 성인군자는 아닐지라도 사실을 정확히 짚었다고 보았던 것이다.

조나스는 몇 달 동안 맨해튼 중심가에 있는 제너 앤 블록의 사무실을 힘겹게 오가면서 면담 데이터베이스를 뒤지고 방대한 자료를 꼼꼼히 살펴보았다. 이따금씩 동료를 데리고 올 때도 있었지만 대부분은 혼자 왔다. 브루클린이나 뉴저지 연방 검찰청 검사들은 이 로펌을 찾는 일이 없었다. 조나스가 조사에 착수한 2009년 가을에는 브루클린과 뉴저지 연방 검찰청이 활동을 거의 중단한 듯 보였다. 검사들은 리먼의 중역들이 변호사들과 회계사들에게서 수많은 자문을 받았다는 데 좌절감을 느꼈다. 물론 현대 기업으로서는 달리 대처할 방법이 없다. 좋은 검사들은 그런다고 멈추지 않았다. 제너 앤 블록은 훨씬 더 훌륭한 자원이 있었지만 검사들은 언제나 민간 변호사에게는 없는 조사 권한을 가지고 있기 때문이다.

제너 앤 블록의 몇몇 변호사는 리먼 중역들이 자사의 유동성이 얼마나 되는지 정확히 공개했는가에 대해 검찰의 조사가 진전되지 않는 것을 이해할 수 없었다. 은행의 유동성을 허위로 발표하는 것은 예금 이탈을 막기 위한 오랜 관행이다. 기업은 암으로 죽지만 금융회사는 심장 발작으로 죽는다는 격언이 있다. 은행이 신뢰 위기를 겪으면 모든 것이 끝장난다. 리먼 중역들은 현금 유동성과 신뢰가 얼마나 중요한지 알고 있었다. 베어스턴스의 붕괴 이후인 2008년 3월에 금융 전문 기자 마리아 바티로모(Maria Bartiromo)와 한 인터뷰에서 리먼 브라더스의 최고 재무 책임자이던 에린 캘런(Erin Callan)은 "유동성은 당신을 단숨에 죽일 수 있는 물건이다"라고 말했다.[12] 리먼은 특히 급이 비슷한 다른 투자은행에 비해 단기 자금 차입에 의존도가 컸다. 그렇기 때문에 유동성은 다른 안정적인 금융회사에 비해 리먼에 훨씬 더 큰 중요성을 띠었다. 검사들은 그런 사건을 어떻게 기소하는지 이미 잘 알고 있었다. 2000년대 중반 남부지검의 검사들은 대형 상품 중개업체인 레프코(RefCo)의 중역들을 파산 전날 회사의 유동성을 거짓으로 발표한 혐의 등으로 기소한 경력이 있었다.

그러나 남부지검은 리먼 조사에서는 그때처럼 적극적인 역할을 담당하지 않았고 브루클린 연방 검찰청은 베어스턴스 사건의 쓰라린 기억 때문에 유동성 발표 내용을 철저히 조사하지 않았다. 제너 앤 블록이 그 일을 했다. 리먼의 중역들은 은행의 유동성 포지션에 대해 국민과 규제기관에 잘못된 정보를 제공한 듯했다.

2008년 1분기 말에 리먼은 자사의 유동성 풀이 340억 달러라고 발표했다. 그 후 몇 달 동안 시장이 출렁이고 대출기관 사이에 공포가 확산되는 동안에도 리먼은 유동성 포지션이 강화되었다고 보고했다. 2분기 말 이 투자은행은 자사의 유동성이 450억 달러에 달한다고 발표했다. 3분기에도 유동성이 420억 달러로 여전히 탄탄하다고 말했다. 리먼 중역들은 SEC와 뉴욕 연준에 유동성 현황을 날마다 보고했다.

리먼 내부적으로는 그 숫자가 오해를 일으킨다는 사실을 인정하는 듯했다. 직원들은 420억 달러 자산에 대한 분석 차트를 작성하고 "유동화 능력 (ability to monetize)"이라는 제목을 붙였다. 이 차트는 자산을 높음, 중간, 낮음 등 3개 항목으로 분류했다. 파산하기 직전인 여름 동안 리먼은 다른 은행들을 안심시키고 거래를 지속하기 위해 여러 은행에 100억 달러를 예치하고 담보를 설정했다. 그 돈을 빼내기란 쉬울 리 없었다. 410억 달러 중에서 150억 달러는 대부분 다른 은행에 담보로 잡혀 있었기 때문에 '낮음'으로 분류되었다. 정말로 유동성이 있는 자산이라면 유동화가 어려울 턱이 없다. 최소한 중역 두 명이 리먼의 유동성 발표 방식에 반대했으며, 그중에는 국제 재무 책임자인 카를로 펠레라니(Carlo Pellerani)도 있었다. 그러나 리먼 중역들은 계속해서 그 돈을 유동성의 일부로 산정했다.

2008년 6월, 리먼의 대출 기관은 문제를 겪기 시작했다. 씨티그룹은 리먼에 트레이딩 파트너 관계를 유지하고 싶으면 현금을 어느 정도 예치하라고 요구했다. 리먼은 20억 달러를 건넸다. 그러고는 그 금액을 계속해서 유동성 풀에 포함시켰다. 리먼에는 20억 달러를 회수할 수 있는 권리가 있었기 때문이다. 리먼의 재무 책임자 파올로 토누치(Paolo Tonucci)가 실상을 파악했다. 토누치는 뉴욕 연준 은행의 감독관에게 "리먼은 '기술적으로' [씨티그룹의 예치 증거금] 20억 달러에 접근 권한이 있지만 그들[리먼]이 그 돈 전액이나 상당 부분을 빼낸다면 씨티그룹이 리먼과의 거래를 중단"할 테고 그 결과 회사가 박살 날 것이라고 말했다. 그 돈에는 담보가 설정되어 있지 않았다. 따라서 유동성이 없었다.

투자자들이 우왕좌왕하는 동안 CEO 딕 펄드(Dick Fuld)는 CFO 에린 캘런을 쫓아내고 로즈 장학생(Rhodes scholar, 영국 로즈 장학재단이 매년 선발하는 미국, 독일, 영연방 국가의 최우수 인재를 말하며 이들은 옥스퍼드 대학에서 무료로 공부하는 기회를 얻음 - 역주) 출신이며 오랫동안 리먼의 중역으로 일한 이언 로윗(Ian Lowitt)을 그 자리에 앉혔다. 로윗은 2008년 6월 16일 전화 회의에서 리먼이 "유동성 풀을 (중략) 상당히 증가시켰다"라고 말했다. 로윗도, 리먼의 다른 이들도 씨티그룹에 예치된 증거금 20억 달러를 공개하지 않았다. 리먼은 7월 10일에 2분기 SEC 제출 보고서를 발표할 때까지 JP모건에도 55억 달러를 담보로 예치했다. 그러나 은행은 그 사실을 분기별 SEC 제출 보고서에 공개하지 않았다. 리먼은 제출 보고서에 회사가 "유동성 포지션을 강화"했다고 썼고 유동성 풀을 '무담보'로 표시했다. 로윗이 보증서에 서명했다.

그 후 몇 달 동안 리먼과 트레이딩 파트너의 관계가 흔들리고 있었다. 전세계 은행을 상대로 협상하고 그들을 달래려 수십억 달러를 담보로 쏟아 넣었음에도 리먼의 중역들은 이사회에 만사가 잘 되고 있다고 말했다. 9월 9일에 있었던 이사회 금융위험위원회 회의에서 토누치는 은행이 유동성을 "대체로 현 상황으로 유지할 수 있다"고 말했다. 리먼이 파산을 선언하기 닷새 전인 2008년 9월 10일에 로윗은 전화 회의에서 주주들에게 리먼의 유동성이 "여전히 견고하다"고 말했다. 그는 다른 은행에 예치된 자산에 대해서는 일언반구도 꺼내지 않았다. 게다가 리먼과 JP모건이 그날 아침 JP모건의 익스포저에 대한 추가 담보에 합의했다는 사실도 투자자들에게 알리지 않았다. 시장 참여자 일부는 리먼을 믿었다. 9월 11일 월가의 어느 조사 분석가가 조사 보고서에 "유동성 위험이 낮아 보인다"라고 썼을 정도다.

규제기관, 신용평가사, 리먼의 외부 변호사들도 유동성 풀이 사실은 유동적이지 않다는 사실을 몰랐다. SEC는 리먼이 파산하기 직전까지도 이 회사가 어느 정도까지 담보를 설정했는지 알지 못했다.[13]

클리어리 고트립의 루이스 리먼 변호사가 로윗을 대리했다. 그는 의뢰인을 위해 정교한 변론서를 준비하여 SEC에 제출했다. 리먼 변호사는 그뿐만 아니라 제너 앤 블록에 몇 시간 동안 머물렀다. 그는 로윗이 고의로 누군가를 기만한 것이 아니라고 주장했다. 또한 자기 의뢰인이 숫자에 강한 사람이 아니라고 말했다. 사실 로윗은 투자은행의 최고 재무 책임자이지만 회계사는 아니었다. 리먼에 따르면 그는 자기 아랫사람들이 해 주는 말에 의존했고 그 누구도 그에게 적신호를 보내지 않았다.

어쩌면 타당한 변론일 수도 있지만 검사들과 연방 조사관들은 리먼의 최고 재무 책임자나 다른 최고 중역이 은행의 재무 상태에 대해 얼마만큼 많이 알고 있었는지 본격적으로 조사하지 않았던 것 같다. 검사들은 좀 더 직급이 낮은 직원부터 차근차근 조사하여 리먼의 최고 중역에 닿으려는 시도를 하지 않았다. 유동성을 유지하려던 리먼의 필사적인 시도에 관여한 여러 중간급 중역과 일부 규제기관은 연방 정부 관료로부터 파산과 관련해 전혀 질문을 받지 않았다. 그리고 제너 앤 블록은 로윗을 면담한 반면에 그 어떤 연방 검사도 그를 면담하지 않았다.

2010년 3월 제너 앤 블록은 리먼의 파산에 관한 2200쪽짜리 블록버스터급 보고서를 발표했다. 이 로펌은 리포 105 거래를 중점적으로 다루었다. 제너 앤 블록은 그 거래가 최소한 민사 소송감이라고 판단했다. 보고서는 리먼의 유동성 허위 기재에 대한 새롭고 치명적인 정보를 담았지만 민사 소송을 제기하는 것은 추천하지 않았다. 조사관인 밸루카스는 리먼의 CFO에 대해 "로윗이 유동성 풀에 청산은행 담보가 포함된 사실을 알았다는 몇 가지 증거가 있지만" 로윗에게 리먼의 유동성을 허위 기재하거나 누락한 혐의로 법적 소송을 제기하는 일은 가능하지 않으리라고 보고서에 썼다. 법무부 검사들은 제너 앤 블록에 자신들이 유동성 기재 내용을 검토했지만 로윗이나 다른 최고 중역이 그와 관련된 중요한 진상을 직접 알고 있었던 것 같지는 않고 말했다. 이러한 결론이 타당하든 아니든 제너 앤 블록의 몇몇 파트너와 리먼의 일부 중역은 적어도 마음속으로는 범죄가 저질러졌다고 생각했다.

SEC는 리포 105에 대해 민사소송을 제기할지, 리먼의 감사기관인 언스트 앤 영을 기소할지 여부를 논의했다. 그러나 두 가지 모두 하지 않았다. 리먼이 파산하는 동안 규제기관이 담당한 역할이 조사를 좌절시킨 원인이었을지도 모른다. 투자은행들을 책임지는 SEC는 감독을 엉망으로 했다. 투자은행 이외의 대형 은행을 규제하는 연준은 리먼의 위태로운 상태에 크게 주목하지 않았다.

연방 검사장들은 리먼 브라더스의 파산과 관련된 모든 조사를 포기했다. 어느 검찰청도 리먼이나 리먼 중역 개인에 대해서 민사 소송이든 형사 기소든 제기하지 않았다.

은행 조폭 전용 고속도로의 요금소

A TOLLBOOTH ON THE BANKSTER TURNPIKE

2009년 7월 짐 키드니(Jim Kidney)는 워싱턴 DC 남서부에 있는 자택을 떠나 메트로 열차를 타고 직장인 SEC로 향했다. 몇 년 전에 지어진 SEC의 새 건물은 새롭고 깔끔하며 특징이 없다는 점에서 총무청(General Services Administration)이 지은 건물의 표본이었다. 정부가 후미진 골목길에 지어 놓은 SEC 본부는 유니언 역 뒤편에 따개비처럼 들러붙어 있었다.

키드니는 자신의 잘 정돈된 사무실로 가서 그의 아내가 선물로 주문제작한 마호가니 책상 앞에 섰다. SEC가 새 건물에 처음 들어왔을 때만 해도 그의 사무실에서 주차장이 내려다 보였다. 그는 주차장 자리에 새로 지어지는 건물을 바라보며 얼마나 진척되었는지 확인했다. 그 건물이 들어서도 전망은 나아지지 않을 터였다. 키드니는 머리 희끗희끗하고 노련한 재판 전문 법률가로서 SEC의 훌륭한 용사였다. 소송 전문가인 그는 직원들이 시작한 재판을 넘겨받은 다음에 금융에 문외한이며 복잡한 금융 관련 내용에 익숙하지 않은 배심원단에게 설득력 있는 주장을 들려주었다. 전문 용어와 복잡한 개념을 거의 빼낸 이야기를 쉰 목소리로 전달했다. 그에게서 쏟아져 나오는 말은 경구 같았다. 그는 부드러운 눈과 세심하게 다듬은 회색 머리칼 때문에 까다롭고 완고한 성격과는 모순되게도 마음씨 좋은 할아버지 같은 분위기를 풍겼다.

그 당시에 SEC의 19년차 노장이던 키드니는 자기 직장에 자부심을 느꼈지만 지난 몇 년 새에 자기 담당 분야에서 일어나고 있는 일들이 걱정스러워졌다. 부시 시절 말기에 임명된 크리스토퍼 콕스 위원장 밑에서 SEC는 수난을 겪었고 그때까지도 명예를 회복하지 못해 고전하는 상태였다. 그는 미결 서류함을 한 번 쳐다보았다. 그의 상사가 소송 하나를 맡아 달라고 요청했다. 키드니는 자료를 훑어보고는 "될 수도 있겠어"라고 생각했다.

몇 달 동안의 조사 후에 SEC는 금융위기 직전에 부정행위를 저지른 혐의로 골드만삭스를 기소하기 위한 준비에 착수했다. 월가의 사기에 대한 조사를 맡은 SEC의 최정예 팀이 골드만에 대한 소송을 검토하고 있으며 5명으로 구성된 SEC 위원회에 제출할 내부 보고서를 작성 중이라고 경고했다. 모든 집행 조치는 위원회의 승인을 받아야 한다. 키드니는 직원이 작성한 웰스 통지서(Well's notice)를 읽었다. 이는 SEC가 증권법 위반 혐의로 제소를 검토하고 있음을 어떤 개인이나 조직에 알리는 법률 문서다.

골드만 기소에 그는 크게 놀랐다. 2006년 후반부터 2007년 초반까지 골드만은 존 폴슨(John Paulson)이 운영했으며, 미국의 주택 가격이 폭락했을 때 수십억 달러를 벌어들인 헤지펀드 폴슨 앤 코(Paulson & Co.)를 위해 애버커스(Abacus) 2007-AC1로 불리는 복잡한 모기지 증권을 설계했다. 폴슨은 부동산 시장이 엄청난 거품이라서 곧 폭락하리라는 쪽에 '빅쇼트(big short, 대량 공매도)' 주문을 냈다. 빅쇼트는 마이클 루이스(Michael Lewis)가 쓴 동명의 책으로 유명해진 베팅 기법이다.

애버커스는 모기지 증권을 기초 자산으로 한 파생금융상품을 묶어 만든 부채 담보부 증권(CDO)이었다. 폴슨은 모기지 증권의 가격이 폭락하리라는 쪽에 베팅하여 10억 달러어치의 공매도를 냈다. 폴슨의 오른팔인 파올로 펠레그리니(Paolo Pellegrini)도 사실상 애버커스의 기초 자산이 될 채권을 선택하는 데 관여했다. 이 헤지펀드가 한 일은 경주에서 질 말에 돈을 걸었을 뿐 아니라 다리를 절고 허약한 말을 골라내는 격이었다.

애버커스는 사람들이 모기지를 상환하지 못하기 시작하면 대박을 치게 되어 있었다. 골드만은 이런 상품을 투자자들에게 판매한 책임이 있었다. 골드만은 애버커스를 반대쪽 예상, 즉 주택 가격이 상승하거나 보합세를 유지하리라는 쪽에 베팅하기를 원하던 독일 은행에 판매했다. IKB(Industriekreditbank, 산업신용은행)란 이름의 이 은행은 신중을 기하기 위해 골드만에 해당 거래를 분석하고 투자 수익율을 전망해 줄 독립성이 있는 매니저를 소개해 달라고 부탁했다.

골드만은 IKB에 기초 자산을 선별하는 데 폴슨이 관여했음을 전혀 알리지 않았다. IKB의 우려를 잠재우기 위해 골드만은 애버커스를 떠받칠 자산에 대한 독립적인 '포트폴리오 선별 대리인(portfolio selection agent)'으로 ACA 파이낸셜 개런티(ACA Financial Guaranty)를 지정했다. 그러나 이 금융회사는 전혀 독립적인 것과는 거리가 멀어서 사실상 폴슨 앤 코에 선별을 맡겼다. 더욱이 SEC는 골드만이 거래의 중요한 측면에 대해 ACA에 제대로 알리지 않았다는 사실을 밝혀냈다.

사건을 받은 다음 날인 2009년 6월 30일 키드니는 SEC의 조사팀을 지휘하는 관료 리드 무오이오(Reid Muoio)에게 이메일을 보내 들뜬 마음을 전했다. 그는 "나는 폴슨에 대한 온라인 자료를 읽고 있어요"라고 썼다. "이 사람들 정말 대박이예요. 그들이 포트폴리오를 선택한 다음에 골드만의 도움으로 그 반대쪽에 돈을 거는 식으로 애버커스와 ACA의 패를 조작했다면 정말 큰 사건입니다."[1]

SEC는 2008년 금융위기가 정점으로 치달은 지 불과 몇 달 후에 골드만을 면밀히 조사했다는 점에서 다른 모든 규제기관을 앞질렀다. 그런데도 골드만은 여전히 눈부신 평판을 유지했다. 정부가 금융계에 긴급 구제 조치를 취하지 않고 골드만에 자본을 투입하지 않았다면 골드만은 분명 파산 직전까지 갔을 것이다. 골드만은 아니라고 주장하지만 시장에 대한 공매도만으로는 이 투자은행을 구제하지는 못했을 것이다. 골드만은 자사의 전직 중역을 규제기관과 대통령 자문단에 잔뜩 들여보내는 능력 때문에 '삭스 정부 (government sachs)'라는 별명을 얻었고 그때까지도 그렇게 불렸다. 그때는 미국 상원이 골드만의 중역들을 청문회에 세워 망신을 주기 전이었다. 〈롤링스톤(Rolling Stone)〉의 맷 타이비(Matt Taibbi)가 금융위기에 대한 것 중 가장 기억에 남는 문구를 쓰기 전이었다. 그는 골드만을 가리켜 "인두겁을 뒤집어쓰고는 돈 냄새가 나는 물건이라면 무조건 피를 뽑아낼 빨대를 사정없이 쑤셔 넣는 거대 흡혈 오징어"라고 했다.[2]

잔뜩 신이 난 키드니는 애버커스에 관한 내부 보고서도 관심 있게 읽었다. SEC는 골드만 자체만 기소하고 개인은 기소하지 않는 방안을 고려했다. 혐의는 골드만이 애버커스를 판매할 때 중요한 정보를 누락했다는 것이다. 그는 혐의가 너무 약하다고 생각했다. 더 걱정스러운 일은 조사가 불충분해 보인다는 점이었다. SEC 직원들은 골드만 모기지 사업부의 최고 중역은 물론 골드만의 그 어떤 최고 임원으로부터도 증언을 받지 않았다. 피해자로 추정되는 독일 은행 IKB의 이야기도 듣지 않았다. 그보다 더 희한한 일은

SEC가 그때까지 존 폴슨의 증언조차 받지 않았다는 사실이었다. 키드니는 SEC가 제소하려는 대상이 정확한지, 증권법 위반이라는 혐의로 제소해야 옳은지 확신하지 못한 것이라고 생각했다. SEC는 자잘한 내부자거래 사건에 대해서는 훨씬 더 광범위한 조사를 수행했다. 얼마 전 그는 사건 하나를 조사했는데, 이 사건에서 마지막으로 기소된 것은 다섯 번째 '티피(tippee),' 즉 네 단계나 되는 사람들을 거쳐 정보를 전달받은 사람이었다. 이 패거리 전체가 불법으로 취득한 이익은 100만 달러에 불과했지만 SEC는 B-52 폭격기를 꺼냈다.

이제 거의 최초의 대대적인 금융위기 조사가 이루어질 참이었고 조사 대상은 월가 최고의 은행이었다. 그 후 9개월 동안 키드니는 조직 내부에 대해 골드만에 대해서와 같은 비난을 가함으로써 SEC 내부에서 전투를 벌였고, 그 사실은 한참 지나서까지 일반인에게 알려지지 않았다. 키드니는 대형 은행들이 자신이 사랑하는 SEC를 포로로 잡았으며 SEC가 자잘한 범법자나 쫓고 비겁하리만큼 조심스럽다고 확신하게 되었다.

"믿기지 않는 사기"

골드만 사건에 착수한 지 2주 남짓 지난 8월 14일에 키드니는 무오이오 팀의 수석 조사관에게 메모를 보냈다. 무오이오의 팀은 모든 집행 조치를 표결로 결정하는 SEC 위원들에게 집행 조치 제안서를 보내기 위해 준비하고 있었다. 집행 조치 제안서는 직원들의 진술을 담고 있다. SEC의 조사 결과가 무엇인지, 누구를 기소하려고 하는지뿐만 아니라 어떨 때는 다른 사람을 기소하지 않는 이유는 무엇인지 등이 서술되어 있다. SEC 같은 관료 조직

내에서는 이런 제안서가 매우 중요했다. 40~50가지나 되는 집행 제안서 초안이 작성될 때도 있다. 대부분의 경우 위원회는 자신들의 의견을 달아서 집행 제안서를 돌려보낸다. 직원은 그 의견대로 집행 제안서를 재작성한 다음에 다시 위원회에 보낸다. 그럼 위원회가 표결에 붙인다.

키드니는 무오이오 팀에게 좀 더 많은 조사가 진행될 때까지는 집행 제안서 발송을 보류해 달라고 말했다. 그는 개인을 기소하자고 제안했고 그 가운데는 애버커스의 거래를 선두에서 지휘한 폴슨 앤 코의 중역 파올로 펠레그리니와 골드만의 하급 임원 패브리스 투르(Fabrice Tourre)가 포함되어 있었다. 그는 골드만의 다른 중역에 대한 추가 조사도 촉구했다. 그는 SEC가 사기 행위에 대한 '범죄 기획 책임(scheme liability)'과 방조 혐의로 그들을 기소해야 했다고 말했다. 이들을 범죄 기획 책임으로 기소하는 것은 대담한 발상이었다. 키드니는 SEC가 폴슨과 골드만에 불법적인 '기획 (scheme)'에 가담한 혐의를 두어야 한다고 생각했다. 그들이 망할 수밖에 없는 상품을 기획한 다음에 아무것도 모르는 구매자에게 판매하는 음모를 꾸몄다는 이야기다. 그러나 SEC는 할 수 있는 한 가장 범위가 좁은 혐의를 선택했다. 골드만이 중요 정보를 누락했다는 혐의였다. 키드니는 그 혐의가 미약할 뿐 아니라 실제 일어난 일과는 거리가 멀다고 보았다. 가짜 혐의라는 생각이 들었다.

키드니는 SEC가 거물 표적을 쫓는 일을 소홀히 한다고 생각했던 적이 있었다. 그리고 지금 그런 일이 다시 일어나고 있었다. 그는 변호사로 일하는 동안 한 번도 재판에 져 본 적이 없었다. 1989년 SEC가 내부자거래 혐의가 있는 트레이더를 처음으로 기소하여 배심원 앞에 세웠을 때 그가 재판을 맡았다. 그는 제록스의 회계 기준 위반을 도운 KPMG 회계사들을 상대로 한 재판에서도 승소했다. 그의 상사들은 그가 거둔 여러 승소 사건들을 보도했던 신문 기사들을 오려 내어 액자로 만들어 주었다. 그는 그 액자들을 사무실 벽에 걸어 두었다. 2001년에는 SEC가 초대 집행국 국장이자 스탠리 스포킨의 멘토였던 어빙 폴락의 공직에 대한 헌신을 기리기 위해 제정한 어빙 M. 폴락 상(Irving M. Pollack Award)을 받았다. 그러나 그는 SEC가 재판으로 가져가는 사건이 많지 않다는 이유로 자신의 기록을 대수롭지 않게 생각했다. "많은 사건을 합의해야 했고 또 언제 접어야 할지를 알아야 하기 때문에 내 기록에 대해 떠벌리고 싶지 않다"고 말했다.

워싱턴 토박이이며 힐러리 클린턴과 같은 날에 태어난 키드니는 1986년에 SEC에 들어갔다. 그때 이미 39살이었다. 그의 첫 직업은 기자였다. 그의 아버지도 기자였다. 그는 국제합동통신(United Press International)에서 연방대법원 취재 기자로 일했다. 키드니는 술을 진탕 마시는 기자 생활을 하다가는 일찍 죽을 것 같아서 법률가가 되었다고 농담을 했다. 실제로는 더 나은 법률 전문 기자가 되는 데 도움이 되리라 생각해서였다. 그리고 그는 제대군인 원호법(GI Bill)의 혜택을 활용하고 싶었다. 그의 징집 번호는 (007로) 앞쪽이었고 베트남전이 최고조에 달했던 1969년 12월에 입대했다. 그는 미주리 캔자스 시티의 육군 본국 뉴스 서비스(Army Hometown News Service)에서 주로 사진에 붙일 표제를 작성하면서, 그 자신의 표현에 따르면 '영웅적으로' 복무했다.

키드니는 한때 민간 직장에서 일하기 위해 SEC를 떠났지만 4년 후에 돌아왔다. 키드니의 어머니는 그에게 공직에 대한 자부심을 불어넣어 주었다. 그녀는 특출한 역할을 맡은 여성이 거의 없었던 시대에 미국 노동통계국(US Bureau of Labor Statistics)의 국장이 된 선구자였다. 공직은 그에 따르게 마련인 재정적인 희생을 감수할 만한 가치가 있다고 그녀는 아들을 가르쳤다. 키드니는 1980년대 중반에 SEC에 합류했을 때 그곳은 "열기가 뜨거워진"

상태였다고 말했다. 신참 변호사들은 세간의 이목을 끌만한 사건을 추적하라는 지시를 받았고, 초반에는 그 말에 따라 정크본드의 대부 마이클 밀켄, 내부자거래를 한 트레이더 이반 보스키, 투자은행가 마틴 시겔 등을 쫓았다. 그러나 그 후 수십 년 동안 SEC가 윌머헤일 같은 대형 로펌과 월가 은행에서 좀 더 많은 변호사들을 영입함에 따라 그곳의 분위기도 바뀌었다.

말로 표현할 수 없는 비극이 제임스 키드니에게 상처를 남겼다. 애버커스 소송이 시작되기 10년도 더 전에 그와 그의 아내는 어린 아들이 우울증에 시달린다는 의혹을 품었다. 부부는 아들 때문에 수많은 전문가들을 접촉했지만 그들은 관심을 보이지 않았다. 2000년 10월 말 어느 날 밤, 아들이 목을 매어 자살했다. 그때 그는 12살이었다. 키드니는 훗날 그런 전문가들에 대한 자신들의 신뢰가 "터무니없이 가당찮은" 것이었다고 썼다.

키드니는 비극이 일어난 지 불과 며칠 만에 다시 출근했지만 안개 속에서 살았고 그 안개는 몇 달 동안 걷히지 않았다. 얼마 후 그는 어린이 우울증 환자의 부모를 위한 웹사이트를 개설했고, 그곳에 필립 로스(Philip Roth)의 소설《미국의 목가(American Pastoral)》의 일부를 올렸다. 그 인용문은 무서운 울림을 담고 있었다.

그는 삶이 가르쳐 줄 수 있는 최악의 교훈, 즉 삶이 이치에 맞지 않는다는 것을 배웠다. 그리고 그렇게 되면 행복이 다시는 저절로 생겨나지 않는다. 행복은 인위적으로만 생기며 그마저도 자신과 자신의 과거로부터 고집스럽게 멀어지는 대가를 치러야만 얻어진다. (중략) 그는 금욕적으로 자기 두려움을 억누른다. 그는 가면을 쓰고 사는 법을 배운다. 일평생의 인내 시험. 폐허 위의 공연.

그 사건은 상흔을 남기긴 했지만 키드니가 생각하기에 일에 대한 그의 접근법을 바꾸지는 못했다. 키드니는 결코 승진을 원하지 않았다. 그는 소송의 기수 역할이 좋았다. 소송이 전문가로서 그가 지닌 특성을 증폭시켰던 듯하다. 그것은 어찌 보면 야망과 반대되는 특성이었다. 그는 상사의 승인이 필요하지 않았다. 그들의 판단력을 신뢰하지 않았다. 그는 명성을 갈망하지 않았다. 변함없이 자기가 생각하는 바를 말할 수 있기를 바랐다. 그리고 그저 자기 일을 하고 싶었다.

애버커스 사건을 맡은 이후에 키드니는 자기가 생각하기에는 당연한 조사 조치를 취하도록 팀을 압박했다. 팀에 속해 있는 한 변호사가 그에게 무오이오가 존 폴슨을 증인으로 소환하자는 제안을 거부했다고 귀띔해 주었다. 그들은 그때까지 폴슨의 이메일에 대한 제출 명령서조차 보내지 않았다. 대체 무슨 생각이었을까? SEC는 폴슨과 투르가 속한 부서의 책임자 조나선 에걸(Jonathan Egol)을 대면 조사 했어야만 했다. 그렇지 않으면 무슨 일이 일어났는지, 누가 무엇을 언제 알았는지 어떻게 알 수 있겠는가? SEC는 해당 조사에 소환 권한을 거의 사용하지 않은 것으로 밝혀졌다. SEC가 얼마나 조심스럽게 핵심 조사 대상을 대했는지 드러나는 대목이다.

무오이오는 키드니의 생각에 동의하지 않았다. 그는 이메일에 이렇게 썼다. "우리가 가진 사실 정보를 감안할 때 나는 폴슨을 기소하는 데 대해 상당한 의구심을 떨쳐 버릴 수 없습니다. 그리고 그를 기소하면 골드만에 대한 우리의 탄탄한 논거가 심각하게 약화될 수 있다는 걱정이 듭니다. 그렇긴 하지만 나는 반드시 이 문제를 재검토하겠습니다." 무오이오는 눈에 띄지는 않지만 명석한 SEC의 노장으로 구조화 상품부의 부부장이었다. 그는 예일 로스쿨을 졸업한 후 개업 변호사로 일했으며, 그때가 SEC에서 일한

지 10년 정도 되던 해였다. 그러나 그 그룹의 다른 변호사가 키드니의 편을 들었다. 그는 "내가 이해하기로 그 논거에 대한 우리 이론은 폴슨과 골드만이 공모하여 최종 계약 상대방인 [독일 은행] IKB의 자금을 갈취할 목적으로 거래를 설계했다는 것입니다. 다시 말해 이 사건의 본질은 거짓말보다는 도둑질입니다"라며 도둑질이라는 말에 강세를 두었다. 그는 덧붙여서 "고소장에 사기의 일차적인 설계자와 수혜자 이름을 명시하지 않는 것은 매우 특이한 일이 될 겁니다. 특이할 뿐 아니라 우리 논거가 배심원단 앞에서 설득력을 잃을 거예요. (중략) 그리고 이 사건이 도둑질이라고 주장할 경우 배심원단은 그 빌어먹을 폴슨의 이름이 왜 거기에 없는지 의아해할 겁니다"라고 말했다.

동지를 찾은 기쁨에 키드니는 거들었다. "이게 범죄 기획 책임이 아니라면 증권법 맥락에서 무엇일지 모르겠습니다. 어떤 경우든 우리는 이렇게 현상 유지적인 사고방식에 도전하는 사건을 제소해야 합니다. 아주 탄탄한 사실 정보를 바탕으로 제소해야 합니다. 우리는 모든 것을 확보하고 있습니다만, 어쨌든 제소가 법적으로 무리라고는 생각하지 않습니다."

그다음 주에 키드니는 상사인 루 메지아(Lou Mejia)에게 이메일을 보내 자신의 휴가 기간 동안에 골드만 제소가 이루어지면 어떻게 하냐는 우려를 전달했다. "골드만 제소장을 빨리 처리하려는 사람이 있다는 느낌이 듭니다. 저희가 합성 스왑과 CDO 같은 쓰레기 상품의 거래를 추적하고 있음을 보여 주려는 거겠지요." 그는 이렇게 썼다. "이 사건은 믿기 어려운 사기처럼 보입니다. 저는 책임이 있다고 생각되는 사람들의 이름을 명시하지 않고서는 이 사건을 제소해서는 안 된다고 봅니다."

"한 번 나쁜 짓을 한 선량한 사람들"

몇 주가 지나는 동안 키드니와 직원들은 유죄를 시사하는 증거들을 정리했고 조사와 혐의 확대에 대해 논의했다. 2009년 9월 14일 어느 직원이 2007년 골드만이 모기지 데스크 전체에 보낸 이메일을 언급했다. 이메일에서 골드만의 모기지 증권부 중역은 폴슨의 작업을 이렇게 칭찬했다. "나는 또한 폴슨이 자기네가 선택한 물건들로 대단한 일을 했다는 점도 언급하고자 합니다." 윌리엄스는 이 말이 폴슨 앤 코가 기초 자산을 능숙하게 선택하여 헤지펀드가 돈을 벌 수 있게 해 주었다는 뜻임을 알아차렸다. 애버커스는 2007년에 완성되어 투자자에게 판매되었다. 1년도 지나지 않아 신용평가기관들이 애버커스의 기반이 되는 채권의 등급을 하향 조정해 나감에 따라 폴슨의 투자가 수익으로 돌아섰다. 더욱이 그 이메일은 선정 중개업체인 ACA가 아닌 폴슨이 애버커스로 들어간 기초 자산의 선택을 주도했으며 골드만의 여러 중역이 어떤 일이 벌어지고 있는지 알고 있었다는 점을 입증했다. 키드니는 애버커스가 어떤 식으로 일했는지 아는 골드만 직원이 얼마나 되는지 알고 싶었다. SEC는 몇 명인지 모르고 있었다.

SEC 위원회는 마침내 애버커스 사건의 관련자인 패브리스 투르(Fabrice Tourre)의 책임을 묻기로 결정했다. 런던에 거주하는 프랑스 국민이며 거래가 설계되었을 때 20대 후반이었던 투르는 경솔하게도 많은 증거 자료를 남겼다. 투르는 그 불운한 상품을 "과부와 고아(widows and orphans, 성경적 용어로 약자를 상징하는데, 미국 증권법에서 금융에 대한 전문 지식이 없는 선량한 일반 투자자를 일컫는 표현 – 역주)"에게 팔았다는 농담을 했다. 2007년 1월 23일 그는 장차 악명을 떨치게 될 이메일을 보냈다.

"시스템 내의 레버리지가 점점 더 늘어나면서 전체 시스템이 당장 무너지려고 해. (중략) 생존 가능성이 있는 사람은 나 패뷸러스 팹(fabulous Fab, 멋진 패브리스를 뜻함 – 역주)뿐이지. (중략) 이 가공할 괴물의 후속 영향을 파악할 필요 없이 그는 자신이 만들어 낸 이 복잡하고 고도로 레버리지화된 신종 거래의 한가운데에 서 있어!!!!"

투르는 책임자가 아니었다. 그는 손쉬운 표적이었지만 그를 기소한다고 해서 워싱턴이 진지하게 월가의 탐욕을 단죄하려 한다는 신호가 전달될 것 같지는 않았다.

2009년 9월 16일, 키드니는 그룹에 "설명할 일"이라는 제목의 이메일을 보냈다. "나는 우리가 [골드만의 다른 중역들에 대한] 제소를 권고하는 이유나 권고하지 않는 이유를 위원회에 설명할 필요가 있다고 봅니다."

SEC의 어느 변호사가 답장을 보냈다. "에걸과 리먼이 거기에 있었지만 제가 보기에 적극적으로 거래를 추진하지는 않았어요."

키드니가 답했다. "그러나 [투르는] 그 사람들 승인 없이는 그 일을 할 수 없었어요. 소송에 관한 한 언제나 가장 직급이 낮은 사람의 차례가 먼저예요."

조사의 지휘자인 무오이오는 설득당하지 않았다. 2009년 9월 19일 토요일 아침에 무오이오는 조사를 축하하되 넌지시 경고하는 이메일을 보냈다. 그는 그들이 제대로 잡은 건지 확인하기 위해 그들이 한 일을 검토했다면서 이렇게 썼다.

지금까지 10년 동안 나는 우리의 하찮은 민사 소송이 실제 사람들에게 끼치는 파괴적인 영향을 기억하는 것 이상으로 자주 보아 왔습니다. 소송은 이 일에서 가장 마음에 들지 않는 부분입니다. 우리의 민사 피고들은 한 번 나쁜 짓을 한 선량한 사람들입니다.

이메일은 키드니를 심란하게 했다. 그 사람들이 나쁜 짓을 한 번만 했는지 무오이오가 어떻게 안다는 말인가? 그들이 성실한지 아닌지 알아보려고 영혼을 들여다보기라도 한 걸까? 키드니는 조바심이 났다. 그래도 주말 내내 참았다. 그는 월요일에 출근하여 답변을 쓰기까지 몇 시간을 지체했다. 그런 다음에 신중한 어조로 답변을 작성했다.

나는 우리가 다른 사람 두세 명에 대해 이야기해야 한다고 생각합니다. 소송이 파괴적인 결과를 일으킬 수 있고, 우리가 잔챙이들을 뻔한 혐의로 혹은 충분히 처벌을 받은 후에도 너무 자주 소송을 제기했다는 데는 나도 전적으로 동의합니다. 하지만 나는 이 사안에서 투르만으로 충분한지는 전혀 확신이 서지 않습니다.

그런 다음 키드니는 상사에게 염려하는 이메일을 보냈다. "간단히 말해서 이건 중요한 문제입니다." 규제자에게 그런 사고방식이 적절했을까? 길거리 범죄자들에 대해 그런 식으로 성격을 추측하는 일은 거의 없었다. 그때 SEC는 CDO 비즈니스와 다수의 골드만 거래에 대한 조사를 한창 진행하고 있었기 때문에 그 사건이 단 한 번 발생하는 나쁜 일에 그치지 않고 월가의 체계적인 사기라는 훨씬 더 위험한 일로 판명될 가능성도 있었다.

메지아는 키드니를 지지하고 격려했다. 그는 "윗선에 전달하고 싶으면 나한테 알려 줘. 이 사건이 개인에 대한 소송 없이 올라가면 위원회가 질문을 아주 많이 할 거야"라는 이메일을 9월 25일 키드니에게 보냈다.

투르의 상사인 조너선 에걸의 증인 소환을 논의하기 위해 그룹과 가진 회의에서 무오이오가 말했다. "그가 무슨 말을 할지는 뻔해요. 자기가 너무 바빠서 신경을 쓸 수 없었다고 할 거예요." 키드니는 분통을 터뜨렸다. "조사를 할 때 그런 태도가 가장 큰 죄예요! 누가 무슨 말을 할지 추측해서는 안 됩니다!"

SEC 직원들은 투르에게 불리한 직접 증거를 찾아내려고 했다. SEC는 존 폴슨이나 파올로 펠레그리니나 골드만 중역들이 어딘가에 기록으로 남겼을지도 모르는 유죄 증거를 바랐다. 그리고 '팹'이 쓴 것 같은 민망한 이메일은 뜻밖의 횡재가 될 터였다. 그러나 골드만의 고위급 중역들은 어리숙한 초보자들이 아니었다. 이메일에서 화제가 민감한 영역에 접근하면 그들은 거의 항상 'LDL'이라고 썼다. "만나서 직접 이야기하자(let's discuss live)"는 말의 약어였다.

키드니는 메지아에게 체념의 뜻을 담은 이메일을 보냈다.

> 그 직원이 폴슨이나 폴슨 앤 코의 다른 사람에 대한 소송을 추진하려면 폴슨의 이메일에 사취 공모를 인정하는 내용이 포함되어 있어야 하는데 그건 절대로 실현될 수 없는 기대이므로 방법이 없습니다. 그 직원은 엄청나게 많은 직접 증거를 수집하고 나서야 누구에게든 소송을 제기하려고 합니다. 그리고 골드만에 대한 소송만으로도 아주 만족스러워합니다.

직접 증거가 없는 것이 키드니에게는 별문제가 되지 않았다. SEC는 매수자가 유추한 바를 참고할 수 있었다. 골드만은 변론에서 금융 지식이 있는 투자자들이 폴슨의 계약 상대방이었다고 주장할 터였다. 키드니는 SEC

가 그 주장을 스스로에게 유리한 방향으로 뒤집을 수 있다고 설명했다. ACA는 폴슨이 가격 하락이 아닌 가격 상승에 투자한다고 추측했다. IKB는 ACA가 자신들의 이익을 위해 일을 해 줄 것으로 추측했다. 물론 IKB는 채권 포트폴리오가 애버커스로 구성되었다는 점은 알 수도 있었지만 그 기초 자산이나 구성 과정에 대해서는 전혀 알지 못했다. SEC는 IKB가 자신의 이익을 위해 자산을 선별하고 포트폴리오를 구성해 줄 ACA같은 중개업체가 필요하다고 논의한 증거를 찾아냈다. IKB는 골드만에 그렇지 않으면 그 거래에 투자하지 않겠다고 말했다. 이 은행이 폴슨과 골드만이 나중에 ACA를 매수했다는 사실을 알았다면 자금을 투자하지 않았을 것이다. 다시 말해 IKB가 그 정보를 알고 있었느냐가 관건이었다.

키드니는 여전히 골드만과 폴슨 앤 코가 공모했다고 믿었다. 10월 21일 그의 상사가 이메일을 보냈다. 메지아는 사기 기획 책임 "이론을 지지한다"면서 자신도 개인을 더 이상 기소하지 않는 데 대한 키드니의 "우려에 공감"한다고 썼다. 그러나 기획 책임으로 제소하자는 키드니의 주장은 받아들여지지 않았다. 무오이오는 불리한 판례를 인용했다. 사기 기획 책임에 제동을 건 것은 2008년 〈스톤리지 인베스트먼트 파트너 대 사이언티픽-애틀랜타 (Stoneridge Investment Partners vs. Scientific -Atlanta) 판결〉이었다. 대법원은 사기 기획의 2차 참여자가 원고에게 직접적으로 허위 진술을 하지 않았다면 개인 투자자들이 2차 참여자를 고소할 수 없다는 판결을 내렸다.

스톤리지 판결은 몇 년에 걸쳐 가장 중요한 증권사기 판결로 작용했다. 이 사건에는 대형 케이블 TV업체인 차터 커뮤니케이션스(Charter Communications)와 모토롤라(Motorola)라는 대기업 두 곳이 연루되었다. 차터는 이익 예측치를 달성하지 못할 것을 우려하여 매출과 이익을 부풀리는 방법을 생각해 냈다. 이 회사는 사이언티픽-애틀랜타로부터 한 개당 25

달러라는 헐값에 셋톱박스를 사들였다. 차터는 자사의 납품업체들한테 이 제부터는 한 개당 50달러를 치를 의향이 있으니 그 대가로 자사에 광고료 명목으로 25달러를 돌려 달라고 요구했다. 차터는 광고 매출을 늘릴 수 있 었지만 그에 상응하는 비용은 치르지 않았다. 결과적으로 시장이 무슨 일이 일어났는지를 알아차리는 바람에 주가가 폭락했다.

이에 스톤리지라는 헤지펀드는 자사가 투자한 사이언티픽-애틀랜타가 차터와 사기를 기획하여 투자자들의 돈을 사취했다는 혐의로 소송을 제기 했다. (차터는 이러한 거래를 고안했을 때 두 가지 거래가 관련 있다는 사실을 회계법인에 게 들키지 않기 위해 계약 체결일을 이전 날짜로 조작하고 셋톱박스 구매와 광고 구매를 서 로 동떨어진 거래인 양 꾸몄다). 대법관 과반수가 사이언티픽-애틀랜타와 다른 납품업체들은 차터가 투자자들에게 한 말에 책임이 없다는 입장을 취했다.

2000년대를 관통하여 2010년대 초반까지 법원이 기업 범죄와 증권사 기 소송에서 법무부와 SEC에 불리한 판결을 내렸음에도 정부는 부적절하 게 대응했다. 정부는 캐스린 루에믈러가 엔론 사태 관련하여 기소했던 메릴 린치 중역들에 대해 항소하지 않았다. 래니 브루어와 오바마 시대의 법무부 는 공적 신뢰 훼손 혐의의 부활을 검토하지 않았다. 놀랍게도 법무부와 전 직 SEC 위원들은 스톤리지 사건에 대해서는 한술 더 떴다. 그들은 대법원 이 판결을 내리는 데 도움을 주었다. 법무부와 SEC의 전직 위원 14인은 차 터를 옹호하는 취지의 의견서를 각각 작성했다. 두 개의 의견서 모두 개인 투자자들이 사건 당사자들(이 사건의 경우 셋톱박스 납품업체들)에게 책임을 묻는 것을 반대하는 내용이었다. 부시 시대의 법무부는 그러한 소송에 대한 보수 층의 적대감을 반영하여 의견서에 이런 내용을 담았다. "개인의 증권소송은 관련법을 성실하게 이행한 기업들에게 상당한 비용을 지우는 식으로 남용 될 수 있다."

연방대법원은 SEC나 법무부가 그런 소송을 제기하는 것을 막지 않았다. 그럼에도 그때의 판결은 집행기관에 타격을 가했다. 2009년까지 SEC는 애버커스 사건으로 골드만을 기소하는 방안을 검토했지만 자신들이 힘을 보탠 대법원 판결이 집행국 변호사들의 발목을 잡았다. 그들은 기획 책임 재판에서 이기지 못할까 봐 주저했다.

바로 그때쯤 무오이오가 몹시 화난 듯 보였다. 그는 키드니가 세련되지 못하다고 생각했고 그의 연이은 승소를 대수롭지 않게 생각했다. 재판에서 지지 않았다고? 그래봤자 시시한 사건들로 이긴 거지. 무오이오는 감정을 드러내지는 않았지만 곧 자신의 승소로 키드니의 기록을 깔아뭉갤 작정이었다. 그는 대형 은행에 대한 소송을 전문으로 했고 SEC는 그런 소송을 대형 블록버스터급으로 간주했다. 그는 자신의 판단이 정확히 맞아떨어졌다고 생각했다. 소송이 합의로, 그것도 무시인 무부인 합의로 끝나더라도 상관없다는 판단이었다. 어찌 되었든 무오이오는 합의를 승리로 간주했다.

애버커스 일을 논의하면서 무오이오는 키드니에게 이렇게 말했다. "그건 그냥 거래일뿐이요!" 애버커스 같은 거래에 대한 월가의 일반적인 시각은 매수자와 판매자가 존재했고 서로 무엇인가를 팔고 샀다는 것이다. 매수자는 판매자가 무엇을 떠넘기는지 몰랐고 판매자가 구매자에게 그 상품의 이론을 설명할 의무도 없었다. 그렇다고 골드만이 거래를 성사시킨 것도 아니었다. 무오이오는 키드니에게 SEC가 폴슨을 기소하면 트레이딩에 대해 무지하다는 것을 드러내는 꼴이라 월가에서 "웃음거리"가 될까 봐 걱정이라고 말했다.

그러나 애버커스는 주식을 사고파는 일과는 전혀 달랐다. 골드만은 거래를 주선했고 인수인(underwriter)에 가까운 역할을 했다. 거래 전 과정에서 폴슨의 역할이나 거래 의도는 가려진 채로 진행되었다. 만약 매수자가 진짜 상황을 알았다면 CDO를 구매하지 않았을 것이다. 키드니는 골드만 중역들이 그런 생각을 대놓고 말하거나 이메일로 남겨 두지 않았을 것으로 판단했다. 누구나 다 아는 일이었기 때문이다. 골드만과 폴슨은 서로 힘을 합쳐 가격이 하락하도록 고안된 상품을 만들었다. 키드니는 그 거래를 좀 더 단순하고 명료하게 이해하고자 다음과 같은 표어를 책상에 붙여 놓았다. "매수 포지션(long)을 판매하고 쇼트(short)를 치면 합법이고…, 쇼트를 판매하고 매수 포지션을 취하면 사기다."

폴슨 앤 코와 골드만은 애버커스와 관련하여 "기획"이 전혀 없었다고 주장했다. 그리고 애버커스는 결코 가격이 "하락하도록 고안"된 상품이 아니라고 말했다. 폴슨 앤 코는 조사 과정 동안과 이후에도 ACA가 얼마든 자기들의 제안을 거부할 수 있었으며 거래 당사자 중 그 누구도 기만하지 않았다고 주장했다. 폴슨 앤 코는 골드만에 투자자에게 공개할 정보에 대해 지시한 바 없으며, 골드만이 투자자에게 어떤 정보를 공개했는지도 전혀 몰랐다고 했다. 골드만은 애버커스의 가파른 가격 하락은 주택시장이 전반적으로 하락함에 따라 부동산 관련 증권까지 타격을 받은 것일 뿐 상품 자체의 결함 때문은 아니라고 주장했다.

10월 21일, 키드니는 SEC가 폴슨 앤 코와 존 폴슨 개인, 거래 책임자인 펠레그리니, 그리고 골드만의 에걸에 대한 소송을 고려해야 한다는 내용의 긴 메모를 SEC 내부에 돌렸다.

> 골드만과 투르가 그랬던 것처럼, 그들은 모두 노골적이지만 정확한 말로 표현하자면, 망하도록 설계된 상품을 판매한다는 사기 계획에 다 알면서 관여했습니다. 따라서 이 계획의 중요한 부분은 투자자들에게 그 상품이 망하도록 설계된 사실을 알리지 않는 것이었으며, 더 나아가 독립적인 업체가 해

당 상품의 실적을 판가름하는 기초 자산의 선별에 관여한다고 홍보함으로써 상품에 대한 투자자들의 확신을 불러일으키는 것이었습니다. 이는 폴슨 앤 코가 기초 자산의 선택에 관여하고 있고 영향력이 있다는 사실을 감추기 위한 의도적인 행위였습니다. 다시 말해, 기존 증거와 앞으로 나올 증거에 근거하여 그들은 증권사기에 대한 법적 책임이 있으므로 증권사기 혐의로 기소되어야 마땅합니다.

키드니는 SEC에 증권거래소법 제10조 (b)항에 따라 "부정한 수단, 계획, 혹은 기교를 사용하는 행위"와 "타인을 상대로 한 사기나 기망으로 인정될 수 있는 행위, 관행 혹은 영업 행위에 관여하는 것"이 불법이라고 주장했다. 키드니는 이 사건의 제소가 단순한 이론에 근거한다고 보았다. "폴슨과 골드만은 타인을 기망하는 상품을 만들고 판매했습니다. 그 거래는 증권을 사고파는 일과 관련이 있습니다. 다른 것 없이도 그들에게 기망적인 계획에 대한 법적 책임이 있음이 입증됩니다."

SEC가 소송을 추진하여 승소했다면 증권법의 범위가 SEC에 유리한 방향으로 확대되었을 것이다. 키드니는 현재 SEC 사건들의 논거가 "상식적인 법리(legal maxim)의 범위"를 벗어나지 못한다는 것은 인정한다고 썼다. 그러나 그는 과감하게 벗어나자고 주장했다.

"명예 손상"

2009년 가을 키드니는 직원들에게 화가 난 상태였고 그들도 그에게 진력이 난 듯했다. 키드니는 무모이오를 모욕하는 이메일을 쓴 다음에 자기도 모르게 그 이메일을 당사자에게 쏘아 보내고 나서 곧바로 그에게 사과했고 자신이 그토록 그 일에 열심히 매달리는 이유를 설명하려고 했다. SEC를 사랑하고 경력을 바친 SEC가 걱정되기 때문이라고 했다. 그는 SEC의 다른 변호사들처럼 SEC 위원회를 '의뢰인'으로 칭하면서 무오이오에게 이렇게 말했다.

"지난 몇 년 동안 의뢰인의 명예가 손상되고 위신이 떨어진 것이 무척 걱정스럽습니다."

키드니의 눈에 명예를 회복할 기회가 사라지는 것이 보였다. 그는 공격적으로 변하기 시작했다. 키드니가 관료적 감각을 지니고 있다고 착각할 사람은 아무도 없었다. 11월 6일, 그는 SEC의 로버트 쿠자미(Robert Khuzami) 집행국장에게 이메일을 보내는 대담한 행동을 했다. 쿠자미는 그 직책을 맡기 전에 독일 대형 은행인 도이체방크(Deutsche Bank)의 미국 부문에서 법률 고문으로 일했다. 도이체방크는 거대한 구조화 금융 사업부를 소유했고 CDO 거래에도 깊이 관여한 적이 있었다. 폴슨이 골드만뿐만 아니라 도이체방크에도 자신의 아이디어를 제안했기 때문에 키드니는 쿠자미에게 소송에서 손을 떼는 것을 생각해 보라고 제안했다. 자신의 상사인 메지아가 그런 요청을 하지 말라고 경고했다는 점을 인정하면서 "절대로 언급되어서는 안 되고 그랬다가는 자네가 소송에서 사퇴해야 할 걸세"라던 메지아의 말을 전했다.

그러나 키드니는 SEC가 골드만을 기소하고 나면 혐의가 정확한지, 그리고 충분한지에 대한 "논의가 일어날 것"이라고 설명했다. 그는 "최근 우리의 모든 문제를 감안할 때" SEC의 비판 세력으로부터 이해 상충이 있다는 주장이 나와서는 안 되며, 특히 SEC가 폴슨을 기소하지 않기로 했기 때문에 그런 상황을 더더욱 피해야 한다고 썼다.

쿠자미는 정중하게 거절했다. 그는 키드니의 우려를 적절한 경로로 전달하겠다고 말하면서도 이렇게 답했다. "내가 아는 한 사퇴 기준을 살펴볼 때 사퇴할 근거를 찾을 수 없습니다." SEC의 윤리 감독관들도 동의했다. 쿠자미는 계속해서 소송에 관여했다.

자신의 주장이 받아들여지지 않자 좌절한 키드니는 다른 문제로 방향을 전환했다. 키드니는 다른 문제를 강조했다. 개인을 좀 더 많이 기소해야 한다는 것이었다. 그는 SEC가 투르의 윗사람인 조너선 에걸을 기소해야 한다고 주장했다. "그는 유죄를 가장 강력하게 입증하는 이메일 대부분에서 언급되었고, 투르의 상사이며, 투르보다 구조화 금융업계에서 더 유명하다"는 것이다. 그에 따르면 투르는 그저 푼내기꾼, 즉 푼돈이나 거는 도박꾼이었다.

키드니는 증거를 나열했다. 에걸은 처음으로 애버커스 구조를 설계한 사람이었다. 게다가 마그네타 캐피털(Magnetar Capital)이라는 헤지펀드와 도이체방크가 쇼트 즉 매도 포지션으로 참여했던 두 건의 초기 애버커스 거래에서 골드만을 대표했던 2명의 중역 중 한 사람이었다. 에걸은 폴슨이 애버커스에 투자하고 있으며 시장의 하락에 베팅한다는 사실을 알았다. 에걸은 애버커스를 설계하고 판매하기 위해 작성된 모든 자료를 검토했으며 그 가운데는 SEC가 허위 진술로 판단하고 제소 근거로 삼은 핵심 문서 3가지도 포함되어 있었다.

무오이오와 팀을 설득하지 못하자 키드니는 자기가 사건에서 손을 떼기로 했다. 그는 위원장인 메리 샤피로(Mary Shapiro)에게 이메일을 보내 소송 변호사 지위에서 물러나겠다고 했다. 그는 "제가 아무래도 전문가로서의 객관성을 잃었나 봅니다(마음으로는 그렇게 생각하지 않지만요)"라며 좌절감을 드러냈다. "아무리 생각해도 지금 회람되는 초안에 제 이름을 올릴 수는 없습니다." 소장이 "기가 찰 정도로 부실합니다. 저는 위원회가 국민이 신뢰할 만한 엄중한 규제기관임을 보여 줄 기회를 놓치고 봉처럼 보일까 봐 걱정스럽습니다."

메지아가 키드니에게 소송에 그대로 참여해 달라는 쿠자미의 뜻을 전했다. 그래서 키드니도 마음이 풀렸다. 그가 에걸의 소환을 성사시켰기 때문에 직원들은 골드만의 중역인 에걸의 증언을 받아 낸 후에 위원회를 만나 집행 조치에 대한 승인을 받아내기로 했다. SEC는 그때까지도 제1 피해자인 IKB를 만나지 않았다. 최고 관료 한 사람이 거리껴 하는 무오이오에게 독일로 날아가 IKB 간부들을 면담하라고 지시했다. 은행 사람들은 그 거래가 어떻게 해서 만들어졌는지도, 폴슨이 어느 정도로 관여했는지도 전혀 모른다고 대답했다. 그러나 IKB는 SEC로서는 도무지 알 수 없는 이유로 증언을 위해 미국으로 사람을 보내는 것은 거부했다. 그것이 소송을 망쳤다.

2009년이 저물 때까지 무오이오는 키드니의 견해에 반대했을 뿐 아니라 SEC보다 월가의 입장을 옹호하다시피 했다. 12월 30일 그는 팀에 다시 축하 이메일을 보냈다. "나는 우리가 이 분야에 대한 소송 몇 건을 준비하고 있는 현재, 발생한 손실의 대다수가 사기나 그 비슷한 행위와는 아무 상관이 없으며 그보다는 탐욕, 오만, 어리석음과 같이 우리 모두가 이따금씩 빠지는 인간의 약점 탓임을 명심해야 한다고 봅니다."

무오이오의 이메일은 은행가들이 자주 들먹이는 금융위기의 원인을 그대로 되풀이한 데 불과했다. 월가가 이미 키드니의 직장을 장악한 것이다. 집행기관의 책임자들이 금융위기의 원인을 분석할 의무는 없다. 그들의 의무는 사기 행위에 대한 법의 집행이다. 무오이오가 키드니를 겨냥하고 그런 이메일을 썼는지는 확실치 않지만, 키드니는 금융위기로 인해 발생한 손실에 대해 포괄적인 주장을 한 것이 아니었다. 그는 더 좁은 부분에 초점을 맞추고 있었다. 해당 거래는 SEC가 볼 때 분명 사기적 거래였으며, 그 일에 개입된 사람이 골드만의 밑바닥 직원 한 명에 그치지 않는다는 주장이었다. 키드니는 SEC의 최고 관료에게 이메일로 주의를 촉구했다. "우리는 월가 장로들(Wall Street Elders)의 사고방식을 답습하는 일이 없도록 경계해야 합니다."

키드니와 무오이오는 2010년 1월이 되도록 다툼을 벌였다. SEC의 어느 직원은 에걸의 증언은 받았지만 에걸이 애버커스 서류를 검토했음을 보여주는 문서 증거가 거의 없다고 썼다. 키드니가 어떤 이메일에서 "에걸 말고도 분명 다른 사람들도 책임이 있을 겁니다. 우리가 마이클 밀켄을 어떻게 잡았죠?"라고 한탄했다. "골드만의 고위 중역인 사람을 우리가 이렇게 열심히 옹호해 주고 제소 대상을 런던에 있는 그 프랑스 녀석 하나로 제한하려는 이유가 뭡니까?"

무오이가 맞받아쳤다.

> 설마 에걸의 직책 때문에 그 사람을 제소하자는 건 아니리라 믿습니다. 우리는 이미 당신과 우리의 제소 결정 방식에 대한 우려를 논의한 적이 있으니까요. 국적 이야기도 당연히 부적절합니다. 그리고 나는 당신이 우리에게 더 이상 그 주제에 대해 말하지 않았으면 합니다. 투르도 자신이 문제가 된 정보 공개에 대해 자신이 가장 큰 책임이 있다고 인정합니다.

무오이오가 1월 하순에 에걸을 면담했다. 그는 나중에 SEC의 감찰관에게 이렇게 말했다. "우리는 에걸에게 치명상을 입히지 못했어요." 그러나 키드니는 다르게 생각했다. 에걸은 자신이 SEC가 허위 정보를 담고 있다고 주장하는 자료를 모두 검토했다고 인정했다. 그는 그 말이 에걸의 책임을 입증해 준다고 믿었다.

SEC는 골드만과 투르에 대한 소장을 작성했다. 키드니는 지루한 데다 수수께끼 같은 금융 용어로 가득한 소장이라고 생각했다. 월가는 눈가림을 위해 복잡한 개념을 이용했고 SEC는 그 속임수에 넘어갔다. 그는 수정본을 제안했다. "CDO 중개업체들에게 보내는 소장도 아닌데, 서두에 전문 용어가 너무 많아서 대부분의 사람이 이해하지 못할 것 같습니다. 이건 겉치레나 홍보의 문제에 그쳐서는 안 됩니다. 골드만의 변호인단은 그 거래를 아주 복잡한 거래처럼 포장하는 전략을 내세울 겁니다. 이런 소장을 제출한다면 딱 그런 전략에 놀아나는 격입니다"라고 그는 썼다.

결국 키드니의 주장이 먹혔다. SEC 소송 부서의 최고 책임자가 에걸에게 불리한 증거를 열거하고 불법의 정황을 설명하는 메모를 작성했다. 그는 이런 결론을 내렸다. "위에서 요약한 대로 에걸이 상품 설명 자료의 작성에 참여한 점을 감안할 때 우리는 일차적 책임으로 제소할지, 그 대안으로 방조 혐의를 제기할지 생각해 봐야 할 것 같습니다."

2010년 1월 29일, 몇 달간의 조사와 논의 끝에 SEC는 조녀선 에걸에게 웰스 통지서를 보냈다. 그의 변호사들은 질질 끈다는 이유로 SEC를 비난하더니 좀 더 시간을 달라고 하면서 협상을 시작했다. 2월 2일 변호사가 통지서에 대한 답변을 보냈다. "조사는 2008년 늦여름에 시작되었고 정식 조사 명령서는 2009년 2월에 발부되었습니다. 에걸 씨의 관련성은 (중략) 시작부터 더할 나위 없이 명백했지만 SEC 직원들은 조사 시작으로부터 1년 넘게 지난 2009년 11월이 되도록 그의 증언조차 요구하지 않았습니다. 에걸 씨가 2010년 1월 4일 증언한 이후에도 직원들은 3주가 지난 1월 28일까지 그에 대한 조치를 검토했고 1월 29일에야 우리에게 웰스 통지서를 보냈습니다."

무오이오는 처음에는 강경한 노선을 택했다. 사흘 후 에걸의 변호사가 SEC의 고위 관료들에게 자신의 불만 사항을 전달했다. 2주가 지난 2월 19일에 멋쩍어진 무오이오가 굴복했다. SEC는 시한 연장에 합의했다. 에걸의 변호사들은 SEC가 한 주장에 일일이 트집을 잡았다. 그 거래는 사기가 아니었고 좌우간 에걸은 그 거래에 거의 책임이 없다는 것이다. 변호사들은 애당초 상품 설명 자료에 남을 호도하는 내용이 없었고, 에걸 자신도 그 누구에게도 잘못된 정보를 제공하지 않았으며, 골드만은 애버커스에 대해 매도 포지션만 취한 것이 아니라 일부를 보유하고 있었기 때문에 (그들의 생각에 따르면 치명적인 일격으로) 손실을 입었다고 주장했다. 마지막 주장은 SEC를 설득시키지 못했다. 골드만은 애버커스의 일부를 매수할 계획이 전혀 없었다. 그저 전부 다 매각하지 못했을 뿐이었다.

에걸 측의 답변으로 키드니의 눈에는 SEC가 취한 편협한 접근 방식의 결함이 한층 더 두드러져 보였다. 그가 보기에 SEC가 그들 모두를 사기로 기소하려고 했다면 에걸의 구체적인 역할을 시시콜콜 따지고 들지 말았어야 했다.

리드 무오이오는 처음부터 에걸을 면담해야 하는 이유를 이해하지 못하더니 이제는 에걸의 변호사가 한 주장이 더 타당하다고 생각했다. 3월 8일 그는 에걸에 대한 제소에 반대하는 이유를 내세웠다. 무오이오는 투르가 ACA에 잘못된 정보를 제공하는지 에걸은 알지 못했으며, 매수자나 ACA와 직접적으로 연락을 주고받지 않았고, 폴슨과는 딱 한 차례 대화했을 뿐이라고 썼다. 그는 에걸이 그 거래를 "승인"하지 않았다고 주장했다. 거래 승인은 골드만의 모기지 자본 위원회가 했다는 것이다. 마케팅 자료도 에걸이 아니라 법무 부서와 준법 부서가 승인했다고 주장했다. 그에 따르면 에걸은 심지어 투르의 관리자도 아니었고, 폴슨이 거래에서 담당한 역할을 숨겨야 한다고 누군가에게 제안한 적도 없었다. 무오이오는 이렇게 썼다. "나는 우리의 재판 신청이 받아들여질 가능성이 25%라고 봅니다. 재판에서 이길 확률은 여러 가지 이유를 감안할 때 10%로 떨어집니다. 여러 가지 이유가 있는데 그중에서도 변호인단의 수준과 경험, 그리고 에걸이 배심원단 대부분에게 선량하고 호감이 가며 견실한 가정적인 남자라는 인상을 줄 것이라는 점 때문입니다."

키드니가 볼 때 모기지 위원회가 승인했다면 에걸 한 명이 아니라 오히려 더 많은 사람들을 제소할 필요가 있었다. 바로 여기에 겁쟁이 클럽의 사고방식이 존재한다고 생각했다. 원래 고집이 센 데다 화가 치밀어 오른 키드니는 어느 동료에게 무오이오의 이메일을 재전송하면서 냉소적인 말을 덧붙였다. "내 짐작에 무오이오는 실무 검사와 뉴욕 대형 로펌에서 사환으로 일하면서 쌓은 자기의 심오한 경험에 의존해서 신청이 승인될 확률을 예측한 거야. 나는 수정 구슬을 들여다보고 싶어도 참을 거네."

3월 22일에 팀은 오후 회의를 하기 위해 쿠자미의 사무실에 모였다. 키드니와 집행국 부국장 등 다른 두 명은 에걸에 소송을 거는 데 찬성표를 던졌다. 무오이오는 여전히 반대였고 다른 사람들도 마찬가지였다. 직급이 낮은 직원들은 대부분 잠자코 있었다. 그다음 날 쿠자미가 팀에 자기 결정을 이메일로 알렸다.

> 나는 에걸에 대한 소송에 반대합니다. 매우 어려운 요청이지만 어쨌든 내가 보기에 기록에는 그가 피소될 수 있는 확실한 위반 행위에 의도적으로 상당한 조력을 제공했다는 점이 안심되는 수준으로 반영되어 있지 않습니다. 나는 내 판단으로 판사나 배심원의 판단을 대체하려는 것이 아니라

집행 당국인 우리가 소송을 제기하기 전에 우리가 무엇을 확인할 의무가 있는지에 대해 내 생각을 이야기하는 겁니다. 우리 그룹 사이에 의견 일치가 이루어지지 않은 것 자체가 그런 결론을 입증한다고 봅니다. 이차적으로 고려할 사항이 많으며 일부는 유리하고 일부는 불리하지만 어쨌든 근본적인 원칙은 진심으로 생각해서 그가 우리의 기준에 해당되는지 여부가 되어야 합니다. 내가 보기에 그는 그렇지 않습니다.

투르와 골드만에 대한 소송은 타당한 소송이며 제기할 필요가 있는 소송입니다. 에걸에 대한 결정으로 그 사실이 바뀌지는 않습니다.

키드니가 패했다. 고위 관료들은 재판 기간 동안 그에게 전문가들을 지휘하는 업무를 제안했지만 그는 그 제안이 무엇을 의미하는지 알았다. 그가 좌천되었다는 뜻이었다. 그는 거부했다.

역사 속으로 사라진 해답

2010년 4월 16일 금요일, SEC는 애버커스 투자자에게 반드시 필요한 정보를 누락한 혐의로 골드만을 제소함으로써 시장을 경악에 빠뜨렸다. SEC는 투르 역시 제소했다. 골드만 소송은 주택 시장 거품과 붕괴를 이용한 회사를 상대로 제기된 최초의 소송이었다. 그날 골드만의 주가는 13% 하락했고 그 결과 시가총액 중 100억 달러가 증발했다.[3]

SEC치고는 강력한 대응이었다. SEC는 거의 소송을 제기하지 않았고 하더라도 대부분 합의로 마무리했다. 그러나 키드니가 만족할 정도로 강력한 대응은 아니었다. 그가 두려워했던 대로 소송에 대해 국민은 잘해야 엇갈린 반응을 보였다. 타블로이드 신문인 〈뉴욕포스트〉는 투르에 대한 기사에 적절하게도 "골드만의 희생양"이라는 제목을 붙였다.[4]

"슬프게도 패브리스 투르를 의식의 제물로 바치는 정도로는 충분치 않을 것이다"라고 《빅쇼트(The Big Short)》의 저자이며 〈블룸버그(Bloomberg)〉의 특별 기고가인 마이클 루이스(Michael Lewis)는 SEC의 제소 발표 며칠 뒤에 썼다. "그때 당시에 27세였고 거래 상대방인 봉들에게 알랑거리는 일을 담당했다는 프랑스 남성을 이른바 트레이딩 포지션(trading position, 단기 매매 차익 획득을 목표로 금리, 주식, 외환 등의 금융상품을 거래하는 행위, 즉 특정 금융상품들에 대해 어느 정도로 매수 또는 매도 포지션을 취할 것인지를 결정하는 행위 – 역주)의 세계적인 권위자로 받아들일 사람은 아무도 없을 것이다. 심지어 그의 이름은 소송의 계기가 된 20억 달러 규모 애버커스 거래의 골드만 측 트레이더 명단 맨 위에 실리지도 않았다. 명단 맨 위에 있는 이름은 '조너선 에걸'이었다." 루이스는 "국민들은 언젠가는 조너선 에걸은 누구이며 그의 일이 정확히 무엇이었냐? 라고 물을 것이다"라고 결론지었다.[5]

키드니가 옳았다.

2010년 4월 27일, 칼 레빈 상원의원의 상임 분과위원회(Permanent Subcommittee, PSI)가 금융위기 발생에 투자은행들이 한 역할을 조사하기 위해 청문회를 열었다. PSI의 보고서 가운데 하나는 골드만의 CDO 사업을 분석하고 이 은행이 고객을 기만하고 이용했다는 점을 밝혀냈다. 골드만의 최고 중역 한 사람은 회사가 일부 어리숙한 구매자들에게 애버커스를 간신히 떠넘긴 데 마음이 놓인 나머지 CDO를 "너무 형편없는 물건"이라고 표현했다. 한번은 골드만이 CDO의 일부를 매우 낮은 가격으로 기재했음에도 같은 날 훨씬 더 높은 가격으로 판매한 적도 있었다. 골드만의 CEO 로이드 블랭크페인(Lloyd Blankfein)이 PSI 앞에서 증언했다. 레빈 의원과 조사관들은 그가 의회를 기만했다고 믿었다. PSI는 법무부에 보고서를 제공하면서 골드만의 CDO 사업과 이 은행이 의회에 진술한 내용에 대한 형사 조사를 요청했다.

블랭크페인은 스타 변호사인 리드 와인가튼(Reid Weingarten)을 고용했다. 에릭 홀더의 막역한 친구인 와인가튼은 소송이 허튼수작에 불과하며 흐지부지되리라고 생각했다. 골드만의 이사회가 블랭크페인을 해임해야 하는지 궁금해하자 와인가튼은 그래서는 안 된다고 주장했다. 그는 CEO가 기소되지 않으리라고 장담했다. 와인가튼은 쉽게 이사회를 설득했다. 법무부는 적극성이 없어 보였다. 뉴욕 남부지검은 골드만의 일부 CDO 거래에 대해서만 겉핥기로 조사했다. 누가 보더라도 조사는 활발히 이루어지지 않았다.

그때 법무부의 형사국장이던 래니 브루어가 사건 조사를 재개했다. 그는 사기 팀에 조사를 맡기지 않았다. 그 대신 자기의 실무 검사 중 하나인 댄 슐레이먼(Dan Suleiman)에게 증거를 검토하는 업무를 맡겼다. 슐레이먼은 브루 크루의 다른 이와 마찬가지로 과거에 커빙턴의 신참 어소시에이트였다. 또한 브루 크루의 상당수와 마찬가지로 기소 경험이 없었다. 와인가튼과 브루어는 서로 잘 아는 사이였다. 두 사람 모두 자녀들을 워싱턴의 고급 사립학교인 조지타운 학교에 보냈다. 와인가튼은 사건에 대해 브루어와 여러 차례 대화를 나누었다. 그는 주기적으로 연락해서는 살살 구슬리는가 하면 고함을 치기도 했다. "그 빌어먹을 사건 당장 종결해요. 그럴 거죠?"

법무부는 골드만의 행위 중에서 범죄가 되는 점을 전혀 찾지 못했다. 2013년 7월 슐레이먼은 다시 커빙턴에 합류했다. 래니 브루어의 실무 검사들은 정부 경력으로 이력서를 부풀린 다음에 회전문을 통해 민간 부문으로 돌아왔다. 2012년 8월 9일 법무부는 골드만이 애버커스 사건에서 혐의를 벗었다는 이례적인 성명서를 발표했다.

애버커스는 버팀대였다. 정부가 다른 방향을 택했다면 금융위기 이후의 법 집행은 다른 양상을 보였을 것이다. 키드니가 우세한 입장이었다면 SEC는 골드만과 폴슨 앤 코뿐만 아니라 수많은 개인을 사기 혐의로 제소했을 것이다. 주요 규제기관인 SEC가 그처럼 사기 소송을 제기했다면 법무부가 애버커스 사건을 형사 사건으로 기소하기도 수월해졌을 것이다. 애버커스 기소는 개인을 상대로 한 SEC의 민사 소송과 법무부의 형사 기소에 발판이 될 수도 있었다.

그러나 SEC는 주저했다. 애버커스 소송은 2009년 당시에 정부의 조사 역량이 얼마나 약화되었는지를 보여 주는 사례다. 값싼 동전이 훨씬 더 가치가 높은 금화를 유통 과정에서 몰아낸다는 그레셤의 법칙(Gresham's law)을 실증하듯이 SEC는 (법무부가 보인 집착과 마찬가지로) 기업의 책임 추궁에 집중함으로써 개인에 대한 타당한 조사를 배제했다. 기업과 개인에 대한 조사가 병행되면서 서로를 보조해야 했지만 그렇지 않았다. 기업의 악행 뒤에 숨은 개인을 의욕적으로 쫓던 노련한 조사관들은 수난을 당했다. SEC 직원들의 생각에는 골드만에 대해서만 소송을 제기하는 것으로도 충분했다.

골드만은 공개적으로는 PSI와 SEC가 제기한 혐의에 대해 분노와 결백함을 드러냈다. 그러나 압력에 못 이겨 협상 테이블로 끌려 나왔다. SEC가 제소한 지 사흘이 지난 4월 19일에 쿠자미가 공지 사항을 돌렸다. "합의 가능성이 커졌습니다. 합의 조건에 대해 생각해 보고 준비하고 오세요"라는 내용이었다. 결국 재판은 없었다. 석 달 정도 지난 2010년 7월 15일에 SEC는 골드만과 거액처럼 보이는 5억 5000만 달러에 합의했다. 골드만삭스는 잘못을 전혀 인정하지 않았다. SEC는 은행으로부터 사죄를 쥐어짜 냈고 그것을 승리로 인식했다. 비판하는 사람들은 어처구니없을 정도로 부적절하다고 생각했다. 골드만은 성명서를 발표했다.

> 골드만은 애버커스 2007 –AC1 거래의 마케팅 자료에 불완전한 정보를 담았다는 점을 인정합니다. 특히 골드만 마케팅 자료에 폴슨 앤 코가 선별 과정에서 담당한 역할과 폴슨의 경제적 이해관계가 CDO 투자자들과 정반대라는 점을 공개하지 않은 채로 ACA 운용사가 참고용 포트폴리오의 상품을 "선별"했다고 기재된 것은 실수였습니다. 골드만은 마케팅 자료가 그러한 내용을 공개적으로 포함하지 않은 데 대해 유감스럽게 생각합니다.[6]

SEC는 어디에서 잘못을 저지른 것일까? 우선 직원들이 편협했다. 골드만의 모기지와 CDO 사업 전반을 이해하지 못했다. 레빈 상원의원의 PSI는 그와 대조적으로 해당 사업을 샅샅이 살폈다. 그 결과 모기지에 대한 골드만의 시각과 실적이 고스란히 밝혀졌다. PSI는 2006년 후반에 골드만의 최고 중역들이 미국의 주택시장과 CDO를 포함한 모기지 증권이 폭락할지도 모른다고 우려했음을 알아냈다. 은행은 시장에 대해 쇼트 포지션으로 선회했고 모기지 증권을 최대한도로 팔아 치웠다. PSI는 수상쩍은 거래를 수도 없이 찾아냈지만 SEC는 애버커스 거래를 분석하면서 맥락조차 파악하지 못했다. SEC 직원들은 골드만에서 소수의 사람만을 면담했다. 키드니를 제외한 직원들은 애버커스 문서를 너무 어렵게 바라보았다.

애버커스의 조사뿐만 아니라 골드만의 다른 CDO에 대한 조사도 골치를 앓았다. 골드만은 애버커스 건을 합의하면 SEC가 더는 소송을 제기하지 않으리라는 것을 알았다. SEC는 모든 합의를 한 건으로 마무리 지은 듯 보였다. 결국 SEC는 CDO와 관련하여 골드만에 다른 소송을 제기하지 않았다. 5억 5000만 달러라는 벌금은 CDO 한 건으로 치면 이 은행이 애버커스로 거둔 수수료를 무색하게 할 정도로 거액이었다. 그러나 그러한 벌금이 골드만의 모든 모기지 증권 관련 위법 행위까지 암암리에 감안한 것이라면 그 금액은 골드만이 거품 기간 동안 거둔 CDO 전체의 매출과 이익에서 차지하는 비중으로 따져볼 때 엄청나게 미미했다.

한편, 키드니는 환멸을 느꼈다. 2013년 후반 그의 아내가 일반적인 고관절 교체 수술을 받으러 병원에 입원했다. 아들의 자살 이후로 계속해서 건강 문제에 시달린 그녀는 감염이 되었고 6주 동안 생명 유지 장치에 의존하다가 세상을 떠났다. 69세 생일을 두 달 앞둔 때였다. 6개월 후 키드니는 더 이상 관료들과 씨름할 필요가 없다는 결론에 이르렀다. 그는 은퇴했다. 2014년 은퇴식에서 그는 열띤 퇴임 연설을 했다. "우리가 가장 뛰어나고 총명한 사람들을 잃는 것은 전혀 놀라운 일이 아닙니다. 그들이 이 기관에서 갈 곳 없는 신세로 있다가 결국 로펌이나 기업으로 가는 표를 사용하기로 결심하기 때문입니다. 그들은 이 기관이 1층의 깨진 창문만 단속하고 꼭대기에 있는 펜트하우스 층에는 거의 가지 않는다는 것을 알게 됩니다"라고 그는 말했다. "영향력이 막강한 사람들 입장에서 우리는 기껏해야 은행 조폭 전용 도로의 요금소에 불과합니다. 우리는 별 비용이 안 드는 소모품일 뿐입니다."

연설 내용이 밖으로 새어 나갔고, 키드니는 한동안 언론의 주목을 받았다. 그는 내셔널 퍼블릭 라디오(National Public Radio, 미국의 공영 라디오 방송국 - 역주)와 블룸버그 텔레비전에 출연했다. 그런 다음에는 아무 일도 일어나지 않았다.

그는 은퇴 후 자기 이야기를 공개적으로 알리는 일로 소일을 삼았지만 SEC에 대한 충성심 때문에 마음이 아팠다. 〈뉴욕타임스〉에 긴 편지를 익명으로 보내기도 했다. 아무도 편지를 받지 않은 것 같았다. (사실 옛날 주소로 보내기는 했다.) 그는 더 이상 신경 쓸 사람이나 있겠냐고 생각했다. 키드니는 SEC와 증권법 집행이 어떻게 잘못되었는지를 곰곰이 생각해 보았다. 흔히 거론되는 이유(기업의 정치 후원금과 보수가 낮은 정부의 변호사를 유혹하는 민간 부문 일자리)도 한몫했다. 그러나 키드니가 보기에는 그보다 좀 더 미묘한 원인이 결정적으로 작용했다. 30년 동안에 걸쳐 SEC에서 일하는 공직자들은 법 집행과 규제에서 이익이 발생한다는 믿음을 상실했다. 규제 포획(regulatory capture)은 일종의 심리적인 과정이었다. 관료들은 상사, 의회, 자기들의 규제 대상인 업계의 비판에 직면하면 소심해졌다. 규제기관들은 선도적으로 추적하지 않는다. 검사들은 사건을 개시하지 않는다. 집행기관들은 결코 월가 중역들에게 행위에 대한 설명해 보라고 요구하지 않는다.

2013년 SEC는 투르에게 재판을 걸어서 승소했다.[7] 정부가 금융위기 범죄에 물러 터지게 대응했다는 비판이 이미 구체화된 때였고, 승소는 그런 견해를 떨치는 데 아무런 효과도 발휘하지 못했다. 투르는 책임이 밝혀져 85만 달러 남짓을 배상하라는 명령을 받았다. 그는 곧이어 시카고 대학의 박사 학위 과정에 들어갔다. 2016년 초에 법무부는 골드만이 (CDO와는 다른 투자 상품인) 모기지 증권을 투자자들에게 제대로 설명하지 않았다는 혐의로 기소한 후에 골드만과 합의로 마무리했다. 은행은 대서특필감인 50억 달러를 합의금으로 지급해야 했지만 합의서의 다양한 우대 조항 덕분에 그보다 훨씬 더 적은 금액을 냈다. 법무부는 개인을 전혀 기소하지 않았다.

"나는 SEC의 신봉자였다. 처음 들어갔을 때만 해도 SEC의 소환장이라고 하면 대단한 의미가 있었다"라고 키드니는 말한다. "그 사건과 그 후속 사건들이 다루어지는 과정을 보기 전까지도 나는 SEC를 믿었다." 그러나 그는 "묻지 못한 질문에 대한 대답은 법 집행기관의 수중에 없을 뿐 아니라 이제 역사 속으로 사라졌다. 부끄러운 일이다"라고 덧붙였다.

Chapter 14

부패한 절차

THE PROCESS IS POLLUTED

"우린 그냥 망한 거야."[1]

금융위기가 최고조에 달하기 1년 남짓 전인 2007년 7월 11일에 AIG 파이낸셜 프로덕츠(이하 AIG FP)의 중역인 앤디 포스터(Andy Forster)가 부하 직원인 톰 애턴(Tom Athan)에게 전화로 걱정을 털어놓았다. 포스터는 얼마 전부터 서브프라임 모기지 시장에 대해 걱정해 왔고, 이제 그런 그의 우려가 현실로 나타나고 있었다. 7월 3일에 포스터는 애턴에게 "우리가 그걸 사실대로 평가한다면 물리적인 타격을 받을 수밖에 없어"라고 말했다. 그 말은 AIG FP가 자신들의 투자 자산에 대한 시장 평가액을 받아들일 경우 엄청나게 하락한 가격을 장부에 반영해야 한다는 뜻이었다. 이를 월가 용어로 바꾸면 투자 자산의 가치를 "마크 다운(mark down)"한다고 한다. 그에 따른 손실은 뭐 두말할 필요가 없었다. 결론은 한 가지뿐이었다. 그들이 망했다는 것.

그 후 몇 달에 걸쳐 AIG의 손실이 불어났다. 회사는 거래 상대방들과 다투었다. 중역들은 갈수록 급감하는 포지션의 가치를 평가하는 문제로 고심했고 최고 경영진과 국민에게 무슨 말을 해야 할지로 골머리를 썩였다. 폴 펠티어와 법무부에 있는 그의 동료 몇 사람은 이 불안한 시기에 AIG 중역들이 범죄를 저질렀다고 믿기에 이르렀다.

7월 27일, 골드만삭스 사람들이 AIG FP를 찾아와 돈을 요구했다. 골드만은 AIG FP의 중요한 거래 상대방이었다. AIG FP는 파생금융상품의 일종이며 신용 부도 스와프(CDS, credit default swap)로 불리는 보험을 판매했는데, CDO(부채 담보부 증권)에서 안전하다고 하는 부분을 떼어 내어 만든 상품이었다. 골드만은 AIG에 정기적으로 소액의 보험료를 냈고 AIG는 CDO의 가치가 폭락하면 골드만에 거액을 지급해야 할 의무가 있었다. 이 계약에는 비정상적인 요소가 있었는데, CDO의 가격이 떨어지면 AIG의 지급 가능성이 당연히 커질 뿐 아니라 AIG가 골드만에 담보로 돈을 걸어야 했다. 가격이 다시 상승하면 골드만은 그 돈을 돌려주어야 했다. 이제 시장이 폭락하자 골드만은 AIG에 계약을 이행하라고 요구했다. 이 투자은행이 요구한 돈은 적은 금액이 아니라 18억 달러에 달했다. 거액이었지만 AIG를 파산 위험에 빠뜨릴 정도는 아니었다.

어떤 결과가 나타날지는 뻔했다. 포스터는 자기 상사이며 최고 경영자인 조지프 카사노에게 정확히 어떤 일이 일어날지를 보고해야겠다고 애턴에게 말했다. 8월 2일 애턴은 포스터에게 골드만의 "난처한 요구"를 보고했다. 골드만 사람들은 포스터에게 카사노가 "현 상황을 100% 파악하고 어떻게 진행할지 결단"을 내려야 하다고 요구했다. 애턴은 "이건 제가 생각한 거래가 아니에요. 거액이 오가고 하이파이브를 나누고 계약 체결을 축하하는 회식이 있을 거라더니 어떻게 된 건가요?"라고 불만을 터뜨렸다.

골드만의 포지션 추정 가격이 옳다면 AIG FP의 모회사인 AIG는 파생 금융상품 포트폴리오에서 10~20억 달러 정도를 잃게 될 터였다. AIG의 최고 중역들은 손실 사실을 알지 못했다. 실제로 국민에게 모든 것이 괜찮다며 사실과는 정반대의 말을 했다. 8월 9일 AIG 중역들은 투자자들과 전화 회의를 가졌다. 모회사 AIG의 최고 위험 책임자는 서브프라임 시장의 혼란을 과소평가하여 투자자들에게 "우리가 실제로 감수하는 위험은 미미하며 실현 가능성도 희박하다"고 말했다. CEO였던 카사노도 그날 회의에 참여했는데 한술 더 떠서 훗날 AIG가 몰락했을 때 악명을 떨치게 된 발언을 했다. "경솔하게 하는 말이 아니라 우리가 그런 거래에서 1달러라도 손실을 입는 시나리오는 그 어떠한 이성의 영역 내에서도 실현되기 어렵습니다." 그날 밤 카사노의 심복인 포스터와 애턴은 대화를 나누었다. 포스터에 따르면 골드만의 요구에도 월가는 괜찮은 반응을 보였다. 그 직후에 작성된 애널리스트의 보고서도 긍정적이었다. 애턴은 애널리스트 대부분이 AIG가 양질의 투자 자산을 보유하고 있으며 서브프라임 손실을 수습할 수 있다고 믿는 듯한 분위기가 놀라울 뿐이었다.

"네. 하지만 맞는 말은 아니잖아?" 포스터가 대꾸했다.

"글쎄요, 전 알지만" 애턴이 말했다. "모두가 그 사실을 아는 것 같지는 않아요."

그 후 몇 주 동안 문제가 확대되었다. 8월과 9월에는 골드만 이외에도 최소한 네 군데의 거래 상대방이 AIG에게 담보를 걸라고 요구했다. 8월에는 (명목상 AIG FP가 보고하기로 되어 있는) AIG 금융 서비스 부문의 CFO인 일라이어스 하바예브(Elias Habayeb)가 잠재적인 손실에 대해 문제를 제기하기 시작했다. 거대 기업 AIG 내에서도 무소불위의 권력을 휘두르던 카사노는 논의에서 하바예브를 배제했고 자기 밑의 CFO에게도 하바예브와 평가 가치 이야기를 하지 말라고 지시했다. 그는 이메일에 "그 사람들은 절대로 감당하지 못해"라고 썼다. 카사노는 독재적인 상사여서 직원들을 들들 볶고 정보의 흐름을 통제하려고 했다. 그는 "일라이어스한테 이야기하려는 이유가 뭐야?"라고 AIG의 회계 방침 부문 부사장인 조지프 샌드니(Joseph St. Denis)에게 고함쳤다. "네 상사는 그 뚱보놈이 아냐!" 그해 3분기 동안 카사노는 자기 회사의 CFO를 배제한 채 포지션 평가 업무를 떠맡았다.

AIG는 거래 상대방들에게서 받은 요구를 공공연히 밝히지 않았지만 그들의 계속되는 요구를 막지는 못했다. 프랑스계 은행인 소시에테 제네랄(Societe Generale)이 담보를 요구한 9월 6일에 애턴은 포스터에게 이메일을 보냈다. "우리에게 남은 선택은 담보 지급을 연기한 다음에 이의를 제기하는 것뿐입니다." 카사노에게 따돌림을 당했다고 생각한 샌드니는 회사가 손실을 분명히 밝히지 않는 것을 걱정하며 사직하려고 했다. 카사노는 직원들 앞에서 그런 우려를 일축하면서 "정말 야단법석이군"이라고 말했다. 그는 샌드니의 사직서를 반려했고 그를 설득하여 그대로 남게 했다. 그러나 몇 주도 지나지 않아 샌드니에게 화를 터뜨리면서 "내가 가치 평가 과정에서 당신을 의도적으로 배제한 까닭은 당신이 망칠까 봐 걱정이 됐기 때문"이라고 말했다.

2007년 9월 11일, AIG는 이미 여러 건의 담보 요구를 받은 상황이었다. 그날 포스터와 애턴은 "파멸적인 액수"의 손실을 입을 가능성을 논의했다. 그들은 "회계사들을 막을" 필요가 있다고 말했다. 그다음 날 하바예브는 카사노와 포스터를 만났다. 그는 그들에게 타격을 감수하고 손실을 반영하여 포트폴리오를 평가하라고 조언했다. 카사노와 포스터는 그래서는 안 된다고 주장했다. 그들은 그 난해한 증권의 가치를 평가하는 데 관한 한 월가가 틀렸고 자신들이 옳다고 우겼다. CDO는 공개 시장에서 거래되지 않기 때문에 가치 평가의 전 과정이 복잡한 모델에 따라 이루어져야 한다는 주장이었다. 카사노는 AIG의 포지션이 특수하다고 주장했다. AIG의 CDO가 더 안전한 반면에 평가하기에도 더 까다로운 까닭은 다른 CDO는 실물 채권, 즉 현금 자산으로 이루어졌기 때문이라고 했다. 그러나 AIG의 CDO는 파생금융상품이었다. 그에 따르면 둘의 차이점 때문에 가치 추정도 다를 수밖에 없었다.

그 외에도 카사노는 AIG FP가 CDO를 거래하지 않고 보험 계약처럼 보유하고 있다는 점에서도 AIG의 포지션이 차별화된다고 주장했다. 보험사는 주택 소유자의 보험 증권을 지니고 있으며 집이 불타지 않는 한 돈을 버는 셈이 된다. 이 경우도 같은 조건이 적용된다는 것이다. 그에 따르면 AIG FP는 가격이 폭락할 가능성(화재로 건물이 전소될 가능성)만 감안하면 될 뿐 유동성 위험(직접 선택하지 않은 시점에 보험 증권을 억지로 판매해야 할 가능성)을 감안할 필요는 없었다. 비유동적이고 매각이 어려운 자산은 할인이 필요하다. 그러나 카사노는 AIG가 자발적으로 포지션을 매각할 가능성은 절대로 없으므로 할인을 할 필요도 없다고 말했다.

그럼에도 AIG 중역들은 계속해서 물밀듯 닥치는 진실과 마주해야 했다. 9월 19일 애턴은 다른 동료와 잠재적인 손실을 논하다가 손실 금액이 50억 달러에 이를지도 모른다고 말했다. 그러나 며칠 후인 9월 26일 AIG FP의 중역들과 회계법인 PwC에서 파견된 회계사들이 만나 AIG FP의 포지션 가치를 어떻게 평가할지에 관해서 논의했다. 카사노는 골드만과의 담보 분쟁을 별일 아닌 일로 치부했고 그 외에 다른 회사들의 요구는 없었다고 사실과는 딴판으로 말했다. 후일에 그의 변호사는 검사들에게 그날 회의에서 중역들과 회계사들이 골드만의 요구에 대해서 뒤늦게 갑자기 생각났다는 식으로 아주 잠깐만 언급했으며, 카사노와 그 밑의 직원들이 AIG FP의 가치 평가가 아직 끝나지 않았다는 주장을 거듭했다고 말했다.

10월 3일, 애턴은 어느 동료에게 AIG FP의 손실이 "수십억" 달러이며 포스터와 카사노도 그 사실을 안다고 말했다. 그날 포스터는 "빌어먹을, 정말 지저분한 포트폴리오야!"라고 외치면서 스트레스를 표출했다. 그는 AIG FP가 포지션의 가치 평가에 활용하는 모델이 "가짜"이며 "속임수 투성이"라고 말했다. 10월에 AIG FP의 중역들은 문제를 논의하기 위해 모였다. 그들은 AIG FP의 포트폴리오 손실이 4500만 달러 정도로 미미하다는 결론을 내렸다. AIG 규모의 거대 기업에서 그 정도는 아무것도 아니었다. 그 당시에 이 보험사는 2006년 이전에 매입한 340억 달러어치 CDO를 익스포저로 보유하고 있었다. (2007년 말 AIG는 5270억 달러의 CDS를 보유했고 그 가운데 780억 달러가 CDO를 바탕으로 발행되었다.)[2]

11월 1일, 중역들과 외부 회계사들 간의 회의에서 회계사들은 처음으로 골드만이 30억 달러를 요구하고 있으며 다른 회사들도 담보 요구를 했다는 사실을 알았다. 카사노도 그날 최고 경영진에게 AIG FP의 손실 추정액이 4500만 달러에서 3억 5000만 달러 사이의 어디쯤으로 상승했다고 보고했다. 그다음 날 PwC는 카사노에게 4500만 달러라는 금액은 너무 적다고 말했다. 그는 추정액을 다시 산출하여 3억 5200만 달러라는 금액을 제시했다.

그때쯤에는 은행 여기저기서 AIG FP에 돈을 요구했다. 포스터와 애턴은 AIG의 유동성을 우려하면서 실제로 그런 현금을 거래 상대방에게 지급할 수 있을지 의심스럽게 생각했다. 11월 6일 PwC는 AIG FP가 메릴린치, JP모건 체이스, 프랑스 은행인 소시에테 제네럴과 칼리용(Calyon), 스위스 은행 UBS, 모건 스탠리로부터 담보 보충 요구를 받았음을 알게 되었다. 그야말로 요구가 쇄도했다. 11월 초에 AIG FP에 쏟아진 담보 보충 요구만 해도 65억 달러였으니 AIG가 수십억 달러의 손실에 직면했음을 짐작할 수 있다.

11월 14일, 카사노와 포스터는 전화 통화로 평가손 금액이 어느 정도로 추정되는지 논의했다. "우리는 결국 대략, 내 추측으로는 40억 달러 정도의 평가 손실이 될 거야. 그렇지?" 카사노가 말했다.

"네, 솔직히 약간 더 될 걸요." 포스터가 대답했다. 그들은 모델이 뱉어내는 수치에 달려 있다는 데 동의했다.

며칠 후 카사노는 최고 경영진으로부터 12월 5일에 AIG가 개최하는 투자자 회의에서 CDS 포트폴리오에 대해 발표하라는 지시를 받았다. 11월 17일 포스터와 다른 중역 한 명은 급속도로 늘어나는 담보 보충 요구 때문에 손실이 무려 160억 달러로 추정된다는 대화를 나누었다.

AIG의 일부 중역들은 손실이 심각하다는 사실을 알았다. AIG의 최고 신용 책임자인 케빈 맥긴(Kevin McGinn)은 최고 경영진에게 보낸 "조기 경고와 이를 통해 얻은 교훈"이라는 내부 서신에서 이렇게 썼다. "모든 신용 사건을 예견할 수는 없습니다만, 이번 주택시장 조정은 제가 판단하기에는 예견이 가능했습니다. 그리고 우리는 아마도 다른 누구보다도 먼저 그 일을 내다보았고 그에 따라 각 사업 부문에 경고했습니다. 어떤 부문은 조심했지만 그렇게 하지 않은 부문도 있었습니다. 그러나 그 누구도 그들이 아무런 주의를 받지 못했다고 말할 수는 없을 겁니다." 그러나 AIG 최고위 경영진은 그때까지도 상황이 얼마나 나쁜지 알지 못했다.

11월 23일, AIG는 15억 5000만 달러를 골드만에 '선의'의 담보로 이체했다. 그 일로 모든 것이 끝났다. 손실을 인정하고 진실을 자백하는 격이었다. 카사노는 하바예브에게 금액 산출에 "과학"이 개입되지 않았기 때문에 담보 제공이 평가 가치에 전혀 영향을 주지 못한다고 사실과는 정반대로 말했다. 그 금액은 의견이 다른 두 회사가 흥정으로 얻은 결과물이라는 주장이었다.

한편 애턴은 담보를 더 걸라고 요구하는 메릴린치와 실랑이를 벌이는 중이었다. 그도 싸움에서 지기 시작했다. 그는 포스터에게 메릴린치가 허풍을 간파하고는 "우리더러 패를 까보라고 했다"고 썼다. 그는 "세부적인 내용에 이의를 제기할 수 있는 여지가 있는지" 확인해 보겠다고 했다. 같은 날 카사노는 담보 보충 요구에 대한 보고서를 이메일로 최고 경영진에게 보내면서 "모든 거래 상대방이 긍정적인 입장에서 우리를 이해하고 우리에 협력하고 있다"고 썼다.

11월 29일 AIG의 최고 경영진은 투자자 회의의 계획을 짜기 위한 전화 회의를 가졌다. AIG의 CEO 마틴 설리번과 CFO인 스티브 벤싱어(Steve Bensinger)를 비롯한 회사의 모든 고위 간부와 PwC의 회계감사인들이 회의에 참여했다. 이날 회의에서 카사노는 AIG FP의 자체적인 평가 가치인 30억 달러가 골드만이 담보 보충 요구의 근거로 제시한 평가 가치보다 극명하게 낮은 이유를 해명하려고 애썼다. 카사노는 골드만의 방식을 사용하면 AIG의 손실이 50억 달러로 산출될 것이라고 말했다. 그러한 손실 추정액은 회의에 참여한 사람들을 충격에 빠뜨렸다. 잠시 후 설리번이 그 정도 손실이면 해당 분기의 이익을 "상쇄"할 것이라고 말했다. 카사노는 AIG의 자체적인 방식을 이용하면 손실이 25억 달러로 줄어든다는 말로 그날 모인 중역들을 안심시키려고 했다.

전화 회의가 끝난 직후에 PwC의 선임 파트너 두 명이 AIG의 CEO와 CFO를 따로 불러내어 회사 측에서 카사노의 가치 평가 모델이 돌아가는 방식을 전혀 모르고 있어서 걱정된다고 말했다. PwC는 최고 중역들에게 자신들이 '중요한 취약점(material weakness)'으로 분류해야 할 정도로 심각한 문제라고 경고했다. 회계 용어로 기업 재무제표상의 숫자를 신뢰할 수 없다는 뜻이다. 파트너들은 AIG가 가치 평가 과정을 "관리(managing)"한다고 했다. 이 무서운 표현에는 회사가 문제를 실제보다 축소하기 위해 숫자를 조작했다는 뜻이 담겨 있었다.

전화 회의가 끝나자마자 카사노는 부하 직원들을 끌어모아 포트폴리오의 평가 가치를 조정하는 방안을 의논했다. 며칠 후 그는 중역들을 만나 손실 금액을 추정할 수 있는 새 방법을 제안했다. 어떤 방법으로는 손실이 50억 달러로 추정되었지만 다른 방법을 쓰면 "고작" 14억 9000만 달러에 고정되었다.

그럼에도 손실액은 용납할 수 없을 정도로 높았다. 바로 그때 중역들은 훗날 검사들이 치명타로 판단한 조치를 취했다. AIG FP의 중역들은 가치 평가 꼼수를 생각해 냈다. 시장이 어떤 포지션에 등을 돌릴 때 손실을 드러내지 않기 위해 그 평가 방법을 바꾸는 일은 범죄가 될 수도 있지만 그렇지 않을 때도 있다. 중역들은 이런 일을 '네거티브 베이시스(negative basis)' 조정으로 불렀다. '네거티브 베이시스'는 기술적인 용어로서 현금으로 산 채권이 파생금융상품을 통해 창출된 채권, 즉 이 경우에는 CDS보다 가격이 덜 나가는 상황을 의미한다. (일반적으로 선물가격은 현물가격에다 현물을 미래의 일정 시점까지 보유하는 데 들어가는 비용이 포함되기 때문에 선물과 현물 사이에는 가격 차이가 발생하게 되는데 이러한 차이를 베이시스라 한다 - 역주) 왜 그렇게 될까? 채권을 현금으로 사려면 매수자는 그만큼의 현금을 제시해야 했다. 이 말은 차입을 해야 할 때도 많았다는 뜻이다. 그러나 매수자는 현금 없이 혹은 최소한의 현금으로 CDS를 '매수(long)'할 수 있었다. 차입을 하면 현물 채권의 보유 비용이 증가했다. 그러므로 평상시에는 파생금융상품의 가격이 불과 1%의 1/100 단위 정도로 약간 더 높았다. 이때 1%의 1/100 단위를 '베이시스 포인트(basis point)'로 부른다. AIG FP의 채권은 모두 파생금융상품이었기 때문에 가격이 더 높을 것으로 추정되었다. 새로운 가치 평가 기법으로 이 회사는 활력을 불어넣음으로써 손실을 줄일 수 있었다. 보유한 채권이 파생 금융상품이었기 때문에 가능한 일이었다. AIG FP의 중역들은 손실을 입으면 자기들이 선택한 비율로 손실을 줄였다. 예를 들어 손실 금액이 10억 달러일 경우 AIG는 네거티브 베이시스 값을 10%로 판단했고 그에 따라 손실은 9000만 달러로 줄어들었다.

AIG가 손실 추정액을 줄이기 위한 방법을 정신없이 찾고 있던 바로 그때 시장은 정반대 결론으로 향하고 있었다. 트레이더 대다수는 주택시장을 회의적으로 보았고 CDS를 이용해 주택시장의 하락에 돈을 걸었다. CDS에 대한 수요로 볼 때 시장은 요동치고 있었다. 투자자들과 트레이더들은 파생 금융상품인 CDS가 현물 채권보다 가치가 높기는커녕 떨어진다고 생각하기 시작했다. AIG가 스스로에게 '네거티브 베이시스' 조정을 허락한 바로 그때 신용시장은 그와 반대로 '포지티브 베이시스(positive basis, 선물 가격이 현물 가격보다 높은 상황 – 역주)'가 필요하다는 신호를 보내고 있었다.

일부 중역은 의심스러워했다. 몇 달 동안 의심을 떨치지 못하던 하바예브가 나섰다. 12월 1일 토요일 그는 카사노에게 이메일로 질문 공세를 퍼부었다. 그는 AIG FP의 가치 평가 방식이 바뀌었냐고 단도직입적으로 물었다. 카사노는 자신의 사업 부문이 손실을 추정하기 위해 다양한 모델을 활용했다면서 그렇게 해서 구한 손실 추정액이 "서로의 범위 내에 들어온다"고 대답했다. 실제로는 큰 격차가 있었다. 어떤 모델은 14억 9000만 달러의 손실을 도출한 반면에 손실을 50억 달러로 추정한 모델도 있었다. 카사노는 가장 최근의 시장 폭락을 감안하지 않을 경우에 손실 추정액이 시시각각 달라진다는 점을 넌지시 비췄다. 그는 '네거티브 베이시스' 마법의 구체적인 내용을 밝히지 않았다. 훗날 검사와 정부 수사관들은 이날 교환된 카사노와 하바예브의 이메일이 AIG 위기 이전 며칠, 몇 주, 몇 달 동안 이루어진 것

중에서도 가장 강력하게 유죄를 입증하는 대화라고 판단했다.

카사노와 포스터는 거래 상대방인 골드만, 메릴, 소시에테 제네랄, UBS, 모건 스탠리 등이 문제를 제기했다는 사실을 알았다. AIG가 자기들에게 빚졌다고 주장하는 은행이 늘어남에 따라 AIG FP의 손실이 대단치 않으리라는 두 사람의 주장도 갈수록 신뢰를 잃어 갔다. 12월 3일 포스터는 카사노의 지시라며 애턴에게 AIG가 메릴린치에 담보를 제공하기로 한 약속을 철회하라고 했다. 포스터의 설명에 따르면 외부감사인들이 그들에게 담보에 근거하여 전체 포트폴리오의 가치를 평가하라고 요구할지도 모르며 그 경우 막대한 손실이 발생할 터였다. 애턴은 계속해서 늦추어 보겠다고 말했다.

12월 5일 AIG는 투자자 회의를 열었다. CEO 마틴 설리번은 자사의 파생금융상품 가치 평가 방법이 확실하다는 말로 주주와 일반 투자자를 안심시켰다. 그뿐만 아니라 그는 AIG의 서브프라임 위험이 어느 정도인지 경영진이 잘 알고 있다고 말했다. 그의 요청에 따라 카사노가 투자자들에게 11월 손실이 5억 달러와 6억 달러 사이이며 그해 손실이 15억 달러 정도에 머물 것이라고 말했다. 설리번도, 카사노도 AIG가 받은 담보 보충 요구가 수십억 달러 규모라는 사실을 구체적으로 밝히지 않았다. 다만 카사노가 "스쳐 지나가는" 요구일 뿐이라고 일축했을 뿐이다. 어느 애널리스트가 AIG가 어떤 방법으로 포지션을 추정하는지 질문하면서 공개 지수를 활용한 자신의 추정에 따르면 손실이 50억 달러가 넘는다는 의문을 드러냈다. 그 금액은 AIG가 네거티브 베이시스 조정 대신에 내부적으로 좀 더 보편적인 방법을 적용하여 산출한 금액에 훨씬 더 가까웠다. 카사노는 그 질문이 "말도 안 되는 소리"라고 대꾸했다.

그 후 몇 주 동안 카사노와 그 밑의 중역들은 황급히 자산 가치를 평가하는 일에 골몰했다. 적어도 그것이 그들이 나중에 한 말이었다. 포스터는 애턴과 통화하면서 AIG가 네거티브 베이시스 조정을 통해 계속해서 손실을 줄여 가려면 "운이 좋아야" 할 것이라고 속마음을 털어놓았다.

2008년 1월 30일에는 하바예브가 이미 손실이 얼마만큼 많은지를 파악하고 있었다. 그는 카사노와 그의 팀이 손실 추정액을 축소하기 위해 네거티브 베이시스 기법을 얼마나 여러 번 활용했는지도 짐작했다. 그리고 감사 업체인 PwC의 최고 파트너에게 그 사실을 알렸다. PwC는 포스터와 애턴이 우려했듯이 네거티브 베이시스 기법의 사용을 더 이상 허용하지 않았다. 그런 다음 하바예브는 CFO인 스티브 벤싱어에게 연락했다. 그는 AIG의 최고 경영진이 더 이상 모르는 척하면 안 되고, 초대형 보험사로서 시장에 막대한 손실 사실을 밝혀야 할 의무가 있다고 말했다.

벤싱어는 하바예브에게 12월 5일 투자자 회의 이전에도 손실이 그 정도로 심각한지 알고 있었는지, 그렇다면 그 사실을 경영진에게 알리지 않은 이유는 무엇인지 카사노에게 물어보라고 지시했다. 하바예브가 카사노에게 전화했다. "누가 물어보는 건데?"라고 카사노가 말했다. 하바예브가 그에게 "스티브"라고 하자 카사노는 다른 용무가 있다면서 전화를 끊어 버렸다.

2월 4일, AIG의 고위 경영진과 PwC의 외부감사인들이 카사노와 포스터를 만났다. AIG FP의 두 중역은 자신들이 포지션 가치 평가에 사용한 방법을 정당화하려고 했지만 아무도 설득하지 못했다. 마틴 설리번은 2월 8일 카사노와 이야기하는 도중에 "퇴직"을 제안했다. 1주일 후인 2월 11일 AIG는 국민에게 사실대로 털어놓았다. 12월 5일에 공개한 정보가 잘못되었고 손실을 35억 달러 축소했으며 PwC가 내부 감사를 통해 AIG에 '중요한 취약점'이 있다고 판단했다는 내용이었다.[3] AIG의 주가가 12% 떨어졌다. 그리고 그 이후로도 폭락을 거듭했다.[4]

1년 반이 지난 2009년 가을까지 법무부 본부의 폴 펠티어와 애덤 사프왓은 AIG FP의 붕괴 과정을 이야기로 구성했다. 정부 요원과 검사들은 이메일을 수집하고 문서를 면밀히 검토했으며 몇 시간 분량의 통화 녹음에 귀 기울이는가 하면 증인들과 이야기를 나누었다. 펠티어는 사프왓뿐만 아니라 법무부 본부의 다른 검사들과 조사를 담당하는 우편 조사관들을 감독했다. 그들은 AIG가 시장에 충격적인 사실을 고백한 직후인 2008년 2월부터 사건에 매달려 왔다. 이 사건이 화이트칼라 범죄가 아니라면 대체 무엇이란 말인가? AIG FP 중역들은 막대한 손실에 직면했다는 사실을 알았을 뿐 아니라 손실을 감출 동기가 있었고 사실을 은폐하기 위한 조치를 취했으며, 거짓 발표를 했고 투자자들을 기만했다.

그럼에도 조사에 참여한 모든 사람은 이 사건의 형사 기소가 어려우리라는 점을 알고 있었다. 카사노가 최고 중역들과 외부감사인들을 속이려 했다는 데는 의심할 여지가 없었다. 그러나 그는 교묘했다. 자기 팀이 무슨 일을 하는지에 관해서 민감한 언급은 피했다. 그가 하는 말이 무슨 뜻인지도 모르는 최고 경영진의 질문에 약삭빠르게 대답했다. 그는 영악해서 이메일에는 중요한 내용을 전혀 담지 않았다.

그러나 검사들은 카사노가 금융위기 최대 악당 중 하나로서 배심원단 앞에 세울 만한 인물이라고 생각했다. 〈배니티 페어〉는 그에게 "세계를 무너뜨린 남자"라는 꼬리표를 붙였다. 카사노는 리먼 브라더스의 CEO 딕 펄드, 컨트리와이드의 CEO 앤젤로 모질로와 더불어 가장 혐오스러운 금융위기 주범들 중에서도 1순위에 들었다. 그는 공포 분위기 조성과 협박을 통해 AIG FP를 지배했다. 그가 계속해서 하바예브의 이름을 틀리게 발음했다는 사실은 오만하고 남을 업신여기는 인물임을 드러냈고 검사들은 그런 특성을 이용할 예정이었다.

그것으로 충분할까? 카사노가 다른 사람에게 거짓말했음을 입증할 수 있을까? 포스터와 애턴은 어떨까? 기소하면 그들이 죄를 불까? 펠티어는 그 사건에 확신이 있었다. 사프왓과 조사를 담당하는 우편 조사관 제임스 텐딕도 마찬가지였다. 정부가 증거에 근거하여 공소를 제기하고 사실을 배심원단에게 제시하여 그들에게 결정을 맡겨야 한다고 생각했다. 연방 검찰청의 지침에 따르면 검사는 증거가 유죄를 시사한다고 선의로 믿는 경우 공소를 제기하는 것이 타당하다.

그러나 형사국의 지도부는 동의하지 않았다. 2010년 봄에 래니 브루어와 그의 부하들은 AIG 중역에게 그 어떠한 소송도 제기하지 않기로 결정했다. 이 결정의 파장은 한동안 명확히 드러나지 않았다. 정부의 최고 관료들은 어려운 선택을 할 때마다 위험을 감수하지 않았고 공소를 제기하지 않았다. 그들이 위험을 회피함으로써 도덕적 해이를 조성했기에 은행가들이 다시 위험한 짓을 할 가능성이 커졌다. 도덕적 해이는 도덕적 상실도 초래했다.

"법무부 청사의 주인"

2008년 가을에 정부는 (1차로 850억 달러를 투입했고 그 이후에 그 두 배가 넘는) 1820억 달러를 투자하여 AIG를 사실상 국유화했고 이 회사의 지분 79.9%를 인수했다.[5] 750억 달러가 넘는 자금이 AIG의 거래 상대방들, 즉 골드만삭스와 소시에테 제네랄 등 카사노와 치명적인 계약을 맺은 상대방들에게 넘어갔다.[6] 정부는 그처럼 AIG로부터 이득을 취한 은행들을 위해 비밀리에 구제 금융 조치를 단행했다. 구제 금융에 대한 국민의 분노는 2009년 3월 AIG가 직원들에게 성과급으로 1억 6500만 달러를 지급했다는 사실이 밝혀지자 최고조에 달했다.[7] 수조 단위의 구제 금융이 투입된 뒤에 상대적으로 적은 금액이 국민의 분노를 촉발한 것이다.

미국 하원은 분노의 청문회를 열었고 AIG의 성과급에 90%의 세율을 부과하는 법안을 준비했다.[8] 앤드류 쿠오모 뉴욕주 법무장관은 성과급을 회수하겠다는 계획을 발표했다. 아이오와의 찰스 그래슬리(Charles Grassley) 상원의원은 AIG 직원들이 일본인들처럼 사직과 할복자살 중 하나를 택해야 한다고 주장했다. 오바마 대통령은 그들의 탐욕을 질타했다.[9]

사프왓과 펠티어를 비롯한 법무부 본부 사람들은 부시 행정부의 말기인 2008년에 조사를 진행했기 때문에 퇴임을 앞둔 전방 본부의 간섭을 받지 않았다. 그들은 PwC의 감사인들뿐 아니라 AIG와 담보 문제로 티격태격한 골드만 중역 등의 제3자도 면담했다.

2008년 가을까지 법무부 본부 사람들은 어떤 회계 사기가 발생했는지에 관해 현실적인 가설을 세웠다. 그들은 카사노, 포스터, 애턴 등 AIG FP 사업 부문의 중역 3인이 외부감사인, 경영진, 국민에게 회사의 자산 가치를 사실대로 밝히지 않았다고 판단하여 이 세 사람을 집중적으로 조사했다. 조사의 가설은 다음과 같이 세 가지로 나뉘었다.

첫째, 카사노가 몇몇 가까운 중역에게만 정보를 공유하는 한편 직원들이 질문하는 것을 막기 위해 공포 분위기를 조성했다. 정보를 알 필요가 있었던 사람들은 아무것도 알지 못했지만 두려워서 묻지 못했다. 둘째, 중역들은 담보 보충 요구를 회피하기 위해 몇 가지 조치를 취했다. 그들은 외부감사인이나 최고 경영진에게 그러한 요구의 규모와 심각성을 사실대로 알리지 않았다. 셋째, 더 이상 그렇게 할 수 없게 되자 그들은 네거티브 베이시스 조정으로 가치 평가 기법을 바꾸었으나 누구에게도 이 기법의 효과를 완전히 밝히지 않았다.

대마불옥

오바마 행정부가 들어오면서 펠티어와 사프왓의 문제가 시작되었다. 오바마의 임기 초반인 2009년 3월, 에릭 홀더 법무장관은 AIG 조사 현황을 알고 싶어 했다. 홀더는 보고를 받는 동안 지루한 것이 아닐까 할 정도로 잠자코 있었다. 기업 기소는 그의 감정을 자극하지 못했다. 그는 그런 생각을 드러내지는 않았다. 홀더는 AIG가 최근 몇 년 동안 법무부와 기소 유예 합의와 불기소 합의에 이른 적이 있다는 점을 지적하더니 사건이 구체화되면 AIG를 "기소하는 것을 검토해야" 할 것이라고 말했다.

사기 팀의 책임자인 스티븐 티렐이 나서서 말했다. 납세자들이 회사 지분의 과반수를 보유하고 있는 지금 AIG를 기소하면 회사가 문을 닫게 되고 그 결과 회사의 새로운 주인 즉 미국의 납세자가 엄청난 타격을 입게 되니 기소하면 안 된다는 이야기였다. 납세자에게 벌금을 부담 지우는 셈이니 더 이상 기소 유예 처분을 내려서도 안 된다고 했다. 홀더는 기억났다는 듯이 "아," 하고 외쳤다.

법무부 본부가 반드시 중역 개인을 기소해야 한다고 펠티어는 생각했다. 하지만 그와 사프왓의 재촉에도 행정부는 받아들이지 않았다. AIG 조사는 법무부 내부에서 펠티어로 대변되는 낡고 공격적인 카우보이 문화와 브루어가 선도하는 새롭고 조심스러운 문화 사이에 충돌을 일으키는 쟁점이 되었다. 브루어는 펠티어를 싫어했다. 브루어는 처음 법무부에 왔을 때 펠티어가 법무부 본부에서 주인 행세를 한다고 생각했다. 실무 검사 대부분이 펠티어에게서 영감을 받았다. 2009년 5월, 젊은 일선 검사인 샘 셸던(Sam Sheldon)은 펠티어가 사우스 캐롤라이나에 있는 법무부 산하 국립 변호 센터(National Advocacy Center)에서 다른 동료와 함께 개최한 화이트칼라 범죄 교육에 한 차례 참석했다. 검사들은 이 교육을 통해서 조사와 재판을 진행하는 법을 배웠다. 펠티어는 셸던의 마음을 사로잡았다. 셸던이 일하는 텍사스 러레이도에서는 연방 검사들이 연간 300~400건이나 되는 총기, 마약, 불법 이민 사건을 다루는 '급행 재판 제도(rocket docket)'가 시행되었다. 펠티어는 화이트칼라 사건이 더 복잡한 것은 분명하지만 래리 톰슨과 제임스 코미의 신조인 '실시간' 기소를 되새겨 다른 범죄와 마찬가지로 신속하고 효율적으로 처리되어야 한다고 주장했다. 그는 검사들에게 법정에서 정황 증거는 직접 증거와 동등한 가치가 있으므로 정황 증거를 간과해서는 안 된다고 충고했다. 그는 검사는 조사 대상의 유죄를 100% 확신할 때는 어렵더라도 재판을 감행해야 한다고 말했다.

셸던은 법무부 본부에 들어가서 펠티어의 팀에 합류하고 싶었다. 그러나 브루 크루에게 펠티어는 구태여 풀고 싶지 않은 수수께끼였다. 그들은 펠티어를 제멋대로이고 사건을 망치기 십상이며 자신은 물론 남들의 경력까지 날려 버릴 가능성이 있는 미치광이로 보았다. 펠티어만 그런 것이 아니었다. 아서 앤더슨, KPMG, 테드 스티븐스, 베어스턴스 사건 이후 법무부는 지나치게 적극적인 기소를 전적으로 삼가는 입장이었다. 법정에서의 승리는 더할 나위 없이 좋은 일이었지만 망신스러운 패배는 승리가 기운을 북돋는 것 이상으로 검사들에게 큰 타격을 가했다. KPMG 기소에서 보듯이 검사로서의 경력을 망칠 가능성도 있었다.

그러나 펠티어는 정당한 기소라고 생각하면 재판에서 지는 것을 두려워하지 않았다. 장래에 살아남을 수 있을지 여부를 전혀 생각하지 않는다는 것은 보통 사람이라면 어림도 없는 일이다. 대부분의 사람은 동료 간의 협력과 위계질서를 중시하는 관료 사회 내부와 성공에 큰 가치를 두는 외부 전문가 세계 양쪽 모두에서 신뢰를 잃지 않으려고 애쓰게 마련이다. 사람들이 정치적이거나 야심만만하지 않은 이를 거부하는 것도 그 때문이다. 펠티어는 정말로 위험한 사람일지도 몰랐다. 그는 남들에게 스스로의 비겁함에 맞서라고 질책하고 강요하는 사람이었다. 신중한 새 체제에서는 자신의 평판을 전혀 의식하지 않는 이들은 매우 드물었고, 괴짜로 무시당하거나 그들의 조언은 거친 장광설로 치부되었다.

법무부에서 래니 브루어만이 최고 중역이나 기업에 대한 기소를 두려워한 것은 아니었다. 기관 전체가 아서 앤더슨의 여파와 톰슨 메모를 둘러싼 분쟁으로 고생한 터라 금융위기 이후에는 한층 더 조심스러워졌다. 신임 행정부는 대통령 취임식 직후에 대형 은행에 대해 어떤 조치를 내릴지를 결정해야 했다. 금융위기가 정점에 달한 지 불과 몇 달이 지난 2009년 초반에 오바마의 백악관은 스위스 은행인 UBS의 심각한 위법 행위를 두고 심사숙고했다. 미국 국세청(IRS)은 이 은행을 상대로 역외 탈세 혐의가 있는 부유층 미국인 고객들의 명단을 제출하라는 소송을 걸었다. 그러자 법무부는 명단을 제공받기 위해 이 은행과 합의 협상에 나섰다. 그러나 고객의 이름을 제공하는 일은 스위스 법에 위배될 수 있었다. 이 사건은 오바마 행정부의 신임 법무부 관료들에게 떨어졌다. 그때는 브루어가 합류하기 전이었다. 홀더는 전 직장인 커빙턴이 UBS를 대리했기 때문에 사건에서 빠졌다.

　스위스 정부는 2008년 10월에 UBS에 구제 금융을 투입했다. 은행은 여전히 불안정한 상태였다. 법무부는 단독으로 결정하기를 바라지 않았다. 그래서 재무부와 상의했다. "[기소를] 할지 여부와 UBS에 부과될 벌금이 은행의 취약한 경영 상태에 타격을 끼칠지 여부뿐만 아니라 무엇보다도 당연히 존재하는 체계적 위험(systemic risk)에 관해 정책 차원의 논의가 있었다"라고 오바마 행정부의 전직 고위 관료는 말했다. 그는 "매우 위태로운 상황"이었다고 회고했다. 검사들은 전 세계 대형 은행 중 한 곳도 기소할 수 없으리라 생각했다. 2009년 2월 18일, UBS가 IRS의 조사를 방해함으로써 미국에 대한 사취를 공모한 혐의로 기소 유예 처분을 받았다.[10] 언론은 UBS의 협상을 집중적으로 보도했지만 법무부가 기소를 하거나 유죄 인정을 받지 않고 합의했다는 비난은 거의 없었다.

3년이 흐르면서 법무부의 물러 터진 대형 은행 처리 방식에 대한 여론이 반전되었다. 홀더 치하의 법무부는 변화를 감지하지 못했다. 법무부는 돈세탁 방지법을 위반한 영국계 은행 HSBC에 대한 6년 동안의 조사를 끝내려는 참이었다. HSBC는 멕시코와 콜롬비아의 마약 카르텔이 애용하는 은행이 되었고, 테러 조직과 연관이 있는 은행에 자금을 댔을 뿐 아니라 이란과 리비아 등 미국의 제재 대상인 나라들과 거래한 전력이 있었다. 그 금액은 수조 달러에 이르렀다.

HSBC의 중역들은 법 위반에 대한 내부 경고를 거듭 무시했다. 한번은 멕시코의 법 집행관들이 HSBC의 멕시코 부문장에게 어느 마약 카르텔이 자신의 거래 은행이 돈세탁 장소로 인기 있다고 말하는 도청 테이프를 확보했다고 알렸다. 은행은 아무 조치도 취하지 않았다. 심지어 마약 카르텔들은 현금을 수월하게 예금하기 위해 현지 HSBC 지점의 예금 창구에 딱 맞는 크기의 큰 상자를 제작하기까지 했다.[11] HSBC 조사는 난해한 모기지 증권을 다루거나 대차대조표의 자산 가치를 어떻게 평가했는지 따지는 것이 아니었다. 단순하고 명확한 내용이라 배심원단이 이해하고 분노할 만한 사건이었다. 실무 검사들은 형사 기소를 추진했다.[12]

홀더와 브루어는 심사숙고했다. 2012년에 이르기까지 시장이 안정화되었고 그에 따라 가혹한 제재로 혼란이 발생할지도 모른다는 우려도 잦아든 듯했다. 법무부가 조사를 마무리 짓고 기소를 추진하는 가운데 브루어는 법무부가 HSBC 규모의 은행을 기소해도 금융시장과 세계 경제에 부수적 결과가 발생하지 않을지 자문을 구하고 다녔다. 그는 워싱턴 규제기관의 의견을 타진했다. 런던으로 날아가 그곳의 규제기관과도 상의했다. 잠 못 이루는 밤의 연속이었다. 시장이 요동칠 가능성을 낮게 보는 규제기관이 전혀 없다는 사실이 그를 괴롭혔다. 한편 영국의 재무장관 조지 오스본(George Osborne)과 영국의 은행 감독기관인 금융감독청(Financial Services Authority)이 미국의 상대 기관들에 도움을 요청했다. 오스본은 벤 버냉키 연준 의장과 티머시 가이트너 재무장관에게 HSBC를 형사 기소 할 경우 "세계 금융 재난"이 일어날 수 있다고 경고하는 서신을 보냈다.[13]

브루어는 결과에 직접적인 이해관계가 있으며 미국에서 가장 저명한 은행 변호사 중 하나인 H. 로드진 코언(H. Rodgin Cohen)을 만나 의견을 들었다. 코언은 설리번 앤 크롬웰(Sullivan & Cromwell)의 파트너로서 HSBC를 대리했다. 브루어는 회의 도중 코언을 따로 불러내어 질문했다. "너무 크기 때문에 기소해선 안 될 은행이 있소?"

코언이 부드럽고 정중한 말투로 대답했다. "그런 원칙은 없습니다."

그런 다음에 코언은 브루어가 기소를 검토하고 있을 경우에 확인해야 할 질문 몇 가지를 간략하게 제안했다. 해당 기업이 문제를 시정하고 재발을 방지하기 위해 제대로 된 조치를 취했는가? 책임이 있는 고위급 관리자를 내보내거나 처벌했는가? 만일 그렇다면 기소할 필요는 없다. 공교롭게도 HSBC가 바로 그런 조치를 취했다. 기업 측 변호사들의 표준 각본에 따른 조치였다. 기업을 대리하는 무수한 변호사들이 그러했듯이 데이비스 폴크의 봅 피스크가 앤더슨 사건에 그런 조치를 적용했고, 스캐든 압스의 봅 베넷도 KPMG 사건을 비슷한 방법으로 처리했다. 죄를 지은 기업의 협력, 반성, 개선을 강조하는 것이 이 규칙의 핵심이다.

브루어는 코언에게 법무부가 은행을 강력하게 단속할 것라며 이렇게 말했다. "은행이 기소되지 않던 시대는 끝났습니다." 걱정스러워진 설리번 앤 크롬웰은 은행이 맞이할 끔찍한 운명을 요약하여 발표문을 작성했고 검사들에게 HSBC가 형사 기소 되면 그 사실을 공개하겠다고 말했다. 발표문은 다른 금융회사들이 HSBC와 더 이상 거래를 하지 않을 것이므로 HSBC는 어쩔 수 없이 특정 시장에서 철수해야 할 것이라는 내용이었다. 발표문이 시사하는 바는 분명했다. HSBC를 기소하면 세계 금융시장이 반드시 혼란에 빠진다는 것이었다. HSBC는 그러한 언론 보도자료를 냄으로써 혼란을 부추길 계획이었다.

그러나 기소를 모면하는 시대는 끝나지 않았다. 실무 검사들은 기소 여부를 논의했지만 결코 기소 제기를 권고하거나 유죄 인정을 요구하지 않았고 그 대신 기소 유예 처분을 택했다. 홀더와 최고위 관료들도 찬성했다. 2012년 12월 법무부는 HSBC와 기소 유예 합의를 맺었다. 은행은 법무부 관료들에게는 어마어마한 금액인 13억 달러를 이익 몰수로, 6억 6500만 달러를 벌금으로 냈다. 또한 경영진을 교체하고 감독과 준법에 거액을 투자하며 합의 준수 여부를 감독할 감시인을 두는 데 합의했다.[14]

법무부는 HSBC 자체를 기소하지 않았을 뿐만 아니라 직원 역시 단 한 명도 기소하지 않았다. 이 소식은 국민의 공분을 샀다. 법무부 관료들은 나중에 문제의 행위가 너무 오랫동안 지속되었고 너무 많은 직원에 의해 관리되었기 때문에 책임이 있는 개인을 가려내기가 너무 어려웠다고 해명했다. 그들은 HSBC가 단행한 개혁 조치를 옹호했지만 그런 개혁 조치조차 허술했다. 은행을 감독하기 위해 지정된 특별 감시인은 개혁이 2015년 4월이 되어서도 "지지부진"하다며 HSBC를 비난했다.[15]

2013년 3월, 상원 증언에서 홀더 법무장관은 문제를 시인했다. 그는 "저는 우리가 기소할 경우에, 즉 형사 소추를 제기할 경우에 국가 경제는 물론 세계 경제에 부정적인 영향이 갈 거라는 말을 접할 때면 이런 금융회사는 규모가 너무 커서 기소하기가 어려우리라는 우려가 듭니다. 저는 이것이 금융회사 중 일부가 지나치게 커졌다는 사실의 결과라고 봅니다"라고 말하더니 이렇게 덧붙였다. "그런 사실이 제가 좀 더 적절하다고 생각하는 결단을 내리는 데 방해가 되고 있습니다." 진실을 인정한 것이다. 그러나 그 후 비난이 확산되자 홀더는 그 발언을 철회했다.

"오랑우탄도 스탠퍼드를 기소할 수 있어"

AIG FP 조사가 2009년 초반까지 계속되는 동안 폴 펠티어는 그와는 별도로 R. 앨런 스탠퍼드(R. Allen Stanford)의 폰지 사기 사건을 조사했다. 스탠퍼드는 스탠퍼드 파이낸셜 그룹(Stanford Financial Group)을 운영했는데, 이 금융 서비스 회사는 실제로는 70억 달러짜리 사기 기업으로서 버니 매도프의 사기만큼 가공할 정도는 아니었지만 그래도 엄청난 규모였다. 펠티어는 2008년 8월에 FBI를 사건에 개입시키려고 애썼다. 그러나 그는 요원들을 전혀 설득할 수 없었다. 스탠퍼드는 그다음 해에 저절로 파산했고 당국은 탐정이라기보다는 고고학자 같은 태도로 애석해하면서 단속에 나섰다.

펠티어가 이 사건을 조사하는 동안 오바마가 대통령에 당선되었고 그가 임명한 이들이 법무부에 입성했다. 그 즉시 전방 본부는 스탠퍼드 사건과 펠티어 모두에 우려를 품었다. 한번은 스탠퍼드 사건에 대해 보고가 끝난 후에 막 형사국의 책임자가 된 브루어가 "자, 모두 나한테 법정에서 인정될 만한 증거를 이야기해 보세요"라고 요구했다. 그는 펠티어를 협잡꾼쯤으로 간주했다. 브루어의 2인자인 개리 그린들러는 펠티어를 들볶았다. 2009년 5월 그린들러가 정부 기소에 관한 뉴스 보도를 재전송하면서 펠티어와 그의 상사인 스티브 티렐 사기 팀장에게 기소를 검토한 적이 있냐고 물었다. 그러고는 "우리는 이 사안에서 어떤 입장이 취해지고 있는지 통보받을 필요가 있습니다"라고 썼다. 펠티어는 검토한 적 있으며 "당신이 통보받아야 한다는 것이 뭔지 정말 모르겠군요"라고 답하고는 정부는 그 어떠한 새 입장도 취하지 않았다고 덧붙였다. 그린들러는 그 건은 많은 주목을 받는 사건이므로 전방 본부가 지속적으로 현황 보고를 받아야 한다고 말했다. 펠티어가 받아쳤다. "아, 죄송해요, 죄송해." 그린들러가 "이곳에 있는 것이 그렇게 큰 부담이 됩니까?"라고 답했다.

펠티어는 사실 큰 부담을 느꼈다. 그 이전만 해도 전방 본부가 그에게 하찮은 요구를 하고 성가신 업무를 떠맡긴 적은 한 번도 없었다. 그러나 현재의 전방 본부는 사소한 트집을 잡아 그를 책망했고 부정적인 언론 보도가 나갈 기미만 보여도 호들갑을 떨었다. 사사건건 참견하는 것만으로도 충분히 성가신 일이었다. 그러나 브루 크루의 행동은 그보다 더 심각한 위험을 불러일으킬 가능성이 있었다. 법무부 본부의 실무직 사람들은 전방 본부, 즉 정무직 관료들이 사건의 세부 사항에까지 관여해서는 안 된다고 생각했다. 그랬다가는 정치계의 개입 가능성이 커질 수 있었기 때문이다.

2009년 6월, 몇 주 동안 지체된 끝에 펠티어는 브루어와 전방 본부 사람들에게 스탠퍼드 기소를 찬성하든 반대하든 결정을 내려 달라고 재촉했다. 브루어가 티렐과 펠티어, 그리고 다른 담당 검사들을 자기 사무실로 불렀다. 그곳에는 그의 최측근 인물들이 그를 에워싸고 있었다. 형사국의 신임 부책임자는 임기가 시작되자마자 자신이 그런 상황에 처하게 되어 불쾌한 듯했다.

"지금은 내가 일을 시작한 지 몇 달 지나지도 않았는데 당신들 때문에 내가 곤란한 입장에 처했어요"라고 그가 말했다. "당신들이 이 사건을 기소하자고 하도 강력하게 밀어붙이는 바람에 나는 옴짝달싹할 수 없는 궁지에 몰렸습니다. 난 이 일을 기억할 거요. 절대 잊지 않을 겁니다."

펠티어는 브루어의 사무실에서 나와 겨우 1미터 남짓 떨어진 곳에서 큰소리로 "제기랄!"이라고 외쳤다. 그는 브루어가 자기 이미지에 신경 쓴다고 생각했다. 일이 잘못되면 브루어는 보복을 가할 것이 분명했다. 펠티어는 미리 경고를 받은 셈이었다.

펠티어는 "오랑우탄도 스탠퍼드를 기소할 수 있어"라고 말하곤 했다. 그의 범죄는 그 정도로 명백하고 입증하기 쉬웠다. 펠티어와 그의 동료는 국립 변호 센터에서 검사들을 교육하면서 화이트칼라 범죄에 대한 유죄 선고는 할 일의 절반에 불과하다고 말했다. 그다음에 꼭 배상이 이루어져야 한다는 이야기였다. 펠티어는 스탠퍼드의 피해자들이 입은 손해를 원상 복구하려면 스탠퍼드만 기소해서는 부족하고 변호사와 은행 등 스탠퍼드의 모든 조력자들까지 조사해야 한다고 생각했다. 그는 스탠퍼드의 거래 은행이었던 소시에테 제네랄을 캐고 싶었다. 하지만 그린들러의 후임으로 사기 팀의 이인자가 된 그렉 앤드리스는 그에게 "스탠퍼드 2세에 대해서는 전혀 관심 없어"라고 말했다. 후속 조사는 생각 말라는 이야기였다. 법무부의 전방 본부는 소시에테 제네랄에 대한 추가 조사를 건너뛰었다. 이 사례만 보더라도 오바마 행정부의 법무부가 스탠퍼드의 사기 같은 범죄가 기승을 부리도록 도운 더 크고 더 조직적인 행위자들을 추적하는 것보다 언론 머리기사를 장식하는 사기꾼들을 기소하는 것을 선호했음을 알 수 있다. 이와는 대조적으로 엔론 태스크포스는 메릴린치와 낫웨스트의 중역들을 기소했다. 뉴욕의 남부 연방 검찰청에서도 매도프 사건의 담당 검사들이 몇 년이나 걸려

매도프를 도운 은행들을 조사했지만 그와 관련된 은행의 중역 개인을 한 명도 기소하지 않았다.

펠티어에게 진력이 난 브루어는 2010년 8월 그에게 사건에서 손을 떼라고 지시했다. 2012년 3월 법무부는 R. 앨런 스탠퍼드를 상대로 한 재판에서 승소했다. 배심원단은 사기와 사법 방해 혐의 등으로 그에게 유죄를 선고했다. 판사는 징역 110년 형을 선고했다. 그리고 정부는 그의 폰지 사기를 도운 조력자들은 결코 추적하지 않았다.

전방 본부의 간섭

오바마 행정부의 신중한 태도는 AIG FP 중역들에게 유리하게 작용했다. AIG FP 중역인 앤드류 포스터의 변호사들은 의뢰인-변호사 특권의 적용을 받는다는 이유로 자료 대부분을 보호할 수 있었다. 톰슨 메모의 폐지 이후로는 검사들이 특권 주장에 맞설 명분이 없었다. 포스터의 변호사들은 파생금융상품 계약과 담보 보충 요구에 대한 "법률 자문"이 포함되어 있다면서 적어도 8개의 통화 자료를 제출하지 않았다. 피고인 측은 다른 방법으로도 압력을 가했다. 정부는 회사의 사내 변호사와 대화했다. 얼마 후 정부는 중역의 변호사들이 그 대화 내용을 알고 있다는 것을 알아차렸다. 과거라면 검사들이 사내 변호사에게 다시는 대화 내용을 발설하지 말라고 호통을 치는 일이 가능했을지도 모른다. 그러나 그때는 아무런 반대도 할 수 없었다.

2009년 초에 펠티어와 사프왓은 변호사들에게 카사노, 포스터, 애턴 등 중역 몇 명이 "표적"이라는 말을 꺼냈다. 두 사람은 애턴이 협력할 가능성이 있다고 생각했다. 대다수의 검사와 마찬가지로 펠티어와 사프왓은 증인의 증언이 화이트칼라 기소를 결정짓는다고 믿었다. 문서는 대부분 전문적이고 무미건조하다. 두 사람이 조사 초반부터 애턴을 "표적"으로 칭한 것이 그들보다 덜 적극적인 관료에게는 화이트칼라 조사의 불문율을 위반한 행위로 보였다. 법무부 용어로 증언을 하는 사람은 세 부류로 나뉜다. 첫째는 검사들이 이야기하고자 하는 바를 목격했을 법한 '증인(witness)'이다. 좀 더 직접적으로 관여했을 법한 사람은 '대상(subject)'이라고 부르며, '표적(target)'은 검사들이 현재 증거로 볼 때 기소할 수 있겠다고 믿는 이를 가리킨다. 조사는 느리게 진행되기 마련이다. 초반부터 위협하는 것은 공정하지 못한 행위로 간주된다. 브루 크루는 펠티어와 사프왓이 너무 공격적이라고 생각했다.

톰 애턴은 결코 호락호락하지 않은 사람이었다. 그는 자기를 보호해 줄 수 있는 유력 인사들로 변호인단을 꾸렸다. 바로 데브보이즈 앤 플림턴의 메리 조 화이트와 앤드류 세레스니(Andrew Ceresney)였는데 이들은 BoA의 최고 경영자 켄 루이스도 2인 1조가 되어 변호한 적이 있었다. 화이트는 티렐에게 법무부 본부가 사건에 대한 결론을 벌써 내린 것이 아닌지 걱정하면서 펠티어에 대해 불평을 늘어놓았다. 그녀는 사건을 바라보는 법무부 내부의 시각에 부정적인 영향을 끼치는 데 성공했다.

걱정이 된 전방 본부의 관료 리타 글래빈(Rita Glavin)은 애턴과 프로퍼(proffer, 조사 대상, 변호사, 검사가 참석하는 대면 조사 – 역주)로 불리는 면담을 가졌다. 화이트와 세레스니가 애턴과 함께 참석했다. 펠티어, 사프왓, 티렐은 분노했다. 전방 본부는 스탠퍼드 사건에 대해서도 사사건건 참견을 했지만 이때의 간섭에 비하면 아무것도 아니었다. 전방 본부가 그처럼 적극적으로 조사에 참여하는 일은 극히 드물었다.

화이트와 세레스니는 애턴이 어째서 무죄인지 하나하나 근거를 제시했다. 글래빈은 사프왓의 말을 끊더니 조사를 직접 수행한 사람들에게는 화이트와 세레스니의 입장을 동정하는 것처럼 들리는 질문을 했다. 글래빈은 티렐, 펠티어, 사프왓을 면담실 밖으로 불러내어 꾸짖는 극적인 장면까지 연출했다. 그녀는 화이트의 말이 설득력 있다고 생각했고 시작할 때보다 더 혼란스러워진 상태로 애턴과의 면담을 마쳤다. 그녀는 펠티어와 사프왓의 행동이 전문가답지 못하다고 도를 넘어섰다고 보았다. 그녀가 보기에 펠티어와 사프왓은 자신들의 논거를 실제보다 더 강력한 것처럼 내세우고 있었다. 그녀는 브루어에게 논거가 약하다고 경고했다.

"일말의 의심도 없이"

2010년 초가 되자 브루어, 앤드리스, 전방 본부는 AIG FP를 기소할 근거가 없다고 확신했다. 지나친 간섭이 사건을 망쳤다. 전방 본부는 너무 많은 현황 보고를 받았기 때문에 조사의 성과와 부진에 일일이 연연했다. 펠티어는 아무리 복잡한 조사라도 자연스럽게 진행되게 마련이라는 것을 알았다. 정부가 정보를 수집하고 가설을 세운 다음에도 때에 따라서는 결론과 명확히 일치하지 않는 정보를 추가로 발견할 수도 있음을 알았다. 새로운 반전이 나타날 때마다 전방 본부의 걱정도 늘어갔다. 관료들은 AIG의 그 누구도 여전히 직접적으로 카사노를 책임자로 지목하지 않는 것에 혼란을 느꼈다. 정부는 카사노 자신이 쓴 것 중에서도 유죄를 입증할 만한 이메일을 전혀 확보하지 못했다. 그가 너무 영악해서였을 수도 있다. AIG의 최고 중역들은 FP의 경영 상태를 궁금해하지 않았고 알쏭달쏭한 재보험을 카사노에게 처리하도록 맡겨 놓는 일이 너무 잦았다. 법무부 관료들은 직접 증거만이 기소의 근거라는 듯이 사프왓과 펠티어가 사건의 직접 증거를 확보하지 못한 것을 비웃곤 했다.

2009년 말, AIG 조사에 전환이 일어났다. 조사 초기만 해도 PwC의 회계사들은 카사노와 AIG FP가 네거티브 베이시스 조정에 대해 자기들에게 일언반구도 없었다고 주장했다. 그러나 정부는 그 말이 사실이 아님을 발견했다. 조사관들이 PwC 회계사들이 작성한 문서 여백에서 카사노가 회계사들에게 신용 파생금융상품 포지션에 대한 자사의 회계 처리 방식을 알려 주었다는 자필 메모를 발견한 것이다. 이 자필 메모를 통해 최소한 회계사 한 명이 네거티브 베이시스 기법에 대해 무엇인가 알고 있었음이 드러났다. 이로써 회계사들이 조사 초기에 검사들에게 한 주장과는 달리 카사노가 그들을 완전히 속이지 않았을 가능성이 커졌다. AIG FP의 변호사들은 그 메모를 그 자체로는 합리적 의심 정도로 간주했다.

그러나 그 증거는 중요한 내용이 생략된 자필 메모에 불과했다. 해당 파트너는 자기가 왜 그런 메모를 했는지, 그 내용이 무슨 뜻인지 말하지 못했다. 이 메모 때문에 조사가 중단될까? 조사를 진행하는 사람들은 그렇게 생각하지 않았다. 그 메모로도 AIG FP 중역들이 손실을 피하기 위해 손실을 받아들이지 않았고 상대 은행과 담보 거래를 했으며 그런 다음에 자기들의 행위를 감추고 사람들을 기만하기 위해 장난을 쳤다는 사실은 바뀌지 않았다. 우편 조사관이며 이 사건을 담당했던 제임스 텐딕은 그러한 결정들에 사기성이 있다는 사실을 찾아냈다. "우리 눈에는 여전히 회계 사기의 적신호가 보였다"라고 그는 말했다. 법무부가 의심스러운 사실 하나 때문에 복잡한 조사를 하지 않는다면 아무것도 혹은 그 누구도 기소되지 않을 것이라고 그는 믿었다.

검찰은 그 일로 열띤 공방을 벌였다. 어떤 검사는 증거에 대해 우려했지만 기소를 찬성하는 검사들도 있었고 그 가운데서도 펠티어가 가장 강력하게 지지했다. 그러나 기소가 곧 이루어지지 않는다 하더라도 펠티어와 텐딕, 그리고 요원들은 최소한 조사를 계속하고 싶었다. 승리가 확실시되지 않는다 하더라도 법무부가 기소해야 할 사건이 있었다. AIG 사건은 기소함이 마땅했다. 그들은 기소하면 좋은 일이 일어나게 되어 있다고 주장했다.

AIG 측 변호사들은 법무부의 기소 근거가 미약하다는 것을 직감했다. 일련의 회의에서 변호사들은 애턴과 포스터가 이해하기 어려운 증권의 가치를 평가하느라 골머리를 앓은 것은 분명하지만 아무도 기만하지 않았다고 주장했다. 캐스린 루에믈러가 법무부의 엔론 태스크포스에서 일했을 때 여러 차례 경험했듯이 화이트칼라 용의자들은 정말로 자신들이 아무 잘못도 하지 않았다고 믿는 경향이 있다. 그리고 변호사들이 그러한 믿음을 강화해 준다. 그런 믿음을 깨는 데는 시간과 노력과 압박이 필요하다. 용의자 측 변호사들이 정부의 의견 분열을 눈치채거나 취약성을 감지할 경우 협력을 받아 내는 일이 거의 어려워진다.

그해 봄에 브루어와 앤드리스는 펠티어과 사프왓을 비롯한 조사 팀과 사건에 대해 여러 차례 의견을 교환했다. 상사인 브루어와 앤드리스는 검사들에게 증거에 대해 캐물었다. 그들은 승소 가능성을 질문했다. 승소 가능성? 펠티어는 전에는 그런 질문을 받아 본 적이 없었다! 승소 가능성이 얼마나 되는지 신경 쓰는 상사는 이제껏 한 명도 없었다. "화이트칼라 사건에서는 책임지고 승리하라는 요구를 받으면 재판을 망치기 쉽다"라고 그는 회고한다. "전방 본부가 하는 일이라고는 애턴의 변호사들이 하는 최종 변론을 들은 후 법무부의 논거가 미약하다고 결론 내리면서 검사들에게 엄청난 부담을 지우는 것뿐이다. 그들이 원하는 것은 완벽하고 빈틈없는 논거였다. 이런 종류의 사건에서는 그런 논거를 절대로 얻을 수 없다."

펠티어는 브루어에게 답을 주고 싶지 않았다. 배심원단과 판사를 예측하기란 불가능했다. 화이트칼라 사건은 재판에서 질 가능성이 크다. 일반 사건보다 훨씬 더 복잡한 데다 뛰어난 변호사들이 변론을 맡기 때문이다.

펠티어는 많은 선배 검사들이 깨달은 것을 깨닫게 되었다. "이 비겁한 놈들이 기소를 승인해 줄 리가 없어"라고 그는 생각했다. "그리고 우리가 그 장애를 극복해 냈는데 재판에서 진다면 내 자리를 부지하기 위해 안간힘을 다해야 할 거야." 펠티어와 사프왓은 테드 스티븐스 사건에서 어떤 일이 일어났는지 잘 알았다. 그는 전방 본부가 자신들의 실수를 실무 검사들 탓으로 돌렸다고 생각했다. "나는 내게 종말이 가까워졌다는 사실을 알았다"라고 그는 말했다. "나는 그때 우리가 하던 이판사판식의 소송으로는 법무부에 남아 있을 수 없다는 것을 깨달았다. 거기에 첫 실패까지 더해지니 내 경력은 언제든 끝날 수밖에 없었다. 우리는 세상을 바꾸기 위해 한계를 뛰어넘으려고 한다. 그저 자기 할 일을 하기 위해 어렵지만 정당한 기소를 제기한다. 일이 잘못되는 방법은 천 가지이고 그 가운데는 우리가 결코 상상할수 없으며 통제할 수 없는 것이 대부분이다."

펠티어는 승소 확률을 후려치는 수밖에 달리 도리가 없다고 생각했다. 그러지 않고 그들이 지면 그와 사프왓은 법무부에서 죽은 목숨이 될 터였다. 압박감에 시달리다 못해 펠티어는 기소를 제기해야 한다고 대답했다. 정당한 기소이지만 승소 확률을 40%로 본다고 말했다. 그것이 바로 브루어와 앤드리스가 듣고 싶던 대답이었다. 법무부는 곧 조사를 포기했다.

브루어가 옳았을 수도 있다. 어쩌면 입증 가능한 범죄가 저질러지지 않았을 수도 있다. 아니면 펠티어와 사프왓이 목표를 충분히 높이 잡지 않았을지도 모른다. 금융위기의 원인을 분석하기 위해 의회가 구성한 금융위기 조사위원회(Financial Crisis Inquiry Commission, 이하 FCIC)는 현실과는 정반대의 해석을 내놓았다. 법무부가 AIG의 최고위 중역들을 기소해야 했다는 것이다. FCIC는 AIG의 최고 경영진이 국민을 기만했다고 판단하고 법무부에 사건을 회부했다.[16] 카사노가 가치 평가 방법과 손실을 밝혔다면 최고 경영진도 좀 더 철저한 조사를 받아야 옳았다. 펠티어와 사프왓은 자신들이 최고 경영진이 문제를 알면서도 감추었다는 사실을 강력하게 입증하는 증거를 발견했다고는 생각하지 않았다. 앤드리스와 브루어가 그런 식의 조사 방침을 밀어붙이지 않은 것은 분명하다. FCIC는 2008년 금융위기와 연관이 있는 다양한 금융회사들을 여러 차례 형사 고발했지만, 모든 고발이 큰 주목을 받지 못한 채로 흐지부지되었다.

펠티어는 자포자기하는 심정으로 마지막 수를 두었다. 브루어의 명령으로 앤드리스가 직무를 대행하고 있었고, 그는 펠티어에게 법무부가 왜 기소를 거부하는지를 해명하는 보고서를 사프왓더러 작성하게 하라고 지시했다. 펠티어는 사프왓에게 모든 세부 사항과 증거를 채워 넣어 기소 거부 보고서로 위장한 기소 보고서를 작성하도록 지시했다. 펠티어는 그저 자신들이 얼마나 많은 사건 증거를 확보했는지 보여 주고 기록으로 남기고 싶었다. 전방 본부는 최종적으로 조사 중단 결정을 내리기 전에 그 모든 내용을 검토해야만 할 터였다. 사프왓은 그와 펠티어의 생각으로는 끝내주는 26쪽짜리 문서를 작성했다. 앤드리스는 그 긴 문서를 보더니 벌컥 성질을 냈다. 그는 브루어가 읽기 좋도록 분량을 대폭 줄이라고 강요했다. 그들은 보고서를 다시 썼고 4쪽 분량으로 줄였다. 법무부는 공식적으로 기소를 거부했다.

펠티어는 현재도 카사노가 기소되어야 했다고 믿는다. "그는 AIG의 손실에 대해 미국 국민을 기만하는 일을 획책했다. 그거면 된다. 그의 죄에 대해서는 일말의 의심도 없다." 2010년 5월 법무부는 AIG FP 조사를 중단했다.

조사를 한 번 건너뛰는 일은 이해할 수 있다 처도 번번이 그런다면 뭔가 다른 문제가 발생하기 시작했음을 나타내는 것이며, 이 경우에는 법무부 문화의 부패였다. 애덤 사프왓은 법무부의 실무 검사 대다수보다 문제를 좀 더 명확하게 볼 수 있었다. AIG FP를 조사하는 일 이외에도 그의 업무는 법무부 본부를 대표하여 미국 전역의 금융위기 조사 현황을 지속적으로 파악하는 일이었다. 사프왓은 전국의 연방 검찰청을 순찰했다. 뉴욕에 가서는 리먼 조사에 대한 근황을 보고받았고 로스앤젤레스에서는 컨트리와이드에 대한 정보를 얻었으며 시애틀에 가서는 워싱턴 뮤추얼에 대해 들었다. 연준은 은행 당국 관료들에 대한 소환장을 잔뜩 발부했지만 그 정도가 다였다.

분명 사건을 파헤치려는 의지가 없었다. 컨트리와이드, 워싱턴 뮤추얼, CDO 범죄, 모기지 증권 범죄, 리먼 브라더스, 씨티그룹, AIG, 가치 평가 꼼수, 뱅크 오브 아메리카, 메릴린치, 모건 스탠리 등 금융위기 범죄에 대한 조사는 위험을 감행하지 않는 쪽으로 차례차례 결정이 내려졌다. 기소는 없었다.

2008년의 여파는 적극적인 대응을 필요로 했다. 국민이 그런 대응을 요구했다. 정치권도 찬성했다. 법무부는 기업과 중역을 기소할 기회가 있었다. 재판에서 증거가 공개되었을 것이다. 배심원단은 범죄가 저질러졌는지 여부를 판단했을 것이다. 법무부에 기회가 있었을 때 실패에 대한 두려움 때문에 이 모든 기회를 날려버렸다는 것은 비극이었다.

Chapter 15

레이코프 판사의 몰락과 부상(浮上)

RAKOFF'S FALL AND RISE

2011년 10월 9일, SEC는 모기지 투자
와 관련해 투자자들을 기만한 혐의를 받은 씨티그룹과 2억 8500만 달러에
합의했다고 떠들썩하게 발표했다.[1] 씨티그룹은 주택시장의 거품이 터지던
2007년 초에 클래스 V 펀딩 III(Class V Funding III)라는 상품을 만들어서
자기네 장부에서 덜어 내고 싶은 부실 자산을 채워 넣었다. 그런 다음에 이
상품을 아무것도 모르는 투자자들에게 판매했다. 이 은행은 애버커스 때의
ACA와 마찬가지로 자기네와 무관한 독립적인 회사가 상품을 관리한다는
말로 투자자들을 안심시킴으로써 그들에게 잘못된 신뢰감을 심어 주었다.
사실 씨티그룹은 부실 자산을 그 회사에 수수료를 주고 떠넘겼다. 씨티그룹
은 이 거래로 1억 6000만 달러를 벌었다. 투자자들은 수억 달러를 잃었다.

　씨티그룹과의 합의는 SEC가 CDO 시장에서 잘못을 저지른 은행과 세
번째로 맺은 합의였다. SEC는 그 이전에도 애버커스 건으로 골드만과, 다

른 건으로 JP모건과 합의했다. 두 은행에 대해 다른 소송을 제기하지 않은 채로 그저 경고만 내리고 다른 대형 금융회사의 잘못된 거래를 찾는 일로 넘어갔다. 그러더니 또 씨티그룹과 일회성 합의를 체결한 것이다. 폴 와이스의 브래드 카프(Brad Karp) 회장이 씨티그룹을 대리했는데 그의 로펌은 제드 레이코프 판사 앞에서 BoA의 변론을 담당한 곳이었다.

그가 씨티그룹의 합의를 협상하는 동안 폴 와이스 팀은 이전의 SEC 합의 사례를 연구했다. 골드만은 애버커스 혐의에 대해 합의를 봤을 때 사죄하는 성명서를 발표하고 (적어도 스스로의 관점으로는) 큰돈을 치름으로써 뉘우치는 모양새를 취했다. JP모건 체이스가 두 번째로 합의를 체결했고 1억 3300만 달러(이익 환수를 포함하면 총 1억 5400만 달러)의 벌금을 냈다. 그 액수를 씨티그룹은 넘어서야 했다. 그뿐만 아니라 JP모건은 부주의(negligence) 혐의에 대해서만 합의를 보았다. 씨티 역시 이보다 강력한 혐의는 피하고 싶었다. 합의의 모든 세부 사항이 중요했다. 이 은행은 잘못을 인정하지 않을 작정이었지만 특히 중대한 혐의는 부정하기로 했다.

1959년에 태어난 카프는 여전히 사내아이 같은 이목구비와 영특한 눈을 지니고 있었다. 그의 말투는 어찌나 부드럽고 다정한지 사람들은 그가 자기를 만나서 즐거워한다고 생각할 수밖에 없었다. 그는 아주 솔직한 사람이라 (아니면 솔직한 척하는 데 능숙했기 때문에) 사람들은 그와 만나는 것을 즐거워할 수밖에 없었다. 그러한 표면상의 태도는 그가 적극적으로 협상을 추진하는 데 도움이 되었다. 카프는 SEC와 만나서 자신의 의뢰인을 교묘하게 감쌌다. 그는 씨티가 결코 범죄의 고수가 아니라고 주장했다. 사실은 CDO 투자로 300억 달러를 날린 최대 피해자라는 것이었다. 그에 따르면 씨티그룹은 포커판의 호구였다.

SEC는 이따금씩 강경한 입장을 보였지만 카프와 폴 와이스는 바라던 바를 얻었다. 씨티는 (부당 이익 1억 6000만 달러를 토해 내는 이외에) 벌금으로 JP모건보다 적은 9500만 달러를 내는 데 동의했다. 게다가 골드만보다 가벼운 부주의 혐의를 받았다. 물론 잘못은 전혀 인정하지 않았다. SEC에서 이런 식의 합의는 관례 정도에 그치지 않고 일종의 종교 의식으로 변모했다. 게다가 SEC는 애버커스 사건 때 패브리스 투르에게 했던 것과 마찬가지로 직급이 높지 않은 은행 임원 한 명을 제소했지만 그의 상사들은 한 사람도 제소하지 않았다.

그 당시에 뉴욕 남부 지역에서 그런 식으로 합의되는 사건은 모두 무작위로 판사에게 배정되었다. 판사가 배정된 날 폴 와이스의 파트너 한 명이 카프의 사무실로 와서 말했다. "자네가 믿지 못할 일이 일어났어."제드 레이코프 판사 말고는 어느 누가 씨티그룹 사건을 맡더라도 무방했다. 카프는 무슨 일이 일어났는지 알아차렸다. 레이코프는 결코 합의에 만족하지 않을 것이 분명했다. 게다가 레이코프 열병이 판사들 사이에 확산되던 중이었다. 2010년에 씨티는 SEC와의 합의에 대해 워싱턴 연방 항소법원의 판사로부터 '레이코프당했다(Rakoffed).' 그러더니 이제는 원조 레이코프로부터 같은 일을 당하게 생긴 것이다. 카프는 자신이 의뢰인을 위해 쏟았던 그 모든 노고가 헛수고로 끝나는 것만은 원치 않았다. 그는 최악의 상황에 대비하여 계획을 세우기 시작했다.

제드 레이코프는 제임스 키드니처럼 SEC를 속속들이 알지는 못했을지 모르지만 SEC는 외부에서 보기에도 악취를 풍겼다. 금융위기로부터 3년이 흘렀지만 범죄로 제소된 최고위 중역은 아무도 없었다. SEC는 소송을 거의 제기하지 않았으며 주로 직급이 낮으며 직접적으로 관련이 없는 범법자만을 제소했다. BoA 합의에 대한 레이코프의 최초의 기습 공격이 움직임을 일으키기 시작했다. 그러나 당사자들이 조건을 너무도 신속하게 변경하는 바람에 변화는 지체되었다. 레이코프 판사는 포기하지 않았다. 그는 무시인 무부인 합의 정신에도 일격을 날릴 수 있었다.

폴 와이스의 변호사들은 레이코프에게 사건이 배정되었다는 사실을 알자마자 SEC에 연락했다. 그들이 합의를 추진할 때만 해도 SEC와 은행은 서로 적이었다. 이제 그들은 레이코프 판사로부터 합의를 방어하기로 결의하고 동맹이 되어 연합 전선을 구축했다. 레이코프가 합의에 관해 양측에 질문을 던지자 그들은 함께 대답을 준비했다. 양측은 전화로 어떻게 대답할지를 논의했다.

레이코프는 기민하게 재판 일정을 조정했다. 그다음 달인 2011년 11월 9일에 그는 SEC와 카프의 공청회를 열었다. 벌떼 같은 기자들과 시내 온갖 로펌의 어소시에이트가 법정을 메운 가운데 레이코프는 즐거워하면서도 부끄럽다는 듯이 공청회의 시작을 알렸다. "제가 〈카사블랑카〉에서 험프리 보가트가 한 유명한 대사가 떠올랐습니다. '이 세상 모든 장소 중에서 당신은 이곳에 오기로 선택했어요.' 그러나 저는 여러분 모두를 이곳에서 보게 되어 기쁩니다."

레이코프는 근거가 약한 합의를 자신이 얼마나 못마땅해했는지 분명히 밝혔다. SEC의 저자세가 언론 보도에서도 느껴졌다고 말했다. 그는 곧바로 SEC의 변호사인 매튜 마튼스에게 질문을 퍼부었다. 당시 연방대법원장인 윌리엄 렌퀴스트(William Rehnquist)의 클럭을 지낸 마튼스는 난처하고도 터무니없기까지 한 입장에 있었다. 레이코프는 자신이 합의를 평가할 때 활용하는 네 가지 기준을 설명했다. 합의는 공정하고 합리적이며 적절하고 공익에 부합해야 한다는 것이었다. 그러자 SEC가 법적으로 합의가 공익에 부합해야 할 필요는 없다는 식의 주장을 펼쳤다. 마튼스는 그런 주장을 옹호해야 했다.

레이코프는 SEC가 자신에게 제기한 다른 소송에 대해서 언급했다. 그때 SEC 스스로가 합의는 공익에 부합하고 공익에 부합할 필요가 있다고 주장했다는 것이다. 무슨 소송이었는지는 몰라도 마튼스는 SEC가 그때는 부정확했던 것이라고 용감하게 해명했다.

"그럼 당신은 내가 어떤 합의가, SEC에는 죄송한 말이지만, 공정하고 합리적이며 적절하지만, 형평성 측면에서 공익에 부합하지 않거나 심지어 공익을 해친다고 생각하더라도 억지로 승인해야 한다는 말이오?"라고 레이코프가 물었다.

마튼스는 SEC의 모든 합의가 당연히 공익에 부합한다고 생각하지만 판사가 그렇게 판단하지 않는 것이라고 말하면서 이렇게 덧붙였다. "죄송하지만 저는 그것이 평가의 요소라고 생각하지 않습니다." 공정하고 합리적이며 적절하면 그만이라는 이야기였다.

"흥미로운 입장이군요." 레이코프는 무엇인가를 골똘히 생각하더니 이렇게 말했다. "내 임무는 판단이 아니라 권한을 행사하는 것입니다."

판사는 계속해서 무시인 무부인 문구에 대해 불평했다. 혐의가 사실인지 아닌지 어떻게 설명할 거냐고 물었다. "당신은 매우 중대한 주장을 하고 있어요." 그가 말했다. "당신이 직접 작성한 소장은 그들에게 증권사기 혐의를 두고 있습니다. 그런데도 상대방은 법적 측면에서 공식적으로 그런 혐의를 전혀 시인하지 않고 있습니다. 법원에서는 그 혐의들이 여전히 입증되지 않은 상태입니다."

마튼스가 맞받아쳤다. "씨티는 우리 혐의에 대해 상당한 금액을 지급하는 데 동의했습니다. 그리고 혐의를 부인하지 않았습니다. 우리는 그 사건의 경우에 국민이 무슨 일이 일어났는지 몰라서 의아해한다고는 생각하지 않습니다."

"그럼 한번 알아봅시다."라고 레이코프가 말했다. "카프 씨에게 물어보겠습니다. 당신은 혐의를 인정합니까?"

카프가 일어나서 앞으로 걸어 나왔다. "판사님, 저희는 혐의를 인정하지 않습니다"라고 카프가 낮고 침착한 목소리로 말했다. 그는 제자리로 돌아가서 다시 앉은 다음에 잠자코 있다가 이렇게 덧붙였다. "하지만 이 말이 위안이 될지는 모르겠지만 저희는 혐의를 부인하지 않습니다." 온 법정이 킥킥거렸다.

"알겠어요. 그리고 조롱하려는 것이 아니라 나한테 지금 현미경이 없어서 그러는데 9500만 달러면 씨티그룹 순 가치의 몇 퍼센트나 되는 건지 묻겠습니다."

레이코프가 이 합의로 씨티그룹이 받게 될 영향을 캐묻자 카프는 아주 적은 비중이라고 설명했다. 씨티그룹은 그 거래나 비슷한 거래로 인한 개인과의 소송에서 스스로를 방어하기 위해서라도 중요한 장소 즉 법정에서 혐의를 부인해야만 했다. 이 은행은 SEC가 주장한 대로가 아니라 자기들이 보는 관점으로 사실을 제시할 수 있었다. 레이코프의 지적대로 SEC의 합의는 처벌 효과가 없었다.

카프는 처벌 효과가 없는 합의라는 생각을 교묘하게 받아쳤지만 레이코프는 의심을 버리지 않았다. 카프가 씨티는 경영진을 교체했고 경영 관행, 준법 감시 체계, 감독 체계를 정비했다며 은행이 동의한 개혁 조치를 늘어놓았을 때 판사는 참지 못하고 그의 말을 가로막았다. "씨티그룹이 그처럼 놀라운 변화를 이루어 냈다니 기쁘군요. 그리고 나는 경제가 그런 조치의 덕을 보는 날이 일찍감치 다가오리라 확신합니다."

그런 다음 레이코프는 부주의 혐의가 설득력이 없다며 SEC를 공격하기 시작했다. 그는 SEC가 씨티그룹과의 합의와는 별도로 이 회사의 직급 낮은 임원을 상대로 제기한 소송을 언급하면서 SEC가 씨티그룹이 다 알고도 의도적으로 거래에 착수했다는 식의 말을 했다는 것을 지적했다.

"당신의 소장에 따르면 씨티그룹은 크레디트 스위스가 선별한 증권을 다양한 특성이 있는 것으로 판매했습니다. 그러나 실제로는 씨티그룹이 선별한 형편없는 증권이 섞여 있었고 시티그룹은 판매를 완료하자마자 혹은 상품을 출시하고 그 형편없는 것들을 투자자에게 떠넘기기 시작하자마자 경영이 호전되었습니다." 판사는 사건을 거의 요약하여 들려주었다. "그렇다면 그런 행위가 어떻게 부주의가 될 수 있습니까?"

마튼스는 조사의 결정적인 결함을 단적으로 드러내는 대답을 했다. SEC는 최고위 중역들의 비행을 적발하는 방법조차 알지 못하는 듯했다. "판사님, 문제는 관련 정보를 알고 있으면서 정보 발표 과정에 관여한 개인을 파악하는 일입니다." 마튼스는 씨티그룹의 하위 중역인 브라이언 스토커(Brian Stoker)만이 거래 정보를 완전히 알고 있었을 뿐 아니라 그러한 발표에 반대할 수 있는 입장이었지만 그러지 않았다고 주장했다. SEC에 따르면 씨티그룹 직원 중에 그와 같은 상황이었던 사람은 달리 아무도 없었다.

공청회가 진행되는 동안 레이코프는 씨티가 카프를 변호사로 내세운 것이 어떠한 영향력을 발휘했는지 알고 있음을 분명히 드러냈다. SEC의 소장에는 애버커스 거래로 골드만을 제소했을 때보다 더 강력한 혐의가 담겨 있었다. 그럼에도 SEC는 그때보다 더 온건한 합의에 들어갔다. 이 합의로 SEC와 국민이 얻는 것이 "일시적인 대서특필" 이외에 무엇이 있냐고 레이코프는 의문을 제기했다. 그가 보기에는 큰돈도 아니었다. 벌금은 "호주머니 속의 잔돈"에 불과했다. 그는 씨티그룹이 상습범이라고 지적하면서 SEC가 그런 상습범들을 처벌하는 데 하는 일이 거의 없었다고 말했다.

SEC와 카프는 레이코프가 합의안을 거부할 것으로 확신하면서 공청회장을 나왔다. 그들은 판사가 양측이 합의에 어떻게 도달했는지에 관해 추가 정보를 요구할 것이라고 짐작했다. 카프는 과거의 경험에서 얻은 교훈을 떠올리고는 그 요구에 단호히 거부하기로 결심했다. 그는 씨티가 추가 정보를 제공하는 일을 막을 작정이었다. BoA의 경우 레이코프가 의견서에 사실 정보를 넣었을 때 원고 측 변호사들이 그 정보를 집단 소송에 활용하여 24억 달러라는 거액의 합의금을 받아 내는 바람에 큰 타격을 받은 적이 있었다.[2] 씨티그룹은 BoA에 내려진 것과 같이 피해 막심한 판결을 감당할 여력이 없었다. 씨티의 잠재적 익스포저(potential exposure, 정해진 기간 동안 자산이나 부채에 발생할 수 있는 최대 손실 - 역주)는 훨씬 더 나빠서 수십억 달러에 이르렀다.

그러므로 씨티그룹은 명목상의 규제기관인 SEC를 자기편으로 만들 필요가 있었다. 폴 와이스는 집행국의 롭 쿠자미 국장과 로린 라이스너 부국장을 비롯한 SEC 관료들과 일련의 대화를 나누었다. 레이코프가 양측의 재판 날짜를 정한 상황이었다. 씨티는 그 어떤 혐의도 인정하지 않으려고 했다.

SEC는 레이코프에게 굴복하지 않겠다는 말로 씨티그룹의 변호사들을 안심시켰다. (그 후 로린 라이스너는 법무부에서 잠깐 동안 근무한 다음에 폴 와이스에 들어갔다.)

레이코프는 추가 정보를 요구하는 중간 조치를 취하지 않았다. 그는 양측 모두 그 요구에 응하지 않으리라고 판단했다. 그래서 그 조치를 그냥 건너뛰기로 결정했다.

무분별하고 본질적으로 위험하다

레이코프는 그 사건의 판결만큼은 쉽게 결정했다. 그 일은 그가 몇 년 동안 골몰했던 사안이었다. 그는 대개 주말과 밤중에까지 판결을 심사숙고하고 판결문을 작성했지만 이번 초안을 작성할 때는 오후 한나절로 충분했다. 유능한 판사는 자신의 판결에서 사회적인 맥락을 배제하고 자기 앞에 제시된 법적인 문제에만 초점을 맞추게 마련이다. 레이코프는 머릿속에서 금융위기와 경기 후퇴 생각을 몰아내려고 애썼다. 그는 얼마 전에 씨티그룹이 얼마만큼 여러 번 법을 어겼는지를 격분한 논조로 지적한 〈뉴욕타임스〉 기사를 읽은 적이 있었다. 그는 충분한 정보를 제공받지 않는 한 합의안을 승인할 수 없다는 결론을 내렸다.

혈기왕성해서 많은 말을 늘어놓던 때는 이미 오래전에 지났다. 이제 레이코프는 판결문을 짧게 작성했다. 이번 판결문은 그의 기준으로도 간략한 15쪽이었다. 그는 클럭에게 판결문의 참고 문헌 인용이 제대로 되었는지 확인하도록 했다. 그다음 날인 11월 28일에 다시 한번 짧게 훑어본 후 그는 판결문을 발표했다.

레이코프는 "법원이 온당한 수준의 독립적인 판단력을 행사하는 데 필요한 입증되거나 인정된 사실 정보를 제공받지 못했기 때문에" 합의안을 승인할 수 없다고 판결했다. 그는 "사실에 입각하지 않은 사법 권력의 행사는 무분별한 것을 넘어 본질적으로 위험하다"고 지적했다.

레이코프는 계속해서 이렇게 썼다. "공공 기관이 법원에 법 집행의 동반자가 되어 달라고 요구할 때, 법원과 국민은 근원적인 사실이 무엇인지 일정 정도 알아야 할 필요가 있다. 그렇지 않으면 법원은 알려지지 않은 사실에 의거해 은밀하게 타결된 합의의 부속물에 그치게 되며 국민은 공적으로 중대한 사안의 진실을 알 권리를 박탈당하기 때문이다."

그런 다음 그는 그러한 합의의 가장 큰 문제점을 지적했다. 정의 실현의 정신을 훼손한다는 것이었다. 규제기관은 승리를 주장하겠지만 기업 역시 위자료만 지급하면 정부를 떼어 버릴 수 있다고 주장하기 쉬웠다. "혐의 인정을 전혀 요구하지 않고 매우 미미한 벌금으로 끝나는 합의의 경우 무엇보다도 재계가 이를 진실이 무엇인지 표명하는 것이라기보다 규제기관과의 업무 관계를 유지하기 위해 치러야 할 사업 비용으로 간주하는 경향이 있다."

레이코프 판사가 판결을 내릴 때 머릿속에서 금융위기를 몰아낸 것만큼이나 그의 글에는 분명히 그 주제가 스며들어 있었다. 그는 "이처럼 금융시장의 투명성을 건드려서 그러한 파장이 우리 경제를 침체시키고 우리 삶의 질을 떨어뜨린 사건의 경우에는 진실을 아는 것이 최우선적인 공익이다"라고 썼다.

레이코프는 기업법 집행의 문제를 인식하기에 이르렀다. 정부는 기업과 경영진의 책임을 추궁하지 않았다. 합의 문화는 법무부와 SEC를 잠식했다. 레이코프는 "사건 합의가 그처럼 쉬워지면 말발을 잃게 된다. 재판이라는 시험대에 올라 본 적이 없으므로 정말 어려운 사건을 추적하고 정말 정교한 사기를 적발할 수 있는 능력을 잃게 된다"고 말한다.

국민은 분노로 들끓었고 재판부의 뜻에 충분히 공감했다. 언론은 레이코프를 소개하는 기사를 실었다. BoA 사건 때보다도, 사형 판결 거부 때보다도 더 많은 성원의 편지가 쇄도했다. 레이코프는 사실 정보 요청을 자신이 한 주장의 핵심으로 간주했다. 그는 SEC의 합의 방식을 폐지하라고 요구한 것이 아니었다. 그러나 언론은 합의에 초점을 맞추었다.

편협한 관점

씨티와 폴 와이스는 걱정에 휩싸였다. 레이코프가 2012년 7월로 재판 날짜를 잡았기 때문이다. 사건의 전모가 꼴사납게 만천하에 공개되면 씨티가 승소한다고 해도 홍보 문제가 발생할 수 있었다. 폴 와이스는 그런 일이 없기를 기대하며 항소했다. 그러자면 항소법원이 신속하게 나서야 했다. 그들이 항소법원의 주목을 끌기 위해서는 적절한 법적 근거를 생각해 내고 항소법원에 하급 법원의 판결을 유예해 달라고 요청할 필요가 있었다. 일반적인 피고인이라면 항소법원에 제기할 합당하고 헌법적인 이의가 있는 경우라 하더라도 대답을 듣기까지 몇 년씩 기다려야 할 가능성이 있었다. 법적원칙을 내세우려고만 했다면 항소법원은 그저 재판까지 기다렸다가 판결은 그 후에 내려도 무방했을 것이다. 그러나 미국에서 가장 유명한 로펌이 미국에서 가장 규모가 크고 강력한 기업을 대리했으니 법원에서 빠른 결과가 나오는 것이 가능했다.

2012년 3월 15일에 연방 제2항소법원의 재판부가 레이코프의 판결을 유예하고 재판을 연기했다. 재판부는 레이코프의 추론을 맹비난하고 이렇게 일축했다. 재판부는 "어떤 기관이 자유재량과 정책에 근거하여 합의하기로 한 결정에 대한 법원의 사후 심사(second guess) 권한 범위는 최대한으로 보더라도 아주 작다"라는 의견을 내놓았다.[3]

레이코프를 비판하는 사람들은 상당히 평이한 법률 용어로 작성된 판결문에서 개인에 대한 냉엄한 질책을 읽어 냈다. 레이코프도 그렇게 생각했다. 그는 무엇이든 사사로이 받아들이지 않는다고 공언하는 사람이었지만 마음이 약간 저려 오는 것을 느꼈다. "나는 글의 논조가 마음에 걸렸다"라고 그는 말했다. 그 의견서를 쓴 판사는 "분명 나를 얼간이로 판단하고 그 판단에 따라 의견을 썼을 것이다. 그 점이 속상했다."

판결 기각은 복잡한 감정을 불러일으켰다. 레이코프는 기자에게 "항소심에서 기각당해 본 적이 한 번도 없다면 법에 대해 너무 편협한 관점을 취하고 있다는 뜻"이라고 말했다.[4] 판사들이 기각될까 걱정하는 순간 패배한 것이나 마찬가지라고 레이코프는 생각했다. 그렇게 되면 더 이상 자신이 옳다고 생각하는 일을 실행할 수 없게 된다. "형사 법원의 자랑거리는 독립성"이라고 그는 말한다.

그가 사법 체제를 존중했을지는 몰라도 그렇다고 해서 사법 체제를 조롱하지 못한 것은 아니었다. 한참 전인 2001년에 레이코프는 〈코트하우스 폴리스〉 공연을 위해 영화 〈이스터 퍼레이드(Easter Parade)〉에 나오는 어빙 벌린의 노래 '멋쟁이 커플(A Couple of Swells)'을 곡으로 하여 '항소법원'이라는 노래를 썼다. 그의 작사에 따라 3명의 부랑자가 무대에 등장하고 쓰레기통을 뒤져 검은색 가운을 꺼내 입었다. 그런 다음 부랑자들이 노래하기 시작했다.

우리는 항소법원이야
우린 아주 굉장한 거물이지
우리는 지방법원에 있는
부류와는 달라
우리에게 그들은 그저 서툰 얼간이일 뿐
항소법원 판사들이야 우리는
사법부의 자랑거리
우리는 일하지
우리가?

10시부터 2시까지

적어도 3주에 한 주는

저런 지방법원 판사들은 일을 엉망으로 해 놓고 가

다행히 사후 심사를 하는 건 우리야

사후 심사

우리는 판결을 용인하는 쪽으로 투표할 거야

하지만 그들의 생각은 상당히 경박해

우리는 판결을 용인하는 쪽으로 투표할 거야

하지만 그건 그냥 옳지 않을 것 같아

우리는 판결을 용인하는 쪽으로 투표할 거야

하지만 그럼 아주 재미있진 않을 거야

그래서 우리는 계속해서 기각할 거야

그래, 우리는 계속해서 기각할 거야

아, 우리는 계속해서 기각할 거야

그들이 녹초가 될 때까지

레이코프는 다시 한 번 풍자시에서 위안을 얻었다. 그가 유머 감각을 잃은 것도 아니었건만 다른 사람들은 그에게 그리 호의적이지 않았다. 그가 씨티그룹 판결을 내린 후에 남부지검 출신들의 모임이 다가오고 있었다. 레이코프는 오랜 친구이며 그때 SEC의 집행국 국장이던 롭 쿠자미에게 모임 날 둘이서 노래를 부르자고 제안했다. 그는 어빙 벌린의 뮤지컬 〈애니여 총을 잡아라(Annie Get Your Gun)〉에 나오는 노래 '무엇이든 넌 할 수 있어(Anything You Can Do)'에 맞춰 가사를 썼다. 원작에서 애니 오클리(Annie Oakley)는 명사수 프랭크 버틀러(Frank Butler)에게 "파이 구울 줄 알아요?"

라고 물어본다.

프랭크 버틀러가 "아니"라고 하면 그녀가 "나도 구울 줄 몰라요"라고 말한다.

레이코프는 "파이 구울 줄 알아요? 시인도, 부인도 하지 마요"라고 개사했다. 쿠자미는 원래 투지가 넘쳤다. 그러나 레이코프가 제안한 노래를 자세히 들여다본 SEC의 기계적인 일벌레들은 그의 참석을 거부했다.

레이코프는 브래드 카프와 연결할 다리를 놓았다. 어느 날 전화 한 통이 카프의 사무실로 걸려 왔다. 레이코프의 전화였다. 판사는 "알다시피 나는 당신에게 불리한 판결을 내렸지만 당신은 뛰어난 변호사예요"라고 말했다. 그들은 다정하게 대화했고 그런 다음 카프가 저녁 식사를 제안했다.

레이코프는 젊은 변호사들과 친구같이 편안한 관계를 맺는 것을 좋아했다. 그보다 16년 어린 카프와 레이코프는 몇 달에 한 번씩 가토파르도(Gattopardo), 레퍼드(Leopard), 텔레판(Telepan) 등 맨해튼의 식당에서 저녁 식사를 같이했고 아내와 다른 법률가를 대동할 때도 많았다. 카프는 레이코프와 역시 연방 판사인 드니즈 코트(Denise Cote)와 함께 레이코프의 친한 친구이며 저명한 증권법 전문가 잭 커피(Jack Coffee)가 교수로 있는 컬럼비아 로스쿨에 초빙 강사로 합류하기도 했다. 카프는 심지어 레이코프의 캐리커처가 그려진 스노볼을 본인에게 보냈고 레이코프는 그것을 물건으로 빽빽한 책상 위에 두었다.

유예 결정서의 날카로운 논조를 감안할 때 씨티그룹과 폴 와이스는 자기들의 혐의가 풀렸다고 추측했다. 그러니 실제 항소심은 용두사미가 될 것이라 짐작했다. 그들이 옳았다. 양측은 몇 년을 기다려야 했고 제2항소법원에서 열린 후속 심리에서 약간의 위협을 받았지만 2014년 6월 4일 항소법원은 레이코프의 판결을 기각했다.

어느 면에서는 레이코프 판사가 스스로를 궁지로 몰아넣었다고 할 수 있다. 그가 지닌 견해의 논리적 귀착점은 애당초 정부가 유죄 인정 없이는 소송을 합의로 마무리하지 않거나 그러는 것이 불가능한 상황이었다. 정부기관은 유죄 인정도 받지 않고 합의하는 데 탐닉이 되었긴 하지만 합의는 유용한 면도 있다. 그러나 항소법원 재판부는 그 점을 언급하지 않았다. 그러기는커녕 판사가 사실은 고무도장보다 나을 것이 없는 존재임을 인증한 격이었다. 그들은 지방법원이 "부정확한 법적 기준을 적용함으로써 재량을 남용"했다는 의견을 냈다.

항소법원은 "조사의 일차적인 초점은 동의 명령이 절차적으로 적절한지 확인하는 것이다"라고 썼다.

레이코프는 수긍하지 않았다. "그건 정말 헛소리였다!"라고 그는 말한다. 기준에는 '공정'과 '합리성'이라는 단어가 포함된다. "절차상으로 '공정'하기만 하면 되는가? 절차상의 '합리성'은 조금도 중요하지 않은가?"라고 그는 말한다. "그들은 기준에서 생혈을 전부 뽑아냈다. 나는 이쪽 방향으로 더 나아갔다. 그들은 다른 방향으로 저 멀리 가 버렸다."

8월 5일, 그는 마지못해 합의를 승인했다. 그는 항소법원이 "이 법원에는 신 포도만 남겨 둔 채 모든 것을 치워버리고 메뉴를 정해 버렸다"라고 썼다.[5]

기업 친화적인 법원

씨티그룹 판결은 지난 몇 년 동안 사법부가 증권 집행에 대해 어떤 판결을 내렸는지 보여 주는 한 가지 사례일 뿐이다. 법률 비즈니스가 바뀌었다. 법무부 검사들의 동기 구조도 바뀌었다. 뿐만 아니라 사법부 자체가 바뀌었다. 대법원은 기업에 전보다 호의적으로 대했고 정부 규제기관과 집행 당국에는 좀 더 회의적인 태도를 보였다. 이러한 변화는 워런 버거(Warren Burger)가 대법원장으로 있었던 1970년대에 시작되었지만 2005년에 존 로버츠(John Roberts)가 연방대법원장이 되면서 가속화되었다.

로버츠 시대의 사법부는 제2차 세계대전 이후로 가장 기업 친화적이었다는 것이 1946년부터 2011년까지 판결 2000건을 분석한 어느 연구의 결론이었다.[6] 2010년 〈시민 연대 대 연방 선거위원회(Citizens United v. Federal Elections Commission) 판결〉에서 연방대법원은 기업이 선거 운동에 액수 제한 없이 기부금을 낼 수 있도록 허용하는 판결을 내렸는데, 기업의 권한과 보호책을 확대한 일련의 판결 중에서도 가장 널리 알려진 사례일 것이다. 그러나 대법원은 거기에서 그치지 않고 집단 소송과 인권 소송으로부터 기업을 보호하는 길로 나아갔다. 예를 들어 법원이 정식 재판 없이 신속하게 판결을 내리는 약식 재판(summary judgment)을 기업에 승인해 주는 건수가 늘어났다. 또한 기업에 대한 소송에서 토대가 되는 과학적 기준을 상향 조정했다. 일련의 판결에서 연방대법원이 기업이 계약서에 고객에게 중재를 강요하는 조항을 넣을 수 있도록 허용한 것만 보더라도 법원이 사법 체계보다는 대기업을 옹호하는 장으로 변화했음을 알 수 있다. 2011년 〈월마트 대 듀크스 외 (Wal-Mart Inc. v. Dukes et al.) 판결〉을 통해 연방대법원은 성차별 집단 소송의 문턱을 높였다. 2013년 〈컴캐스트 대 베렌드 외 (Comcast Corp. et al. v. Behrend et al.) 판결〉은 특정한 성격의 집단 소송을 금지하는 조치나 다름없었다.[7]

사회 문제에 관한 한 진보적인 대법관과 보수적인 대법관의 관점은 확연히 갈린다. 경제와 기업 문제의 경우 두 진영의 간극이 훨씬 더 작다. 연방대법원은 낙태 결정권, 사회적 약자의 권리(affirmative action), 동성 결혼을 합법화했지만 기업의 권한을 확대하고 검사의 권한을 축소했다. 정치계라는 좀 더 넓은 세상에서 보수주의자들은 대기업에 대한 지원을 감추기 위해서 지난 수십 년 동안 자기 근거지의 사회 불안을 조장하는 연막을 피웠다. 진보주의자들은 기업 면책에 반대하기보다는 사회 개혁을 옹호하는 식의 정치적인 선택을 했다.

증권법과 관련해서는 항소법원 중 가장 영향력이 큰 연방 제2항소법원 역시 기업에 좀 더 우호적인 태도로 바뀌었다. 이 법원은 최근 몇 년 동안 증권사기 사건에 덜 공감하는 태도를 보여 왔다. 연방 제2항소법원은 사회 문제에서 선구적인 판결을 내린 이력으로 유명하지만 월가 단속에 관한 한 대담무쌍하고 포퓰리즘적인 입장을 보이지 않았다. 이 법원의 근거지인 뉴욕은 종이, 즉 주식, 채권, 파생금융상품 같은 금융상품을 제조하는 기업 도시다. 제2항소법원은 대형 금융회사에 대해 고향 편향(hometown bias, 같은 지역 출신을 선호하는 현상 – 역주)을 보인다.

2000년대에 이르면서 우 편향 현상이 점점 더 명확해지기 시작했다. 제2항소법원은 좀 더 확고한 기업 친화적, 피고 친화적 법원으로 바뀌기 시작했다. 항소법원은 정부 검사, 화이트칼라 피고에 대해 가혹한 판결을 내린 지방법원 판사, 대기업에 맞선 민간 변호사들에게 회의적인 반응을 보였다. 그래도 형사 피고인에 친화적인 법원은 없었다. 그때만 해도 정부의 승소율이 여전히 과반수에 달했고 항소법원도 판결 대다수를 용인했다. 그러나 법률가들은 변화를 감지해 냈다.

2006년 연방 제2항소법원은 최고의 기술 부문 투자은행가로 꼽혔던 프랭크 쿼트론(Frank Quattrone)에 대한 유죄 선고를 뒤집었다. 하급 법원 판사가 배심원단에게 한 지시 때문에 배심원단이 그에게 불리한 증거를 충분히 확보하지 않은 상태에서 평결을 내렸다는 이유였다. 연방 제2항소법원은 2008년 KPMG 사건인 〈미국 대 스타인 판결〉에서 스타인에 대해 무죄를 선고한 하급 법원 판사인 루이스 캐플런의 판결을 그대로 유지했다.[8] 항소법원은 펠티어와 사프왓의 젠리 중역 기소를 기각했다. 급기야는 SEC의 유명무실한 합의를 허용해 준 것이다.

사법부가 변화한 원인은 무엇일까? 1960년대와 1970년대의 규제 강화로 위기의식을 느낀 대기업이 반격을 가한 것으로 설명할 수 있다. 1971년에 버지니아 리치먼드의 로펌 파트너인 루이스 파월(Lewis Powell)은 미국 상공회의소를 대신하여 미국 재계에 "일어나서 스스로의 입장과 자유 기업체제의 입장을 표명"하라고 촉구했다. 재계는 정부 감독기관과 랠프 네이더(Ralph Nader) 같은 시민운동가의 위협에 직면했다. 파월은 사법부뿐만 아니라 학계, 언론, 워싱턴 싱크 탱크들, 로비스트들의 대응을 촉구했다.[9] 그로부터 두 달도 지나지 않아 리처드 닉슨 대통령이 파월을 대법관으로 임명했고, 그곳에서 그는 언론의 자유 보장을 정치적 영역을 너머 비즈니스 세계로까지 확대한 판결문을 작성했다.

파월의 계획은 장기간에 걸쳐 성공을 거두었다. 신흥 우파인 반정부 자유지상주의 세력이 부상했다. 1970년대에 시작된 보수주의 운동은 입법 활동을 위해 비즈니스 라운드테이블(Business Roundtable)과 미국 상공회의소 같은 로비 단체를 통해 싱크 탱크들에 자금을 지원했다. 특히 법조계가 이러한 신흥 보수주의자들로 넘쳐 났다. 고전적인 보수주의자들은 정부 권력을 좀 더 존중하는 태도를 보였다. 진보주의자들도 피고인 친화적으로 기울어졌지만 다른 범죄자보다도 불우하고 궁핍한 길거리 범죄자들에 대해 좀 더 온정적인 관점을 취했다. 이러한 변화로 기업의 범죄자들은 돈을 얻고 그 대가로 영향력과 진실한 친구들을 잃었다. 그때 자유지상주의 판사가 출현한 것이다. 민주당도 변화했다. 민주당이 임명한 판사 가운데는 날이 갈수록 민간 로펌에서 기업을 대리했던 이들의 비중이 늘어났다. 이러한 신임 판사들은 사회적으로는 진보 성향이었을지 몰라도 거리낌 없이 기업의 주장에 좀 더 동조적인 태도를 보였다.

정부는 권한을 유지하고 평결을 확보하는 싸움에서 후퇴했다. 이처럼 정부 검사들이 자기주장을 하지 않는 상황임에도 사법부는 정반대로 검사들이 너무 공격적이고 권력을 남용할까 봐 우려하는 것 같다. 연방 제2항소법원은 야심만만한 연방 검사장들에 대항력을 길러 주려는 듯 보인다. 남부지검의 검사장이었던 루돌프 줄리아니는 1980년대와 1990년대 초반에 강경하고 언론 친화적인 방식으로 조직폭력배, 정치인, 월가 은행가, 트레이더, 법률가 등을 연이어 기소하는 방법으로 1993년 뉴욕의 그레이시 맨션 (Gracie Mansion, 뉴욕 시장 관저 ‑ 역주)에 입성했다. 상급 법원은 줄리아니가 임기 초반에 제기한 기소 대부분을 용인했다. 그러나 후반에는 그의 기소가 기각되는 일이 잦아졌다. 줄리아니가 오만해진 탓도 있지만 항소법원이 정부의 적극성에 대해 반대 의지를 드러낸 것으로도 보였다. 2009년부터 현재까지 남부지검의 검사장으로 있는 프리트 바라라에 대해서도 같은 정서가 조성된 것으로 보였다. 그 역시 변호사 단체와 화이트칼라 범죄 용의자들로부터 권력을 남용했다는 반발을 산 연방 검사장이다. 2014년 연방 제2항소법원은 바라라가 헤지펀드 매니저 두 명을 기소한 것으로 유명한 〈미국 대 뉴먼과 치아슨 (United States v. Newman and Chiasson) 판결〉에서 두 펀드 매니저가 내부 정보의 제공자와 관련성이 크게 부족하며 정보 제공자가 개인적인 이득을 취하고 있다는 점을 몰랐다고 판결함으로써 두 사람에 대한 유죄 판결을 파기했다. 이 판결 때문에 내부자거래 규제는 방향을 잃게 되었다.

레이코프 열풍

레이코프가 보기에 연방 제2항소법원의 기업 친화적인 태도는 이미 여론의 질타를 받았다. 그는 법정에서의 전투에서는 패배했다. 그러나 적어도 1심 판결과 항소심 기각 사이에 레이코프는 승자로 떠올랐고 유명 인사가 되었다. 그는 "'레이코프 열풍'이 연방 법원에 휘몰아치다"라는 제목의 기사를 액자에 넣어 판사실 벽에 걸어 두었다. '레이코프 효과'는 법원을 휩쓸었다. 그에게 자극을 받아 SEC의 합의에 이의를 제기하거나 합의를 완전히 거부한 연방 판사가 적어도 일곱 명은 되었다. 그 외에도 연방거래위원회의 합의에 이의를 제기한 판사도 있었다.[10]

레이코프 판사는 먼저 동부 연방 법원의 프레드 블록(Fred Block) 판사에게서 변화를 감지했다. 법률 블로그를 읽던 레이코프의 눈에 블록이 SEC의 미미한 합의금을 '잔돈푼'이라는 단어로 표현한 것이 눈에 들어왔다. '호주머니 속 잔돈'이라는 레이코프의 표현을 참고한 것이 분명했다.[11]

판사들은 대부분의 합의를 검토할 수 있는 권한을 지녔다. 연방 제2항소법원이 씨티그룹 사건으로 레이코프를 질책한 일이 있었음에도 판사들은 개의치 않고 합의서를 면밀히 살펴보았다. 좀 더 회의적인 판사를 만난 규제기관은 조심스럽게나마 좀 더 엄중한 합의를 추진했다. (반면에 SEC와 법무부가 사법부의 검토를 필요로 하지 않은 합의를 고안하기 시작한 것은 레이코프 열풍의 부작용이라고 할 수 있다.)

연방 제2항소법원의 판결 유예와 최종 판결 사이인 2012년 10월 3일에 SEC의 메리 샤피로 위원장이 SEC의 집행국 변호사들과의 간담회에 레이코프 판사를 초대했다. 같은 해에 주택금융서비스위원회(House Financial Services Committee)가 무시인 무부인 관행에 대한 공청회를 열었다. 2013

년 5월에는 매사추세츠의 진보 성향 선동가인 엘리자베스 워런(Elizabeth Warren) 상원의원이 SEC의 메리 조 화이트 신임 위원장에게 느슨해진 규제 집행 관행을 맹비난하는 서한을 보냈다. 그녀는 느슨해진 규제 집행에 대한 공격을 정치 활동의 초석으로 삼은 인물이었다. 화이트는 자기 기관의 입장을 옹호하는 답신을 보냈다.

그러더니 한 달 후인 2013년 6월에 화이트가 정책 전환을 발표하는 갑작스러운 반전이 일어났다. SEC는 더 이상 무시인 무부인 합의를 유일한 방안으로 간주하지 않을 것이며 유죄 인정을 추구하겠다는 발표였다. 그녀는 위법 행위가 상당한 수준인 경우에 한해서 유죄 인정을 받아 내겠다고 설명했다. 이처럼 점진적이고 상식적인 변화조차 중대한 변화로 받아들여지던 시대였다. 특히 발표를 한 이들에게는 그 의미가 더 컸다.

SEC와 법무부는 정말 신념이 있어서라기보다 정치적 압력에 못 이겨 극소수 사건에 대해 유죄 인정을 요구하기 시작했다. 법무부는 크레디트 스위스와 UBS 등 대형 금융회사 몇 곳으로부터 유죄 인정을 쥐어짜 냈다. 은행 몇 곳은 환율 조작에 대해 유죄를 인정했다. SEC도 몇 건의 유죄 인정을 받아 냈다. 그러나 질적으로는 미흡했다. 법무부는 규제기관들이 유죄를 인정한 은행에 대해 무리하게 면허 박탈과 같은 극단적인 조치를 취하지는 않는지 조사했다. 규제기관들은 검사들에게 그런 일은 없다고 확답했다. 다시 말해 범법자들은 유죄를 시인해도 죄를 지은 대가를 피할 수 있었다. 범법자들의 평판도 별 타격을 입지 않은 것으로 보였다. 어떤 은행이 유죄를 인정하면 그에 반응하여 해당 은행의 주가가 상승하는 경향이 나타났다. 투자자들이 문제가 해결되었다고 생각했기 때문이다. 정부는 민간 소송으로부터 기업을 보호하는 형태로 잘못이나 유죄 인정 방식을 사용했다. 과거만 해도 규제기관들은 민간 소송을 정부 소송에 따라오는 부속물로 간주했다. 그러다 정부가 합의에 들어가면서부터 민간 소송이 어려워졌다.

레이코프는 판사의 역할에 대해 대부분의 동료와는 생각이 항상 달랐다. 정부 검사로 일할 때 그는 자기 생각을 스스럼없이 말할 수 없었다. 피고인 측 변호사로 일할 때는 자신의 신념과 정확히 반대되는 입장을 취해야 할 때가 많았다. 그러나 판사는 자기 생각을 서슴없이 말할 수 있다. 그러나 그런 자유가 있음에도 극소수만이 자신의 생각을 드러냈다. 그가 판사로 있는 동안 법률 직종은 그 어느 때보다도 폐쇄적으로 변화하여 복잡성, 특수 용어, 전문화를 중요시하는 분위기가 되었다. 그와 대조적으로 레이코프는 개방적으로 변화했다.

그는 오래전에 상급 법원으로 영전하려는 야망을 단념했다. 판사 중 극소수만이 언론과 인터뷰하고 일반 독자를 상대로 글을 쓴다. 레이코프는 언론과 대중적 인지도의 중요성을 오래전부터 깨닫고 있었다. 그는 항상 강연을 했고 토론에 패널로 참석했으며 평소처럼 한결같이 무뚝뚝한 어조로 자기 생각을 표현했다. 2014년 그는 미국 변호사 협회의 회지인 〈리티게이션(Litigation)〉에 '윤리적인 법률가는 멸종 위기에 처했는가?'라는 글을 기고했다. 그러나 주로 법률 전문가들을 대상으로 강연했다. 레이코프는 지금이 자기 생각을 공개적으로 표명하기 시작할 때라고 생각했다. "법관 윤리 규정(judicial code)에는 판사가 일반 사안에 대한 자기 생각을 공개적으로 밝히는 것을 막는 내용이 전혀 없다"고 그는 말한다. "실제로 법관 윤리 규정은 판사가 공개적으로 생각을 밝히는 것을 권장한다."

그는 대중적 지식인으로 더 큰 영향력을 발휘할 수 있었다. 그리고 그럼으로써 더 큰 재미를 느꼈다. 그는 강연, 재판 출석, 자문 역으로 눈코 뜰 새 없는 일정을 소화했다. 이라크 판사들을 교육하는 일 이외에도 미국 국립과학원 과학법률위원회의 공동 위원장을 맡았다. 기업에는 더 이상 법률가-정치인이 없었지만 그가 그렇게 되지 말라는 법은 없었다.

SEC의 활동을 목격하고 법무부가 잘 알려진 사건을 기소에 부치기를 헛되이 기다린 끝에 레이코프는 기업법 집행이라는 주제에 관해 공개적으로 발언하기로 결심했다. 2013년 5월 그는 호주에서 한 강연을 통해 금융위기 이후 형사 기소 된 고위급 은행가들이 단 한 명도 없는 이유가 무엇인지 분석했다. 호주에서 돌아온 그는 자신이 가장 좋아하는 간행물인 〈뉴욕 리뷰 오브 북스(New York Review of Books)〉의 웹사이트에 접속하여 이메일 주소를 찾은 다음에 연설문을 익명으로 보냈다. 다행히 이 잡지사의 오랜 편집장 로버트 실버스(Robert Silvers)가 2014년 1월 9일 호에 연설문을 게재했다.

다른 사람들도 같은 주제로 글을 썼지만 레이코프의 글이 관련 업계 종사자들에게 가장 큰 타격을 날렸다. 그는 그런 사건은 입증하기가 너무 어렵다는 법무부의 주장에 문제를 제기했다. 검사들이 중역들을 '고의적 묵인(willful blindness)' 혐의로 기소하지 않는 이유가 무엇이냐고 따져 물었다. 고의적 묵인이란 오래전에 확립된 법률 원칙으로서 사람들이 나쁜 행동을 보고도 의식적으로 눈을 돌리는 행위를 불법으로 규정한다. 레이코프는 형법의 성격을 잘못 규정했다며 래니 브루어를 비판했다. 브루어는 과거에 PBS 방송국의 〈프런트라인(Frontline)〉과 나눈 인터뷰에서 검사들은 거래의 한쪽 당사자가 허위 진술을 했는지 입증해야 할 뿐 아니라 "거래 상대방이 다른 쪽의 말을 신뢰했는지"를 입증해야 한다고 말했다.

레이코프는 그런 주장이 "법을 완전히 잘못 이해하고 있다. 현실에서 일어나는 형사 사기 사건의 경우 검사는 거래의 한쪽 당사자가 상대방의 말을 믿었는지를 입증할 의무가 전혀 없다. 그랬다가는 당연히 부정직한 판매자와 지적 수준이 높은 구매자가 거래할 때마다 판매자에게 거짓말을 해도 된다는 면허를 부여하는 격이기 때문이다"라고 설명했다.

레이코프 정도의 위상을 갖춘 사람 중에서 그 누구도 이런 식으로 자기 생각을 밝힌 적이 없었다. 판결과 일반인을 대상으로 한 글 때문에 그는 법정에서 졌지만 법 집행 정책은 변화했다. 범법자를 샅샅이 찾았고 본연의 시시비비로 사건을 평가한다는 법무부의 주장은 더 이상 설득력이 없었다.

Chapter 16

"맞서 싸우라"

"FIGHT FOR IT"

그날은 2011년 5월 5일 신코 데 마요(Cinco de Mayo)였다. "어쩌면 이렇게 딱일까"라고 폴 펠티어는 생각했다. 신코 데 마요 휴일은 1860년대에 프랑스와 멕시코가 전쟁을 벌이다가 1862년 멕시코 군대가 푸에블라 전투에서 프랑스를 꺾고 거둔 승리를 기념하는 날이다. 프랑스인과 프랑스계 캐나다인의 후손인 펠티어는 그 자신의 패배를 곱씹었다. 브루 크루는 그가 사랑하는 법무부에서 그를 강제로 몰아냈다. 오늘 밤은 전야제였고 법무부의 전통적인 송별회와 바비큐 파티가 있었다. 참석자 숫자가 엄청나서 식당에 들어가지 못한 사람들이 인접한 안마당으로 쏟아져 나왔다. 족히 200명은 참석한 듯했다. "얼마나 놀라웠겠는가?" 펠티어는 경탄을 금치 못했다.

펠티어가 위를 올려다보니 발코니에 사람들이 보였다. 많은 사람들이 분수 주변에 모여 있었다. 그의 여동생과 제부도 왔다. 마이애미 시절의 검사장도 뉴욕으로 올라왔다. 전국 각지에서 사람들이 비행기를 타고 왔다. 그처럼 다양한 집단의 요원들을 한곳에 모이게 한 검사는 그 이전에는 없었을 것이다. 게다가 그 사람들은 남들과 어울리는 것을 좋아하지 않았다. FBI, 보건복지부, 감찰국, 우편국, 대통령 경호실 모두 요원을 보냈다. 한결같이 정치적인 래니 브루어도 왔다.

그러나 브루어 이외에 법무부 전방 본부와 워싱턴 권력층에서는 아무도 참석하지 않았다. 워싱턴 정가에서의 출세를 생각하고 참석한 사람은 없었다. 법무부 고위층의 참석률은 저조했지만 송별회는 펠티어와 수년 동안 일한 비서와 패럴리걸(paralegal, 법률사무 보조원 - 역주) 등 하급직으로 북적거렸다. 법무부에 30년을 바쳤고 정부가 인재 하나를 잃는다는 사실을 잘 아는 사람들은 와서 그를 배웅했다. 그들은 폴 펠티어에게 애정과 충성심을 느끼는 사람들이었다.

감격적인 밤이었다. 펠티어를 보러 마이애미 연방 검찰청에서 올라온 '마피아' 한 명이 송별회의 사회를 보았다. 비속어가 나오려고 할 때마다 어른들은 서둘러 아이들을 밖으로 데리고 나갔다. "지금 아이들을 내보내세요!"라고 누군가 말하면 한바탕 웃음보가 터졌다. 사회자는 펠티어 형제의 사진을 넣은 점잖은 파워포인트 슬라이드로 행사를 시작했다. 그러더니 빛바래고 뿌연 1970년대 사진 한 장을 보여 주었다. 금발을 어깨까지 늘어뜨린 펠티어가 독수리 날개만큼이나 넓은 검은색 라펠이 달린 녹색 격자무늬 턱시도를 입고 졸업 무도회의 데이트 상대를 기다리는 사진이었다. 다른 사진에는 그가 경찰 제복을 입고 큼지막한 콧수염 아래로 우스꽝스러운 미소를 지으면서 권총에 손을 뻗는 모습이 담겨 있었다. 파워포인트 슬라이드에는 펠티어가 자주 하는 말이 양념처럼 들어가 있었다. "겁쟁이처럼 굴지 마!" "임무를 다하란 말이야!" "남들이 해서는 안 된다고 해도 그 일을 멈추지 마!"

발언자들은 그의 감독 능력과 공직에 대한 열정을 칭찬했다. 슬라이드 하나에는 "폴의 원리라는 단순한 원리가 있다. 다른 모든 물리학과 과학 법칙을 거역하는 원리다. 폴이 우리와 같은 편이면 어떤 일이든 달성할 수 있다. 그렇지 않으면 망하는 거다."

펠티어는 사람들이 권하는 술을 물리쳤다. 모두 들이키고 싶었지만 행사 마지막으로 예정된 연설을 또렷한 상태로 하고 싶었다. 마침내 그의 친구가 펠티어에게 마이크를 건넸다. 그는 발코니를 올려다본 다음에 주위를 둘러보았다. 그러고는 동료와 관리자들에게 선물을 나눠 주기 시작했다. 그는 소극성 때문에 그토록 그의 속을 썩였던 사기 팀의 신중한 과장 데니스 매키너니에게 흰색 당구공을 건네면서 "이봐. 이거 내 왼쪽 해골이야." 익살스러운 선물 증정식이 끝난 다음에 그는 고별사를 시작했다.

"아버지께서 내게 남기신 최고의 말씀은 미친 사람에게 따지지 말라는 것이었습니다." 모두가 웃음을 터뜨렸다. "그 말씀은 제가 법무부 본부… 특히 전방 본부에서 일하는 데 정말로 도움이 되었습니다."

그러나 펠티어는 몇 가지 진지한 의견을 밝혔다. "모든 사람이 옳은 일을 할 거라고 말합니다"라고 그는 말했다. 법무부 내에서 어려운 결정 사안이 있을 때마다 그 말이 주문처럼 나왔다. 검사 모두가 "옳은 일을 하라"는 말을 수도 없이 들었다.

"저는 그 빌어먹을 말이 무슨 뜻인지 모르겠습니다." 그는 어깨를 으쓱하면서 말했다. 사람들이 웃었다. 그는 어떤 사람에게는 "옳은" 일이 다른 사람에게는 그렇지 못한 일일 수도 있다고 말했다. 옳고 그름을 어떻게 판별할 수 있는가? 법무부에서 그 말은 공허하고 진부한 말에 그치기 일쑤였다. 위험을 기꺼이 감수할 수 있는지는 스스로가 잘 안다. 그는 "무엇인가를 위해 싸울 준비가 되어 있다면 그것이 옳은 일일 겁니다"라고 말했다. 그러나

인과 관계가 바뀌어도 참이라고 말했다. "그것이 옳은 일이면 쟁취하기 위해 싸워야 합니다. 그 일을 위해 기꺼이 싸울 생각이 없다면 괜한 변명 따위 늘어놓지 마세요."

법무부 본부의 투사가 법무부에 주는 선물이었다. 그는 "법무부는 스스로의 역사를 벗어던지려 하고 있습니다"라고 지적했다. 그의 목소리가 잠겼고 눈에는 물기가 고였다.

그는 "법무부는 우리에게 무척 많은 것을 주었습니다. 우리도 뭔가 돌려줄 필요가 있습니다"라고 말했다. 그러더니 두 장의 큰 사진을 보여 주면서 "큰돈이 들었어요."라고 청중에게 큰소리쳤다.

첫 번째 사진에는 사기 팀 창설 40주년 파티의 참석자들이 담겨 있었다. 두 번째 사진은 50주년 파티에 온 모든 사람을 보여 주었다. 법무부는 그곳에서 일하는 사람들 덕분에 존재한다. 정치가들은 들렀다 갈 뿐이다. 영예와 사명감은 직원의 몫이다.

감동적인 밤이었고 시간이 정말 빨리 흘렀다. 주말에 폴 펠티어는 사무실을 비웠다.

금융위기를 초월하는 문제

법무부는 은행의 고위 경영진을 기소하는 데만 골치를 앓은 것이 아니다. 문제는 금융위기와 금융 부문의 범위를 초월한다는 것이다. 대형 은행과 관련이 없는 기업 기소도 심각한 문제에 봉착하게 마련이다. 2012년 4월 〈뉴욕타임스〉는 탐사 보도로 유명한 데이비드 바스토(David Barstow) 기자의 핵폭탄급 기사를 실었다. 그는 월마트 멕시코 법인이 "시장 우위를 확보하기 위해 조직적인 뇌물 공여 활동"을 펼쳤다고 폭로했다. 월마트는 자체 조사에서 최소한 2400만 달러가 수상쩍은 용도로 지출된 것을 발견했다. 조사를 지휘했던 요원은 미국과 멕시코의 법이 위반된 것 같다는 결론을 내렸다. 그런 다음 이 기사는 그 당시 CEO이던 리 스콧 주니어(Lee Scott Jr.)를 비롯한 월마트 수뇌부가 조사 결과를 은폐했다고 전했다. 바스토는 이듬해 봄에 이 기사로 퓰리처상을 받았다.[1]

〈뉴욕타임스〉의 월마트 접촉과 기사 보도 사이에 월마트는 법무부에 FCPA 위반 가능성이 있다고 자진 신고 했다. 이 대형 소매업체는 뇌물 공여 의혹을 알고 있었지만 〈뉴욕타임스〉가 그 문제를 몰아붙이기 전까지는 정부에 그 일을 직접 밝힐 의향이 거의 없었던 것으로 보인다. 연방 정부가 수사를 개시했다. 월마트 조사는 로펌에 막대한 수익을 안겨 주었다. 월마트는 법률 자문료와 준법 체계 개선으로 7000만 달러가 넘는 돈을 지출했다.[2]

그 모든 지출이 가치가 있었다. 법무부의 조사는 느리게 진행되었다. 정부는 시시때때로 장애물을 만났다. 멕시코와 관련된 혐의 대부분이 오래전에 발생하여 공소 시효가 지나 버렸다. 멕시코 정부는 법무부의 정식 협조 요청을 몇 년 동안 무시하는 등 거의 협조하지 않았다.

월마트의 다른 나라 법인들도 문제를 일으킨 것으로 보였다. 법무부 관료들은 인도, 중국, 브라질에서도 월마트의 활동을 조사했다. 법무부는 그 사건에 자원을 투입하려고 애썼다. 버지니아 동부 연방 검찰청의 검사 두 명과 법무부 본부의 검사 세 명이 투입되었다. 그러나 조사 초기에 검사들은 FBI나 국세청을 끌어들이는 데 실패했다. 두 기관은 그 사건을 우선시하지 않았다.

어떤 기업이 연방 조사를 받을 때 대형 로펌이 활용하는 각본 중에는 해당 기업이 혐의를 진지하게 받아들인다는 인상을 주는 것이 포함된다. 기업은 죄가 있는 중역을 사직시킨다. 검사는 그런 진정성을 호의적으로 바라보는 경향이 있다. 2년이 지나서 월마트는 수상한 활동에 관여했거나 그에 관해 보고를 받은 중역 중 최소한 8명을 물러나게 했다. 그러나 그들의 퇴직 혜택은 그대로 유지되었다. 법무부 조사는 몇 년간 지속되었지만 2015년에 이르기까지 급격하게 속도가 떨어졌다. 그해 10월에 〈월스트리트 저널〉은 연방 조사에서 심각한 위법 사실이 밝혀지지 않았다는 보도를 냈다.[3] 월마트가 조직을 개편하고 기소를 완전히 피한 것은 물론 기소 유예 처분조차 받지 않은 것만 보더라도 적어도 정부의 전략적 묵인에 따라 평온하게 사건 해결이 이루어졌음을 알 수 있다. 몇 년 새에 가장 떠들썩한 기업 추문 중 하나였던 사건이 흐지부지된 것이다.

비슷한 문제가 (차량 급발진 문제로 인한) 도요타와 (점화 스위치 결함으로 인한) 제너럴 모터스(GM) 등의 기업 조사에 차질을 일으켰다. 도요타는 남부지검의 조사에 충분히 협력하지 않았다. GM에 대해 법무부는 문제의 전모를 알고 있으며 결함을 해결할 책임이 있는 중역을 한 명도 밝혀내지 못했다.

자원을 쏟아붓는다 해도 성공이 보장되는 것은 아니다. 2010년 딥워터 호라이즌의 시추 시설이 폭발하면서 11명이 사망하고 역사상 최대 규모의 원유가 미국 해안으로 흘러 들어가는 사고가 발생하자 래니 브루어는 조사 전담반을 구성했다. BP는 형사상 벌금으로 40억 달러를 냈으며 유죄를 인정했다. 그러나 2016년 초반이 될 때까지 전담반은 개인에 대해 거의 아무런 성과도 거두지 못했다. 전담반은 처음에는 다양한 범죄 혐의로 직급이 낮거나 중간인 중역들을 기소했지만 법원이 기각하자 기소를 철회하고 해당 중역들을 조사 대상에서 제외하기 시작했다. 정부는 결국 중간급 관리자 두 명에 대한 과실 치사 기소를 취하했다. 몇 건의 기소는 기각당했다. 최종적으로 법무부는 중역들에 대한 3건의 재판에서 모두 패소했다.[4]

기업 중역에 대한 승리라고 하는 것도 실망스러운 경우가 대부분이다. 2015년 후반 법무부는 매시 에너지 컴퍼니(Massey Energy Company)의 CEO이며 웨스트버지니아의 실세인 석탄왕 돈 블랭킨십(Don Blankenship)을 어퍼 빅 브랜치(Upper Big Branch) 탄광의 작업 환경을 안전하게 조성하지 못한 혐의로 기소했다. 2010년에 이 탄광에서 일어난 끔찍한 폭발 사고는 광부 29명의 목숨을 앗아 갔다. 배심원단은 블랭킨십에게 유죄 평결을 내렸는데, 최초로 최고 중역이 작업장 안전 위반으로 유죄를 받은 사례였다.

그러나 승소는 부풀려진 감이 있었다. 매시 에너지는 포춘 500대 기업에 들지도 못했으며 블랭킨십은 이를테면 골드만삭스나 JP모건의 중역에 비해 수월한 표적으로 보였다. 더 큰 문제는 배심원단이 연방 안전 기준을 어긴 경범죄 공모 혐의에 대해서만 유죄 평결을 내리고 두 건의 중죄 혐의에 대해서는 무죄를 인정한 점이었다.[5] 사망한 광부들에게 동정적일 현지 주민으로 배심원단이 구성되었지만 이런 재판은 순조롭게 진행되지 않는 법이다. 판사는 블랭킨십에게 법정 최고형인 징역 1년 형을 선고했다. 사람들은 재판 결과를 환영했고 적어도 이번만큼은 CEO가 풀려나지 않는다는 데 안도했다. 그러나 아무렇지도 않게 자기 직원들의 목숨을 위험에 빠뜨린 사람에게 1년 형은 솜방망이 처벌로 보인다.

법무부를 옹호하는 이들은 기업 조사 실패가 의지나 기량 부족을 나타내지는 않는다고 주장한다. 이들에 따르면 그보다는 기업 범죄 기소의 경우 본질적인 어려움이 있다는 것이다. 그들의 주장에 따르면 기업의 책임은 분산되어 있는데, 거대 기업의 최고 경영진이 일상적인 의사 결정에 관여하는 일은 드물며 특히 변호사와 회계사의 자문 없이는 결코 결정을 내리지 않는다는 것이다. 그들은 검사들이 기소하지 않는 까닭은 기소가 성립되지 않기 때문이라고 주장한다.

그러나 얼마 후 법무부가 기업 조사 관행과 방침을 바꾸기 시작했다. 변화를 추진함으로써 과거의 활동이 실제로 미흡했다는 사실을 넌지시 인정한 셈이었다. 기소 유예 합의의 시대는 갔고 오늘날에는 검찰과 SEC가 제드 레이코프 판사, 학계, 언론, 의회, 운동가 등의 비판을 수용하여 기업에 잘못을 인정하고 유죄 답변을 하도록 요구한다.

현재 정부는 전보다 자주 기업 감시인을 지정하여 합의 이행 여부를 감독하도록 하고 있다. 2016년 초반까지 2008년 금융위기는 약 1900억 달러의 벌금과 49개 금융회사와의 합의로 귀결되었다.[6] 이전 시대의 관행만큼이나 새로운 해결 방식도 만족스럽지 못하다. 벌금은 여전히 죄를 지은 중역들이 아니라 주주들에게 타격을 줄 뿐이었다. 검사들이 개인을 거명하는 일은 거의 없었다. 벌금의 일부는 (이익 환수금이었기 때문에) 세금이 공제되는 경우가 많았다. 모든 대형 은행이 모기지 증권 범죄에 대한 고해 성사를 하기 위해 줄을 섰다. 모기지 증권 악용 혐의로 JP모건은 130억 달러를, BoA는 85억 달러를 냈으며, 다른 은행들도 거액을 지급했다. 대형 은행들은 압류 악용, 금리와 환율 조작, 제재 대상 국가와의 거래, 돈세탁 감시 실패, 조사 활동에서의 이해 충돌 등에 대해서도 벌금을 냈다.[7]

그러나 이런 합의 중 상당수는 그 구체적인 내용을 알고 나면 그리 감탄할 만한 것이 아니었다. 은행들은 저렴한 주택을 건설하거나 모기지 보유자를 지원함으로써 점수를 땄고 실제로 돈을 지출할 때마다 웃돈까지 돌려받았다. 가장 큰 문제는 합의서에 따라붙는 법무부의 사실 진술서가 누가 무엇을 누구에게 언제 했는지에 관해 자세한 내용이 거의 담기지 않은 간단한 문서였다는 점이다. 은행들은 수표를 썼고 그 대가로 자사의 경영진에 대한 면죄부를 얻고 국민의 눈으로부터 구체적인 활동을 감출 수 있게 되었다.

정부는 은행의 잘못 인정과 유죄 답변을 자축했지만 그것은 의미 변화에 지나지 않았다. 검사들은 유죄 답변을 한 은행에 대해 규제를 최소화하는 극단적인 조치를 취했다. 규제기관은 면허를 박탈하지 않았다. 정부 프로그램에 참여하는 것을 금지하지도 않았다. 유죄 답변은 상징적인 가치에 그쳤다. 과거의 합의와 마찬가지로 별 효력이 없었다.

홀더 시대의 역전

법무부의 에릭 홀더 시대는 2015년 4월에 막을 내렸다. 그는 7월에 커빙턴 앤 벌링으로 돌아갔다. 그는 법무장관으로는 미국 최초의 흑인이자 역사상 세 번째로 임기가 길었다. 2013년 초에 래니 브루어가 물러난 이후로 형사국의 차관보 대행으로 있었던 미틸리 라만(Mythili Raman)이 2014년 봄에 사임하여 커빙턴에서 브루어와 재회했다. 제임스 콜 차관은 2015년 초에 법무부를 떠나 워싱턴의 초일류 화이트칼라 전문 로펌에 합류했다.

신임 법무장관 로레타 린치(Loretta Lynch)의 체제는 홀더 재임 기간의 결함을 개선하는 데 나섰다. 물론 법무부 내에서 그 사실을 공개적으로 인정하는 이는 있다 하더라도 드물었다. 엔론 태스크포스를 지휘했던 레슬리 콜드웰이 형사국 차관보가 되었다. 그녀는 오랜 친구이자 태스크포스 동료인 앤드류 와이스먼를 사기 팀장으로 영입했다. 와이스먼은 엔론 사태 이후 제너 앤 블록에서 기업 의뢰인들의 열성적인 대변자로 수년간 일했지만 강인한 검사라는 명성을 유지하고 있었다.

형사국의 총책임자가 된 콜드웰은 공적으로나 사적으로나 여전히 조심스러웠다. 그러나 친구들에게 금융위기 이후 조사를 이해할 수 없다고 말했다. 그녀는 법무부가 컨트리와이드의 CEO 앤젤로 모질로를 기소하지 않은 것은 실수였다고 생각했다. 사건은 새크라멘토 검찰청으로 배정되었고 로스앤젤레스 검찰청이 조사를 도왔다. 콜드웰에 따르면 두 검찰청은 사건을 성공적으로 기소하는 데 필요한 기량도 경험도 없었다.

오바마 행정부는 린치 밑의 신임 법무차관으로 조지아 북부 연방 검찰청의 샐리 예이츠(Sally Yates) 검사장을 택했다. 2015년 5월에 인준을 받은 예이츠는 오바마 행정부 초기의 배타적인 워싱턴 특권층 유형에 부합하지 않았다. 그녀는 경력 검사로서 법무부에서 26년 동안 일했다. 엘리트 양성 기관이 아닌 조지아 대학 로스쿨을 나왔다. 4개월 후 그녀는 예이츠 메모를 발표했다. 이 메모는 오바마 행정부 산하의 법무부에서 나온 최초의 기업 기소 정책 개편안이었다.

예이츠 메모는 이전 홀더 법무부를 은연중에 비판하고 최고 중역을 기소하는 데 최선을 다하지 않았다는 사실을 암묵적으로 인정하는 것으로 간주되었다. 예이츠는 법무부가 다시 개인을 추적해야 한다는 새 정책을 수립했다. 예이츠 메모는 잘못을 저지른 임직원의 신원을 당국에 알리는 것이 기업의 협력을 판가름하는 핵심 요소임을 명시했다. 책임을 져야 할 개인의 이름을 지목하지 않는 한 기업은 협력을 인정받지 못하고 가벼운 벌금을 받을 수도 없다고 못 박았다.

일부 비판 여론은 새로운 정책을 환영하면서도 신중한 입장이었다. 기업이 지목해야 하는 개인이 구체적으로 누구인가? 법무부는 기업이 직급이 낮은 피라미를 희생양으로 삼는 일을 어떻게 방지할 것인가? SEC는 애버커스에 대한 소송에서 다른 사람들은 내버려 두고 패브리스 투르만을 쫓는 데 만족했다. 정부는 '단독 범행 이론(lone gunman theory)'을 고수하여 기업 범죄가 일어날 때마다 직급 낮은 직원 한 명만을 추적했다. 예이츠 메모가 이런 관행을 바꿀 것인가? 법무부의 조사가 이사회와 최고 경영진처럼 높은 곳까지 뻗칠 것인가? 검사들이 여전히 대형 로펌을 통한 의뢰인 자체 조사에 과도하게 의존하고 있지 않은가?

법무부는 이러한 사소한 개선책마저 제대로 시행하지 못했다. 법무부 본부는 예이츠 메모를 발표한 바로 그때 기업의 협력 수준을 점검하는 준법 감시 부서도 창설했다. 표면적인 목표는 기업이 협력하는지, 협력한 공로를 인정받고 있는지를 파악한다는 것이었다. 실제로는 요식 절차가 한 가지 더 늘어나게 되었고, 이 조치로 조사를 평가하는 절차가 추가되어 기업이나 고위급 개인을 기소하는 일이 어려워졌다.[8]

예이츠 메모는 법무부의 정책이 변화했음을 시사했지만 이것이 법무부의 업무 처리 방식을 바꾸었을까? 그렇지 않다는 것이 이내 드러났다. 예이츠 메모 발표 후 1년 동안 법무부가 뚜렷한 성과를 거둔 적은 거의 없었다. 금융위기로 이어진 시기에 모기지 관련 불법행위를 저지른 골드만삭스에 대해 2016년 민사 소송을 제기했을 때도 법무부는 개인을 지목하지 않았다. 정부는 독일의 자동차 제조업체 폴크스바겐(Volkswagen) 중역들을 차량 배출 가스 검사 결과를 조작한 혐의로 기소했지만 최고 중역들을 기소할 가능성은 없어 보였다.

예이츠 메모는 요란한 선전에도 불구하고 포부가 결여되어 있었다. 과거 관행을 넌지시 비판하는 것은 이를 명시적으로 알리는 것과는 다르다. 법무부는 기업·화이트칼라 범죄 기소의 문제점을 공개적으로 다루지 않았다. 지난 몇 년 동안 결정적인 기소 수단을 상실한 것은 아닌지, 충분한 자원을 투입하지 않은 것은 아닌지 본격적인 분석을 수행하지 않았다. 법무부는 실무 검사들이 철저히 방어벽을 두른 피고인들을 상대로 기나긴 재판을 진행할 의욕이나 기량이 있는지 고심하지도 않았다. 법무부가 다른 문화와 생각을 받아들이고 경험의 폭을 넓히기 위해 나이와 경험이 좀 더 많은 변호사, 민간 로펌 출신보다는 공익 변호사 경험을 쌓은 변호사, 비명문대 출신의 변호사 등 이제까지와는 다른 유형의 변호사를 채용하려는 조짐은 보이지 않는다. 법무부는 자체 조사에 비해 대형 로펌의 기업 조사에 크게 의존하는 문제를 해결하려 하지 않았다. 그들은 내부자보다 외부자가 더 많이 필요하다는 생각을 겉으로는 드러내지 않았다. 법무부는 그러한 문제에 대해 보고서를 단 한 편도 발표하지 않았다. 화이트칼라 범죄자를 기소하는 데 필요한 법적 권한을 의회에 요청하지 않았다. 공개적인 자기 성찰이 없었기에 정책 변화는 실패로 끝날 수밖에 없었다.

역풍

엔론 시대 이후에는 기업의 이익을 보호하려는 광범위한 연합 세력이 검찰 권력에 대한 투쟁을 주도했다. 엔론, 아서 앤더슨, 월드컴, 아델피아, 타이코 이후에 기업과 재계 로비 단체와 화이트칼라 전문 변호사 단체가 반기를 들었다. 그들은 법무부에 톰슨 메모를 폐지하라고 강요함으로써 정부로부터 기업 조사의 수단과 역량을 박탈했다. 그들은 법정, 특히 항소심 단계에서 승리했다. 검찰의 기소 남용과 과잉 조사를 물고 늘어졌다. 10년에 걸쳐 이러한 이익 집단들은 정부가 기업에 대해 형벌을 집행하는 방식을 바꾸어 놓았다. 같은 세력이 오바마 행정부의 계획에 맞서기 위해 다시 뭉쳤다. 기업의 유죄 인정과 예이츠 메모는 큰 타격을 끼치지 못했지만 재계 로비 단체들은 새로운 위험 요인을 발견했다. 정부의 기업 조사가 얼마나 미흡했는지 정부 내부에서 자성이 일어난 것이다. 그래서 동일한 이익 집단들이 금융위기 직후의 개혁에 대응하여 10년 전과 동일한 활동을 펼치기 시작했다. 변호사 단체가 그때 활용했던 것과 똑같은 전술로 돌아가지 않을 이유가 있겠는가? 그때 통했던 전술이었다.

전직 법무부 관료들이 톰슨 메모를 공격했듯이 오바마 행정부에 있다가 기업으로 옮긴 사람들이 예이츠 메모를 공격했다. 예이츠 메모가 발표된 지 두 달이 지난 2015년 11월에 전직 법무부 고위 관료 두 사람이 공개적으로 비판하고 나섰다. 두 사람 모두 민간 로펌으로 옮긴 지 얼마 되지 않은 때였다. 형사국 차관보 대행이었다가 브루어와 함께 커빙턴 앤 벌링의 파트너가 된 미틸리 라만은 예이츠 메모가 자신의 임기를 언급한 데 대해 상처를 입은 척했다. "나는 개인에 대한 기소가 충분히 이루어지지 않았다고 넌지시 인정한 것마저 다소 놀라웠다. 내 생각에는 군이 언급할 필요도 없는 일이었다"라고 라만은 말했다. "증거가 있으면 공소를 제기하고 그렇지 않으면 제기하지 않는다. 그 말만은 단언할 수 있다."[9]

예이츠의 전임자 제임스 콜은 좀 더 강경하게 새 메모를 비난했다. 미국 변호사 협회 회의에서 한 연설에서 그는 톰슨 메모 때에 나왔던 주장을 다시 꺼내 들었다. 법무부가 신성한 변호사-의뢰인 특권을 공격하고 있다는 주장이었다. 그는 이어서 예이츠 메모가 발효되면 기업이 변호사들에게 입을 열지 않을 것이라고 주장했다. 중역들이 조사에 협력하지 않으리라고도 했다. 그는 법무부의 새 정책이 역효과를 낼 것이라고 경고했다.

예이츠는 법무부가 변호사-의뢰인 특권을 침해할 의도는 전혀 없다고 부인했다. 래리 톰슨도 비슷한 회의에서 비슷한 일을 당하여 비슷한 주장을 한 바 있었다. 콜은 예이츠의 말에 짐짓 정중하게 "외람된 말씀입니다만 그분이 제대로 이해한 건지 잘 모르겠군요"라고 응수했다.[10]

변호사 단체는 워싱턴과 뉴욕에서 거의 매주 정부 사람들을 설득했다. 검사들은 칵테일파티, 행사, 만찬, 회의에서 화이트칼라 변호사들을 만나 자신들이 실수를 저지르고 있다는 이야기를 들었다. 현실 세계의 국민은 기업의 비행이 유행병처럼 확산되었는데도 기업이 책임을 지지 않는다고 생각했다. 그러나 이런 저런 식의 법률가 모임에 참석하는 워싱턴의 화이트칼라 변호사들은 자신의 의뢰인들이야말로 진짜 피해자라고 주장했다. 정부의 무분별하고 변덕스럽고 가혹한 처벌에 짓눌려 저절로 무릎이 꺾였다는 것이다.

루이 16세 시대풍의 모조 황금 잎사귀가 아로새겨진 곳이든, 아무 장식도 없이 압정을 꽂기에 적합한 베이지색 벽이 에워싼 곳이든, 옅은 빛깔과 맛이 없다는 점에서 똑같은 머스크멜론과 허니듀멜론이나 치아씨를 넣은 아사이 스무디를 내놓는 곳이든 워싱턴의 회의장에서는 모두 같은 광경이 펼쳐진다. 변호사, 정치가, 정책 입안자, 로비스트 들이 모여 고상한 방법으로 공적 여론을 형성한다. 일례로 2014년 가을에 워싱턴 조지타운 구역에 있는 포시즌스 호텔의 널찍한 연회장에서 열린 증권 집행 포럼(Securities Enforcement Forum)에서는 규제기관 최고위급 인사들이 거물급 변호사들과 어울렸다. 주요 패널에는 SEC의 앤드류 세레스니 집행국장을 비롯하여 그의 전임자 5명이 포함되었다. 그들 중 네 명은 그 당시에 저명한 화이트칼라 로펌에서 기업을 대리했다. 오바마 대통령이 임명한 첫 집행국장 로버트 쿠자미는 그때 커클랜드 앤 엘리스(Kirkland & Ellis)에서 변호사로 열띤 활약을 펼치고 있었다. 린다 채트먼 톰슨(Linda Chatman Thomsen)은 조지 W. 부시 시대에 SEC에 있다가 그때는 데이비스 폴크 앤 워드웰에서 일하고 있었다. SEC의 최장수 집행국장이었던 윌리엄 맥루카스(William McLucas)는 로펌 윌머헤일에 있었다. 그리고 조지 캐넬로스는 막 오바마 행정부 산하의 SEC를 떠나 밀뱅크, 트위드, 해들리 앤 맥클로이(Milbank, Tweed, Hadley &

McCloy)에 합류한 지 얼마 되지 않은 때였다. 전설적인 스탠리 스포킨조차 의자에 등을 기대고 양다리를 벌린 자세로 앉아서 아주 가끔씩만 고개를 끄덕이는 시늉을 냈지만 분명 예전과 마찬가지로 주의 깊게 듣고 있었다.[11]

회의는 변호사들이 미국 최대 기업을 비롯한 자기 의뢰인들을 부당하게 대했다는 이유로 규제기관을 집요하게 공격하면서 난투극 양상을 띠었다. 그에 이은 패널 토론에서는 폴 와이스의 회장이며 레이코프 판사를 상대로 씨티그룹 재판에서 승소한 브래드 카프가 과중한 처벌을 내렸다며 SEC를 비난하고 나섰다. 그는 SEC, 법무부, 주 검찰청, 뉴욕주 금융 규제기관 등 온갖 규제기관과 집행기관이 공격 대형을 이루었다는 것을 "변호사 사회가 통감"했다고 말했다. 카프는 집행기관들이 갈수록 정치색을 띠고 있으며 서로를 앞서기 위해 경쟁하고 있다고 주장했다. 그런 이유로 이들이 "지나치게 강경하게 대응"하지도, "벌금을 지나치게 많이 부과하지도 못한다"면서 "처벌을 모조리 강화하는 쪽으로 엄청난 압력"이 가해지고 있다고 말했고, "벌금과 처벌이 훨씬 더 가혹하다는 것을 제외하면 일관성이 없다"라고 불평했다.

패널 토론에 정부 대표로 참여한 스콧 프리스태드(Scott Friestad)는 SEC 집행국의 이인자로서 카프가 쏟아 낸 비난의 표적이었다. 이에 대해 프리스태드는 SEC가 다른 정부 부처나 기관만큼 정치색이 강하지 않은 데 자부심을 느낀다는 말로 다른 정부기관들을 저격했다. 그는 SEC가 소환장을 발부할 때 기자 회견을 여는 식의 행동을 하지 않는다고 지적했다. 그 말은 주 정부 관료나 래니 브루어와 프리트 바라라처럼 기자단 앞 연단에 서는 것을 즐기기로 소문난 법무부 관료들을 비꼬는 발언으로 해석될 수 있었다. 그러더니 프리스태드는 카프의 불만에 공감했다. 그는 "당신의 지적이 타당하지 않다는 말이 아니라 기업이 그런 물살을 헤치고 나아가기란 매우 어렵습니다"라고 말했다. 그다음 날의 논평에서 그는 전 세계적으로 은행으로 "몰려 드는" 규제기관 너무 많다는 우려까지 표명하면서 전형적인 워싱턴식 발 빼기를 시도해야 했다.[12]

일부 개혁가들은 화이트칼라 범죄에 관한 한 검찰의 권한을 확대하기를 희망했다. 그들은 공소 시효를 연장하고 형법을 확대하는 방안을 논의했다. 보건 의료와 공공 안전 문제의 경우에 검사들은 책임이 있는 기업 간부들을 (경범죄로) 형사 기소 할 수 있다. 그들이 문제를 알고 있었는지 여부는 무관하다. 어떤 사람은 이를 금융과 같은 다른 부문으로 확대해야 한다고 주장했다. 은행 파산은 실직과 경제 파탄을 유발할 수 있으며, 은행을 그 지경으로 몰아넣은 은행 중역들은 형사 처벌을 받아 마땅하다는 것이었다. 그러나 이런 제안 중 진전을 이룬 것은 없었다.

기업들은 위협을 감지했다. 미국의 교도소 과밀화 문제에 대응하기 위한 움직임이 일어났을 때 기업들이 기회를 포착했다. 그들은 개혁가들에게서 양보를 받아 내라고 의회의 친구들을 압박했다. 공화당 하원의원들은 기업 중역이 저지른 특정 범죄에 대한 입증 책임을 강화하려고 시도했다.[13] 우파 성향의 헤리티지 재단은 의식적인 범죄 의사를 가리키는 법률 용어 '범의(mens rea, 犯意, 범죄 행위임을 알고도 그 행위를 하려는 생각 – 역주)'를 언급하면서 범의 규정 개정의 필요성에 관한 백서를 작성했다.[14] 이를 반영한 하원의 새로운 법안이 통과되면 기업 간부에게 책임을 묻는 것을 보건 의료와 공공 안전 위반 이외의 분야로 확대하기는커녕 그런 기소를 제기하는 것 자체가 불가능해질 터였다. 법안은 통과되지 않았지만 법무부가 기업 범죄에 대항할 수단을 추가로 잃을 위험은 여전히 컸다.

도널드 트럼프는 대중 영합적인 수사를 늘어놓고 스스로를 근로자 계층의 수호자로 선전했지만 그의 취임으로 기업은 한층 더 우호적인 워싱턴 정가를 맞이하게 되었다. 그는 법무부의 기업 범죄 기소 개선책을 고안한 샐리 예이츠를 다른 이유로 해임했다. 예이츠는 법무부가 이슬람교도의 미국 입국을 사실상 금지하는 트럼프의 이민 관련 행정 명령을 옹호해서는 안 된다고 판단한 바 있었다. 트럼프의 지명자들은 기업 중역과 골드만삭스를 비롯한 월가 은행가들이었다. 한편 공화당은 은행 등에 대한 규제를 철폐하는 활동에 나섰다. 특히 금융 소비자 보호국(Consumer Financial Protection Bureau)을 해체하고 도드-프랭크법을 철폐하는 것이 이들의 목표였다. 제퍼슨 보리가드 '제프' 세션스 3세(Jefferson Beauregard "Jeff" Sessions III)가 법무장관에 취임하여 법무부의 적극적인 민권법 집행을 제자리로 돌려놓고, 공화당의 강박증이자 투표 억제 수단인 '유권자 사기(voter fraud, 선거 조작)'를 추적하겠다고 약속했다. 신임 SEC 위원장인 월터 제이 클레이턴(Walter J. Clayton)은 설리번 앤 크롬웰의 파트너로 골드만삭스가 충실한 의뢰인임을 자랑스레 여겼고, 정부가 1970년대 스탠리 스포킨의 강력한 집행 추진 직후에 통과된 FCPA 반뇌물 규정을 너무 무리하게 밀어붙였다는 것 말고는 증권법 집행에 관해 자신의 견해를 밝힌 적이 거의 없었다. 기업 단속이 강화되리라는 희망은 터무니없을 정도로 빗나간 듯 보인다.

2013년 1월, 롭 쿠자미가 SEC를 떠나 커클랜드 앤 엘리스로 옮기자 〈뉴욕 타임스〉가 그의 재임 기간을 칭찬하는 기사를 썼다.[15] 브루어는 쿠자미에게 "진짜 훌륭한 기사예요. 당신은 칭찬을 들을 만합니다. 당신의 좋은 소식에 기쁘고 당신이 자랑스럽습니다"라는 축하 편지를 보냈다.

쿠자미가 답장했다. "고마워요. 당신 기사를 쓸 때 기자들더러 꼭 내게 전화하라고 하세요."

브루어의 퇴임에 관한 기사에는 그때처럼 극찬하는 내용이 담겨 있지 않았다. 브루어와 그의 지지자들은 그가 과거의 법무부 본부라면 확보할 수 없었을 검사들을 집단으로 채용함으로써 인력의 상당한 질적 향상을 주도했다고 생각했다. 그는 수십 년 만에 처음으로 은행으로부터 유죄 답변을 얻어 냈고, 환율과 금리 조작에 대한 조사를 감독했으며, 중요한 공직자 부패 재판을 지휘했고, 딥워터 호라이즌 참사 직후에는 BP 조사 전담반을 구성하여 BP로부터 유죄 인정과 거액의 벌금을 받아 냈다고 지지자들은 찬사를 보냈다.[16]

그러나 그는 그런 조치에 대해 공로를 거의 인정받지 못했다. 브루어와 그의 지지자들로서는 미치도록 팔짝 뛸 사태의 전환으로 그는 월가를 기소하지 못한 법무부의 무능을 상징하는 얼굴이 되어 법무부를 떠났다. 부당한 평가였다. 문제는 한 사람이 해결하기에는 너무 컸다. 그러나 브루어는 정치적인 역량을 갖췄지만 그처럼 격심한 금융·경제 위기 조사를 떠맡기에는 부적합했다. 그는 대담성과 선견지명이 요구되었던 시대에 전문성과 신중함을 들여왔다. 그 시대에는 율리시스 S. 그랜트(Ulysses S. Grant, 미국 남북 전쟁에서 승리를 이끈 북부군 총사령관이자 18대 대통령으로 투지와 인내심이 강했으며 과감하게 진격한 명장으로 알려짐 - 역주) 같은 인물이 필요했지만 래니 브루어는 조지 B. 매클렐런(George B. McClellan, 남북 전쟁 당시 잠시 북부군 총사령관에 올랐으나 지나친 신중함과 느린 대응으로 링컨 대통령에 의해 물러나게 됨 - 역주)에 가까웠다.

현재 브루어는 법무부 역사상 긴 임기 동안 형사국 차관보로 재직한 이후에 커빙턴 앤 벌링의 부회장으로 권력의 회랑을 활보하고 있다. 브루 크루는 대부분 커빙턴을 비롯한 민간 로펌으로 돌아가서 승승장구했다. 그렉 앤드리스는 데이비스 폴크로 갔다. 데니스 매키너니도 그곳에 복귀해서 앤드리스와 동료가 되었다. 개리 그린들러는 킹 앤 스폴딩에 들어갔다. 남부지검에서 유명한 내부자거래 사건을 맡았던 스타 검사들은 모두 뉴욕 최고의 로펌 파트너가 되어 거액을 벌어들였다.

브루어가 유달리 비난을 받은 것 같기는 하지만 집행 당국 관계자 중에서 금융위기 이후 시대에 명성이 드높아진 이는 드물었다. 커빙턴에 복귀한 후 에릭 홀더는 정치 활동에 입문하여 선거권 보장을 위해 투쟁하고 도널드 트럼프 대통령의 반이민 정책에 맞섰다. 그러나 기업의 의뢰도 마다하지 않아서 실리콘밸리의 신생 차량 공유 기업인 우버(Uber)의 의뢰로 사내의 고질적인 성추행 혐의를 조사했다. 21세기 초에 겁쟁이가 되지 말라고 용감하게 말했던 제임스 코미는 오바마 행정부 시대에 FBI 국장이 되었다. 그는 2016년 대통령 선거에 개입함으로써 어렵게 쌓은 명성에 영원히 사라지지 않을 오점을 남겼다. 그해 7월에 그는 이례적인 기자 회견을 열어 이메일 스캔들에 휩싸인 힐러리 클린턴의 이메일 처리 방식을 호되게 비판하면서도 그 문제로 형사 기소를 권고하지 않는 이유를 설명했다. 검사들은 이를 과시적인 돌출 행동으로 보고 경악했다. 좋은 검사는 불기소 이유를 공개적으로 해명하지 않는 법이다. 조사 대상을 비방하면서도 기소를 건너뛰는 것은 비윤리적인 행위로 간주된다. 그러나 법무부는 그 이전에도 여러 해 동안 지나치게 많은 정보를 공개해 왔다. 조사를 종료했을 때도 덜 구체적이긴 했지만 AIG와 골드만 조사 때와 마찬가지로 공개적으로 의견을 내기 시작했다.

그러다가 코미가 대선 11일 전에 클린턴 이메일 스캔들 조사를 다시 시작했다. FBI가 클린턴의 컴퓨터도 아닌, 불명예스럽게 하원의원직에서 물러난 앤서니 와이너(Anthony Weiner)의 컴퓨터에서 새 이메일을 발견한 직후였다. 와이너는 클린턴의 참모 후마 애버딘(Huma Abedin)의 남편이었다. 코미는 요원들이 이메일을 검토하기도 전에 의회에 알림으로써 선거 직전에 조사 내용을 공개하지 않는다는 FBI와 법무부의 오랜 방침을 위반했다.

FBI는 이메일 수집물에서 새로운 내용이 전혀 발견되지 않자 사건을 종결했다. 그러나 클린턴 진영이 입은 타격은 돌이킬 수 없었다. (트럼프 당선에 기여한 코미의 조치는 오히려 2017년 5월 트럼프가 그를 해임하는 데 명분을 제공했다. 그의 추방은 FBI가 러시아의 미국 대선 개입에 트럼프 선거 진영이 공모했는지 여부를 조사하던 시기에 일어났기에 은폐 의혹을 낳고 헌정 위기로 이어졌다.)

잘못된 판단, 검찰의 기소 남용, 모든 것을 잃을 수 있다는 두려움은 조사 역량의 약화로 빚어진 산물로 간주될 수 있다. 코미가 그랬듯이 어느 고위 관료가 자기 기관의 관행에 충분한 믿음이 없으면 제멋대로 행동할 수 있다. 기소 남용은 검사가 강력한 논거가 없음에도 막무가내로 밀어붙일 때 일어난다. 고위 관료들은 경험 부족으로 증거를 판단할 수 없으니 기소를 거부한다. FBI, SEC, 법무부는 역량이 점점 더 약화됨에 따라 큰 실수를 저지른다. 실수를 저지르고 나면 그들은 영향력이 크고 든든한 변호를 받는 기업 중역 개인을 기소하는 등의 위험한 경로를 택하지 않으려 하고 그 결과 더 많은 실수가 발생한다.

대기업에 맞서 힘들게 싸운 이들은 보상받기는커녕 희생을 치렀다. 그들은 대부분 지위가 떨어지는 상황에 처했고 브루어와는 달리 중요하고 높은 자리에 안착하지 못했다. 폴 펠티어와 제임스 키드니처럼 지배적인 문화에 등을 돌린 사람들은 상사들에게는 말썽을 피우는 눈엣가시였다. 그런 일을 하는 사람들, 즉 기업의 내부 고발자들이나 강자에 맞서는 검사들은 대부분 공통적인 성격상의 결함을 지닌다. 그들은 불문율을 그대로 따르지 않으며 외교술이 부족하고 관료 사회 내에서나 그다음 직장에 대해서나 생존을 부지하는 법을 알지 못한다. 그들의 정의로움은 다른 사람을 불쾌하게 만든다. 인간 대다수는 자기 이익을 위해 행동하기 때문이다. 그들은 그렇게 행동하지 않았다. 강인하다는 평판은 보상으로 돌아오지 않는다.

KPMG 재판에서 판사에게서 공개적인 비판을 들어야 했던 저스틴 웨들은 안간힘 끝에 겨우 변호사 일자리를 찾았다. 역시 KPMG 재판에 주요 검사로 참여했던 스탠리 오쿨라는 남부 연방 검찰청에 남았지만, 그의 재직 기간 내내 소송 변호사들은 그가 판사들로부터 공격을 당했다는 이유로 거침없이 그를 비난했다. 오랫동안 불굴의 검사로 버틴 시라 니먼은 뉴욕 남부지검에서 밀려났다. 그때가 70대이긴 했지만 그녀는 은퇴할 사람이 아닌지라 컨설팅 회사를 차렸다. 제임스 키드니는 오랜 근무 끝에 SEC를 떠나 은퇴 생활을 하면서 해당 기관의 결점에 갈수록 큰 분노를 느끼게 되었다. 애덤 사프왓은 일류 로펌인 와일, 고치얼 앤 맨지스에 자리를 얻었다. 폴 펠티어는 로펌에 들어갔지만 변호사 업무에 쉽사리 적응하지 못했고 공직으로 돌아가고 싶다는 희망을 품었다. 그는 법무부를 '우리'로 칭하는 습관을 결코 버리지 못했다.

대형 금융회사에 맞섰던 다른 정부기관 관계자들도 수난을 겪었다. 연방예금보험공사(FDIC)를 이끌던 때에 오바마 행정부의 은행 구제 금융에 이의를 제기했던 실라 베어(Sheila Bair)는 기업에서든 행정부에서든 중요한 직책을 얻지 못했다. 그녀는 메릴랜드에 있는 워싱턴 칼리지(Washington College)의 학장이 되었다. 남부지검의 검사를 역임한 벤 로스키는 뉴욕주 금융감독국의 국장으로 영전했지만 적극성 때문에 규제기관의 동료들과 은행들의 심기를 건드렸고 결국 일류 로펌의 일자리를 구하지 못했다. 뉴욕의 어느 대형 로펌 회장은 뉴욕 변호사 협회가 그를 제명했다고 말했다. 로스키는 컨설턴트와 변호사로 개업했다.

기업의 내부 고발자는 상황이 훨씬 더 나빴다. 그들의 삶은 결코 이전과 같지 않았다. 그들은 이혼, 파산, 실직에 직면했다. 그들은 자신들의 행동이 그럴 가치가 있었는지 의구심을 품었다. 정부 조사관들과 면담을 할 때 그들이 자신들의 말을 그토록 자주 불신했던 이유가 무엇인지 의아했다.

제드 레이코프 판사도 힘든 시간을 보냈다. 그의 판결은 법적 패배에 직면했다. 2016년 연방 제2항소법원의 재판부는 레이코프가 주재한 민사 사기 재판의 평결을 기각했다. 남부지검이 대형 모기지업체인 패니 메이와 프레디 맥에 악성 모기지를 속여 판 혐의로 모기지 은행인 컨트리와이드 홈론스(Countrywide Home Loans)를 기소한 사건이었다. 정부는 중간급 중역 한 명에 대해서도 기소를 제기했다. 배심원단은 그때는 BoA의 소유가 된 컨트리와이드와 해당 중역에 법적 책임이 있다는 평결을 내렸다. 항소법원 재판부는 평결을 기각하면서 레이코프가 배심원단에게 제시한 평의 지시를 비판했다. 그들은 레이코프 판사가 사기를 규정함에 있어서 실수를 저질렀다고 판단했다. 재판부는 컨트리와이드가 패니 메이, 프레디 맥과 계약서를 작성한 때에는 사기를 저지를 의도가 없었기 때문에 정부가 증거 기준 (standard of proof)을 충족하지 못했다고 판결했다. 컨트리와이드가 의도적으로 계약을 위반했지만 그것이 사기에 해당하지는 않는다는 것이다.[17] 남부지검의 검사들과 레이코프는 어이없는 판결이라고 생각했다. 남부지검은 항소법원 재판부에 재심을 탄원했지만 항소법원은 재심을 거부했다.

레이코프는 그래도 기세가 꺾이지 않았다. 선임 판사가 되어 그 어느 때보다도 높은 명성을 누렸고 많은 용기를 발휘했다. 그는 캘리포니아를 관장하는 연방 제9항소법원의 방문 판사(visiting judge)가 되어 내부자거래 재판을 맡게 되었다. 레이코프는 오래전부터 내부자거래에 관한 규제 법리가 연방대법원을 통해 확립되거나 연방 의회가 법 제정을 통해 명확하게 해 주길 바랐다. 뉴욕의 연방 제2항소법원이 프리트 바라라와 남부지검의 중요한 내부자거래 기소 몇 건에 대해 유죄 평결을 뒤집은 지 얼마 지나지 않은 때였다. 레이코프는 판결을 내릴 때 뉴욕과는 정반대의 견해를 채택함으로써 항소법원 사이의 분쟁을 유발시켰다. 레이코프는 자신이 텃밭인 뉴욕에서 항소법원 때문에 좌절을 겪은 연방 지방법원의 판사라기보다는 반대편 서해안의 냉정한 판사인 것처럼 다른 항소법원의 판결을 교묘하면서도 충분히 인용하면서 판결문을 작성했다. 연방대법원으로 올라간 이 사건에서 연방대법원은 레이코프의 손을 들어 주는 쪽으로 최종 판결을 내렸다. 그의 승리였다.

상급 법원은 레이코프를 부당하게 취급한 적이 많았지만 국민은 그를 기꺼이 받아들였다. 그는 영역을 확대하여 다른 사법적 주제에 관해서도 글을 썼다. 레이코프가 〈뉴욕 리뷰 오브 북스〉에 대량 투옥(mass incarceration) 문제에 항의하지 않는 동료 판사들을 비판하는 글을 실었을 때 연방 제2항소법원의 판사인 배링턴 파커 주니어(Barrington Parker Jr.)는 그에게 경의를 표했고 선물로 1906년에 찍힌 쇠사슬에 묶인 죄수 사진을 확대하여 보냈다. 줄무늬 내리닫이 옷을 입은 흑인 죄수들이 옥수수밭에서 일하다가 카메라를 응시하는 장면이었다. 좀 더 자세히 보면 그 죄수들은 성인 남성이 아니라 소년들이며 그중 일부는 믿을 수 없을 만큼 어린아이들임을 알 수 있다. 아이들의 뺨은 아직 젖살이 빠지지 않아 통통하고 눈은 눈물 고인 채로 크게 떠져 있으며 죄수복은 몸에 비해 너무 컸다. 미국은 아직도 놀라운 속도로 젊은 흑인 남성들을 계속해서 감옥에 가두고 있다. 레이코프 판사는 체제의 불공평함을 소리 높여 항의해 왔다. 그는 이 나라가 기업 범죄자들을 다루는 방식을 바꾸는 데 역할을 담당했다. 그러나 그의 조국 미국은 오늘날에도 강자들을 처벌하지 못한다. 그들은 여전히 면죄를 받는다.

■ 취재원과 집필 방식에 관한 작가 후기 ■

나는 이 이야기를 쓰기 위해 수천 쪽에 달하는 법원 문서, 언론 기사, 학술 논문, 정부 내부 문건, 이메일, 녹취록뿐만 아니라 수백 명의 전·현직 검사, 의원 보좌관, 여러 정부기관의 간부 및 규제 담당자, 피ㅅ고인의 변호사, 은행가, 투자자, 기업의 경영자, 학자, 로비스트, 소비자 보호 운동가 들과 나눈 인터뷰 기록을 참고했다.

나는 이 책에 이름이 거론된 대부분의 사람들과 이야기를 나누었다. 내게 이야기를 하지 않은 사람들도 있지만, 나는 그들의 이야기를 들어 보기 위해 접촉하거나 접촉을 시도했다. 취재원 대부분이 자기 이름이 밝혀지는 것을 원치 않았다. 나와 이야기한 전직 검사 대다수는 지금도 법조계에서 일하고 있으며, 공개적으로 말함으로써 자기 경력이 위태로워지는 것을 바라지 않는다. 내가 이 책에서 의도적으로 누구의 발언이나 생각인지 많이 언급하지 않은 까닭은 취재원을 보호하기 위해서다. 각 장마다 필요한 정보 출처는 자세하게 주석에 표기했다.

이 책에 나오는 대화는 문서나 대담자가 정확히 기억하는 바를 인용한 것이다. 대화 내용을 확인하기 위해 나는 특정 회의나 상황에 있었던 사람들을 가능한 많이 접촉하려고 했다. 이 책에서 묘사하는 심리 상태는 대체로 화자(speaker) 자신의 것을 바탕으로 했지만, 화자가 다른 사람에게 전달한 문서나 대화의 내용도 참고로 했다. 따라서 독자 여러분은 내가 해당 인물과 직접 대화한 것으로 유추해서는 안 된다.

이 책은 내 조부모 세대에게 대공황과 제2차 세계대전이 그러했듯이 우리 세대에게 무시무시하고 잊힐 수 없는 사건으로 남은 2008년 금융위기를 기원으로 한다. 2008년 금융위기가 없었다면 우리는 미국 최초의 흑인 대통령을 맞이하지 못했을지도 모르며, 분명 도널드 트럼프와 트럼프주의(Trumpism)를 겪지 않았을 것이다.

나는 금융 전문 언론인으로서 10년 훌쩍 넘는 기간 동안 금융위기라는 주제를 잊어 본 적이 없다. 나는 쓰면서도 그 내용을 어렴풋이 이해하는 데 그쳤지만 금융위기가 발생하기 전에 〈월스트리트 저널〉과 〈콩데 나스트 포트폴리오(Condé Nast Portfolio)〉에 게재한 기사에서 금융위기를 경고했다. 금융위기가 세계 금융 시스템을 산산조각 내고 사람들의 삶을 절망에 빠뜨리는 동안에도 이를 주제로 글을 썼다. 금융위기가 지나고 우리가 잔해에 둘러싸여 살다가 벗어난 후에도 나는 은행 중역들이 상황을 한층 더 나쁘게 만들고 그런 상황을 이용해 이득을 취하기 위해 무슨 짓을 저질렀는지 조사했다.

나는 동료 기자인 제이크 번스타인과 함께 〈프로퍼블리카(ProPublica)〉에 부채 담보부 증권(CDO) 시장에 관한 연재 기사를 실은 이후에 정부가 형사 범죄 혐의로 은행 중역들을 기소하기를 기다렸다. 기다리고 또 기다렸다. 그러나 기소는 결코 이루어지지 않았다.

그 기이한 결과를 도무지 이해할 수 없었던 나는 〈프로퍼블리카〉와 〈뉴욕타임스〉에 내가 '화이트칼라 불황(white collar slump)'이라고 명명한 주제에 관해 칼럼을 썼다. 그 문제는 계속해서 내 신경에 거슬렸고 나는 〈프로퍼블리카〉의 편집위원인 마크 슈프스에게 무엇이 잘못되었는지 심층적으로 파고든 기사 하나를 보냈다. 편집장인 스티븐 엥겔버그가 그 기사를 열렬히 지지했다. 결과적으로 우리는 그때 당시에 〈뉴욕타임스 매거진〉의 편집 위원이었던 휴고 린드그렌에게 금융위기 이후에 기소된 은행 중역이 한 명도 없는 이유를 파헤친 기사를 보냈다.

마크는 내게 중요한 이야깃거리가 있다는 것을 한순간도 의심하지 않은 채 잡지 기사로 쓰인 초고들을 엉망인 상태에서 감수했다. 역시 같은 잡지의 편집 위원인 존 켈리는 내 글에 끝손질을 가하여 이야기로 만들었다. 그 이야기가 2014년 4월에 실렸지만 나는 찾아낼 일과 할 말이 더 많이 남아 있다고 생각했다.

〈프로퍼블리카〉의 내 편집자와 동료들은 그 과정 내내 엄청난 도움이 되었다. 나는 2009년 일자리를 제공함으로써 나를 실직 상태에서 구해 준 폴 스타이거와 스티브 엥겔버그에게 감사한다. 스티브는 내가 집념을 추구하는 동안 꾸준히 나를 지지해 주었고 나에게 금융에 관한 상세한 내용에서 눈을 들어 시야를 넓히라고 조언해 주었다. 내가 휴직을 요청했을 때 그와 딕 토플은 고맙게도 그 요청을 수락했다.

내 출판 대리인인 크리스 캘훈은 열정적인 태도로 내 기운을 북돋아 주었고 내가 생각을 가다듬어 책으로 확장하는 데 도움을 주었다. 나는 내가 지닌 이상을 믿고 출판을 고수해 준 조너선 카프와 벤 뢰넨에게 감사한다. 벤은 내게 꼼꼼하고 사려 깊은 편집본을 제공했다. 나는 글쓰기에 관해 지난 20여 년 동안 기자로 일하면서보다 벤에게서 더 많은 것을 배웠다.

뉴 아메리카(New America)는 너그럽게도 내게 회원 자격을 부여했다. 그에 대해 나는 피터 버겐, 커스틴 버그, 퍼즈 호건, 콘스탄틴 카카이스에게 고마움을 전한다. 내 부모님은 초고를 일찍부터 날카로운 눈으로 읽어 주셨다. 그 이외에도 일찍이 초고를 읽고 조언을 제공한 사람으로는 제시 드러커, 크리스 레너드, 제니퍼 토브, 케이 사빌 라만 등이 있다.

나는 아낫 아드마티, 서지 에이버리, 제임스 밴들러, 닐 바스키, 세스 봄스, 샘 뷰엘, 피터 이비스, 로빈 필즈, 앤드류 풋, 브랜던 개릿, 데이비드 그레이스, 피터 굿먼, 스콧 클라인, 피터 래트먼, 캐릭 몰런캠프, 피아크라 오드리스컬, 프랭크 파트노이, 마이클 파월, 톰 퍼셀, 가이 롤닉, 팀 서턴, 에릭 어맨스키, 트레이시 웨버, 존 와일, 리앤 윌슨의 지지와 조언에 감사한다.

새러 모리슨은 뛰어난 조사로 도움을 주었다. 미셸 시아로카와 비어트리스 호건의 탁월한 사실 확인 덕분에 나는 수많은 민망한 실수를 바로잡을 수 있었다. 남아 있는 실수가 있다면 그것은 온전히 내 책임이다.

나는 특히 자신의 경험을 들려주고 내가 기업 조사, 기소, 법률에 관한 세밀한 내용을 이해할 수 있도록 도와주는 등 내게 오랜 시간을 할애해 준 여러 사람에게 감사한다. 그들의 인내, 도움, 용기가 없었다면 나는 이 책을 쓰지 못했을 것이다.

마지막으로 아낌없는 지지와 사랑을 준 아내 사라에게 감사한다. 최초의 독자이자 가장 뛰어난 독자인 내 아내는 내 아이디어를 정제했고 내 평이한 글에 우아함을 더했다.

주석

서론

1. Chris Smith, "Mr. Comey Goes to Washington," *New York,* October 20, 2003, http://nymag.com/nymetro/news/politics/n_9353.

2. Jean Eaglesham and Anupreeta Das, "Wall Street Crime: 7 Years, 156 Cases and Few Convictions," *Wall Street Journal* online, last modified May 27, 2016, www.wsj.com/articles/wall–street–crime–7–years–156–cases–and–few–convictions–1464217378.

3. *United States Attorneys' Annual Statistical Report* (Washington, DC: US Department of Justice), www.justice.gov/usao/resources/annual–statistical–reports.

4. Brandon L. Garrett, *Too Big to Jail: How Prosecutors Compromise with Corporations* (Cambridge, MA: Belknap Press, 2014).

5. Brandon L. Garrett and Jon Ashley, Federal Organizational Prosecution Agreements, University of Virginia School of Law, http://lib.law.virginia.edu/Garrett/prosecution_agreements/home.suphp.

6. *Justice Department Data Reveal 29 Percent Drop in Criminal Prosecutions of Corporations* (Syracuse, NY: Transactional Records Access Clearinghouse [TRAC], Syracuse University, October 13, 2015), http://trac.syr.edu/tracre/ports/crim/406.

7. Ryan Knutson, "Blast at BP Texas Refinery in '05 Foreshadowed Gulf Disaster," ProPublica, last modified July 27, 2010, www.propublica.org/article/blast–at–bp–texas–refinery–in–05–foreshadowed–gulf–disaster.

8. *Federal White Collar Crime Prosecutions at 20–Year Low* (Syracuse, NY: Transactional Records Access Clearinghouse [TRAC], Syracuse University, July 29, 2015), http://trac.syr.edu/tracreports/crim/398. See also *White Collar Crime Prosecutions for 2016* (Syracuse, NY: Transactional Records Access Clearinghouse [TRAC], Syracuse University, September 1, 2016), http://tracfed.syr.edu/results/9x7057c8a7ee9c.html.

1장 "크리스마스에 쉴 생각일랑 마세요"

1. Bethany McLean and Peter Elkind, *The Smartest Guys in the Room: The Amazing Rise and Scandalous Fall of Enron* (New York: Portfolio, 2013), 219.

2. Pamela H. Bucy et al., "Why Do They Do It? The Motives, Mores, and Character of White Collar Criminals," *St. John's Law Review* 82, no. 2, art. 1 (2012): http://scholarship.law.stjohns.edu/lawreview/vol82/iss2/1.

3. McLean and Elkind, *Smartest Guys in the Room, xx,* 239.

4. Kurt Eichenwald, *Conspiracy of Fools: A True Story* (New York: Broadway Books, 2005), 180.

5. "Where Are the Faces of the Enron Trial?," Fuel Fix, November 28, 2011, http://fuelfix.com/blog/2011/11/28/the–defendants–of–the–enron–era–and–their–cases.

6. 지방 검사들은 주(洲)내에서 발생한 주 법상 범죄를 기소하는 검사인데 선거로 선출된다. 그들은 연방 범죄를 기소하는 법무부와는 아무런 관계가 없다. 오랫동안 맨해튼 지방 검찰청을 지휘했던 로버트 모겐소의 리더십 하에서 맨해튼 지방 검찰청은 기업 범죄를 기소하고 처리함에 있어서 성공적으로 업무를 수행하였다.

7. Dan Morse, Chad Terhune, and Ann Carrns, "HealthSouth's Scrushy Is Acquitted," *Wall Street Journal* online, last modified June 29, 2005, www.wsj.com/articles/SB111702610398942860.

8. Jonathan Stempel, Reuters, "Former HealthSouth CEO Scrushy's Bribery Conviction Upheld," July 15, 2013, www.reuters.com/article/us–healthsouth–scrushy–conviction–idUSBRE96E0TQ20130715.

9. Eichenwald, *Conspiracy of Fools,* 642.

10. Samuel W. Buell, *Capital Offenses: Business Crime and Punishment in America's Corporate Age* (New York: W. W. Norton, 2016), 185.

11. Samuel W. Buell, interview with the author, April 17, 2015 and August 24, 2014.

12. Edward Iwata, "Enron Task Force Faces Big Pressure to Deliver," *USA Today* website, last modified August 21, 2002, http://usatoday30.usatoday.com/money/industries/energy/2002–08–21–enron–task–force_x.htm.

13. Jeffrey Toobin, "End Run at Enron," Annals of Law, *New Yorker,* October 27, 2003, 48–49.

14. Jonathan Weil, "The Other Shoe Has Yet to Drop in Enron Case," *Wall Street Journal* online, last modified August 5, 2002, www.wsj.com/articles/

SB1028495391564229080.

15. "Transcript of News Conference with Deputy Attorney General Larry Thompson Wednesday, October 2, 2002," US Department of Justice, www.justice.gov/archive/dag/speeches/2002/100202dagnewsconferencefastow.htm.

16. Terry Maxon, "Ex–Enron Executive, Wife Plead Guilty," *Sun Sentinel* (South Florida), January 15, 2004, http://articles.sun–sentinel.com/2004–01–15/news/401150112_1_lea–fastow–andrew–fastow–mr–skilling.

17. "News Conference on Indictment," C–Span video, 32:27, July 8, 2004, www.c–span.org/video/?182612–1/news–conference–indictment.

18. Mary Flood, "Experts See Lessons from Broadband Jurors," *Houston Chronicle,* July 22, 2005, http://www.chron.com/business/enron/article/Experts–see–lessons–from–broadband–jurors–1948046.php.

19. McLean and Elkind, *Smartest Guys in the Room,* 412.

20. Alexei Barrionuevo and Kurt Eichenwald, "In Enron Trial, a Calculated Risk," *New York Times,* April 4, 2006, http://query.nytimes.com/gst/fullpage.html?res=9C03E0 D71330F937A35757C0A9609C8B63&pagewanted=all.

21. Peter Elkind and Bethany McLean, "Enron Trial: Devils in the Details," *Fortune* website, last modified March 15, 2006, http://archive.fortune.com/magazines/fortune/fortune_archive/2006/03/20/8371741/index.htm.

22. Ibid.

23. Barrionuevo and Eichenwald, "Enron Trial, Calculated Risk."

24. John R. Emshwiller and Gary McWilliams, "Testimony Links Skilling, Lay to Alleged Effort to Hide Losses," *Wall Street Journal* online, last modified March 1, 2006, www.wsj.com/articles/SB114114167255385382.

25. McLean and Elkind, *Smartest Guys in the Room,* 419.

26. Ibid., 415.

27. Ibid., 420.

28. Ibid., 421.

2장 "그런 일은 있을 수 없소"

1. Eichenwald, *Conspiracy of Fools,* 642–46.

2. Jennifer L. O'Shea, "Ten Things You Didn't Know About Michael Chertoff," *U.S.*

News & World Report online, last modified August 27, 2007, www.usnews.com/news/articles/2007/08/27/ten–things–you–didnt–know–about–michael–chertoff.

3. Flynn McRoberts et al., "Repeat Offender Gets Stiff Justice," *Chicago Tribune,* September 4, 2002, www.chicagotribune.com/news/chi–0209040368sep04–story.html.

4. Greg Farrell, "Roll of Dice Pays Off for Justice," *USA Today* online, last modified June 16, 2002, http://usatoday30.usatoday.com/money/energy/enron/2002–06–17/–chertoff.htm.

5 . Barbara Ley Toffler with Jennifer Reingold, *Final Accounting: Ambition, Greed, and the Fall of Arthur Andersen* (New York: Currency, 2004), 20.

6. Reed Abelson and Jonathan D. Glater, "Enron's Collapse: The Auditors—Who's Keeping the Accountants Accountable?," *New York Times,* January 15, 2002, www.nytimes.com/2002/01/15/business/enron–s–collapse–the–auditors–whos–keeping–the–accountants–accountable.html?pagewanted=all.

7. Susan Scholz, *Financial Restatement: Trends in the United States, 2003–2012* (Washington, DC: Center for Audit Quality, July 24, 2014), www.thecaq.org/docs/reports–and–publications/financial–restatement–trends–in–the–united–states–2003–2012.pdf.

8. Robert Kowalski, "Levitt Assails Accounting Industry for Fund Cuts for Oversight Board," TheStreet, May 10, 2000, www.thestreet.com/story/937042/1/levitt–assails–accounting–industry–for–fund–cuts–for–oversight–board.html.

9. Toffler with Reingold, *Final Accounting,* 157.

10. US Securities and Exchange Commission, "Waste Management Founder, Five Others Sued for Massive Fraud," news release, March 26, 2002, www.sec.gov/news/headlines/wastemgmt6.htm.

11. US Securities and Exchange Commission, "Arthur Andersen LLP: Litigation Release No. 17039," news release, June 19, 2001, www.sec.gov/litigation/litreleases/lr17039.htm.

12. Flynn McRoberts et al., "Civil War Splits Andersen," *Chicago Tribune,* September 2, 2002, http://articles.chicagotribune.com/2002–09–02/news/0209020071_1_andersen–partners–andersen–clients–tiger/7.

13. Toffler with Reingold, *Final Accounting,* 148.

14. Kathleen F. Brickey, "Andersen's Fall from Grace," *Washington University Law Review* 81, no. 4 (2003): 926.

15. Toffler with Reingold, *Final Accounting,* 152.

16. Emily Cartwright, "Taken on Faith," *60 Minutes,* July 30, 2002, www.cbnews.com/news/taken–on–faith.

17. *Wrong Numbers: The Accounting Problems At WorldCom—Hearing Before the Committee on Financial Services, US House of Representatives,* 107th Congress, Second Session, July 8, 2002, serial no. 107–74 (Washington, DC: US Government Printing Office, 2002), www.gpo.gov/fdsys/pkg/chrg–107hhrg83079/html/chrg–107hhrg83079.htm.

18. McLean and Elkind, *Smartest Guys in the Room,* 161.

19. Ibid., 147.

20. Ibid., 207–8.

21. Ibid., 146.

22. Flynn McRoberts et al., "Ties to Enron Blinded Andersen," *Chicago Tribune,* September 3, 2002, www.chicagotribune.com/news/chi–0209030210sep03–story.html.

23. Garrett, *Too Big to Jail,* 25.

24. Joe Berardino, "Enron: A Wake–up Call," Commentary, *Wall Street Journal* online, last modified December 4, 2001, www.wsj.com/articles/SB1007430606576970600.

25. Dan Morgan and Peter Behr, "Enron Chief Quits as Hearings Open," *Washington Post,* January 24, 2002, www.washingtonpost.com/archive/politics/2002/01/24/enron–chief–quits–as–hearings–open/488a9983–7b0a–490e–9e15–0509d8ab14be.

26. Eichenwald, *Conspiracy of Fools,* 642.

27. Mitchell Pacelle, Ken Brown, and Michael Schroeder, "Andersen Tries Deloitte, Others for a Sale, but So Far, No Deal," *Wall Street Journal* online, last modified March 11, 2002, www.wsj.com/articles/SB1015799139268944800.

28. Carolyn Lochhead and Zachary Coile, "The Enron Collapse: House Panel Slams Firm for Shredding Enron Papers—Andersen Officials Told They Could Be Charged," *San Francisco Chronicle,* January 25, 2002, www.sfgate.com/news/article/THE–ENRON–COLLAPSE–House–panel–slams–firm–for–2880281.php.

29. Flynn McRoberts et al., "Repeat Offender Gets Stiff Justice," *Chicago Tribune,* September 4, 2002, www.chicagotribune.com/news/chi–0209040368sep04–story.html.

30. Jonathan Weil and Alexei Barrionuevo, "Arthur Andersen Is Convicted on Obstruction–of–Justice Count," *Wall Street Journal* online, last modified June 16, 2002, www.wsj.com/articles/SB1023469305374958120.

31. 클린턴 행정부에서 재무장관을 역임했던 로버트 루빈이 이끌던 민주당의 비즈니스 그룹은 금융 규제완화를 위한 노력을 분명히 지지했다. 루빈의 영향력 아래에서 민주당은 대공황 시절 상업은행과 투자은행을 분리시켰던 글래스-스티걸법을 파괴하는데 결정적인 도움을 주었다. 클린턴은 새롭게 부상하는 파생상품시장을 감독하는 것을 금지하는 상품현대화법에 서명하여 2000년대 후반 금융위기 발생에 단초를 제공하였다.

32. "Text: Bush on Corporate Reform, Terrorism Funds," On Politics, *Washington Post,* July 8, 2002, www.washingtonpost.com/wp–srv/onpolitics/transcripts/bushtext_070802.html.

33. Joel Roberts, Associated Press, "Senate Adopts Corporate Fraud Measure," CBS News online, July 10, 2002, www.cbsnews.com/news/senate–adopts–corporate–fraud–measure.

34. Brickey, "Andersen's Fall," 959.

35. Ibid., 941–42.

36. Gabriel Markoff, "Arthur Andersen and the Myth of the Corporate Death Penalty: Corporate Criminal Convictions in the Twenty–First Century," *University of Pennsylvania Journal of Business Law* 13, no. 3 (2013): 797–842, http://papers.ssrn.com/sol3/papers.cfm?abstract_id=2132242.

37. Toffler with Reingold, *Final Accounting,* 224.

38. "Interview with Mary Jo White, Partner, Debevoise & Plimpton LLP, New York, New York," *Corporate Crime Reporter* 48, no. 11: (December 12, 2005), www.corporatecrimereporter.com/maryjowhiteinterview010806.htm.

39. US Department of Justice, "Assistant Attorney General Lanny A. Breuer Speaks at the New York City Bar Association," news release, September 13, 2012, www.justice.gov/opa/speech/assistant–attorney–general–lanny–breuer–speaks–new–york–city–bar–association.

3장 은의 시대

1. Lawrence M. Friedman, *Crime and Punishment in American History,* 3rd ed. (New York: Basic Books, 1993), 290.

2. Joel Seligman, *The Transformation of Wall Street: A History of the Securities and Exchange Commission and Modern Corporate Finance,* 3rd ed. (New York: Aspen, 2003), 5.

3. Friedman, *Crime and Punishment.*

4. Seligman, *Transformation of Wall Street,* 71.

5. Ibid., 77.

6. 2008년 금융위기는 이러한 논쟁에 다시 불을 지폈다. 방어론자들은 모기지 증권과 파생상품들이 위험하고 이해하기 힘든 면이 있다 하더라도 합법이라고 주장한다. 그러나 그들도 그러한 증권을 발행하고 판매하는 일반적인 활동이 언제나 합법이라고 주장하는 것은 아니다.

7. Victor Navasky, "A Famous Prosecutor Talks About Crime," *New York Times,* February 15, 1970.

8. David M. Dorsen, *Henry Friendly, Greatest Judge of His Era* (Cambridge, MA: Belknap Press, 2012), 237.

9. "The United States Attorneys for the Southern District of New York," compiled by the Committee for the Bicentennial Celebration (1789–1989) of the United States Attorney's Office (Southern District of New York), 316, August 2014.

10. Theodore A. Levine and Edward D. Herlihy, "The Father of Enforcement," *Securities Regulation Law Journal* 43, no. 1 (March 2015): 7–27.

11. Seligman, *Transformation of Wall Street,* 449.

12. Ernst & Ernst v. Hochfelder, 425 U.S. 185 (1976), 2016, accessed September 8, 2016, http://supreme.justia.com/cases/federal/us/425/185.

13. Levine and Herlihy, "Father of Enforcement."

14. Nathaniel C. Nash, "Washington at Work: For Judge in Keating Case, Being on the Bench Is Not Sitting on the Sidelines," *New York Times,* January 11, 1990, www.nytimes.com/1990/01/11/us/washington–work–for–judge–keating–case–being–bench–not–sitting–sidelines.html?pagewanted=all.

15. Kenneth B. Noble, "The Dispute over the S.E.C," *New York Times,* April 21, 1982, www.nytimes.com/1982/04/21/business/the–dispute–over–the–sec html?pagewanted=all.

16. Stanley Sporkin, interview with the author, April 1, 2015.

17. Jason E. Seigel, "Admit It! Corporate Admissions of Wrongdoing in SEC settlements: Evaluating Collateral Estoppel Effects," *Georgetown Law Journal* 103 (2015): 433, http://georgetownlawjournal.org/files/2015/01/AdmitIt.pdf, Vol. 103: 433.

18. Stephen Labaton, "Judge Rejects Keating Suit; Sees 'Looting' of Lincoln," *New York Times* August 24, 1990, www.nytimes.com/1990/08/24/business/judge–rejects–keating–suit–sees–looting–of–lincoln.html.

19. Robert S. Pasley, *Anatomy of a Banking Scandal: The Keystone Bank Failure—Harbinger*

of the 2008 Financial Crisis (New Brunswick, NJ: Transaction, 2016).

20. Seligman, *Transformation of Wall Street,* 540.

21. Peter Clark, interview with the author, November 10, 2015.

22. Mike Koehler, "The Story of the Foreign Corrupt Practices Act," *Ohio State Law Journal* 73, no. 5 (December 7, 2012): http://ssrn.com/abstract=2185406.

23. A. Timothy Martin, "The Development of International Bribery Law," *Natural Resources & Environment* 14, no. 2 (Fall 1999): 97, www.rmmlf.org/Istanbul/5–Development–of–International–Bribery–Law–Paper.pdf.

24. Stanley Sporkin, interview.

25. Seligman, *Transformation of Wall Street,* 540.

26. Ibid.

27. David S. Hilzenrath, "Judge Jed Rakoff on Free Love, the Death Penalty, Defending Crooks and Wall Street Justice," *Washington Post,* January 20, 2012, www.washingtonpost.com/business/economy/judge–rakoff–on–freelove–the–death–penalty–defending–crooks–and–wall–street–justice/2012/01/05/gIQAIGKrDQ_story.html.

28. Robert C. Koch, "Attorney's Liability: The Securities Bar and the Impact of National Student Marketing," *William & Mary Law Review* 14, no. 4 (1973): 883–98, http://scholarship.law.wm.edu/cgi/viewcontent.cgi?article=2641&context= wmlr.

29. Stephen Labaton, "Cortes Randell: Student Market Hoax," Archives of Business: A Rogues Galley, *New York Times,* December 7, 1986, www.nytimes.com/1986/12/07/business/archives–of–business–a–rogues–gallery–cortesrandell–student–market–hoax.html.

30. Skip McGuire, interview with the author, October 15, 2015.

31. Koch, "Attorney's Liability."

32. Margaret P. Spencer and Ronald R. Sims, eds., *Corporate Misconduct: The Legal, Societal, and Management Issues* (Westport, CT: Quorum Books, 1995).

33. Louie Estrada, "Anthony M. Natelli Dies," Washington Post, March 28, 2004, www.washingtonpost.com/archive/local/2004/03/28/anthony–m–natelli–dies/23ff418e–6819–4685–8955–879e4f1c3d64.

34. L. Ray Patterson, "The Limits of the Lawyer's Discretion and the Law of Legal Ethics: *National Student Marketing Revisited,"* *Duke Law Journal* 6 (1979): 1251–74, http://scholarship.law.duke.edu/cgi/viewcontent.cgi?article=2725&context=dlj.

4장 "한마음으로 당신의 것"

1. Rich Cohen, *The Fish That Ate the Whale: The Life and Times of America's Banana King* (New York: Picador USA, 2013).

2. Marcelo Bucheli, *Bananas and Business: The United Fruit Company in Colombia, 1899–2000* (New York: New York University Press, 2005), 71.

3. David J. Krajicek, "Going Bananas: Pan Am Building Suicide in Chiquita Scandal," *New York Daily News,* May 22, 2011, www.nydailynews.com/news/crime/bananas–pan–building–suicide–chiquita–scandal–article–1.143195.

4. Cohen, *Fish That Ate the Whale.*

5. Peter T. Kilborn, "Suicide of Big Executive: Stress of Corporate Life," *New York Times,* February 14, 1975, www.nytimes.com/1975/02/14/archives/suicide–of–big–executive–stress–of–corporate–life–suicide–of–a–top.html?r=0.

6. Danforth Newcomb, *Digests of Cases and Review Releases Relating to Bribes to Foreign Officials Under the Foreign Corrupt Practices Act of 1977* (As of January 31, 2002) (New York: Shearman & Sterling, 2002), 76, www.justice.gov/sites/default/files/criminal–fraud/legacy/2012/12/03/response2–appx–a.pdf.

7. Walter LaFeber, *Inevitable Revolutions: The United States in Central America,* 2nd ed. (New York: W. W. Norton, 1993), 208.

8. Robert D. Hershey Jr., "United Brands Bribe Called 'Aberration': Inquiry Finds the Agreement Not to Be Part of a Pattern," *New York Times,* December 11, 1976, www.nytimes.com/1976/12/11/archives/united–brands–bribe–called–aberration–inquiry–finds–the–agreement.html?r=0.

9. Newcomb, *Digests of Cases and Review Releases Relating to Bribes to Foreign Officials,* 76.

10. New York Central R. Co. v. United States, 212 U.S. 481 (1909), http://supreme.justia.com/cases/federal/us/212/481/case.html.

11. Garrett, *Too Big to Jail,* 34.

12. Ibid., 35.

13. Arnold H. Lubasch, "Guilty Plea in Foreign Bribe Case: United Brands Fined $15,000 in Plot Involving Honduran," *New York Times,* July 20, 1978, timesmachine.nytimes.com/timesmachine/1978/07/20/110896364.html?page–Number=72.

14. Jeff Gerth, "S.E.C.'S Future Focus in Doubt," *New York Times,* January 29, 1981, www.nytimes.com/1981/01/29/business/sec–s–future–focus–in–doubt.html.

15. Noble, "Dispute Over the S.E.C."

16. Karen De Witt, "Stanley Sporkin Is on the Case," *Washington Post,* May 28, 1977, www.washingtonpost.com/archive/lifestyle/1977/05/28/stanley–sporkin–is–on–the–case/35db79b1–06e1–473d–a880–d1697067f50e.

17. Levine and Herlihy, "Father of Enforcement."

18. David Einstein, "The Judge Who Rejected Microsoft: Stanley Sporkin Is Known as Aggressive, Unpredictable," *San Francisco Chronicle,* February 16, 1995, www.sfgate.com/business/article/The–Judge–Who–Rejected–Microsoft–Stanley–3044564.php.

19. Dan Carmichael, United Press International, "Judge Criticizes Justice Department," March 12, 1991, www.upi.com/Archives/1991/03/12/Judge–criticizes–Justice–Department/1467668754000.

20. Dan Freedman, "Sporkin Built Reputation by Battling Big Business," *San Francisco Chronicle,* February 16, 1995, www.sfgate.com/business/article/Sporkin–built–reputation–by–battling–big–business–3151584.php.

5장 반격

1. United States Sentencing Commission, Guidelines Manual (Washington, DC: US Government Printing Office, 1991), www.ussc.gov/sites/default/files/pdf/guidelines–manual/1991/manual–pdf/1991_Guidelines_Manual_Full.pdf.

2. Scot J. Paltrow, "Prudential Firm Agrees to Strict Fraud Settlement," *Los Angeles Times,* October 28, 1994, http://articles.latimes.com/1994–10–28/news/mn–55889_1_prudential–securities.

3. Garrett, *Too Big to Jail.*

4. Paltrow, "Prudential Firm Agrees to Strict Fraud Settlement."

5. Dave Michaels, "Obama's SEC Pick Wary of Zealous Wall Street Prosecutions," Bloomberg, February 27, 2013, www.bloomberg.com/news/articles/2013–02–27/obama–s–sec–pick–wary–of–zealous–wall–street–prosecutions.

6. Andrew Longstreth, "A Memo Too Far," American Lawyer, January 2007, 13–15, www.americanlawyer–digital.com/americanlawyer–ipauth/tal200701ip?pg=12#pg12.

7. Timothy Harper, "Pepsi One–Larry Thompson Stands Behind an Iconic Brand," Super Lawyers, Corporate Counsel Edition, December 2008, www.superlawyers.

com/new-york-metro/article/pepsi-one/944b6a83-f5a9-44da-b346-6bec2db0f317.html.

8. CNBC News, "Deputy Attorney General Larry Thompson Discusses the Fight Against Corporate Crime," June 23, 2003.

9. Julie R. O'Sullivan, "Does DOJ's Privilege Waiver Policy Threaten the Rationales Underlying the Attorney–Client Privilege and Work Product Doctrine? A Preliminary 'No,'" *American Criminal Law Review* 45 (2008): 1237–96.

10. Richard A. Epstein, "The Deferred Prosecution Racket," *Wall Street Journal* online, last modified November 28, 2006, www.wsj.com/articles/SB116468395737834160.

11. "An Informed and Forceful Critique of NPAs and DPAs by . . . Guess Who?," *FCPA Professor,* April 25, 2013, www.fcpaprofessor.com/an-informed-andforceful-critique-of-npas-and-dpas-by-guess-who.

12. The letter, dated September 5, 2006, was included in the "Statement of the American Bar Association to the Committee on Judiciary of the United States Senate Concerning Its Hearing on 'Examining Approaches to Corporate Fraud Prosecutions and the Attorney–Client Privilege Under the McNulty Memorandum,' September 18, 2007," 31.

13. Carol Morello and Carol D. Leonnig, "Chris Christie's Long Record of Pushing Boundaries, Sparking Controversy," *Washington Post,* February 10, 2014, www .washingtonpost.com/local/chris-christies-long-record-of-pushing-boundaries-sparking-controversy/2014/02/10/50111ed4-8db1-11e3-98ab-fe5228217bd1_story.html?utm_term=.7208b6b20637.

14. US Department of Justice, "U.S. Deputy Attorney General Paul J. McNulty Revises Charging Guidelines for Prosecuting Corporate Fraud," news release, December 12, 2006, www.justice.gov/archive/opa/pr/2006/December/06_odag_828.html.

6장 폴 펠티어의 흰 고래

1. Jeff Leen, "Mel Kessler: The Miami Drug Lawyer," *Miami Herald,* September 2, 1990.

2. Roddy Boyd, *Fatal Risk: A Cautionary Tale of AIG's Corporate Suicide.* (Hoboken, NJ: John Wiley & Sons, 2011), 130–31.

3. "The PNC Financial Services Group, Inc.: Admin. Proc. Rel. No. 33–8112/July 18,

2002," www.sec.gov/litigation/admin/33–8112.htm.

4. United States of America v. AIG–FP Pagic Equity Holding Corp., 15 U.S.C. §§ 78j and 78ff(a); 17 C.F.R. § 240.10b–5; and 18 U.S.C. § 2, Deferred Prosecution Agreement, November 30, 2004, 18.

5. Peter Lattman, "The U.S.'s Fly on the Wall at AIG," *Wall Street Journal* online, last modified March 27, 2009, www.wsj.com/articles/SB123812186477454361.

7장 KPMG가 망친 경력

1. United States v. Jeffrey Stein et al., Kaplan Opinion (S.D. N.Y, 2006), 2.

2. IRS, "KPMG to Pay $456 Million for Criminal Violations," news release, August 29, 2005, last modified July 16, 2014, www.irs.gov/uac/KPMG–to–Pay–$456–Million–for–Criminal–Violations.

3. *U.S. Tax Shelter Industry: The Role of Accountants, Lawyers, and Financial Professionals, Hearings Before the Permanent Subcommittee on Investigations of the Committee on Governmental Affairs,* US Senate, 108th Congress, first session, November 18 and 20, 2003, www.gpo.gov/fdsys/pkg/CHRG108shrg91043/html/CHRG–108shrg91043.htm.

4. Charles D. Weisselberg and Su Li, "Big Law's Sixth Amendment: The Rise of Corporate White–Collar Practices in Large U.S. Law Firms," *Arizona Law Review* 53 (2011): 1274, http://scholarship.law.berkeley.edu/facpubs/1164.

5. David W. Chen, "Pirro Sentenced to 29 Months in U.S. Prison," *New York Times,* November 2, 2000, www.nytimes.com/2000/11/02/nyregion/pirro–sentenced–to–29–months–in–us–prison.html?_r=0.

6. Winnie Hu, "Husband Is Convicted, but Jeanine Pirro Is Topic," *New York Times,* June 23, 2000, www.nytimes.com/2000/06/23/nyregion/husband–is–convicted–but–jeanine–pirro–is–topic.html.

7. Larry D. Thompson, "Memorandum: Principles of Federal Prosecution of Business Organizations," US Department of Justice, Office of the Deputy Attorney General, January 20, 2003, www.americanbar.org/content/dam/aba/migrated/poladv/priorities/privilegewaiver/2003jan20_privwaiv_dojthomp.authcheckdam.pdf.

8. Carrie Johnson, "9 Charged over Tax Shelters in KPMG Case," *Washington Post,*

August 30, 2005, www.washingtonpost.com/wp–dyn/content/article/2005/08/29 /AR2005082900822.html.

9. *Stein* et al., 24.

10. Lynnley Browning, "Documents Show KPMG Secretly Met Prosecutors," *New York Times,* February 9, 2015, www.nytimes.com/2007/07/06/business/06kpmg. html.

11. US Department of Justice, "KPMG to Pay $456 Million for Criminal Violations in Relation to Largest–Ever Tax Shelter Fraud Case," news release, August 29, 2005, www.justice.gov/archive/opa/pr/2005/August/05_ag_433.html.

12. Jonathan D. Glater, "8 Former Partners of KPMG Are Indicted," *New York Times,* August 30, 2005, www.nytimes.com/2005/08/30/business/8–former–partners– of–kpmg–are–indicted.html?_r=0.

13. "The KPMG Fiasco," Review & Outlook, *Wall Street Journal* online, last modified July 10, 2007.

14. Paul Davies, "Bench on Fire: KPMG Judge Grills Prosecutors," *Wall Street Journal* online, last modified August 5, 2006.

15. Weisselberg and Li, "Big Law's Sixth Amendment," 1278.

16. Amir Efrati, "Appeals Court Upholds Ruling to Dismiss KPMG Tax Case," *Wall Street Journal* online, last modified August 28, 2008, www.wsj.com/articles/ SB121994701590180363.

17. Weisselberg and Li, "Big Law's Sixth Amendment," 1280.

18. *The Thompson Memorandum's Effect on the Right to Counsel in Corporate Investigations, Hearing Before the Senate Judiciary Committee,* September 12, 2006, www.americanbar. org/content/dam/aba/migrated/poladv/letters/attyclient/060912testimony_ hrgsjud.authcheckdam.pdf.

19. Robert J. Anello, "Preserving the Corporate Attorney–Client Privilege: Here and Abroad," *Penn State International Law Review* 27, no. 2 (February 2, 2009): 291–314, www.maglaw.com/publications/articles/00259/_res/id=Attachments/index=0/ Preserving%20the%20Corporate%20Attorney–Client%20Privilege%20Here%20 and%20Abroad.pdf.

20. United States v. Monsanto, 491 U.S. 600 (1989), http://supreme.justia.com/cases/ federal/us/491/600/case.html.

21. Caplin & Drysdale, Chartered, Petitioner v. United States, 491 U.S. 617 (March 21, 1989), www.law.cornell.edu/supremecourt/text/491/617.

22. Weisselberg and Li, "Big Law's Sixth Amendment," 1273.

23. Adam Liptak, "Justices Limit Use of Corruption Law," *New York Times,* June 24, 2010, www.nytimes.com/2010/06/25/us/25scotus.html?_r=0.

24. Longstreth, "Memo Too Far."

25. Paul Davies and Chad Bray, "KPMG Trial, Pared in Scope, Nears After Stormy Prologue," *Wall Street Journal* online, last modified October 12, 2007.

26. "Corrections & Amplifications," *Wall Street Journal* online, last modified November 27, 2007.

27. Charles Levinson, "Veteran Federal Prosecutor Moves to Law Firm Brown Rudnick," *Law Blog, Wall Street Journal* online, last modified April 28, 2014, http://blogs.wsj.com/law/2014/04/28/veteran–federal–prosecutor–movesto–law–firm–brown–rudnick.

8장 AIG 사냥

1. "A Chronology of the United States Postal Inspection Service," U.S. Postal Inspection Service, http://postalinspectors.uspis.gov/aboutus/History.aspx.

2. Boyd, *Fatal Risk.*

3. Timothy L. O'Brien, "Guilty Plea Is Expected in A.I.G.–Related Case," *New York Times,* June 10, 2005, www.nytimes.com/2005/06/10/business/guiltyplea–is–expected–in–aigrelated–case.html.

4. US Department of Justice, Office of the Inspector General, "Top Management and Performance Challenges in the Department of Justice—2007," last modified October 2016, http://oig.justice.gov/challenges/2007.htm.

5. *The External Effects of the Federal Bureau of Investigation's Reprioritization Efforts* (Washington, DC: US Department of Justice, Office of the Inspector General, September 2005), http://oig.justice.gov/reports/FB/a0537/final.pdf.

9장 진실도 화해도 없었다

1. Marilyn Geewax, "It's Geithner vs. Warren in Battle of the Bailout," NPR online, last modified May 25, 2014, www.npr.org/2014/05/25/315276441/its–geithner–

vs–warren–in–battle–of–the–bailout.

2. K. Sabeel Rahman, "The Way Forward for Progressives," *New Republic* online, last modified November 2, 2016, http://newrepublic.com/article/138325/way–forward–progressives.

3. Glenn Thrush, "The Survivor: How Eric Holder Outlasted His (Many) Critics," *Politico,* July/August 2014, http://www.politico.com/magazine/story/2014/06/the–survivor–108018?paginate=false.

4. Carrie Johnson, "Deputy Attorney General David Ogden to Leave Justice Department," *Washington Post,* December 4, 2009, www.washingtonpost.com/wp–dyn/content/article/2009/12/03/AR2009120301727.html.

5. Jesse Eisinger, "The Rise of Corporate Impunity," ProPublica, last modified April 30, 2014, www.propublica.org/article/the–rise–of–corporate–impunity.

6. Ibid.

7. Asked about the exchange, Grindler says the phrase doesn't sound like something that would come from him.

8. John R. Emshwiller, "U.S. Won't Seek Retrial of Former Merrill Lynch Official in Enron Case," *Wall Street Journal* online, last modified September 16, 2010, www.wsj.com/articles/SB10001424052748703743504575494551974075066.

9. John C. Roper, "4 Ex–Merrill Lynch Execs' Convictions Overturned," *Houston Chronicle* online, last modified August 6, 2006, www.chron.com/business/enron/article/4–ex–Merrill–Lynch–execs–convictions–overturned–1484942.php.

10. Roger Parloff, "Redefining Fraud: Judicial Opining," *Fortune* online, last modified August 22, 2006, http://archive.fortune.com/magazines/fortune/fortune_archive/2006/09/04/8384701/index.htm.

11. Liptak, Adam. "Justices Limit Use of Corruption Law," *New York Times,* September 16, 2014, www.nytimes.com/2010/06/25/us/25scotus.html?_r=0.

12. Jeff Connaughton, *The Payoff: Why Wall Street Always Wins* (Westport, CT: Prospecta Press, 2012).

13. *Statement of Lanny A. Breuer, Assistant Attorney General, Criminal Division, United States Department of Justice, Before the United States Senate Committee on the Judiciary Hearing Entitled "Honest Services Fraud"* (September 28, 2010), http://legaltimes.typepad.com/files/breuer–testimony–on–honest–services–fraud–final–9.23.10.pdf.

10장 성과 최우선 도시의 법조계

1. Mark J. Green, *The Other Government: The Unseen Power of Washington Lawyers* (New York: W. W. Norton, 1978), 31.

2. Peter J. Boyer, "Why Can't Obama Bring Wall Street to Justice?," *Newsweek* online, last modified May 6, 2012, www.newsweek.com/why–cant–obamabring–wall–street–justice–65009.

3. Green, *The Other Government,* 13.

4. Ibid., 15.

5. Ibid., 6.

6. Most of the data come from *American Lawyer* magazine's annual rankings. See also David Segal, "A May–December Marriage of Law Firms: Venerable Covington & Burling, Thinking Young, Announces Merger," *Washington Post,* September 21, 1999.

7. Ben Protess, "Once More Through the Revolving Door for Justice's Breuer," DealBook, *New York Times* online, last modified March 28, 2013, http://dealbook.nytimes.com/2013/03/28/once–more–through–therevolving–door–for–justices–breuer.

8. Boyer, "Why Can't Obama Bring Wall Street to Justice?"

9. Protess, "Once More Through the Revolving Door."

10. Peter Lattman, "For White–Collar Defense Bar, It's Happening in Vegas," DealBook, *New York Times* online, March 7, 2013, http://dealbook.nytimes.com/2013/03/07/for–white–collar–defense–bar–its–happening–in–vegas.

11. Weisselberg and Li, *Big Law's Sixth Amendment,* 1265.

12. Ben W. Heineman Jr., William F. Lee, and David B. Wilkins, *Lawyers as Professionals and as Citizens: Key Roles and Responsibilities in the 21st Century* (Cambridge, MA: Center on the 13. Legal Profession at Harvard Law School, November 20, 2014), 5, http://clp.law.harvard.edu/assets/Professiona lism–Project–Essay_11.20.14.pdf.

13. Susan Pulliam and Robert Frank, "Inside Adelphia: A Long Battle over Disclosing Stock Options," *Wall Street Journal* online, last modified January 26, 2004.

14. Pete Yost, Associated Press, "Freddie Mac Investigates Self over Lobby Campaign," February 24, 2009.

15. Robert A. Guth, Ben Worthen, and Justin Scheck, "Accuser Said Hurd Leaked an H–P Deal," *Wall Street Journal* online, last modified November 6, 2010.

16. Buell, *Capital Offenses,* 173.

17. WilmerHale, "Siemens Agrees to Record–Setting $800 Million in FCPA Penalties," news release, December 22, 2008, www.wilmerhale.com/pages/publicationsandnewsdetail.aspx ?NewsPubId= 95919.

18. Dionne Searcey, "Breuer: Beware, Execs, the DOJ Will Take Your Fancy Cars," *Law Blog, Wall Street Journal* online, last modified November 17, 2009, http://blogs.wsj.com/law/2009/1/17/breuer–beware–execs–the–doj–wantsyour–fancy–cars.

19. Laurel Brubaker Calkins, "Ex–KBR CEO Stanley Gets 2½ Years in Prison for Foreign Bribes," Bloomberg, last modified February 24, 2012, www.bloomberg .com/news/articles/2012–02–23/ex–kbr–ceo–albert–stanley–gets–30–month–prison–term–in–nigeria–bribe–case.

20. Richard L. Cassin, "Och–Ziff Takes Fourth Spot on Our New Top Ten List," *FCPA Blog,* last modified October 4, 2016, www.fcpablog.com/blog/2016/10/4/och–ziff–takes–fourth–spot–on–our–new–top–ten–list.html.

21. "Lindsey Manufacturing Case Officially Over," *FCPA Professor* (blog), May 25, 2012. http://fcpaprofessor.com/lindsey–manufacturing–case–officially–over.

22. Nathan Vardi, "The Bribery Racket," *Forbes* online, last modified June 7, 2010, www.forbes.com/global/2010/0607/companies–payoffs–washington–extortion–mendelsohn–bribery–racket.html.

23. Nathan Koppel, "Top U.S. Bribery Prosecutor to Join Paul Weiss," *Wall Street Journal* online, last modified April 14, 2010, www.wsj.com/articles/SB10001424052 702303695604575182174285804354.

24. Buell, *Capital Offenses,* 187.

25. *United States Attorneys' Annual Statistical Report, Fiscal Year 2010 and Fiscal Year 2015.* *United States Attorneys' Annual Statistics Report* (Washington, DC: US Department of Justice), www.justice.gov/sites/default/files/usao/legacy/2011/09/01/10statrpt.pdf and www.justice.gov/usao/file/831856/download.

26. "Salary Table 2016—NY," US Office of Personnel Management, www.opm.gov/policy–data–oversight/pay–leave/salaries–wages/salary–tables/pdf/2016/NY.pdf.

11장 급진주의자가 된 레이코프 판사

1. Shawn Tully, "The Golden Age for Financial Services Is Over," *Fortune* online, last

modified September 29, 2008, http://archive.fortune.com/2008/09/28/news/companies/tully_lewis.fortune/index.htm?postversion=2008092908.

2. US Securities and Exchange Commission, "SEC Charges Bank of America for Failing to Disclose Merrill Lynch Bonus Payments," news release, August 3, 2009, www.sec.gov/news/press/2009/2009–177.htm.

3. James B. Stewart, *Den of Thieves* (New York: Simon & Schuster, 1999), 97.

4. Ibid., 440.

5. Hilzenrath, "Judge Jed Rakoff."

6. Jerry Gray and Benjamin Weiser, "Judge Rules U.S. Death Penalty Violates the Constitution," *New York Times,* July 1, 2002, www.nytimes.com/2002/07/01/nyregion/judge–rules–us–death–penalty–violates–the–constitution.html?_r=0.

7. Benjamin Weiser, "A Legal Quest Against the Death Penalty," *New York Times,* January 2, 2005, www.nytimes.com/2005/01/02/nyregion/a–legal–quest–against–the–death–penalty.html.

8. Benjamin Weiser, "Manhattan Judge Finds Federal Death Law Unconstitutional," *New York Times,* July 2, 2002, www.nytimes.com/2002/07/02/nyregion/manhattan–judge–finds–federal–death–law–unconstitutional.html.

9. John Lehmann, "Fed Judge KOs Death Penalty," *New York Post,* July 2, 2002, nypost.com/2002/07/02/fed–judge–kos–death–penalty.

10. Weiser, "Legal Quest Against the Death Penalty."

11. "U.S. Court of Appeals for the Second Circuit: United States v. Quinones," Death Penalty Information Center, www.deathpenaltyinf.or/us–court–appeals–second–circuit–united–states–v–quinones.

12. Donald C. Langevoort, "On Leaving Corporate Executives 'Naked, Homeless and Without Wheels': Corporate Fraud, Equitable Remedies, and the Debate over Entity Versus Individual Liability," *Wake Forest Law Review* 42, no. 3 (2007): 627–66, http://scholarship.law.georgetown.edu/cgi/viewcontent.cgi?article=1453&context=facpub.

13. Roger Parloff, "The Demise of the–Lawyers–Did–It Defense," *Fortune* online, last modified September 22, 2009, http://archive.fortune.com/2009/09/22/news/companies/sec_bofa_rakoff.fortune/index.htm.

14. Paul Davis, "B of A Move Shows Perils of Getting Many Opinions," *American Banker,* October 13, 2009, www.americanbanker.com/news/b–of–a–move–shows–perils–of–getting–many–opinions.

15. US Securities and Exchange Commission, "Bank of America Corporation Agrees to Pay $150 Million to Settle SEC Charges," news release, February 4, 2010, www.sec.gov/litigation/litreleases/2010/lr21407.htm.

16. Zachary A. Goldfarb and Tomoeh Murakami Tse, "N.Y. Attorney General Cuomo Charges Bank of America with Fraud," *Washington Post,* February 5, 2010, www.washingtonpost.com/wp–dyn/content/article/2010/02/04/AR2010020402146.html.

17. Stephen Grocer, "Lewis Rebuffs Cuomo's BofA Lawsuit: It Is 'Badly Misguided,'" *Deal Journal* (blog), *Wall Street Journal* online, last modified February 4, 2010, http://blogs.wsj.com/deals/2010/02/04/lewis–rebuffs–cuomos–bofa–lawsuit–it–is–badly–misguided.

18. Bernstein Litowitz Berger & Grossman, "Pension Funds Recover $2.425 Billion for Shareholders in Bank of America Securities Class Action: A Historic and Outstanding Result for Investors," news release, September 28, 2012, www.boasecuritieslitigation.com/pdflib/media_64.pdf.

19. Christie Smythe, Chris Dolmetsch, and Greg Farrell, "Lewis, BofA Reach $25 Million Pact with N.Y. Over Merrill," Bloomberg, last modified March 27, 2014, www.bloomberg.com/news/articles/2014–03–26/bofa–lewis–reach–25–million–pact–with–n–y–over–merrill.

20. Hilzenrath, "Judge Jed Rakoff."

12장 "정부가 졌다"

1. William D. Cohan, "Preet Bharara: The Enforcer of Wall Street," *Fortune* online, August 15, 2011, http://fortune.com/2011/08/02/preet–bharara–the–enforcer–of–wall–street.

2. Preet Bharara (prepared remarks, New York Financial Writers Association, CUNY School of Journalism, New York, June 6, 2011), www.justice.gov/usao–sdny/speech/prepared–remarks–us–attorney–preet–bharara–new–york–financial–writers–association.

3. 이 장을 쓰기 위해 나는 많은 남부지검에 근무했던 전직 직원들, 전·현직 연방 검사들, 그리고 남부지검의 내부가 어떻게 움직이는지에 대해 잘 아는 사람들과 많은 시간의 인터뷰를 진행했다.

4. "Commercial mortgage–backed securities," investopedia.com.

5. "Residential mortgage–backed securities," investopedia.com.

6. Sheelah Kolhatkar, "The End of Preet Bharara's Perfect Record on Insider Trading," Bloomberg, last modified July 8, 2014, www.bloomberg.com/news/articles/2014–07–08/rengan–rajaratnam–and–the–end–of–an–insider–trading–win–streak.

7. 1990년대 말에 발생한, 거대한 부채를 지녔던 롱텀 캐피털 매니지먼트 붕괴는 그러한 원칙의 명백한 예외라 할 수 있다. 왜냐하면 뉴욕 연준이 월가의 은행들에게 구제 금융을 강요하지 않았더라면 아마 체계적 금융위기의 원인이 되었을 터이기 때문이다.

8. George Packer, "A Dirty Business: New York City's Top Prosecutor Takes On Wall Street Crime," A Reporter at Large, *New Yorker,* June 27, 2011, www.newyorker.com/magazine/2011/06/27/a–dirty–business. See also Connaughton, *The Payoff.*

9. Connaughton, *The Payoff.*

10. Dan Fitzpatrick, "J.P. Morgan Settles Its Madoff Tab," *Wall Street Journal* online, last modified January 7, 2014, www.wsj.com/articles/SB100014240527023048871045 79306323011059460.

11. Benjamin Weiser and Ben White, "In Crisis, Prosecutors Put Aside Turf Wars," *New York Times,* October 30, 2008, www.nytimes.com/2008/10/31/business/31street.html.

12. Interview with Maria Bartiromo, "Lehman CFO Erin Callan: Back from Ugly Monday," *BusinessWeek,* March 20, 2008, http://www.bloomberg.com/news/articles/2008–03–19/lehman–cfo–erin–callan–back–from–ugly–Monday.

13. In addition to speaking with multiple people familiar with Lehman's inner workings, from regulators, former executives, prosecutors, defense attorneys, and investors, I relied on the Jenner & Block bankruptcy examination report, known as *The Valukas Report,* for many of the liquidity pool details. Lowitt declined to comment. Anton R. Valukas, Lehman Brothers Holdings Inc. et al., chap. 11 case no. 08–13555 (JMP) (U.S. Bankruptcy Court, S.D. N.Y., 2010), 1401–80, http://jenner.com/lehman/VOLUME%204.pdf.

13장 은행 조폭 전용 고속도로의 요금소

1. 이러한 설명은 수백 건의 SEC 내부 이메일, 조사 문건 그리고 제임스 키드니를 비롯한 이 조

사에 관련된 많은 사람들과의 인터뷰를 통해 확인된 것이다.

2. Matt Taibbi, "The Great American Bubble Machine," *Rolling Stone,* April 5, 2010, www.rollingstone.com/politics/news/the–great–american–bubble–machine–20100405#ixzz41g9UL5eF.

3. Louise Story and Gretchen Morgenson, "S.E.C. Accuses Goldman of Fraud in Housing Deal," *New York Times,* April 16, 2010, www.nytimes.com/2010/04/17/business/17goldman.html?pagewanted=all&_r=1.

4. Mark DeCambre, "Goldman Fall Guy," *New York Post,* April 17, 2010, nypost.com/2010/04/17/goldman–fall–guy.

5. Michael Lewis, "Bond Market Will Never Be the Same After Goldman," Bloomberg, April 22, 2010, www.bloomberg.com/news/articles/2010–04–22/bond–market–will–never–be–same–after–goldman–commentary–by–michael–lewis.

6. US Securities and Exchange Commission, "Goldman Sachs to Pay Record $550 Million to Settle SEC Charges Related to Subprime Mortgage CDO," news release, July 15, 2010, www.sec.gov/news/press/2010/2010–123.htm.

7. Justin Baer, Chad Bray, and Jean Eaglesham, "'Fab' Trader Liable in Fraud," Wall Street Journal online, last modified August 2, 2013, www.wsj.com/articles/SB1000142412788732368190457864184328445004.

14장 부패한 절차

1. 이 장의 시작은 법무부 기소 팀이 알게 된 해당 사건을 상당할 정도로 그대로 반영하고 있다. 이 장 전체가 법무부의 전·현직 검사들, AIG의 전직 경영진, 그들의 변호사 그리고 AIG와 해당 조사와 밀접한 관계에 있던 많은 사람들과의 인터뷰는 물론, 내가 입수한 수백 건의 이메일, 자료 그리고 다른 문건들을 바탕으로 했다. 포스터와 카사노를 만나려고 애를 썼지만 그들을 만나지 못했다. 그러나 그들과 가까운 사람들과는 이야기를 나누었다. 에단도 코멘트를 거부했다.

2. William D. Cohan, "The Fall of AIG: The Untold Story," *Institutional Investor,* April 7, 2010, www.institutionalinvestor.com/Article/2460649/The_Fall_of_AIG_The_Untold_Story.html#/.WKPHTlUrKUl.

3. "Form 8–K, American International Group, Inc.," United States Securities and Exchange Commission, February 11, 2008, accessed October 26, 2016, www.sec.

gov/Archives/edgar/data/5272/000095012308001369/y48487e8vk.htm.

4. Alistair Barr, "AIG Stock Tumbles on Heightened CDO Concerns," MarketWatch, last modified February 11, 2008, www.marketwatch.com/story/aig–drops–12–as–auditor–spat–raises–cdo–concerns.

5. Leslie Scism, "Closing Arguments Loom in AIG Bailout Trial," *Law Blog* (blog), *Wall Street Journal* online, last modified April 21, 2015, http://blogs.wsj.com/law/2015/04/21/closing–arguments–loom–in–aig–bailout–trial.

6. Brady Dennis, "AIG Discloses $75 Billion in Bailout Payments," *Washington Post,* March 16, 2009, www.washingtonpost.com/wp–dyn/content/article/2009/03/15/AR2009031501909.html.

7. Sharona Coutts, "AIG's Bonus Blow–up: The Essential Q&A," ProPublica, last modified March 18, 2009, www.propublica.org/article/aigs–bonusblow–up–the–essential–qa–0317.

8. Carl Hulse and David M. Herszenhorn, "House Approves 90% Tax on Bonuses After Bailouts," *New York Times* online, last modified March 19, 2009, http://www.nytimes.com/2009/03/20/busines/20bailout.html?ref=business.

9. David Goldman and Jennifer Liberto, "Tug of War over AIG Bonuses," *CNN* online, last modified March 18, 2009, http://money.cn.co/200/0/18/news/companies/aig_hearing.

10. US Department of Justice, "UBS Enters into Deferred Prosecution Agreement," news release, February 18, 2009, www.justice.gov/opa/pr/ubs–enters–deferred–prosecution–agreement.

11. Carrick Mollenkamp, Reuters, "HSBC Became Bank to Drug Cartels, Pays Big for Lapses," December 12, 2012, http://uk.reuters.com/article/uk–hsbc–probe–idUKBRE8BA05K20121212.

12. Christopher M. Matthews, "Justice Department Overruled Recommendation to Pursue Charges Against HSBC, Report Says," *Wall Street Journal* online, last modified July 11, 2016, www.wsj.com/articles/justice–department–overruled–recommendation–to–pursue–charges–against–hsbc–reportsays–1468229401.

13. Rupert Neate, "HSBC Escaped US Money–Laundering Charges After Osborne's Intervention," Guardian (US), website of the *Guardian* (UK), last modified July 11, 2016, www.theguardian.com/business/2016/jul/11/hsbcus–money–laundering–george–osborne–report.

14. US Department of Justice, "HSBC Holdings Plc. and HSBC Bank USA N.A.

Admit to Anti–Money Laundering and Sanctions Violations, Forfeit $1.256 Billion in Deferred Prosecution Agreement," news release, December 11, 2012, www .justice.gov/opa/pr/hsbc–holdings–plc–and–hsbc–bank–usa–na–admit–anti– money–laundering–and–sanctions–violations.

15. Jessica Silver–Greenberg and Ben Protess, "HSBC Is Deemed Slow to Carry Out Changes," DealBook, *New York Times* online, last modified April 1, 2015, www .nytimes.com/2015/04/02/business/dealbook/us–says–hsbc–needs–to–step–up– on–compliance.html.

16. Aruna Viswanatha and Ryan Tracy, "Financial–Crisis Panel Suggested Criminal Cases Against Stan O'Neal, Charles Prince, AIG Bosses," *Wall Street Journal* online, last modified March 30, 2016, www.wsj.com/articles/financial–crisis– panel–suggested–criminal–cases–against–stan–oneal–charles–prince–aig– bosses–1459330202.

15장 레이코프 판사의 몰락과 부상(浮上)

1. US Securities and Exchange Commission, "Citigroup to Pay $285 Million to Settle SEC Charges for Misleading Investors About CDO Tied to Housing Market," news release, October 19, 2011, www.sec.gov/news/press/2011/2011–214.htm.

2. Jessica Silver–Greenberg and Ben Protess, "Bank of America Settles Suit Over Merrill for $2.43 Billion," DealBook, *New York Times* online, last modified September 28, 2012, http://dealbook.nytimes.com/2012/09/28/bank–of– america–to–pay–2–43–billion–to–settle–class–action–over–merrilldeal/?_r=0.

3. David S. Hilzenrath, "SEC Likely to Win Its Defense of 'No–Admit' Citigroup Settlement, Appellate Panel Says," *Washington Post,* March 15, 2012, www .washingtonpost.com/business/economy/sec–likely–to–win–its–defense–of–no– admit–citigroup–settlement–appellate–panel–says/2012/01/30/gIQAnVcDES_ story.html.

4. Hilzenrath, "Judge Jed Rakoff."

5. Ben Protess, "Judge Rakoff Says 2011 S.E.C. Deal with Citigroup Can Close," *New York Times,* August 5, 2014, http://dealbook.nytimes.com/2014/08/05/after–long– fight–judge–rakoff–reluctantly–approves–citigroup–deal/?_r=0.

6. Lee Epstein, William M. Landes, and Richard A. Posner, "How Business

Fares in the Supreme Court," *Minnesota Law Review* 97 (2013): 1431–72, www
.minnesotalawreview.org/wp–content/uploads/2013/04/EpsteinLanderPosner_
MLR.pdf.

7. Adam Liptak, "Pro–Business Decisions Are Defining This Supreme Court,"
New York Times, August 9, 2014, www.nytimes.com/2013/05/05/business/pro–
business–decisions–are–defining–this–supreme–court.html.

8. Ashby Jones, "Appeals Court Overturns Frank Quattrone Conviction," *Law Blog,*
Wall Street Journal online, last modified March 20, 2006, http://blogs.wsj.com/
law/2006/03/20/appeals–court–overturns–frank–quattrone–conviction.

9. Michael J. Graetz and Linda Greenhouse, *The Burger Court and the Rise of the Judicial
Right* (New York: Simon & Schuster, 2016), p. 237.

10. Seigel, "Admit It! Corporate Admissions of Wrongdoing in SEC Settlements."

11. "Judge Approves 'Chump Change' Settlement with Two Former Bear Fund
Managers," *Securities Law Prof* Blog, June 22, 2012, http://lawprofessors.typepad.
com/securities/2012/06/judge–approves–chump–change–settlement–with–two–
former–bear–fund–managers.html.

16장 "맞서 싸우라"

1. David Barstow, "At Wal–Mart in Mexico, a Bribe Inquiry Silenced," *New York
Times,* April 22, 2012, www.nytimes.com/2012/04/22/business/at–walmart–in–
mexico–a–bribe–inquiry–silenced.html?pagewanted=all.

2. "Wal–Mart's FCPA and Compliance Related Expenses Stand at $738 Million—
Expected to Grow to Approximately $850 Million," *FCPA Professor* (blog), February
23, 2016, http://fcpaprofessor.com/wal–mart–fcpa–and–compliance–related–
expenses–stand–at–738–million–expected–to–growto–approximately–850–
million.

3. Aruna Viswanatha and Devlin Barrett, "Wal–Mart Bribery Probe Finds Few
Signs of Major Misconduct in Mexico," *Wall Street Journal* online, last modified
October 19, 2015, www.wsj.com/articles/wal–mart–bribery–probe–finds–little–
misconduct–in–mexico–1445215737.

4. Aruna Viswanatha, "U.S. Bid to Prosecute BP Staff in Gulf Oil Spill Falls Flat,"
Wall Street Journal online, last modified February 27, 2016, www.wsj.com/articles/u–

s–bid–to–prosecute–bp–staff–in–gulf–oil–spill–fallsflat–1456532116.

5. Kris Maher, "Jury Convicts Former Massey CEO Don Blankenship of Conspiracy," *Wall Street Journal* online, last modified December 3, 2015, www.wsj. com/articles/ex–massey–energy–ceo–don–blankenship–found–guilty–on–1–of –3–counts–1449164466.

6. "Overview," Keefe, Bruyette & Woods, accessed October 17, 2016, http://www .kbw.com/research; Richard Bowen, "Goldman Sachs aka the Great Vampire Squid Rides Again!," Richard Bowen, last modified January 28, 2016, www .richardmbowen.com/goldman–sachs–aka–the–great–vampiresquid–rides–again.

7. Stephen Grocer, "A List of the Biggest Bank Settlements," *Moneybeat* (blog), *Wall Street Journal* online, last modified June 23, 2014, http://blogs.wsj.com/ moneybeat/2014/06/23/a–list–of–the–biggest–bank–settlements.

8. Joel Schectman, "Compliance Counsel to Help DoJ Decide Whom to Prosecute," *Risk & Compliance Journal* (blog), *Wall Street Journal* online, last modified July 30, 2015, http://blogs.wsj.com/riskandcompliance/2015/07/30/compliance– counsel–to–help–doj–decide–whom–to–prosecute.

9. Evan Weinberger, "Ex–Prosecutor Says Yates Memo Knocks Post–Crisis Cases," Law360, last modified November 17, 2015, www.law360.com/articles/728462/ex– prosecutor–says–yates–memo–knocks–post–crisis–cases.

10. Katelyn Polantz, "DOJ's 'Yates Memo' Goes Too Far, Former Deputy AG Says," *National Law Journal,* November 20, 2015, www.nationallawjournal.com/id= 1202743031700/DOJs–Yates–Memo–Goes–Too–Far–Former–Deputy–AG–Says ?slreturn=20160918124713#ixzz45YUGiCHq.

11. "Early–Bird Registration Now Open for Securities Enforcement Forum 2014— Oct. 14, 2014 in Washington, D.C.," Securities Docket, the Global Securities Litigation and Enforcement Report, last modified October 14, 2014, www .securitiesdocket.com/2014/02/28/early–bird–registration–now–open–for– securities–enforcement–forum–2014—oct–14–2014–in–washington–d–c.

12. Suzi Ring, "SEC Official Says Too Many Regulators Are 'Piling On,'" Bloomberg, last modified October 15, 2014, www.bloomberg.com/news/articles/2014–10–15/ sec–official–says–too–many–regulators–are–piling–on.

13. "Conyers Goodlatte Mens Rea Reform Deal in the Works in House Judiciary Committee," *Corporate Crime Reporter* online, last modified November 13, 2015, www.corporatecrimereporter.com/news/200/conyers–goodlatte–mens–rea–

reform–deal–in–the–works.

14. John Malcolm, Crime and Justice: *The Pressing Need for Mens Rea Reform* (Washington, DC: Heritage Foundation, September 1, 2015), www.heritage.org/research/reports/2015/09/the–pressing–need–for–mens–rea–reform#_ftn7.

15. Ben Protess. "Khuzami, S.E.C. Enforcement Chief Who Reinvigorated Unit, to Step Down," *New York Times,* January 9, 2013, http://dealbook.nytimes.com/2013/01/09/s–e–c–enforcement–chief–khuzami–steps–down.

16. Steven Mufson, "BP Settles Criminal Charges for $4 Billion in Spill; Supervisors Indicted on Manslaughter," *Washington Post,* November 15, 2012, www washingtonpost.com/business/economy/bp–to–pay–billions–in–gulf–oil–spill–settlement/2012/11/15/ba0b783a–2f2e–11e2–9f50–0308e1e75445_story. html?tid=a_inl.

17. Ben Bedell, "Finding No Evidence of Fraud, Circuit Reverses $1.27B Verdict," *New York Law Journal,* May 24, 2016, www.newyorklawjournal.com/id=1202758444032/Finding–No–Evidence–of–Fraud–Circuit–Reverses–127B–Verdict?slreturn=20160918162729.

옮긴이 **서정아**

이화여대 영어영문학과를 졸업한 후 냇웨스트, 크레디트 스위스 등의 외국계 금융기관에서 근무했으며, 이화여대 통역번역대학원에서 석사 학위를 받았다. 번역 에이전시 엔터스코리아에서 활동 중이다. 옮긴 책으로는《은행이 멈추는 날: 전 세계 대규모 자산 동결이 시작된다》,《왜 우리는 불평등해졌는가: 30년 세계화가 남긴 빛과 그림자》,《정면돌파: 금융위기 극복을 위해 월가와 맞서 싸우다》,《Show Me the Money(앱)》,《브레이크아웃네이션: 2022 세계경제의 운명을 바꿀 국가들》,《레드 캐피탈리즘: 장막 뒤에 숨겨진 중국 금융의 현실》,《엔드게임: 전 세계를 집어삼킨 금융위기 그리고》,《소소한 일상의 대단한 역사》,《스트레스, 과학으로 풀다》등 다수가 있다.

감수자 **김정수**

연세대 법대를 졸업하고 연세대 법학대학원에서 법학 석사, 독일 빌레펠트 대학에서 1년간 연구, 미국 펜실베이니아 대학 로스쿨에서 법학 석사(LL.M)을 받았다. 2002년《현대증권법원론》을 출간했고, 자본시장법이 제정되면서 1750페이지에 달하는 방대한《자본시장법원론》을 출간했다. 2011년에 금융법전략연구소를 설립하여 자본시장법을 전문적으로 연구·강의하고 있다. 기타 저서로는《자본시장법상 부정거래행위(공저)》,《내부자거래와 시장질서 교란행위》,《월스트리트의 내부자들》이 있다. 한국거래소에서 27년간 근무했고, 법무법인 율촌 고문을 역임했다. 현재 금융법전략연구소 대표와 금융독서포럼 대표를 맡고 있다.

미국 연방 검찰은 기업의 경영진을 기소하는데 왜 실패하는가?

치킨쉬트 클럽

초판 1쇄 발행일 | 2019년 7월 22일

지은이 제시 에이싱어
옮긴이 서정아
감수자 김정수
임프린트 캐피털북스
펴낸곳 서울파이낸스앤로그룹
펴낸이 김정수

출판등록 제310-2011-1호
등록일자 2010년 5월 4일
주소 (04168) 서울 마포구 새창로 11, 1262호 (도화동, 공덕빌딩)
전화 02-701-4185
팩스 02-701-4612
블로그 capitalbooks.blog.naver
이메일 capitalbooks@daum.net

copyright ⓒ 캐피털북스, 2019
ISBN 978-89-966420-8-4 03360

* 캐피털북스는 서울파이낸스앤로그룹의 금융·경제·경영 관련 도서 출판 임프린트입니다.